闽台“校校企”项目合编教材



# 市场营销理论与实务

马凤棋　张文贤　主编

中国农业大学出版社
·北京·

## 内容提要

本书作为闽台“校校企”合作项目开发的教材，是围绕高等职业教育的培养目标，坚持以能力为本位，以实践为基础，以学生为主体，来确立理论体系和教材内容的。具体内容包括营销导论篇（第一章市场营销学导论）、营销战略篇（第二章市场营销调研与预测、第三章消费者购买行为分析、第四章组织市场购买行为分析、第五章目标市场营销战略）、营销策略篇（第六章产品策略、第七章价格策略、第八章分销策略、第九章促销策略）、特殊市场营销篇（第十章客户关系管理、第十一章服务营销、第十二章农产品市场营销）等内容。

本书可作为高等职业院校管理类、财经类、农科类专业的教学用书，也可作为公共选修课教材，还可作为营销人员提高理论知识与实践技能的培训、参考用书。

**图书在版编目(CIP)数据**

市场营销理论与实务/马凤棋，张文贤主编. —北京：中国农业大学出版社，2011.7
ISBN 978-7-5655-0313-9

Ⅰ.①市… Ⅱ.①马… ②张… Ⅲ.①市场营销学 Ⅳ.①F713.50

中国版本图书馆 CIP 数据核字(2011)第 107043 号

**书　名**　市场营销理论与实务
**作　者**　马凤棋　张文贤　主编

**策划编辑**　董　田　伍　斌　　**责任编辑**　李丽君
**封面设计**　郑　川　　**责任校对**　王晓凤　陈　莹
**出版发行**　中国农业大学出版社
**社　址**　北京市海淀区圆明园西路 2 号　　**邮政编码**　100193
**电　话**　发行部 010-62731190,2620　　读者服务部 010-62732336
编辑部 010-62732617,2618　　出　版　部 010-62733440
**网　址**　http://www.cau.edu.cn/caup　　**e-mail** cbsszs@cau.edu.cn
**经　销**　新华书店
**印　刷**　北京时代华都印刷有限公司
**版　次**　2011 年 7 月第 1 版　2011 年 7 月第 1 次印刷
**规　格**　787×1 092　16 开本　18.25 印张　440 千字
**定　价**　38.00 元

# 编写人员


主　编　马凤棋（福建农业职业技术学院）
　　　　张文贤（台湾中州科技大学）

副主编　杨承亮（福建农业职业技术学院）
　　　　范金旺（福建农业职业技术学院）
　　　　陈乐群（福建农业职业技术学院）

参　编　周舜年（福建农业职业技术学院）
　　　　刘　丹（福建农业职业技术学院）
　　　　林祯华（福建农业职业技术学院）
　　　　王林霞（福建农业职业技术学院）

# 前　言

随着我国改革开放的深入发展和市场经济的日益完善，现代企业越来越需要市场营销理论的指导，市场营销人才也成为备受市场青睐的专业人才。市场营销学已成为高等职业院校经济管理类、财经类、农科类专业发展最快的一个学科。为了满足高等职业院校管理类专业、财经类、农科类专业以及企业从业人员学习市场营销学的需要，我们编写了这本教材。

本书的编写参考了大陆和台湾许多有关市场营销学方面的著作，并且结合了我国现阶段市场经济的实际运作情况。编者们力求做到深入浅出地阐述现代市场营销学的基本原理和实务，使教材的知识体系完整、内容精练、语言流畅、可读性强。本书特点为：

1. 具有闽台合作特色。本书是闽台“校校企”合作项目，由台湾中州科技大学和福建农业职业技术学院的老师合编，教材内容和案例力求反映闽台“校校企”交流合作的最新成果。本书的“案例引导”大都采用台湾企业的营销案例，以让学生了解台湾企业最先进的营销实践。

2. 以工作过程为导向。本书以实际的市场营销工作过程为导向，进行学习领域的整体设计和学习情境的设计。本书体系完整，逻辑清晰，设计有营销导论篇、营销战略篇、营销策略篇、特殊市场营销篇四篇，每篇都是完整的工作过程。通过本书的学习，可帮助学生获得最受企业关注的“工作过程知识”和基本工作经验。

3. 具有浓厚的农产品营销特色。本书不仅设有专门章节介绍农产品市场营销，而且大部分“案例分析”采用农产品营销的案例，能够让学生了解农产品营销的最新理论和实践。

4. 内容新颖。本书反映当代市场营销理论研究和实践的最新成果，把关系营销、服务营销、“农超对接”、“万村千乡市场工程”都反映在教材中，可以让学生学到最新的市场营销知识。

5. 注重工学结合。本书以实际工作岗位为主线选择内容，内容丰富、新颖，形式多样，语言通俗易懂，实用性强。每一章都设有学习目标、案例引导、相关链接、思考题、实训项目、案例分析，有利于提高学生的学习兴趣和职业认同感，促进学生尽快适应工作岗位的要求。

本书由福建农业职业技术学院的马凤棋、台湾中州科技大学的张文贤担任主编，杨承亮、范金旺、陈乐群担任副主编，由多年来在教学一线从事教学和研究工作的高职老师和从事营销实践工作的企业专家共同编写，具体章节如下：马凤棋编写第一、二、九章，周舜年编写第三、四章，刘丹编写第五章，陈乐群编写第六章，林祯华编写第七章，王林霞编写第八章，张文贤编写第十、十一章，范金旺编写第十二章。全书由马凤棋、杨承亮负责拟定编写大纲，并做最后的总纂和修改定稿工作。本书由教务处林立忠主任组织编写，得到了学院领导的大力支持，在此表示衷心的感谢。

在本书编写过程中，编者参考、借鉴了大陆、台湾部分专家和学者的最新研究成果，在此表示衷心感谢。由于编者水平和经验所限，书中难免存在不妥和错误之处，恳请广大读者批评指正。

编 者

2011 年 4 月

# 目录

## 第一篇　营销导论篇



## 第二篇　营销战略篇

## 第三篇　营销策略篇

# 第一篇　营销导论篇

本篇主要介绍市场营销学的背景，介绍市场营销及其核心概念，市场营销观念的演变和发展，市场营销学的研究对象、研究内容和研究方法，市场营销职业与职业素质等。本篇为本教材的基础。

# 第一章　市场营销学导论

学习目标

掌握市场营销及其核心概念；掌握市场营销观念的演变和发展；理解市场营销学的研究对象、研究内容和研究方法；理解市场营销职业与职业素质。

案例引导

天福茗茶实行以客户为中心的营销策略

无论是从北京王府井，上海南京路，到新疆的乌鲁木齐、克拉玛依，黑龙江的哈尔滨，再到云南的昆明、海南的海口，随处可见到“天福茗茶”绿底白字的招牌。特别是在各地大型超市门口，都会看到“天福茗茶”的身影，总是有店员端着泡好的茶（用一次性纸杯盛装）请你免费品尝，如果进店坐下来了，他们不但泡茶，还会拿出很多的茶点，请你免费试吃。把店开到超市里，是很多做茶文化的企业不可理解的，超市是现代生活快捷、方便、高效的产物，而茶叶是高雅、精英文化的象征，怎么能和超市为邻，品茶怎么能简单的就用代表快餐文化的纸杯盛着，至少要用茶杯才行啊。而天福茗茶正是靠着对消费者的研究，放下了以往茶叶品牌高高在上的形象，吸取现代人生活的快、简单的节奏（饮茶习惯将走向更为广泛的社会化，这是21世纪一个很大的变化，人们给饮茶赋予了更多的社会符号，因此很多人在需要的场合中消费茶叶，回到家里未必有那么讲究，即茶叶消费的时尚化），把茶消费者从成功人士转向了普通大众，是天福茗茶成功的因素之一。

标准化的精致服务，是天福茗茶赢得消费者的又一重要法宝。每家门店都布置了专门的空间供顾客品茗。坐在古色古香的座椅上，边看服务员用娴熟、规范的操作手法冲泡铁观音，边听她讲解冲泡技巧和茶叶知识，即使是门外汉也会被茶道深深吸引。

天福茗茶在茶食品上领先一步的开拓，是其成功的关键因素。尽管没有官方的数据，但天福茗茶（比如标价20元、净重500克的茶金橘、茶话梅）很受当下年轻人的喜欢，据熟知天福的业内人士说，天福茗茶利润的80%来自茶食品。目前天福茗茶总共推出了100多种茶叶零食，从产品定位来说，茶叶零食价格要比同类产品高10%左右。没有喝茶嗜好的年轻消费者成为这类食品的消费对象。茶瓜子、茶味口香糖逐渐被人们所接受，茶面条、茶糕点也走入了人们特别是追求时尚的年轻人的视野。

天福茗茶的成功使很多茶企在这三点上向其学习，但很多企业往往只学到了表面，而其深入研究消费群体的本质没有学到，反而学得四不像。

案例思考：

1. 天福茗茶靠什么取得成功？

2. 天福茗茶的成功带给我们什么启示？

## 第一节 市场营销及其核心概念

### 一、市场营销的含义

国内外学者对市场营销的定义有上百种，企业界对营销的理解更是各有千秋。美国学者基恩·凯洛斯曾将各种市场营销定义分为三类：一是将市场营销看做是一种为消费者服务的理论；二是强调市场营销是对社会现象的一种认识；三是认为市场营销是通过销售渠道把生产企业同市场联系起来的过程。这从一个侧面反映了市场营销的复杂性。

市场营销(marketing)又称为市场学、市场行销或行销学，简称“营销”，台湾常称作“行销”；市场营销是个人和群体通过创造并同他人交换产品和价值以满足需求和欲望的一种社会管理过程。

根据这一定义，可以将市场营销概念具体归纳为下列要点：

● 市场营销的最终目标是“满足需求和欲望”。

● “交换”是市场营销的核心，交换过程是一个主动、积极寻找机会，满足双方需求和欲望的社会过程和管理过程。

● 交换过程能否顺利进行，取决于营销者创造的产品和价值满足顾客需求的程度和交换过程管理的水平。

### 二、市场营销与推销的不同

1. 出发点不同

推销的出发点是企业，企业有什么就卖什么。因此，工厂的生产是起点，市场销售是终点，研究的范围是有始有终的一条线。

2. 目标不同

推销和营销都要取得利益。但推销的目的是目前利益，工作上是短期行为，销售上是一锤子买卖。营销的目的是长远利益，工作上是长远设计，要与顾客建立长期的互利关系，不强调一次的得失，而追求长期的利益最大化。

3. 手段不同

推销和营销都要运用多种手段。但推销为了达到目的，可以不择手段。营销则强调多种手段的组合运用，并以有利于消费者为条件。

4. 理论内容不同

推销和营销都要研究策略与技巧，但推销只是市场营销研究内容的组成部分之一。市场营销是一个完整的理论体系，包含着丰富的内容。

5.过程不同

市场营销是一个完整的循环过程，而推销仅仅是市场营销的一个环节。

## 三、市场营销的核心概念

### (一)需要、欲望和需求

需要和欲望是市场营销活动的起点。所谓需要是指人类与生俱来的基本需要。如人类为了生存必然有对吃、穿、住、安全、归属、受人尊重的需要。这些需要存在于人类自身生理和社会之中，市场营销者可用不同方式去满足它，但不能凭空创造。

欲望是指想得到上述需要的具体满足品的愿望，是个人受不同文化及社会环境影响表现出来的对基本需要的特定追求。如为满足"解渴"生理需要，人们可能选择(追求)喝开水、茶、汽水、果汁、绿豆汤或者蒸馏水。市场营销者无法创造需要，但可以影响欲望，开发及销售特定的产品和服务来满足欲望。

需求是指人们有能力购买并愿意购买某个具体产品的欲望。需求实际上也就是对某特定产品及服务的市场需求。市场营销者总是通过各种营销手段来影响需求，并根据对需求的预测结果决定是否进入某一产品(服务)市场。

### (二)产品

产品是能够满足人的需要和欲望的任何东西。产品的价值不在于拥有它，而在于它给我们带来的对欲望的满足。人们购买小汽车不是为了观赏，而是为了得到它所提供的交通服务。产品实际上只是获得服务的载体。这种载体可以是物，也可以是"服务"，如人员、地点、活动、组织和观念。当我们心情烦闷时，为满足轻松解脱的需要，可以去参加音乐会，听歌手演唱(人员)；可以到风景区旅游(地点)；可以参加希望工程百万行(活动)；可以加入消费者假日俱乐部(组织)；也可以参加研讨会，接受一种不同的价值观(观念)。市场营销者必须清醒地认识到，其创造的产品不管形态如何，如果不能满足人们的需要和欲望，就必然会失败。

### (三)效用、费用和满足

效用是消费者对产品满足其需要的整体能力的评价。消费者通常根据这种对产品价值的主观评价和支付的费用来作出购买决定。如某人为解决其每天上班的交通需要，他会对可能满足这种需要的产品组合选择(如汽车、出租车等)和他的需要组合(如速度、安全、方便、舒适、节约等)进行综合评价，以决定哪一种产品能提供最大的总满足。假如他主要对速度和舒适感兴趣，也许会考虑购买汽车。但是，汽车购买与使用的费用要比自行车高许多。若购买汽车，他必须放弃用其有限收入可购置的许多其他产品(服务)。因此，他将全面衡量产品的费用和效用，选择购买能使每一元花费带来最大效用的产品。

### (四)交换、交易和关系

交换是指从他人处取得所需之物，而以自己的某种东西作为回报的行为。人们对满足需求或欲望之物的取得，可以有多种方式，如自产自用、强取豪夺、乞讨和交换等。其中，只有交换方式才存在市场营销。交换的发生，必须具备五个条件：至少有交换双方；每一方都有对方需要的有价值的东西；每一方都有沟通和运送货品的能力；每一方都可以自由地接受或拒绝；每一方都认为与对方交易是合适或称心的。

交易是交换的基本组成单位，是交换双方之间的价值交换。交换是一种过程，在这个过程中，如果双方达成一项协议，我们就称之为发生了交易。交易通常有两种方式：一是货币交易，如甲支付800元给商店而得到一台微波炉；二是非货币交易，包括以物易物、以服务易服务的交易等，如某医生为一位律师体检而换得一份遗嘱。一项交易通常要涉及几个方面：至少两件有价值的物品；双方同意的交易条件、时间、地点；有法律制度来维护和迫使交易双方执行承诺。

一些学者将建立在交易基础上的营销称之为交易营销。为使企业获得较之交易营销所得到的更多，就需要关系营销。关系营销是市场营销者与顾客、分销商、经销商、供应商等建立、保持并加强合作关系，通过互利交换及共同履行诺言，使各方实现各自目的的营销方式。与顾客建立长期合作关系是关系营销的核心内容。与各方保持良好的关系要靠长期承诺和提供优质产品、良好服务和公平价格，以及加强经济、技术和社会各方面联系来实现。关系营销可以节约交易的时间和成本，使市场营销宗旨从追求每一笔交易利润最大化转向追求各方利益关系的最大化。

### (五)市场

1. 市场的含义

(1)市场是指买方和卖方聚集在一起进行商品交换的场所。

(2)市场就是一种需求，不仅仅是顾客的现实需求，还是一种社会需求；不仅仅是一种抽象的需求，而且是与社会生产条件相适应的现实需求；不仅仅是基本的生存需求，还包括安全、社交、自我尊重和自我实现的多层次渐进式需求。

(3)随着商品经济的发展，商品交换已不仅在某一固定的时间和地点进行，涉及的人员已不仅仅是买方、卖方和商业中介人，这时市场就变成了买方和卖方交换关系的总和。

(4)买方市场出现以后，商品销售成为企业制胜的关键，为了能够驾驭市场，营销者应站在买方的角度看问题，从而形成了新的市场概念：市场就是具有特定需要和欲望，并且愿意和可能通过交换来满足的全部潜在顾客。

2. 市场的构成要素

(1)消费者人口　是构成市场的基本要素，消费者人口的多少，决定着市场的规模和容量，而人口的构成及其变化则影响着市场需求的构成和变化。

(2)购买力　是指消费者支付货币以购买商品或劳务的能力，是构成现实市场的物质基础。购买力的高低是由消费者的收入水平决定的。

(3)购买欲望　是指消费者购买商品或劳务的动机、愿望和要求，它是使消费者的潜在购买力转化为现实购买力的必要条件。

3. 市场的分类

(1)按营销活动对象，划分为消费品市场、生产资料市场、服务市场、资金市场、技术市场、劳动力市场、房地产市场和信息市场。

(2)按购买者的购买特点，划分为消费者市场、生产者市场，中间商市场和社会集团市场。

(3)按市场营销的方式，划分为现货市场和期货市场。

(4)按市场所在的地理位置，划分为国内市场和国际市场。

(5)按消费者年龄，划分为少年儿童市场、青年市场、中年市场和老年市场。

### (六)市场营销与市场营销者

市场营销是指企业围绕满足消费者需要，获取最大利润开展的总体经营活动。营销活动的范围十分广泛。

在交换双方中，如果一方比另一方更主动、更积极地寻求交换，我们就将前者称之为市场营销者，后者称为潜在顾客。换句话说，所谓市场营销者，是指希望从别人那里取得资源并愿意以某种有价值的东西作为交换的人。市场营销者可以是卖方，也可以是买方。当买卖双方都表现积极时，我们就把双方都称为市场营销者，并将这种情况称为相互市场营销。

### （七）营销管理

营销管理是指为实现营销目标，而对整个营销活动，包括营销计划的编制和执行，对营销手段、分销渠道、产品价格等进行控制。营销管理是市场营销活动不可缺少的重要环节。

市场营销管理的本质是需求管理，包括以下需求：

（1）负需求　是指顾客对某种产品或服务不喜欢甚至感到恐惧、厌恶。

（2）无需求　是指顾客对某种产品从来不感兴趣或漠不关心的一种状况。

（3）潜在需求　是指顾客存在许多的需求，而现有产品或服务又无法使之满足的一种需求状况。

（4）下降需求　是指顾客对某些产品或服务的需求出现了下降趋势。

（5）不规则需求　由于对产品或服务需求会随着季节、月份、周、日、时等时间的变化而变化，从而造成生产能力和商品的闲置或过度使用。

（6）充分需求　是指某种产品或服务目前的需求水平和时间等于期望的需求，这是企业最理想的一种需求状况。

（7）过度需求　是指市场上顾客对某些产品的需求超过了企业供应能力，出现产品供不应求的一种需求状况。

（8）有害需求　是指会对顾客造成某种伤害的需求。

## 第二节　市场营销观念的演变和发展

案例引导

皮尔斯堡面粉公司的新转变

美国皮尔斯堡面粉公司于1869年成立，从成立到20世纪20年代以前，这家公司提出“本公司旨在制造面粉”的口号。因为在那个年代，人们的消费水平很低，面粉公司无须太多宣传，只要保持面粉质量，降低成本与售价，销量就会大增，利润也会增加，而不必研究市场需求特点和推销方法。1930年左右，美国皮尔斯堡公司发现，竞争加剧，销量开始下降。公司为扭转这一局面，第一次在公司内部成立商情调研部门，并选派大量推销员，扩大销售量，同时把口号变为“本公司旨在推销面粉”，更加注意推销技巧，进行大量广告宣传，甚至开始硬性兜售。然而随着人们生活水平的提高，各种强力推销未能满足顾客变化的新需求，这迫使面粉公司从满足顾客心理实际需求的角度出发，对市场进行分析研究。1950年前后公司根据战后美国人的生活需要开始生产和推销各种成品和半成品的食品，使销量迅速上升。

1958年后，公司着眼于长期占领市场，着重研究今后3～30年的市场消费趋势，不断设计和制造新产品，培训新的推销人员。

案例思考：

1. 请分析是什么原因促使皮尔斯堡公司的营销发生转变？

2. 请根据这一转变，说明市场营销观念的转变和各阶段的特点。

3. 请根据该公司的转变，说明对我国企业有何借鉴意义？

## 一、市场营销学的产生与发展

市场营销学从产生到现在大体上经历了四个阶段：

1. 初创阶段

市场营销学于19世纪末20世纪初创建于美国，在这段时期，一些主要的资本主义国家先后完成了工业革命，由自由竞争走向垄断。资本主义经济迅速发展，需求膨胀，市场总的特点是求大于供的卖方市场。企业要解决的首要问题是增加产量、降低成本，通过为市场提供更多的产品而获得更大的利润。例如，美国工程师泰罗在某公司实行五年科学管理，使该公司生产增长80%，成本降低了30%。但是劳动生产率的迅速提高，也使一些大企业的产品销路出现了困难。于是，他们在发展生产的同时，把销售提到了一个很重要的地位，认为这是关系到企业生死存亡的大问题。与此同时，经济学界开始着手研究销售问题。美国加州大学、伊利诺斯和密执安大学相继正式开设了市场营销学课程。1912年哈佛大学教授赫杰特齐(J. E. Hagerty)出版了世界上第一本以"Marketing"命名的教科书，该书被认为是市场学作为一门独立学科的重要标志。当然，这本书与20世纪50年代后的市场营销学相比还有很大的距离，它的内容比较简单，应用范围也比较狭窄，所以在当时还没有形成广泛的社会影响。

2. 成长阶段

20世纪30年代到二次世界大战结束是市场营销学的成长时期。1923—1933年资本主义世界爆发了空前的经济危机，社会购买力急剧下降，市场问题空前尖锐。这次危机对整个资本主义经济打击很大，使资本主义世界的工业生产下降了44%，贸易总额下降了66%。这时，关系到企业存亡的根本问题是如何将产品销售出去。所以，1929年大危机爆发前夕，美国政府官员曾多次呼吁："企业必须关心产品的销售活动"。为适应这种新的形势，资本家们把主要精力转移到流通领域，注重市场调查、市场预测以及推销术和广告术的运用，用各种方法刺激顾客需求，这为研究市场营销学积累了大量实践资料，促使市场营销学研究活动大规模地开展起来。1926年美国建立了"全国市场学和广告学教员协会"。在此基础上，1931年又成立了美国市场学协会(American Marketing Association，AMA)，并在全国组织了几十所分会，培养了大量的营销管理人才，对市场营销学的普及和发展起了重要的推动作用。

3. 成熟阶段

20世纪50年代至70年代末80年代初为现代市场营销学的成熟时期。二次世界大战结束以后，各国经济由战时经济转入民用经济。战后经济的恢复及科学技术的发展，促进了西方国家经济的发展。以美国为例，社会劳动生产率迅速提高，产量剧增，花色品种不断翻新。从社会需求方面看，垄断资产阶级接受了第一次世界大战到1930年的教训，采用一系列刺激购买力的措施和政策，尽最大可能挖掘社会需求潜力，从而出现了消费者需求和欲望的新变化。

尽管如此，生产和消费之间的矛盾仍然非常尖锐。劳动生产率的提高相对来说超过了人们的消费水平提高后所能实现的消费能力，买方市场全面形成。而且企业所面临的是一个非常复杂的需求市场，社会需求复杂化、多样化，需求周期相对缩短。可以看出，在这种复杂的市场环境下，以推销术为主体的旧的市场营销学已经完全不适应企业的需要。于是，出现了市场营销学的"革命"，形成了"以消费者为中心"的现代市场营销学的概念、原则和理论体系。

4. 创新阶段

20 世纪 80 年代至今是现代市场营销学的创新阶段。市场营销理论在指导企业的市场营销实践中做出了重要的贡献。但 80 年代以来随着市场竞争的日益加剧，营销环境的不断变化，常规的市场营销理论及方法已显露出某种局限和不足。一般的营销理论认为，社会、文化、法律等一系列外部环境都是不可控制的，企业在制定营销决策时，只能通过它的"可控要素"，即营销组合去适应外部环境变化。1984 年以后，科特勒提出了"大市场营销"理论，他认为在以往的营销组合策略中，必须加上两个新的重要因素：权力(power)和公共关系(public relations)，这两个新的营销战略手段的目标在于打破封闭的或被保护的市场，即"进入某特定的市场或者在某特定的市场上开展经营，而运用经济、心理、政治和公共关系等手段，以获得外国或地方各有关方面的合作与支持"。大市场营销理论是 80 年代西方市场营销战略思想的新发展，这一崭新的营销理论，为企业在营销中，打破各种市场"壁垒"，成功地开展市场营销活动提供了有力的武器。

## 二、市场营销观念的演变过程

市场营销观念是指企业进行经营决策，组织管理市场营销活动的基本指导思想，也就是企业的经营哲学。它是一种观念、一种态度或一种企业思维方式。

从 19 世纪到现在，市场营销观念的演变与发展，可归纳为五种：生产观念、产品观念、推销观念、市场营销观念和社会营销观念。

1. 生产观念(production concept)

生产观念产生于 19 世纪末 20 世纪初。由于社会生产力水平还比较低，商品供不应求，市场经济呈卖方市场状态。正是这种市场状态，导致了生产观念的流行。表现为企业生产什么产品，市场上就销售什么产品。在这种营销观念指导下，企业的经营重点是努力提高生产效率，增加产量，降低成本，生产出让消费者买得到和买得起的产品。因此，生产观念也称为"生产中心论"。生产观念是指导企业营销活动最古老的观念。曾经是美国汽车大王的亨利·福特千方百计地增加 T 型车的生产，采取流水线的作业方式，以扩大市场占有率，至于消费者对汽车款式、颜色等主观偏好，他全然不顾，车的颜色一律是黑色。这就形成了企业只关心生产而不关心市场的营销观念。

2. 产品观念(product concept)

产品观念是与生产观念并存的一种观念，都是重生产轻营销。产品观念认为，产品销售情况不好是因为产品不好，消费者喜欢质量优、性能好和有特色的产品。只要企业致力于制造出好的产品，就不愁挣不到钱。"酒香不怕巷子深"是这种观念的形象说明。企业总是在生产更好的产品上下工夫，而却常出现顾客"不识货"不买账的情况。由于这个原因导致企业失败，就是因为这种生产观念仍是从自我出发，孤芳自赏，使产品改良和创新处于"闭门造车"状态。

3. 推销观念(selling concept)

二次大战后,资本主义工业化大发展,社会产品日益增多,市场上许多商品开始供过于求。企业为了在竞争中立于不败之地,纷纷重视推销工作,如组建推销组织、培训推销人员、研究推销术、大力进行广告宣传等,以诱导消费者购买产品。这种营销观念是“我们会做什么,就努力去推销什么”。

由生产观念、产品观念转变为推销观念,是企业经营指导思想上的一大变化。但这种变化没有摆脱“以生产为中心”、“以产定销”的范畴。前者强调生产产品,后者强调推销产品。所不同的是生产观念是等顾客上门,而推销观念是加强对产品的宣传。

4. 市场营销观念(marketing concept)

这是买方市场条件下以消费者为中心的营销观念。这种观念认为:实现企业目标的关键是切实掌握目标消费者的需要和愿望,并以消费者需求为中心集中企业的一切资源和力量,设计、生产适销对路的产品,安排适当的市场营销组合,采取比竞争者更有效的策略,满足消费者的需求,取得利润。

营销观念与推销观念的根本不同:推销观念以现有产品(即卖主)为中心,以推销和销售促进为手段,刺激销售,从而达到扩大销售、取得利润的目的。市场营销观念是以企业的目标顾客(即买主)及其需要为中心,并且以集中企业的一切资源和力量、适当安排市场营销组合为手段,从而达到满足目标顾客的需要、扩大销售、实现企业目标的目的。

可见,市场营销观念把推销观念的逻辑彻底颠倒过来了,不是生产出什么就卖什么,而是首先发现和了解消费者的需要,消费者需要什么就生产什么、销售什么。消费者需求在整个市场营销中始终处于中心地位。它是一种以顾客的需要和欲望为导向的经营哲学,是企业经营思想的一次重大飞跃。

相关链接

本田汽车公司的营销观念

许多优秀的企业都是奉行市场营销观念的。如日本本田汽车公司要在美国推出一种雅阁牌新车。在设计新车前,他们派出工程技术人员专程到洛杉矶地区考察高速公路的情况,实地丈量路长、路宽,采集高速公路的柏油,拍摄进出口道路的设计。回到日本后,他们专门修了一条9英里长的高速公路,就连路标和告示牌都与美国公路上的一模一样。在设计行李箱时,设计人员意见有分歧,他们就到停车场看了一个下午,看人们如何放取行李。这样一来,意见马上统一起来。结果本田公司的雅阁牌汽车一到美国就备受欢迎,被称为是全世界都能接受的好车。

5. 社会营销观念(societal marketing concept)

这种经营思想是对市场营销观念的重要补充和完善。基本内容是:企业提供产品不仅要符合消费者的需要与欲望,而且要符合消费者和社会的长远利益。企业要关心与增进社会福利。强调要将企业利润、消费需要、社会利益三个方面统一起来。

社会营销观念出现于20世纪70年代,它的提出一方面是基于“在一个环境恶化、爆炸性人口增长、全球性通货膨胀和忽视社会服务的时候,单纯的市场营销观念是否合适”这样的认识,另一方面也是基于对广泛兴起的以保护消费者利益为宗旨的消费主义运动的反思。他们认为，单纯的市场营销观念提高了人们对需求满足的期望和敏感，导致了满足眼前消费需要与长远的社会福利之间的矛盾，导致产品过早陈旧，环境污染更加严重，也损害和浪费了一部分物质资源。正是在这种背景下，人们又提出了社会营销观念。

## 三、现代营销观念与传统营销观念的区别

分析以上五种营销观念可以看出，生产观念、产品观念和推销观念属于传统营销观念，而市场营销观念和社会市场营销观念属于现代营销观念，两类观念有本质的不同。

1. 市场环境不同

传统营销观念是在生产力水平低下，科学技术发展缓慢，产品供不应求，为卖方市场，企业之间缺乏竞争，只要能生产出来，就可以卖出去。

现代营销观念是建立在生产力水平大幅提高，流水作业和自动化生产等科学技术广泛采用，生产效率大幅增加，产品供过于求，为买方市场，企业之间竞争激烈，不少企业的产品难以推销，被挤出市场，而优质名牌企业占有很大市场份额。

2. 营销重点不同

传统营销观念以产品为重点，重视改进和开发新产品，扩大产量，提高质量，相信酒香不怕巷子深，只要产品好，不愁没人要，忽视市场需求动态，没有意识到市场需求的变化，导致产品滞销而陷入困境。

现代营销观念以顾客需求为重点，重视市场需求调查，深入分析消费者行为，针对消费需求不同而细分市场，满足特定市场顾客的消费需求，以求在竞争中取胜。

3. 态度不同

传统营销观念相信生产出好的产品，就一定能卖掉，关键是提高产量。

现代营销观念充分认识到只有满足顾客的消费需求，才能生产，即以销定产，相信顾客第一，消费者就是上帝。

4. 规划顺序不同

传统营销观念是从产品生产开始，生产出来拿到市场销售，把销售看做工作的终点。

现代营销观念是从市场营销开始，按照需求来组织生产，把市场营销作为工作起点，是一切工作的出发点。

5. 方法不同

传统营销观念把提高产量和质量，加强推销，作为增加企业盈利的基本方法。

现代营销观念以消费者需求为中心，根据目标市场需求，设计市场营销组合，通过整体市场营销活动来实现企业目标。

## 四、现代营销观念的发展

### （一）定制营销观念

定制营销是指企业在大规模生产的基础上，将每一位顾客都视为一个单独的细分市场，根据个人的特定需求来进行市场营销组合，以满足每位顾客的特定需求的一种营销方式。现代的定制营销与以往的手工定做不同，定制营销是在简单的大规模生产不能满足消费者多样化、个性化需求的情况下提出来的，其最突出的特点是根据顾客的特殊要求来进行产品生产。

定制营销观念是一种极端的观念，他把每一个顾客都当成一个市场来处理，是对传统营销

观念的一种颠覆，反映了消费者力量的增强，消费主义的到来。

企业实施定制营销需要具有一定的条件：第一是应有良好的信息基础设施建设。信息是沟通企业与顾客的载体，没有畅捷的沟通渠道，企业无法及时了解顾客的需求，顾客也无法确切表达自己需要什么产品，目前，Internet、信息高速公路、卫星通信、声像一体化可视电话等的发展为这一问题提供了很好的解决途径；第二是企业必须建立柔性生产系统。柔性生产系统的发展是大规模定制营销实现的关键。

**（二）整合营销观念**

1991 年，美国市场营销学教授 Don Schultz 提出了整合营销沟通的新概念，认为整合营销沟通是一个“管理与提供给顾客或者潜在顾客的产品/服务有关的所有来源的信息的流程，以驱动顾客购买企业的产品/服务并保持顾客对企业产品/服务的忠诚度”（Don Schultz，1991）。Bon Stone 则认为“整合营销沟通是一个时新的营销概念”，它“基于整合企业各项战略性沟通原则（disciplines）如广告、直接回应、销售回应、销售促销和公共关系，能够实现价值的优化认识，从而把这些沟通原则整合起来以实现营销沟通影响的清晰化、一致性和最大化。”（Bon Stone，1994）随后，整合营销沟通开始扩展为整合营销。1995 年 Paustian Chude 首次提出了整合营销概念，他给整合营销下了一个简单的定义：整合营销就是“根据目标设计（企业的）战略并支配（企业各种）资源以达到企业目标。”菲利普·科特勒教授在《营销管理》第九版中从实用主义角度揭示整合营销实施的方式，即企业里所有部门都为了顾客利益而共同工作；这样，整合营销就包括两个层次的内容：一是不同营销功能销售、广告、产品管理、售后服务、市场调研等必须协调；二是营销部门与企业其他部门，如生产部门、研究开发部门等职能部门之间的协同。

整合营销实质是谋求从供应商—生产商—分销商—顾客整条价值链的最优化。可以把整合营销视为是对价值链的整合，整合可以保证提供产品或服务的各个环节的质量，以实现顾客价值的最大化；整合可以更有效地管理各种相关资源，以发挥高效的经济效益。因此说，整合既有利于顾客，又有利于企业，可以实现双赢局面。整合营销推崇企业用动态的观念看待市场，一个企业市场优势地位的确定与稳固，在于企业能否深刻地领悟市场发展的方向，以及是否有能力根据市场的变化及时调整企业的战略、充分利用自身以及“外脑”来适应变化了的市场。在复杂动态的营销环境下，一个企业只有成为市场营销的开拓者，开创新的市场并不断地保持领先地位，企业才有可能拥有持久的生命力、成长能力和核心竞争力。

**（三）全员营销观念**

当企业之间的市场竞争进入争夺顾客资源阶段，就需要企业内部各个部门协调一致，全过程、全方位地参与整个企业的营销活动，使顾客满意程度最大化，这就是全员营销兴起的背景。在全员营销观念指导下，企业要做到以下几个方面：

1. 全员参与营销

全员营销观念的关键是协调企业内部所有职能来满足顾客的需求，要让企业内部所有部门、全体员工都为顾客着想，大家在营销观念、质量意识、行为取向等方面形成共同的认知和准则，一心一意为顾客提供优质产品与优质服务，从而进一步提高顾客的满意度。

全员参与营销活动并不是要求企业的全体人员都离开本职工作去搞销售，而是要求企业员工以认真负责的态度做好本职工作，清楚知道企业目标对本职工作的要求，明白本职工作是企业整体营销活动的一部分。如IBM公司的会计员、原材料采购员，都懂得他们的工作是如何帮助顾客，他们在礼貌接待和应答顾客方面都受过训练和受到激励。

2. 内部营销与外部营销配合一致

全员营销观念要求企业由内及外实行全方位营销。企业内部营销是指领导者要视“员工为顾客”，通过培训、激励来提高员工的满意度。员工满意度提高了，才能更好地为顾客服务。企业内部营销还要求树立相互服务意识，上道工序(流程)视下道工序(流程)为顾客，强化内部环节服务，只有内部营销与外部营销相互配合，才能形成全员营销的优势。

3. 职能部门配合一致

企业内部研究开发、采购、生产、财务和人事务部门协调争取顾客才称得上是全员营销。职能部门的配合要做到：

(1)协调分配资源。公司内部的人、财、物与发展资源是有限的，在企业内部争取顾客，才能达到最大限度地利用资源和赢得市场。

(2)相互沟通，共同协作。各部门间实现了横向沟通，才能相互配合，协调一致。反之，相互推诿，或者封闭信息，将产生重复劳动，加大信息成本，滋生矛盾，造成效率低下。

(3)必要的让步取得一致。为了达到不断开拓的目的，有时某些部门必须牺牲本部门的短期利益。例如，为了支持新产品进入市场，生产部门可能必须降低现有的成熟产品的生产量，以适应新产品的生产。

### (四)数据库营销

数据库营销是随着时代的进步，科学技术的发展，数据库技术和市场营销有机结合后形成的。所谓数据库营销就是企业通过搜集和积累消费者的大量信息，经过处理后预测消费者有多大可能去购买某种产品，以及利用这些信息给产品以精确定位，有针对性地制作营销信息以达到说服消费者去购买产品的目的。通过数据库的建立和分析，可以帮助企业准确了解用户信息，确定企业目标消费群，同时使企业促销工作具有针对性，从而提高企业营销效率。

数据库营销的主要特征：

(1)数据库营销是信息的有效应用。

(2)成本最小化，效果最大化。

(3)顾客终身价值的持续性提高。

(4)“消费者群”观念，即一个特定的消费者群对同一品牌或同一公司产品具有相同兴趣。

(5)双向个性化交流，买卖双方实现各自利益，任何顾客的投诉或满意度可以通过这种双向信息交流进入公司顾客数据库；公司根据信息反馈改进产品或继续发扬优势，实现最优化。

### (五)情感营销观念

产生的背景：人们高节奏的生产生活方式以及由此而产生的人际关系的淡漠，使得人们需要感情寄托、需要关爱、需要信任、需要情感消费。

情感营销要求企业在营销活动中真正关心消费者，采用人性化的营销手段和方式，将营销过程由单纯的交易过程转变为情感交流过程，具体包括：情感商品，人性化的设计，将商品拟人化；情感价格，体现对消费者惠顾的利益回报；情感渠道，营造温馨、有家的感觉的卖场和服务地点；情感促销，对消费者体贴和关爱的人性化的沟通；情感服务，温暖亲切的语言和人性化的服务方式。

### (六)网络营销

网络营销就是利用网络进行营销活动。当今世界信息发达,信息网络技术被广泛运用于生产经营的各个领域,尤其是营销环节,形成网络营销。商户在电脑网络上开设自己的主页,在主页上开设“虚拟商店”,陈列其商品,顾客通过网络可以进入到虚拟商店,挑选商品、下订单、支付都可以在网上完成,商户接到订单就送货上门。同样,通过网络顾客可以将自己的意见反馈到生产过程中,这样生产者可以根据消费者的需求和品味进行生产,这一方面提高了生产者和消费者之间的协调与合作水平,另一方面又可以降低企业产品生产的“互动成本”。比如通用汽车公司别克汽车制造厂,让客户自己设计所喜欢的车型,并且可以由客户自己选择车身、车轴、发动机、轮胎、颜色及车内结构。客户通过网络可以看到自己选择的部件组装出来的汽车的样子,并可继续更换部件,直到客户满意为止。这种营销方式在现代市场条件下运用得越来越普遍。据国际电信联盟统计显示,全球网络商业的营业额,1997 年达到 500 亿美元,网上广告业务达 9.065 亿美元,是 1996 年的 3 倍多。在美国网上服务商 ISP 大约有 1 200 家,全美 500 家最大的公司已有半数在网上开展经营,中小企业不计其数。网络营销可以促进企业通过网络快速地了解市场动向和顾客需求,节省中间环节,降低销售成本。我国企业在这方面也应该行动起来,大力开展网上交易。

### (七)绿色营销

绿色营销是指企业在整个营销过程中充分体现环保意识和社会意识,向消费者提供科学的、无污染的、有利于节约资源使用和符合良好社会道德准则的商品和服务,并采用无污染或少污染的生产和销售方式,引导并满足消费者有利于环境保护及身心健康的需求。其主要目标是通过营销实现生态环境和社会环境的保护及改善,保护和节约自然资源,实行养护式经营,确保消费者使用产品的安全、卫生、方便,以提高人们的生活质量,优化人类的生存空间。

实施绿色营销战略,需要贯彻“5R”管理原则,即研究(research),重视研究企业对环境污染的对策;减少(reduce),减少或消除有害废弃物的排放;循环(recycle),对废旧物进行回收处理和再利用;再开发(rediscover),变普通产品为绿色产品;保护(reserve),积极参与社区的环保活动,树立环保意识。实施绿色营销是国际营销战略的大趋势,我国企业在这方面应该有一个清醒的认识,并积极付诸行动。据有关方面统计,我国有数百个品种、价值 50 多亿美元的出口产品将因臭氧层的有关国际公约而被禁止生产和销售,有 40 多亿美元的出口产品将因主要贸易对象国实施环境标志而面临市场准入问题。针对这种情况,企业要以绿色营销组合的观念和方式去组织生产和销售活动,采用 ISO 4000 系列标准组织生产,并及时了解目标市场的有关绿色信息、发展动向、新技术和新方法,不断调整企业活动加以适应。

## 五、现代营销观念的核心

现代市场营销的核心观念是“以消费者为中心”,把“满足消费者需要”作为企业营销活动的出发点和归宿。

众多企业经营活动的实践,使企业家们认识到有没有树立并奉行正确的经营指导思想对企业生死攸关。正确的经营指导思想的体现,市场营销观念的核心,是满足消费者的需求。因此,企业的营销管理,即以消费者需求为中心进行的管理,在现代市场营销学中被称为“需求管理”。它明确了企业的营销管理“管”什么:管理需求。以管理需求的思想来指导企业的营销活动。"需求管理"理论被学者及企业家接受。但在现实的营销活动中，企业要真正牢固地树立"管理需求"这种企业营销活动的指导思想、贯彻与实施市场营销观念则必须付出艰苦的努力，要做大量的转化工作。主要有以下几个方面：

### （一）"满足消费者需求"的内涵

营销观念的核心是满足消费者需求，始终坚持消费者需求第一的原则，这是它与旧观念的区别所在，也是企业经营中应牢固树立的观念。"满足消费者需求"包含着丰富的内涵。只有全面理解，才能真正贯彻在企业营销实践中。

1. 满足消费者对某一种产品的全部需求

通常，消费者对某一种产品的需求是多方面的，并不仅限于产品直接的、表面的使用价值。如同是糕点产品，当消费者购买用来作礼品的糕点，不仅要求产品卫生，本身质量好，色香味俱佳，还要求有精美的包装和适当的价格，与消费者日常生活中作为早饭的糕点要求的耐饥、营养、实惠有很大差别。作为经营者要考虑到消费者对一种产品的全部需求，才有条件实施整体产品策略。

2. 满足消费者不断变化的需求

消费者对产品的需求永远不会停留在一个水平上，它是随生产的发展、产品的发展而不断变化的。昨天的需求不是今天的需求，今天的需求也不能被认作明天的需求。企业经营者要看到作为消费者需求的这种变化，研究这种变化及规律性，为适应这种变化而开发、生产和经营最适合消费者需要的新产品。关于产品经济生命周期的研究，实际上就是从另一角度研究一种产品市场需求变化的周期，以探讨消费者对某产品什么时候需求强度最大，什么时候需求减退，以及消费者需求的变化特点，以适时地调整企业的市场行为。

3. 满足不同消费者的需求

消费者不是清一色的产品需求者，而是各具特性的、具体的、活生生的人。由于个性不同、所处地位不同，他们对产品的需求也就不同。进行有效的市场细分，满足不同层次消费者的需求，就能开拓企业的市场，获得较好的经营成果。除此之外，还要满足消费者的不同需求。消费者的需求呈现出一定的层次性、顺序性。营销人员需要作大量的调查研究工作，才能搞清消费者不同层次的需求与商品和服务的关系，有针对性地提供商品和服务。

### （二）实现"顾客让渡价值的最大化"

"满足消费者需求"并非是一种口号，要求企业营销部门和营销人员要具有吸引和保持顾客、使顾客满意的能力，具体表现为在企业营销实践中实现"顾客让渡价值的最大化"。顾客让渡价值是指顾客价值与顾客成本之间的差额部分。顾客让渡价值越大，顾客感到购买产品或服务所获利益越高，就会感到越满意。显然，顾客让渡价值最大化是满足消费者需要，实现顾客满意的最有效途径。在市场营销实践中，消费者是比较"顾客价值"和"顾客成本"来进行选择购买的。

1. 顾客价值

假设小张想买一辆小轿车，他购买轿车主要用做上下班的交通工具，因此他希望这辆车能提供一定程度的可靠性、耐用性和良好的性能、优质的服务。他比较了 A 和 B 两种汽车。结果发现 A 的产品价值较高，所提供的服务如礼品、保养等也令人满意，而且 A 的销售人员、公司形象均优于 B。加在一起，他认为 A 所提供的顾客价值较高。

顾客价值是指顾客期望从某一企业所给定产品或服务中获得的所有利益。包括产品价值、服务价值、人员价值、形象价值。

(1)产品价值　是指由顾客从所购产品的质量、功能、规格、式样等因素中所产生的价值。产品价值的高低是顾客选择产品时所要考虑的首要因素。

(2)服务价值　是指企业向顾客提供满意服务所产生的价值,即购买后的利益保证和追加。如产品的使用培训、安装、维修以及精神利益,如服务态度、情感沟通、心情愉悦等。

(3)人员价值　是指顾客对企业所接触的人员或营销人员或管理者的知识、教养、素质、服务态度等方面的评价以及这些人员对顾客提供的服务和帮助,使顾客感受到亲和力。

(4)形象价值　是指顾客对产品品牌形象或企业形象的心理认同,对企业知名度、美誉度的赞赏,感到购买产品或劳务对自己的品味、地位和人生价值是一种体现。

2.顾客成本

根据对顾客价值的比较,小张是否一定购买A车呢?不一定。因为他还要对与A和B交易所产生的顾客成本进行比较。

顾客成本是指顾客购买产品或服务的支出,包括货币成本、时间成本、体力成本和精神成本。

(1)货币成本　是指以货币表示的产品价格,是顾客购买所支付的货币量。

(2)时间成本　是指顾客购买产品或服务所要付出的时间,如超市设在居民区,就是为了减少顾客购买的时间成本。

(3)体力成本　是指顾客购买产品或服务所消耗的体力,如网上购物、送货上门,均可节省顾客购买的体力成本。

(4)精神成本　是指顾客购买产品或服务所消耗的精力和心理承受力。如某些产品的购买有一定的风险,就会增加顾客购买的精神成本。

3.让渡价值最大化

小张最后会选择哪辆车呢?在比较"顾客价值"和"顾客成本"后,小张必然是选择顾客让渡价值最大的产品。

顾客让渡价值是指顾客价值与总顾客成本之差。顾客让渡价值越大,越能使顾客满意。顾客是让渡价值最大化的追求者,他将从那些他认为能提供最高顾客让渡价值的企业购买产品。

顾客让渡价值概念的提出为企业经营方向提供了一种全面的分析思路。企业要让自己的产品为顾客接受,必须全方位、全过程地改善生产管理和经营,通过改进产品、服务、人员与形象来增加顾客价值;同时还应设法降低顾客购买的总成本,真正体现满足消费者需求的营销观念,也是企业使消费者满意,吸引顾客购买的有效手段。

**(三)顾客满意和顾客忠诚**

1.提高顾客满意度

顾客满意水平是预期期望与最终绩效差异的比较。

顾客满意程度存在三种可能状态,一种是绩效不及期望,顾客产生不满意;一种是绩效与期望相符,顾客满意;还有一种是绩效超过期望,顾客十分满意。

据有关资料统计,一般来说,公司会流失80%极不满意的顾客,40%有些不满意的顾客,20%无意见的顾客和10%的一般满意的顾客。但公司只会流失1%～2%高度满意的顾客。

高度满意和愉悦创造了一种对品牌情绪上的共鸣，而不仅仅是一种理性偏好，正是这种共鸣创造了高度的顾客忠诚。

企业要提高顾客的满意度，就应该深入了解、把握顾客（客户）对企业的产品、服务、价格、信息沟通的期望是什么，提供针对性系列服务，让顾客（客户）的期望与绩效相符并略有超出，使顾客（客户）满意，甚至十分满意。

2003 年，海尔推出了服务新举措——海尔“全程管家 365”，全国 20 000 名海尔家电“全程管家”一年 365 天为用户提供全天候上门服务。具体内容：售前上门设计；售中咨询导购、送货到位；售后安装调试、电话回访、指导使用、征询用户意见并及时反馈到生产开发部门，不断提高产品的设计。另外，根据用户的预约为用户提供上门维护、保养等服务。消费者只需拨打海尔 24 小时服务热线 0532-8939999，即可预约海尔“全程管家”为消费者提供一站到位式的服务。

2. 培育忠诚顾客

忠诚顾客是指那些对企业品牌满意或十分满意的顾客。忠诚作为信任、偏爱的一种心理状态，会产生持续的购买行为。

培育顾客忠诚对企业利益影响很大。据统计，公司如果能降低 5% 的顾客损失率，将会增加 25%～85% 的利润。而公司开发一个新顾客所耗费的成本大概相当于保持一个现有顾客的 5 倍。

忠诚顾客的特点是只购买公司产品，不购买竞争对手的产品，重复购买公司的产品，带来相关公众购买公司产品，企业不懈努力培育忠诚顾客，企业的市场资源必然丰厚。

3. 追踪、测量顾客的满意度

为了提高顾客满意度，培育更多忠实顾客，企业要运用电子计算机技术，不断进行调查、分析、追踪测量顾客的心理和消费观念的变化。具体方法：

(1)顾客满意度调查。设计问卷调查表，直接征询顾客对企业产品、服务、价格等方面的意见、建议，了解他们的满意度状况。

(2)建立顾客抱怨或建议系统。如松下、夏普、我国的小天鹅公司都建立了一种称之为“顾客热线”的免费电话，方便顾客咨询、建议和抱怨，为公司提供了很多好的改进意见，并能使公司更迅速地解决问题，令顾客满意。

(3)幽灵购物法。公司雇用一些人装作购买者，他们在购买公司和竞争者产品过程中考察发现的问题和缺陷。这些幽灵购物者还可以故意设置麻烦来检测营销人员如何处理抱怨，借以提高营销人员的服务状况。

(4)对失去顾客进行分析。企业失去顾客就是失去市场，企业必须分析、研究顾客流失的原因，并及时改进方法，重新争取顾客。

相关链接

让顾客满意的迪斯尼乐园

美国的迪斯尼乐园，欢乐如同空气一般无所不在。它使得每一位来自世界各地的儿童美梦得以实现，使各种肤色的成年人产生忘年之爱。因为迪斯尼乐园成立之时便明确了它的目标：它的产品不是米老鼠、唐老鸭，而是快乐。人们来到这里是享受欢乐的，公园提供的全是欢乐，公司的每一个人都要成为欢乐的灵魂。游人无论向谁提出问题，谁都必须用“迪斯尼礼节”

回答，决不能说“不知道”。因此游人们一次又一次地重返这里，享受欢乐，并愿付出代价。

案例思考：

1. 迪斯尼风靡全球，靠的是什么？

2. 迪斯尼公司向顾客销售的是什么？

## 第三节 市场营销学的研究对象、研究内容和研究方法

### 一、市场营销学的研究对象

市场营销学的研究对象主要是企业的营销活动及其规律性，主要研究卖主的产品或服务如何转移到消费者和用户手中的全过程。探讨在生产领域、流通领域和消费领域内运用一整套开发原理、方法、策略，不断拓展市场的全部营销活动以及相应的科学管理。

市场营销学的结构体系由以下四大块内容组成：

营销原理 包括市场分析、营销观念、市场营销信息系统与营销环境、消费者需要与购买行为、市场细分与目标市场选择等理论。

营销实务 由产品策略、定价策略、分销渠道策略、促销策略、市场营销组合策略等组成。

营销管理 包括营销战略、计划、组织和控制等。

特殊市场营销 由网络营销、服务市场营销和国际市场营销等组成。

总之，市场营销学的研究是以了解消费者的需求为起点，以满足消费者需求为终点，通过研究，制定出营销活动战略、策略及方法技巧，以使企业在满足消费者需求的过程中实现利润目标，在激烈竞争的市场上求得生存和发展。

### 二、市场营销学的研究内容

1. 4Ps

1964 年，由美国伊·杰·麦卡锡教授提出。认为影响企业经营的诸因素中，市场营销环境是企业不可控制的因素，而产品、价格、分销和促销等这些因素是企业可以控制的变量，可以组成一个系统化的营销组合策略，以适应外部环境的变化，满足目标顾客的需求，实现企业经营目标。

营销组合(marketing mix)是指企业可控制的一组营销变量，可综合运用这些变量以实现其营销目标。具体表现产品策略(product)、价格策略(price)、分销策略(place)和促销策略(promotion)，简称“4Ps”。

2. 6Ps

20 世纪 80 年代以后，世界上贸易保护主义盛行，政府干预加强，国际经济政治环境的变化使许多专家学者认为 4Ps 理论已不能适应现代诡谲多变的营销环境。

1984 年，美国著名的市场学家菲力普·科特勒提出大市场营销理论，称为“6Ps”理论，就是在原有的 4Ps 基础上，再加上两个 P：政治权力策略(power)与公共关系策略(public relations)。

"6Ps"理论突破了市场营销环境是不可控制的传统看法,认为企业应该积极地、主动地去影响环境,运用政治力量和公共关系的各种手段,打破国际或国内市场上的贸易壁垒,为开拓新的市场扫清障碍。

3. 10Ps

1986 年,菲力普·科特勒又进一步提出在"6Ps"基础上再加上战略性的"4Ps":市场研究-探索(probing),市场划分(partitioning),优先-择优选定目标市场(prioritinging),产品定位(positioning)。

科特勒认为,"4Ps"仅仅是市场营销战术,其目的是在已有的市场中提高本企业产品的市场占有率。它们的组合是否得当,是由战略性的"4Ps"决定的。如果加上"政治权力"和"公共关系",这不仅要提供市场占有率,而且还要打进和占领新的市场。现代市场竞争越来越激烈,新的需求不断出现,任何企业不可满足于现有市场占有率,应该发现和开发新市场。

## 三、市场营销学的研究方法

市场营销学的研究方法很多,主要有:

1. 传统研究法

传统研究法有产品研究法、机构研究法和职能研究法。

产品研究法即对产品(商品),如农产品、机电产品、纺织品等分门别类的研究方法。其优点是具体实用,缺点是有许多共同的方面造成重复。这一方法的研究结果,形成各大类产品的市场营销学,如农产品市场营销学。

机构研究法即对分销系统的各个环节(机构),如生产者、代理商、批发商、零售商等进行研究的方法。侧重分析研究流通过程的这些环节或层次的市场营销问题。其研究结果形成批发学、零售学等。

职能研究法即研究市场营销的各类职能以及在执行这些职能中所遇到的问题及解决方法。如将营销功能划分为交换职能、供给职能和便利职能三大类,并将之细分为购、销、运、存、金融、信息等内容,分别和综合进行研究。这一方法在西方学术界颇为流行。

2. 历史研究法

这是从发展变化过程来分析阐述市场营销问题的研究方法。如分析市场营销的含义及其变化,工商企业 100 多年来营销管理哲学(观念)的演变过程,零售机构的生命周期现象等,从中找出其发展变化的原因和规律性。市场营销学者一般都重视研究对象的历史演变过程,但也不把它作为唯一的研究方法。

3. 管理研究法

这是战后西方营销学者和企业界采用较多的一种研究方法:从管理决策角度研究市场营销问题。其研究框架是,将企业营销决策分为目标市场和营销组合两大部分,研究企业如何根据其"不可控变数"即市场环境因素的要求,结合自身资源条件(企业可控因素),进行合理的目标市场决策和市场营销组合决策。管理研究法广泛采用了现代决策论的相关理论,将市场营销决策与管理问题具体化、科学化,对营销学科的发展和企业营销管理水平的提高起了重要作用。

4.系统研究法

这是一种将现代系统理论与方法运用于市场营销学研究的方法。在管理导向的营销研究中,这一方法常常结合起来采用。企业市场营销管理系统是一个复杂系统。在这个系统中,包含了许多相互影响、相互作用的因素,如企业(供应商)、渠道伙伴(中间商)、目标顾客(买主)、竞争者、社会公众、宏观环境力量等。一个真正面向市场的企业,必须对整个系统进行协调和“整合”,使企业“外部系统”和企业“内部系统”步调一致、密切配合,达到系统优化,产生“增效作用”,提高经济效益。

市场营销学的研究方法正在不断创新和发展,这也是这门学科的生命力所在之一。

## 第四节 市场营销职业与职业素质

### 一、市场营销职业

市场营销人员是现代企业人才链条中的关键环节之一。从目前人才供求状况看,营销人才的数量、结构和素质不能适应市场和企业的需要,跟不上市场发展变化的步伐。在部分营销岗位,人才供求矛盾十分突出,如许多企业缺乏市场通路专员、市场活动专员、市场采购专员、市场策划专员,网络销售专员等。

### 二、营销人才的职业素质

营销人员要想取得事业的成功,取决于多方面因素,其中个人品德和职业道德最为重要,这是他们事业成功的基础。

1.职业道德素质

(1)自律守节,严谨求实,遵纪守法。

(2)爱岗敬业,勇于承担责任,终身学习,有荣誉感。

(3)忠于职守,恪守信义,忠诚可靠。

(4)讲信誉,重信用,诚实守信。

(5)坚持真理,秉公办事,光明正大,廉洁无私,办事公道,平等待人。

(6)具有高度的社会责任感,服务于社会,为社会创造价值。

2.职业素质要求

(1)具有市场调研、产品研发和管理、定价、谈判、沟通、推销术和渠道管理等技能。

(2)以全球化的视角来认知新的机会。

(3)必须懂得财务分析,了解市场策略实施对财务的影响,掌握如保本点分析、ROI、EVA、股东价值等财务分析方法。

(4)掌握信息技术、数据库营销、电话营销等现代营销技术及手段。

(5)了解各种沟通模式的优劣,具有较强的整合营销沟通能力。

(6)对数学和统计学的方法有广泛的了解,如学会采用聚类分析、联合分析、数据挖掘、销售响应分析、营销组合建模和其他技术来解读市场数据和现象。

(7)有创造性思维，敢于突破常规，发现新的市场机会。

## 思考题

1.什么是市场营销？

2.试述市场营销学的形成与发展过程。

3.结合实际，你是否认为市场营销对我国经济发展及企业成长具有重要意义？

4.市场营销学的主要研究对象、研究方法和研究内容是什么？

5.以某一企业为背景，通过调查，分析其市场营销观念是否符合现代市场经济的发展要求，并进一步说明树立正确的市场营销观念对于企业开展市场营销活动的重要性。

## 实训项目

【实训材料】一个有关营销兴趣与职业倾向的测试

无论你学习的专业如何，先测试一下你对营销的态度和营销的天赋记分方法：如果回答的答案是肯定的就加一分，否定的不计分。

1.在买东西时，会不由自主地算算卖主可能会赚多少钱

2.如果有一个能赚钱的生意，而你又没有本钱，你会借钱投资来做

3.在购买大件商品时，经常会计算成本

4.在与别人讨价还价时，会不顾及自己的面子

5.善于应付不测的突发事件

6.愿意下海经营而放弃拿固定的工资

7.喜欢阅读商界人物的经历

8.对于自己想做的事，只能坚持不懈地追求并达到目的

9.除了当前的本职工作，自己还有别的一技之长

10.对于新鲜事物的反应灵敏

11.曾经为自己制订过赚钱的计划并且实现了这个计划

12.在生活或工作中敢于冒险

13.在工作中能够很好地与人相处

14.经常阅读或收看财经方面的文章、新闻

15.在股票上投资并赚钱

16.善于分析形势或问题

17.喜欢考虑全局与长远问题

18.在碰到问题时能够很快地决策该怎么做

19.经常计划该如何找机会去挣钱

20.做事最看重的是结果

【实训测评】如果你的得分在16分以上，那么恭喜你：你已经具有了营销的天赋！但是要成为一个成功的营销人士，还要加倍努力才行哦！如果你的得分在16分以下，也没有关系，经过对市场营销课程的学习，你测试的成绩一定会超过16分。

案例分析

网上卖猪肉20万变百万

因为不做法官做猪倌，鲍风雪如今已是黄陂一带的明星人物，好多生意都是主动找上门的。2009年8月29日的一场雷暴天气，打坏了鲍风雪家的宽带网络线，让高度依赖网络做生意的鲍风雪急得跳脚，黄陂区鲁门工商所和街道办的人主动上门帮他解决难题。

面对社会各界的关注，原本心态挺轻松的鲍风雪反倒变得战战兢兢："大家太需要大学生创业成功的案例了，我本来抱着试一把的心态创业的，现在感觉成了'华山一条道'，如果失败了，真不敢想象会让多少人失望。"

鲍风雪养野猪的主意最早来自2005年，他和同学在神农架旅游时尝了当地一盘野猪肉，那个味道真是好。2006年，鲍风雪从武大法律系毕业后，向父亲鲍厚太借了3万多元，到神农架买了三头野猪。谁知运回武汉的路上，三头猪全颠成了"脑震荡"。运到黄陂养殖基地后，任凭鲍风雪怎样精心呵护，三头猪就是不吃不喝，不到一个月全部死了。

处理掉死猪的第四天，鲍风雪又向父亲借了3万元进神农架，这次更倒霉，被人忽悠着买了三头病猪，3万元再次打了水漂。

当鲍风雪第三次借钱进猪苗时，当爹的再也坐不住了，"虽然我支持你创业，可你这'学费'交得也太快了，一个月不到就扔进去六七万，还不知道为啥扔的。"鲍厚太毅然将自己经营十多年的调料批发生意交他人代管，跟着儿子一起进了神农架。

从此，原本一个人的创业计划，硬是将父子两人都圈进了那一千多平方米的猪圈里。

**天台山人猪大战打响招牌**

第三批猪入圈后，父子俩成天吃住在基地里，一边养猪一边恶补专业知识，寸步不离那几头宝贝猪。如此精心养猪一年，几头野猪终于适应了新环境。

根据资料介绍，多用散养方式有利于野猪生长，鲍风雪见条件成熟，就和父亲及5个帮工一道，试着放出一头野猪，让其在基地活动。谁知平时看着挺温驯的家伙对周边环境进行了个把小时的熟悉后，立马原形毕露，鲍风雪连叫"不好"，大声召唤父亲及帮工过来一起赶猪入圈。

野猪似乎看出了鲍风雪的心思，先沿着院子小跑了一圈，看准一处只有一米多高的墙头，一跃而过，撒了欢地向基地后的天台山跑去。鲍风雪带着大家操起扁担、锄头、钉耙等工具一直撵上山，一群人围着天台山跑了6个多小时，才将那只野猪团团围住。

鲍厚太拿着锄头，却不敢下手，生怕打伤了这头身价一万多元的野猪，结果连人带锄头被野猪顶得飞出一丈多远。最后，鲍风雪挺身而出，带着大家一哄而上，将手里的家伙抡圆了往野猪身上砸，才将野猪赶入圈。

这轮人猪大战借着乡亲们的口，迅速将鲍风雪的大名传播出去。当月，河南就有人慕名打来电话，几番联络下来，竟帮他谈成4万多元的生意。鲍风雪连卖猪肉带预订，当年就实现盈亏持平，比他的计划整整提前了两年。

**网上卖猪肉，20万变百万**

2008年年底，三特基地成功繁衍出第三代杂交野猪，按市场需求，经三代杂交的野猪肉质口感达到最佳。鲍风雪利用在市内试销的20余万元货款，扩建基地规模，将基地品质最好的种猪留下进行筛选杂交，繁殖成功后，再留下其中最好的种猪，进行三代杂交，次品全部折价销往市场。

如此三轮筛选，至今年8月，价值20万元的野猪苗已经增值到100余万元，且前来订购猪肉的餐馆、肉铺老板仍络绎不绝。

跟许多养殖户不同的是，鲍风雪的客户全是看到他在网上发布的消息慕名找来的。鲍风雪曾算了一笔账，武汉周边尚没有成规模的野猪肉销售企业和市场，在此期间，三特就掌握了相当自由的定价空间，只要基地管理得当，不出现大问题，三特野猪肉能在两三年时间内成为武汉地区一道特色食品，如果再与人合作，开发肉制品深加工，三年时间将产值做上8位数都没问题。

望着几排数十米长的猪圈，鲍风雪踌躇满志地说："最多一年，我丰收的季节就要到了，这满园的猪就要开始成批地下仔，就算卖猪仔，一头也能卖到三五千元，要是再养上几个月，那一头就是上万了。"

从鲍风雪目前成功繁殖存活200多头野猪的发展趋势来看，他已经度过野猪驯化关，剩下的市场推广关，正借着他的名人效应在稳步实施。

# 第二篇　营销战略篇

本篇内容主要包括市场营销调研与预测、消费者购买行为分析、组织市场购买行为分析、目标市场营销战略。制定企业市场营销战略，从总体上对企业的市场营销活动进行规划、指导和约束，对于现代企业来讲，具有十分重要的意义。

# 第二章　市场营销调研与预测

学习目标

了解市场营销信息的含义与特征；了解市场营销信息的作用；掌握市场营销信息系统；了解市场调查的含义和作用；掌握市场调查的内容和基本类型；掌握市场调查的工具和程序；掌握市场营销资料的收集；了解市场预测的概念及其基本要素；了解市场营销预测应遵循的原则；掌握市场预测的内容和类型；掌握市场预测的步骤和方法。

案例引导

台湾大润发超市的查价小组

中国连锁经营协会的年度统计数据显示：2008 年，台湾大润发超市 101 家门店共实现销售收入 335.67 亿元，店年均销售额 3.32 亿元；家乐福 134 家店共销售 338.19 亿元，店年均销售额 2.52 亿元。大润发以 8 000 万元的优势，正式取代家乐福，成为单店销售额老大。

大多数顾客认为大润发的商品价格普遍低于家乐福，这正是大润发能够吸引更多顾客的最关键因素。大润发的低价形象与该超市的查价有密切关系。为了吸引更多的消费者，大润发每家门店都配备了 6～7 人的查价小组，每天抽出 1 000 种顾客常购品项，针对门市方圆 5 千米内的竞争对手做市场调查。产品一变价，计算机系统就会自动更新该产品的毛利率，而毛利率又与采购人员的绩效挂钩。通过这项制度，大润发确保价格具有较强的市场竞争力。

案例思考：

1. 大润发到底是如何战胜家乐福的？

2. 这种成功给中国零售业带来了什么变化？

## 第一节　市场营销信息系统

### 一、市场营销信息的含义与特征

企业开展各种营销活动，不仅需要资金、材料、设备、人力、资源等要素，而且需要各种营销信息。

### (一)市场营销信息的含义

市场营销信息是指在一定时间和条件下,与企业的市场营销活动有关的各种事物的存在方式、运动状态及其对接受者效用的综合反映。

### (二)市场营销信息的特征

1. 系统性

市场营销信息不是零星的个别信息集合,而是若干具有特定内容的同质信息在一定时间和空间范围内形成的系统综合,具有层次性和可分性。

市场营销信息从收集、加工、传递、存储、检索、应用是通过有组织的信息管理系统进行的。市场营销信息在时间上具有纵向连续性、在空间上具有最大的广泛性、在内容上具有全面性和完整性。

2. 时效性

市场营销活动与市场紧密联系在一起,信息的有效性具有极强的时间要求。这是由于作为国民经济大系统的中心位置的市场,受到错综复杂的因素的影响和制约,处于高频率的不断变化中,信息一旦传递加工不及时,就很难有效地利用。对此,日本的商业情报专家认为:一个准确程度达到百分之百的情报,其价值还不如一个准确程度只有50%,但赢得了时间的情报。特别是在竞争激烈的情况下,企业采取的对策如果慢了一步,就会遭到覆灭的命运。可见,加强信息的收集能力,提高信息的加工效率,尽可能缩短从收集到投入使用的时间,对于最大限度地发挥营销信息的时效性是十分重要的。

3. 更新性

市场营销信息随市场的变化与发展处于不断的运动中,这一运动客观上存在着新陈代谢。因此,市场活动的周期性并不意味着简单的重复,而必定是在新环境下的新过程。虽然新过程与原有的过程有着时间上的延续性,但绝不表明可以全部沿用原有的信息,企业营销部必须不断、及时地收集、分析各种新信息,以不断掌握新情况,研究问题,取得营销主动权。

4. 双向性

企业通过信息的传递对营销活动进行控制,控制的结果作为信息又反馈给企业,企业利用反馈的信息对营销计划进行调整和修正,再对营销活动进行控制。这样,在企业的营销活动中,信息的流动始终是以市场为核心贯穿于企业营销活动的全过程。

## 二、市场营销信息的作用

它在市场营销中的重要性主要体现在以下几个方面:

1. 市场营销信息是营销活动的起点

企业要在激烈的市场竞争中拓展市场求发展,必须根据顾客需求,从产品、定价、分销、促销等多方面,全方位开展营销活动。这些活动的开展是建立在营销环境分析、观察市场、了解市场、确定目标市场、掌握市场动态等环节的基础之上的,这是企业进行有效市场营销的必要活动。

2. 市场营销信息是营销决策的前提

在现代市场经济条件下,企业拓展市场应制订周密的营销计划和根据市场的变化不断地调整营销计划。如果没有准确的市场信息就无法制订正确有效的营销决策,也就制定不出符合目标市场需求特征及发展趋势的营销计划。所以,正确而科学的决策要求企业加强信息收集整理分析工作,以此来作为企业营销活动的前提。

3.市场营销信息是企业管理的基础

现代成功企业的科学管理不仅要及时掌握供求方面的信息,而且要系统地收集有关科技、产品开发、生产、设备、质量、财务等多方面的信息。这是企业优化管理不可缺少不可忽视的重要基础。

4.市场营销信息是企业搞好内外协调的工具

企业开展经营活动必须与市场环境相协调,在协调中求生存、谋发展。为此,企业不得不与外界环境进行大量的信息交流,只有运用大量的信息交流,才能有效地掌握市场信息,改善企业各层次、各部分、各环节及内外的相互关系,使之统筹兼顾,系统协调。值得一提的是,企业经营活动所涉及的信息量是巨大的、杂乱无章的,对于不同的营销问题,不是每一个信息都很重要,大量的、无关紧要的信息往往会分散决策者的注意力,影响决策的准确性和及时性。

另外,数据在企业经营过程中不断产生,如果平时不注意及时收集,数据就会消失。所以企业日常经营活动中,必须主动及时地收集、保存数据,再根据营销决策需要整理、分析数据。为确保市场营销管理的科学性,需建立一个规范、系统、完善和现代化的市场营销信息系统。

## 三、市场营销信息系统

### (一)市场营销系统的含义

营销信息系统(marketing information system,MIS),指由人、设备和程序组成的一个系统,其任务是准确及时地为营销决策者搜集、分类、分析、评估和传递所需要的信息,以便使营销计划、实施、组织和控制具有科学性和准确性。

营销信息系统概念强调了三层含义:它是人、机器和计算机程序的复合体;它提供恰当、及时和准确的信息;它主要为营销决策者服务。

市场营销信息系统是现代企业中的中枢神经,它使企业与外界保持紧密的联系,并综合各种内外信息,对企业的各项决策起着引导作用,并监督协调企业各部门的计划和执行。

### (二)市场营销信息系统的构成

不同企业,其信息系统的具体构成会有所不同,但基本框架大体相同,一般由内部报告系统、营销情报系统、营销调研系统、营销决策支持系统这样四个子系统构成。

1.内部报告系统

内部报告系统(internal records system)是营销信息系统中最基本的子系统,有些企业把它称为内部会计系统或订货处理系统。内部报告系统是以内部会计系统为基础,它的主要作用是报告企业的订货、库存、销售、费用、现金流量以及应收应付款等方面的数据资料。

内部报告系统的核心是订单—发货—账单的循环。销售人员把订单送至企业,负责管理订单的机构把有关订单的信息送至企业内的有关部门,然后企业把账单和货物送至购买者的手中。这是一般营销企业的常规操作程序,然而是否具有措施以保证这一循环中的各个步骤快速而准确地完成,则明显地反映着企业不同的营销能力和营销效率。

内部报告系统还包括及时、全面、准确的销售报告。这个功能应该主动地为决策者提供他们认为需要的以及他们暂还不了解但实际需要的信息，以帮助决策者把握最佳的决策时机，提高企业的竞争优势。就现实情况而言，由于信息网络的普及，企业基本上都建立了比较健全的销售报告系统，完全有条件在瞬间就清晰地集中反映分散在各处的关联企业过去及现在的销售和库存数据。

通过分析内部报告系统所提供的信息，能发现重要的机会和问题。但应注意尽量避免该系统提供重复信息，那样会造成营销成本上升和相关人员陷入繁琐的销售资料堆中。

2. 营销情报系统

营销情报系统(marketing intelligence system)的主要作用是向市场营销决策部门提供外部环境发展变化的情报信息。因此，营销情报系统可以概括为营销人员用以了解有关外部环境发展趋势的信息的各种来源与程序。

营销环境的变化与企业的营销活动密切相关，其中既可能潜伏着企业营销危机的早期警告信号，也可能孕育着企业发展的各种营销机会。企业可以通过广泛的途径获取相关信息，这是营销情报系统所特有的功能。企业要形成规范的情报循环网，提高营销情报系统收集的信息质量，帮助企业在营销活动中及时采取措施，或者能防患于未然，或者能领先一步抢占市场份额。一般而言，企业的营销情报系统应该注意以下三方面的问题：

(1)情报的定向与收集。营销情报系统的建立是以广泛的情报源为基础的，要争取让企业所有的相关人员都成为“情报员”。通过他们积极、自觉地利用各种途径(如报纸杂志、上级机关、行业团体、专业调研机构、供应者、中间商及顾客)收集信息，观察营销环境的变化情况，并及时向企业提供信息，从而形成较为系统的营销情报流。

(2)情报的管理与分析。收集营销信息是为了对情报加以利用，大量的原始信息必须经过适当的处理，才能转换成对企业营销活动有用的情报。营销情报系统应该配备专业人员从事情报的管理与分析工作，科学地评估收集到的情报，包括分析情报是否有用？是否可靠？是否有效？同时通过一系列统计软件和信息处理专家的工作，将情报变为对企业营销决策具有指导意义的信息。

(3)情报的传播与使用。为了有效地使用情报，经过处理的情报后应该在最短时间内传递到使用者的手中。营销情报系统要确定情报的具体接收人员、接收方法、接收时间等，同时要建立科学的检索系统，指引使用者方便地获取情报。要注意定期清除过期或无效的情报，尽量保证经过各种途径传播的情报真实、可靠。

3. 营销调研系统

营销调研系统(marketing research system)是对企业所面临的特定营销环境的有关资料及研究结果作系统的设计、收集、分析和报告的活动。在营销环境变化多端的情况下，该系统能随时为企业由于某个特定问题需要做出正确的、非常规性的决策服务。

企业在营销活动中，除了内部报告系统、营销情报系统的活动以外，还需要调研系统对一些特定的问题和机会作重点研究。比如进行市场调查、产品偏好测试、区域销售预测、广告效果研究等。要完成这些任务，企业可以委托有关咨询公司、专业院校、科研机构帮助设计和执行一个调研计划，也可以聘请专门的营销调研公司为自己效力，或者建立企业自己的营销调研队伍。

营销调研系统进行的是有计划、有步骤的营销信息收集和分析过程，应该注意克服盲目性。营销调研系统的有效运转一般包括以下五个步骤：

(1)确定问题。营销调研的内容十分广泛，首先要求调研人员认真地确定要研究的问题，从而商定调研的目标。在企业的营销活动中，任何一个问题都会存在许多可以调研的方面，必须善于找出实质性的内容，否则收集信息的成本可能会远远超过调研结果的价值。

(2)确定信息来源。拟订营销调研所需资料最有效的收集计划，是调研能否成功的关键。企业应该根据调研目标、实际情况确定具体的实施方案。

(3)信息的收集。营销调研的价值取决于调研的结果，而调研结果则建立在所能收集的信息基础上。应该如何收集营销信息、收集哪些营销信息、如何将所收集的信息提炼出恰当的调查结果等，是营销调研的实际操作阶段，也是整个营销调研过程的中心。

(4)信息的分析。营销信息的收集是为营销决策服务的，能否恰当地、综合地分析所收集的营销信息，是实现其价值的保证。资料分析是从数据中提炼出恰当的调查结果，已经有许多规范和科学的分析方法。一般而言，营销信息的分析包括探测性分析、描述性分析、因果性分析、预测性分析。

(5)提出结论。营销调研最终必须形成书面报告，并把调研结论送交有关人员和部门。调研报告书的类型通常有两种：一种是专门性报告书纲要。这类调查报告技术性比较强，报告的内容要尽可能详尽。包括研究结果纲要、研究目的、研究方法、资料分析、结论与建议、附录(附表、统计公式、测量方法说明等)。另一种是一般性报告书纲要。这类调查报告主要提供给业务主管使用，他们比较关注的是研究发现和结果，所以报告要求生动和重点突出。包括研究发现与结果、行动建设、研究目的、研究方法、研究结果、附录。

调研报告没有一定的规定格式，但无论哪一类调研报告、都必须注意突出调研目的，内容要简明、客观、完整。

4. 营销分析系统

营销分析系统(marketing analysis system)由先进的统计步骤和统计模型构成。该系统的作用是利用科学的技术、技巧来分析营销信息，从中得出更为精确的研究结果，以帮助决策者更好地进行营销决策，故也称之为营销决策支持系统。

(1)统计工具库。这是一组统计方法，用来从所收集的各种数据资料中抽取有意义的信息，以供营销决策的需要。统计方法本身就是一门专业技术，在营销分析系统中常用计算平均数、测量离散度、资料交叉列表等统计方法。另外，也常运用各种多变数统计技术去发现资料中的重要关系，如回归分析、相关分析、因素分析、聚类分析等。

(2)模型库。模型的设计是用来表达某些系统或过程的一组变量及它们之间的相互关系，帮助回答“假设某条件下，可能有哪些情况？什么是最佳情况？”等问题。营销分析系统的模型库就收集能帮助营销人员制定更好的营销决策的各种模型，包括最佳产品特征模型、价格模型、销售区域优化模型、广告媒体组合模型、营销组合预算模型等。

营销分析系统的建立和运用是运用科学方法对某些营销问题的理解、预测和控制，需要营销者对统计学、管理学及计算机应用等科学知识的综合掌握和研究。

## 第二节 市场调查

案例引导

反季节生产使漳州龙眼重现生机

龙眼是南方的名贵珍果，具有丰富的营养和较高的保健功能，深受消费者的喜爱，每年约有1/4的产量出口。但是，近两年龙眼价格一跌再跌。1999年福建漳州龙眼由于霜灾减少50%以上，但价格不升反降。桂圆(龙眼俗称)干肉从1998年的120元/千克跌至60元/千克，到2000年又跌到50元/千克。为什么会出现这种情况，如何扭转？通过市场调查，究其原因主要有以下几方面：

一是境外龙眼大量冲击。1999年以来，趁我国龙眼因灾减产之际，越南、泰国等国家的龙眼大量流入我国。这些龙眼虽然疏软肉薄、甜度低，没有漳州龙眼那样肉质坚韧厚实、甜度适中，但果型大，"卖相好"，售价低廉(越南桂圆干批发价为10～20元/千克)，一下子就夺走了罐头、药厂的原料市场和中低档消费市场，使漳州龙眼处于"曲高和寡"的难堪境地，最终不得不自跌身价求售。

二是生产技术落后。漳州龙眼每年都要等到7～8月份才上市，而且只有短短1个月的鲜果销售期，然后就是烘干待售。投入时间长，资金和劳力的成本高，其售价也就无法降低。而泰国则早已凭借其地理优势和先进技术，实现了龙眼一年2～3季采摘，几乎做到了全年鲜果不断货，成本低廉。通过调查，了解到具体情况，为了在市场中占到有利地位，漳州果农决定反季节生产龙眼。漳州市农业大学和南靖县靖城镇科研人员成功采用氯酸钾对3～5年生龙眼树进行调控，50多株龙眼反季节结果成功，2001年1月和2002年1月，两批硕果累累的反季节龙眼树通过专家的验收，品质优良。这种反季节成熟的龙眼投放市场后，不仅大受消费者欢迎，同时果农也喜出望外，因为售价提高了，达到14～16元/千克。

案例思考：

1.结合该实例谈谈市场调查的重要性。

2.利用课余时间做一做关于几类农产品的市场调查。

### 一、市场调查的含义

市场调查(marketing research)也称市场营销调研、市场研究，是指通过系统地收集、记录与市场营销有关的大量资料，并对其加以科学的分析和研究，从中了解本企业产品的目前市场和潜在市场，对市场供求变化及价格变动趋势进行预测，为企业经营决策提供科学依据。

### 二、市场调查的作用

市场调查是为企业营销决策提供依据，即市场调查在企业制定营销规划、确定企业发展方向、制定企业的市场营销组合策略等方面有着极其重要的作用。在营销决策执行过程中，为调整营销计划、改进和评估各种营销策略提供依据，有着检验与矫正的作用，具体如下：

1. 市场调查可为企业发现市场机会提供依据

市场情况瞬息万变，环境变化难以预测。一些新的产品会流行起来，而另一些产品，则会退出市场。激烈的竞争给企业进入市场带来困难，同时也为企业创造出许多机遇。通过市场调查，可以确定产品的潜在市场需求和销售量的大小，了解顾客的意见、态度、消费倾向、购买行为等，据此进行市场细分，进而确定其目标市场，分析市场的销售形势和竞争态势，作为发现市场机会、确定企业发展方向的依据。

相关链接

卖鞋的故事

有这样一个很著名的故事。美国一家制鞋公司正在寻找国外市场，公司总裁派一个推销员到非洲一个国家，让他去了解那里的市场，这个推销员到非洲后发回一封电报："这里的人不穿鞋，没有市场。"于是公司派出了第二名推销员，他在那里待了1个星期发回了电报："这里人不穿鞋，市场巨大。"

现在让我们来判断一下，哪一个推销员是市场营销人才？第一个显然不是，而只是一个收取订单的人。没有订单，他也就无所事事。

第二个也不是营销人员，而只是个推销员，因为他认为，"我可以推销任何东西，尽管人们不穿鞋，我也能让他们穿上。"

什么是营销人员呢？第三个才是。

他在非洲待了3个星期，发回了电报："这里的人不穿鞋，但有脚疾，需要鞋；不过我们现在生产的鞋太瘦，不适合他们，我们必须生产肥些的鞋。这里的部落首领不让我们做买卖，除非我们搞大市场营销。我们只有向他的金库里进一些贡，才能获准在这里经营。我们需要投入大约1.5万美元，他才能开放市场。我们每年能卖大约2万双鞋，在这里卖鞋可以赚钱，投资收益率约为15%。"

你看他做了些什么呢？他并没说我可以"卖鞋"，他说明了这里需要什么鞋，投资收益率如何，怎样通过卖鞋赚钱。所以，营销人才必须懂得市场调研、产品设计、财务核算等。

2. 市场调查是企业产品更新换代的依据

科学技术的日新月异，顾客需求的千变万化，致使市场的竞争日趋激烈，新产品层出不穷，产品更新换代的速度越来越快。通过市场调查，可以发现企业的产品目前处于产品生命周期的哪个阶段，以便适时调整营销策略，对其是否要进行产品的更新换代做出决策。

3. 市场调查是企业制定市场营销组合策略的依据

市场的情况错综复杂，有时难以推理，因为现象也会掩盖问题的本质。例如，某产品在南方深受顾客青睐，可在北方却销售不畅，通过市场调查可以指出问题所在，或许是因南北方顾客的需求差异所致，或许……只有找到原因，才能制定出产品策略。又如，产品的价格不仅取决于产品的成本，还受供求关系、竞争对手的价格、经济大环境、价格弹性等多因素的影响。毫不夸张地说，市场上产品的价格是瞬息万变的，通过市场调查，企业可以及时地掌握市场上产品的价格态势，灵活调整价格策略。再如，产品打入市场，能否制定出切实有效的促销策略至关重要，销售渠道是否畅通无阻亦同样重要。这一切都需要通过市场调查来提供市场信息，作为企业制定营销组合策略的依据。

4.市场调查是企业增强竞争能力提高经济效益的基础

通过市场调查,企业可以及时了解市场上产品的民展变化趋势,掌握市场相关产品的供求情况,清楚顾客需要什么等。据此制订市场营销计划,组织生产适销对路的产品,增强企业的竞争能力,实现企业的赢利目标,提高企业的经济效益。

## 三、市场调查的内容

1.市场环境调查

市场营销环境可分为微观环境和宏观环境。

微观环境是指与企业营销活动直接发生关系的企业性因素影响力,如市场、营销渠道、相关企业、竞争者等。

宏观环境是指对企业影响较大的社会性因素影响力,如人口、经济、自然、技术、政治、法律、文化教育等。

2.市场需求调查

市场需求调查包括消费者市场调查和产业市场调查。

消费者市场调查主要是了解消费者需求数量和结构及其变化,其次还要对诸如人口、经济、社会文化、购买心理和购买行为等因素进行调查。

产业市场调研是对市场商品供应量、产品的经济寿命周期、商品流通的渠道等方面内容进行调查。

3.市场营销要素调查

市场营销要素调查包括:产品调查、价格调查、分销渠道调查和促销调查等。

产品调查的目的是能够按消费者需要,不断推出新产品。调查内容有产品设计、产品功能及用途、产品品牌或商标、产品包装、产品生命周期、产品销售服务及产品开发。

价格调查的目的是为了制定正确的定价策略,调查内容有影响企业定价因素、产品需求弹性、不同价格策略对产品销售影响。

销售渠道调查的目的是企业需要了解中间商情况,建立合理的销售渠道来完成企业营销目标。销售渠道调查主要内容是中间商的信誉、实力及需要中间商数目。

促销调查的目的是通过对广告及其他促销手段的调查,制定最佳促销策略。调查内容有广告媒体、广告效果、广告费用、推销人员分配情况及如何选择推销方式。

4.市场竞争调研

市场竞争主要是调查对手的有着情况,一般包括:竞争力方面的信息,如有哪些竞争者,他们的生产经营能力、在市场上的地位等;竞争者产品方面的信息,如产品的优势,市场占有份额,消费者对他们产品的认可程度,目前采取的营销策略以及对我方的影响等。

## 四、市场调查的基本类型

1.探测性调查

探索性调查(exploratory research)是对所研究课题的初步考察,一般是在情况不明时,为了找出问题的症结和明确进一步调研的具体内容和重点而进行的非正式调查。它通常采用二手资料,或请教一些专家、内行来实现。例如,某企业近来销售量大幅度下降,究竟是由于销售渠道不畅?还是广告力度不够?还是竞争者加入?或是消费偏好发生了变化?在原因不明的情况下，企业可先向业务员了解情况，或根据以往的销售资料进行分析，以初步发现原因所在。探索性调查的作用在于发现问题的端倪，而不在于揭露问题的本质。

2. 描述性调查

描述性调查(descriptive research)是对调查题目所关注的各种事物的状态、规模、特点和过程进行准确的定性及定量描述，它回答各现象“是什么”的问题。它的作用在于说明事物的表现，一般不涉及事物的本质及影响事物变化的内在原因。它主要是通过实地调查，收集第一手资料来实现。市场调查的很多内容属于这一类。

3. 因果性调查

因果性调查(causal research)是为了弄清有关市场变量之间的因果关系而进行的专题调查。它先对事物变化的原因或事物间的因果联系提出尝试性说明，从这一假设出发，通过调查取得经验性数据，找出它们之间的数量关系，以预见市场的发展变化趋势。如广告支出与产品销量、产品价格下调促进销售额扩大等。

4. 预测性调查

预测性调查(forecast research)即通过对市场过去、现在的数据资料及市场将来的信息，对企业营销活动进行发展可能和发展趋势的分析。如对目标市场大小、顾客兴趣、促销预算、产品价格、边际毛利、投资金额、目标退货率，重复购买率等信息分析某项新产品的开发前途。

上述四种调查类型是相关联系、逐步深入的。探测性调查主要是发现问题和提出问题；描述性调查主要是说明问题；因果性调查主要是分析问题的原因；预测性调查主要是估计问题的发展趋势，从而为企业经营决策提供依据。

## 五、市场调查的工具

### (一)抽样调查设计

抽样调查是指从局部的调查中得出有关整体的结论。局部调查的对象称为样本，从中抽取样本的那个整体叫做总体。通过对样本的调查，可以用样本的特性来推断总体的特性。抽样调查设计是采用抽样调查必须解决的一个重要技术。抽样设计是否科学合理，直接关系调查结果的准确性。包括三项内容：

1. 抽样对象设计

一个适当的抽样对象并不总是很明显的，需要调研人员要认真作出选择。

2. 样本大小设计

大样本当然比小样本提供的结果更可靠，但大样本的调查成本高，往往没有必要。只要抽样方法正确，即使样本不足总体的1%，也同样能提供可靠的调查结果。确定样本大小时，既要考虑样本的足够代表性，又要考虑费用和时间的节约。样本大小与以下两类因素有关：

(1)调查总体的特性　当总体特性差异不大时，样本数目可少一些；相反，当总体特性差异很大时，样本数量就要多一些，否则，误差会过大。

(2)调查结果的准确度　调查要求的准确度越高，所需样本数量就越多，反之，就可少一些。

3. 抽样方法设计

(1)随机抽样　指总体中每一个个体都有机会被选作样本。优点是能估计出样本的代表性程度，从而确定由样本调查结果推算总体特征时产生的误差大小。缺点是费时费钱，不太方便。常用方法有简单随机抽样和分层随机抽样。

(2)非随机抽样　指在总体中不是每一个体都有机会被选作样本。非随机抽样是根据一定的标准来选取样本的。其不足是无法估计抽样误差，所以应用范围是受限制的。一般在对调查总体没有足够了解的情况下，或当总体太大时，可采用非随机抽样。优点是省钱省时，应用方便，在市场调查中常被应用。常用方法有任意抽样、判断抽样和配额抽样。

**(二)调查问卷设计**

调查问卷或称调查表，是由向被调查者提问并征求意见的一组问题所组成。调查问卷是用于收集第一手资料的工具。调查问卷设计是根据调研目的，将所需调研的问题具体化，使调查者能顺利地获取必要的信息资料，并便于统计分析。问卷设计质量的高低，将直接影响问卷的回收率，影响资料的真实性和实用性。

1.调查问卷的内容

调研问卷通常由三个部分构成:被调查者项目、调查项目和调查者项目。

被调查者项目包括被调查人的姓名、性别、年龄、文化程度、职业、家庭住址、联系电话等。

将所要调查了解的内容，具体化为一些问题和备选答案，这些问题和备选答案就是调查项目。在所列项目中要给出若干个答案供被调查者选择填写。

调查者项目包括调查人员的姓名、工作单位及调查日期等。

2.调查问卷的结构

调研问卷的结构可分为三个部分:

表头作为问卷的开头语，说明调查的目的和意义，以感谢被调查者的合作。

表体是调查问卷的正文，即调查项目和被调查者项目。

表脚包括调查者项目、填表说明和必要的注释等。

3.调查问卷的类型

(1)开放式问卷　指问卷所提的问题没有事先确定答案，由被调查者自由回答。这类问卷可以真实地了解被调查者的态度与情况，但调查不易控制，五花八门的答案很难归纳统计。

(2)封闭型问卷　指问卷内的题目调查者事先给定了可供选择的答案或范围。这些问卷虽然呆板，但便于归纳统计。在问卷调查中用的较多的是封闭型问卷，尤其在拦截式调查中只能运用这种类型的问卷。

4.问卷设计的原则

(1)必要性原则　调查问卷的设计是为了取得满意的结果，因此，除属于引导启发答复的问题以外，所列项目都应是调查课题所必需的。

(2)准确性原则　所提问题的界限要明确，提问用词要准确，要避免使用含糊不清、过于专业化的语句。同时，一个项目只能包含一个层次的内容。

(3)客观性原则　所提问题要客观，不要提出一些带有引导性和倾向性的问题。即不要提出带有向被调查者提示答案方向或暗示调查者观点的问题。

(4)可行性原则　对所提的问题，被调查者能够根据常识或经验选择答案。提问的设计可适当安排少些趣味性问题。对令人困窘且调查又必要的问题，应设计“间接引问句”。提问的设计注意逻辑性与顺序性。

## 六、市场调查的程序

### (一)确定调查课题

市场营销调查是一项有目的的活动,为了避免盲目行动,造成人力、财力的浪费,因此,首先必须明确调查的课题,即确定市场营销调查应解决什么问题,达到什么目的。一般来说,应根据预测、决策和经营管理的要求或经营活动中出现的新问题和新情况,提出市场调查的课题,也可从企业的有关经济活动分析中,发现需要调查研究的问题。

1. 准备性调查阶段

准备性调查阶段,即发现问题阶段。在这一阶段,调查人员一方面根据自身的观察及对有关人员的访问,找到计划期所存在的主要问题;另一方面通过对现有的企业内部的资料做全面分析,比较企业过去和现在的情况,以掌握问题之所在,初步分析问题存在的种种原因及相互关系。

2. 试探性调查阶段

试探性调查阶段也称非正式调查阶段,针对前阶段所提出的问题及种种设想,进一步分析现有的有关资料,并进行初步调查,使需要调查的问题更加明确、更加集中,以便于分析问题的关键所在,确定调查课题。

### (二)制订调查计划

调查计划又称调查方案,是对调查本身的具体设计。主要包括以下内容:

1. 调查目的

说明"为什么要进行这项调查"、"想要知道什么"及"知道结果后怎么办"等问题。

2. 调查项目

调查项目就是调查课题的具体内容,即调查哪些事项和搜集哪些资料。调查项目的确定,可根据所要调查的课题,从定性出发,从不同的侧面提出假设和问题,并作必要的可行性研究;也可根据调查课题所涉及的调查单位,所具有的各种标志加以选择,即选择与调查课题有关的标志作为调查项目。

3. 调查对象和单位

调查对象是所要调查的总体范围,调查单位则是调查总体中所要调查的具体单位。调查对象和单位的确定是要根据调查课题和选择的调查方式,确定向谁调查,由谁来具体提供资料。

4. 调查方式和方法

调查方式是指市场调查的组织形式,通常有普查、随机抽样、非概率抽样、重点调查、典型调查等。调查方法是指搜集资料的具体方法,如访问法、观察法、问卷法、试验法、电话调查法等。一般来讲,市场营销调查方式方法的确定,应考虑调查课题的难易程度和调查要求。

5. 经费预算

一般是根据文件资料费、调查费、出差补助费、杂费等项目进行估算。原则上要求:在有限的经费预算条件下,以期达到最大的目标;在目标一定的条件下,以求预算金额的最小消耗。

6.调查日程安排

根据调查过程中所要做的各项工作、所需时间及先后顺序，做出调查日程安排，列出调查进度表。

**(三)搜集调查资料**

这属于市场营销调查的正式调查阶段。所要搜集的资料包括现成资料和原始资料两大类:现成资料的搜集和原始资料的搜集。

**(四)整理分析资料**

整理资料时，应检查是否有由于样本选取错误或计算错误、询问表设计不当、询问记录不全等原因造成的错误资料。如果有错误资料，必须清除，并进一步补充有关资料。同时，为便于归档和统计，必须将资料按适当的分类进行编码，并根据不同类型资料的要求，制成统计表、统计图，计算百分比、平均值等。整理好资料后，还要进行进一步分析，以掌握市场发展的动态，找出影响市场变化的各种因素，提出切实可行的解决问题的对策。

**(五)撰写调查报告**

市场调研报告是市场营销调查的最终结果，其目的在于为市场预测和决策提供依据。它虽然没有统一的格式，但一般由以下几部分组成:

1.扉页

扉页包括的内容有报告的题目、报告的提供对象、报告的撰写者和提供的日期。

2.目录

一般的调研报告都应该编写目录，以便阅读者查阅特定内容。另外，报告中的表格和统计图都要在目录中列明。

3.摘要

摘要需写明为何要开展此项调研，报告中考虑到该问题的哪些方面，有何结果，建议要怎样做。它是调研报告的重要部分，既要概括调研成果的主要内容，又要简明，重点突出。

4.正文

正文包括引言、调研方法、结果、结论和建议。

(1)引言　对为何进行此项调研和它旨在发现什么做出解释。它包括基本的授权内容和相关的背景资料。

(2)调研方法　简单阐述调研方案和调研计划的内容，如调研类型、调研方法、样本的抽取、实地如何工作、采用什么方法进行分析等。

(3)结果　在报告中这一部分应按某种逻辑顺序提出紧扣调研目的的一系列发现，采用叙述和图表结合的方式，同时，须指出调研报告的局限性和不足之处，如调研过程中回答抽样的误差等问题。这一部分在报告中占较大篇幅。

(4)结论和建议　结论是基于调研结果的意见，而建议是提议应采取的行动，所以，对它们的阐述要详细并给予必要的论证。

5.附录

一些技术性太强和太详细的原始资料不应出现在正文部分，而应编入附录。附录通常包括的内容有调研提纲、调查问卷、观察记录、较为复杂的调研技术说明等。

## 第三节 市场营销资料的收集

### 一、原始资料的收集

搜集原始资料的主要方法有三种:观察法、实验法和调查法。

(一)观察法

1.观察法的含义

观察法又称实地观察法,是观察者根据研究目的,有组织有计划地,运用自身的感觉器官或借助科学的观察工具,直接搜集当时正在发生、处于自然状态下的市场现象有关资料的方法。例如,有些企业在超级市场的天花板上安装摄像机,追踪顾客在店内的购物过程,据此来考虑重新陈列产品,以方便顾客选购;还有些企业在商店内某些产品的货架上安装摄像头,记录顾客日常的运动过程,以弄清顾客如何浏览各种品牌的产品。

2.观察法的基本类型

(1)按观察者置身于观察活动中的深浅程度划分:

完全参与观察　是观察者长期生活在被观察的群体当中,甚至“隐瞒”或改变自己的身份,成为群体中的一员,完全进入角色并被当成“自己人”。

不完全参与观察　是指观察者不改变身份的进入群体中,观察者的身份虽然显露,但他至少被群体中的人视为可接纳或可容忍的“客人”。

非参与观察　指观察者以旁观者的身份,置身于调查对象群体之外进行的观察。采用非参与观察,一般有两种方法:近距冷淡法和远距仪器法。

(2)按观察结果的标准化划分:

控制观察　指观察对象、观察范围处在某种程度上人为控制的环境中的观察,适用于因果性调查。

无控制观察　指观察对象处在完全自然的环境当中的观察,适用于机会调查或探索性调查,或有深度的专题调查。

(3)按取得资料的时间特征划分:

纵向观察　指在一定时间内,就不同的时间观察同一现象或事物,进行一连串的记录,并保持时序性,以供分析研究之用。

横向观察　指在某一特定时间内观察同类现象或事物的状况,取得横断面的记录,以做分析研究之用。

纵横结合观察　为保证观察结果更准确,在有时间和精力情况下,可以将纵横观察两种形式结合使用。

(4)按观察是否有标准化结构划分:

非标准化观察　根据研究目的对观察对象进行扩散性观察的一种方法。

半标准化观察　在明确观察目的、观察对象的基础上,确定若干观察标志,并根据详细的观察提纲进行观察的一种方法。详细的观察提纲一般包括四项内容:观察对象、观察时间与场合、观察程序、实施观察的注意事项。

标准化观察　统一设计、统一手段与严格按照计划实施的观察。标准化手段包括观察项目清单、观察表、观察卡、观察仪器。

3. 观察法的优点与局限性

优点：直观、可靠；适用性强；简便、灵活。

局限性：观察活动必须在市场现象发生的现场；观察易受时空限制；调查时间较长，耗资较大；很难捕捉到被观察者的内在信息。

4. 观察法的具体应用

(1)在城市集贸市场调查中，对集贸市场上农副产品的上市量、成交量和成交价格等情况进行观察。

(2)在商品库存调查中，对库存商品直接盘点计数，并观察库存商品残次情况等。

(3)在消费者需求调查中，对消费者购物时对商品品种、规格、牌号、花色、包装、价格等要求进行观察。

(4)在商场经营环境调查中，对商品陈列、橱窗布置、所临街道的车流量、客流量情况进行观察。

此外，还可用于产品质量调查、广告调查等领域。

**(二)实验法**

1. 实验法的定义

所谓实验法(experiment survey)，是指在既定条件下，通过试验对比，对市场现象中某些变量之间的因果关系及其发展变化过程加以观察分析的一种调查方法。

2. 实验方案设计

(1)单一实验组设计　是对同一对象在某种措施实行前后的一种观察比较。

(2)实验对照设计　就是选择一批实验对象为实验组，同时选择一批与实验对象相同或相似(范围、特征方面)的对象为对照组，并努力使实验组和对照组处于相类似的实验环境之中。

(3)多实验组设计　就是选择若干批实验对象组成若干个实验组，并在各自的实验环境下进行实验。

3. 实验设计的主要类型

所谓实验设计，是指决定主体数目的多少、实验时间的长短以及控制的类型问题。实验设计主要有以下几种类型：

(1)简单时间序列实验　其主要步骤是：首先，选择若干经销商并检查其每周销售情况；然后，举办展销会并测量其可能的销售额；最后，将该销售额与以前销售额相比较，做出最后决策。

(2)重复时间序列实验　即将展销会时间延长数周，然后在一段时间内停止展销，再展销一段时间后又停止，如此进行几次循环，在每一次循环时间内都要注意销售变化并求出其平均值。在这一过程中，要注意剔除特殊事件的影响。

(3)前后控制组分析　即在展销前首先选定两组经销商，并分别检查其销售状况；然后，只让其中一组举办展销会，并同时检查两组的销售状况；最后，比较控制组与实验组的销售状况，并对其销售差异进行统计显著性分析。

(4)阶乘设计　除了举办展销会，营销调研人员还可对其他营销投入措施的影响力进行试验。这样,实验结果对管理人员会更具说服力。例如,制造商试图对三种展销会、三种价格水平、三种保证措施进行实验。在这里,有27种(即3×3×3)实验投入组合,我们可以找到$27n$个($n$为正整数)厂家同时进行实验,以估计不同的展销会、不同的价格水平以及不同的保证措施的个别影响力。

(5)拉丁方格设计　上面谈到阶乘设计法涉及27种不同的实验投入组合。如果实验投入因素之间不存在相互联系、相互影响的关系,则可用拉丁格设计法,仅试验9种(即3+3+3)组合,简单估计投入的个别影响。这样,就可以减少多因素实验设计的成本费用。

从本质上说,营销调研的实验活动与自然科学的实验活动是相同的。但是,市场测试、新产品试销等并不是在周密控制的实验室里进行的,而是在现实市场上以活生生的人群为对象来进行的,因此,在实验设计时必须注意那些在实验室实验中无须考虑的因素。

4.实验调查法的优点与局限性

优点:方法比较科学,能客观反映实际情况,揭示或确立市场现象之间的因果关系;由于实验法是在一定的小规模环境中进行试验,在管理上能较好地控制。

局限性:时间长,费用高;难以选择具有充分代表性的实验市场;只能对当前的情况进行分析,不能收集到对过去和将来的意见与看法。

5.实验调查法的具体应用

实验调查法具体应用在产品价格实验;产品质量、品种、规格、花色、款式、包装等实验;市场饱和程度实验;广告效果实验。

**(三)调查法**

为了达到设想的目的,制订某一计划全面或比较全面地收集研究对象的某一方面情况的各种材料,并作出分析、综合,得到某一结论的研究方法,就是调查法。它的目的可以是全面把握当前的状况,也可以是为了揭示存在的问题,弄清前因后果,为进一步的研究或决策提供观点和论据。

访问法又称采访法、询问法,是第一手资料收集中最常用、最基本的一种方法。

1.面谈访问法

面谈访问是由调查者直接与被调查者接触,通过当面交谈获取信息的一种方法。面谈访问调查简单方便,灵活自由,可随机应变地提出问题,对不清楚的问题可加以阐述,使被调查者充分发表意见,还可互相启发,把调查的问题引向深入,有利于获取较深入的、有用的信息。另外,面谈访问调查做的调查表回收率高可提高调查结果的可信度。面谈访问调查的主要不足是调查的成本高、时间长,调查的面和范围有限。而且,调查的结果主要取决于调查者的素质、调查问题的性质和被调查者的合作态度。所以,提高调查员本身的素质和询问的技巧至关重要。

2.邮寄访问法

邮寄访问是由调查人员将设计好的问卷,通过邮寄的方式送达被调查者手中,请他们答卷后寄回,以获取信息的方法。邮寄访问的对象广泛,调查面广,调查成本也不高,而且被调查者匿名性较强,又可以有充分的时间来考虑,填写较为灵活、自由、方便,还能避免由于调查人员的干扰而产生的调查误差。但是,邮寄调查也存在管理不便、调查表回收率低、回收时间长,以及答非所问等不足。因此,调查的结果往往很难控制,对某些较为复杂的问题心理活动因素也难以反映。

3. 电话访问法

电话访问是由调查员通过电话与被调查者交谈，获取信息的一种方法。

电话调查的不足是受通信条件的限制，调查对象的选择有局限性；受电话普及率的影响，调查对象的结构可能不一定恰当；交谈的时间不宜太长，调查员不能看到对方的表情、姿态等形体语言，甚至容易遭到被调查者拒绝。所以，这种方法一般适用于被调查者比较熟悉或者是调查问题比较简单的市场调查。

4. 留置问卷访问法

留置问卷访问是指调查人员将调查表送到被调查者手中，并详细说明填写事项，由被调查者自行填写，再由调查人员定期回收的一种方法。留置问卷调查可以认为是结合了面谈访问与邮寄访问的一种方法，比较好地结合了两方面的优势，回收率较高，被调查者不受调查人员的影响，可避免被调查者对问题的误解，时间上比较有保证。但是它也存在调查进度不易控制的缺陷，被调查者答卷的态度、答案的真实性等都较难掌握。因此，留置问卷访问法是一种比较中性的方法。

5. 网络调查法

网络调查法指在因特网上针对特定营销环境进行简单调查设计、收集资料和初步分析的活动。特点：及时性和共享性；便捷性和低费用；交互性和充分性；可靠性和客观性。应用步骤：选择搜索引擎；确定调研对象；相关调研对象；分析人口统计信息；确定运用的信息服务；分析市场变化。

## 二、第二手资料的收集

### （一）原始资料与第二手资料

第一手资料（primary data）指的是研究人员就当前研究的项目而收集整理的资料。

第二手资料（secondary data）是指别人就别的目的先前已收集好的，而不是研究者就手边的研究而自己收集的资料。

二手资料调研（secondary data research）是指查寻并研究与调研项目有关资料的过程，这些资料是经他人收集、整理的有些是已经发表过的。

### （二）第二手资料的两种类型

根据第二手资料的来源将其分为内部资料和外部资料。

内部资料是存在于企业内部的资料，它们是在企业正常运行过程中收集、整理并使用的。内部资料包括销售结果、广告费、库存报告、财务报告、运输费用、原材料成本、工资、产品设计及技术方面资料、市场环境方面的资料等。

外部资料是存在于企业外部各种各样信息源上的资料。外部资料包括政府资料、工商研究机构的资料、行业内部的资料、其他方面资料。

### （三）二手资料调查法的作用

1. 可以发现问题并为市场研究提供重要参考依据

几乎所有的市场调查都可始于收集现有资料，只有当现有资料不能为解决问题提供足够的依据时，才进行实地调查。

2.可用于有关部门和企业进行经常性的市场调查

实地调查费时、费力,组织较困难,故不能或不宜经常进行;二手资料调查法具有较强的机动性和灵活性,能随时根据企业经营管理的需要,收集、整理和分析各种市场信息,定期为决策者提供有关的市场调查报告。

3.可为实地调查创造条件

二手资料调查法可为实地调查提供大量背景资料。

4.有助于正确理解和使用原始资料

**(四)第二手资料的收集步骤**

1.辨别所需的信息

任何资料收集过程的第一步都是辨别能达到研究目的的信息类型,其可以是一般性质的(如照相机行业的年销售量),也可能是相当具体的(如福州市照相机的年销售金额和数量)。

2.寻找信息源

内部资料通常可以从企业内有关部门或企业内部数据库获得;外部资料可以从公开出版物、信息提供商、外部数据库等渠道获得。

3.收集第二手资料

在记录这些资料时,一定要记录下这些资料的详细来源(作者、文献名、刊名或出版商、刊号或出版时间、页码等)。

4.对收集到的第二手资料进行评价

在使用二手资料之前,一定要对其可信度进行评价。通常会从以下几个方面对二手资料来进行评价:研究的目的是什么?资料是谁收集的?数据是如何获得的?与其他资料的一致性如何?

5.辨别所收集到的资料与所需资料的差别

第二手资料或许只能满足课题的一部分信息需要,因此原始资料的收集目的就是填补这个差别,满足那些剩下的信息要求。

**(五)获取第二手资料的方法**

1.文献资料筛选法

文献资料筛选法就是从各类文献资料中分析和筛选出与调研项目有关的信息和情报。在我国主要是从印刷型文献资料中筛选。

2.报刊剪辑分析法

报刊剪辑分析法是调研人员平时从各种报刊上所刊登的文章、报道中,分析和收集情报信息。

3.情报联络网法

情报联络网法就是企业在全国范围内或国外有限地区内设立情报联络网,使情报资料收集工作的触角伸到四面八方。情报联络网的建立是企业进行二手资料收集的有效方法。

**(六)使用第二手资料的优缺点**

优点:与收集第一手资料相比,第二手资料的获得要快得多;所需资料通常都可以找得到;所需的费用要少得多;能丰富已收集到的第一手资料。

缺点:资料的适应性差;文献资料不足;要求更多的专业知识、实践经验和技巧。

## 第四节 市场预测

案例引导

哈默的预测

1931年，罗斯福提出解决美国经济危机的“新政”获得了一些人的赞同，但仍有一些人对“新政”持怀疑态度。从前苏联回来的哈默潜心研究了当时美国国内的政治形势和经济状况，认为“新政”定会成功。

从这点出发，哈默预见一旦新政得势，1920年公布的禁酒令就会废除。那时市场将需要空前数量的酒桶，而当时市场上却没有酒桶。哈默在前苏联住了多年，知道前苏联有制造酒桶的桶板可供出口，于是，他向前苏联订购了几船桶板，并在纽约码头附近设立了一个临时桶板加工厂。当酒桶从哈默的造桶厂滚滚而出时，正好赶上“新政”废除禁酒令。于是，哈默的酒桶被酒厂抢购一空，获得了空前的成功。

案例思考：

1. 请分析说明哈默预测的根据是什么？

2. 结合实际分析说明政策、法令的变化对市场带来的影响。

### 一、市场预测的概念及其基本要素

#### (一)市场预测的概念

预测就是根据过去和现在的情况推断未来。所谓市场预测就是根据调研中得到的各种信息和资料，运用一定的方法和数学模型，对与市场有关的未来状况作出估计和判断。

#### (二)市场预测的基本要素

市场预测具有四个基本要素：信息、方法、分析和判断。

1. 信息要素

市场预测必须大量收集社会经济发展的历史统计数据和当前市场的发展动态，进行预测分析和推断。无论是定性预测，还是定量预测，都是以大量的信息为基础的。

2. 方法要素

市场预测的质量不仅依赖于所使用的信息，而且同选用什么样的方法密切相关。预测既是科学又是艺术。预测方法是科学的，但选用哪类哪种方法却是一种艺术。

3. 分析要素

预测过程就是对预测事件进行分析和解释的过程。在市场预测中应注重预测前的识别性分析、预测中的过程性分析、预测结果作出之后的评价性分析。

4. 判断要素

预测信息的选用、预测方法的选择、预测结果的推断、预测值的合理性和可靠性的评价等，都需要运用判断要素，没有准确的判断，就没有较为准确的市场预测结果。

## 二、市场营销预测应遵循的原则

市场营销活动处于不断变化的环境之中，而未来充满着我们所不能控制和不能认识的东西，这无疑增加了预测的难度，所以，要想能够对市场营销活动的发展趋势做出科学的预测，就必须遵循以下原则：

1. 连贯性原则

就是把未来的发展同过去和现在联系起来。因为从时间上考虑，市场是一个连续发展的过程，未来的市场是在现在市场的基础上演变而来的。所以市场营销预测要运用过去和现在的资料来推测未来的变化趋势。

2. 相关性原则

世界上任何事物的发展，都是互相联系、互相依存、互相制约的。这里的相关是指市场需求的变化和国民收入水平、市场价格变动指数、消费需求结构等因素密切相关。如城乡居民收入的变化，会引起消费水平的提高和需求结构的变化；国家投资的扩大，会引起生产资料需求量及对劳动力需求的增加等。所以，市场营销预测要运用相关因素的变化，来预测市场需求的变化。

3. 类推性原则

世界上许多事物的发展，存在着相似性或类同性。掌握了某一类事物的发展变化的规律，就可以推测出其他类似事物的发展变化规律。例如，营销人员通过调查得知消费者家庭月收入达到 2 800 元以上就有购买空调的欲望，这样如果调查出未来两年多少家庭可以达到这个水平，就可以推测出未来两年家用空调市场的需求量。

## 三、市场预测的内容

市场预测主要包括三类：市场需求预测、市场资源预测和市场营销组合预测。

### （一）市场需求预测

1. 市场需求的含义

市场需求是指特定的时间、特定的地域和特定的顾客群体，对某一商品现实和潜在的需求量。

2. 影响市场需求的因素

外部因素：包括政治、法律、文化、技术、消费心理和消费习惯。

内部因素：包括目标市场的选择、销售价格的制定与变动、促销手段的选择与实施、营销方法的确定。

3. 市场需求的特点

（1）趋向性　指特定顾客群体购买商品的倾向性。

（2）替代性　指许多商品在性质、功能上可以互相替代。

（3）相关性　指许多商品之间的连带性或相关性。

（4）习俗性　指不同地区、不同民族、不同宗教文化的居民，有不同的生活风俗习惯，对商品的需求有不同的偏好。

（5）无限性　指人们的消费需求不断变化且无止境，不断要数量多，而且要品种齐、用途广，甚至更加艺术化、科学化等。

4. 市场需求预测的内容

(1)市场商品需求总量预测　包括生活消费需求和生产消费需求。

(2)市场需求构成预测　包括消费品需求和生产资料需求构成。

(3)消费者购买行为的预测　主要指通过对消费者购买的动机、方式和心理等方面的调查分析，预测商品需求的趋向。主要是指消费者的购买决策，如谁买、买什么、为何买、如何买、何时买等。

**(二)市场资源预测**

市场资源预测包括工业产品、农副产品和进口产品的预测。

工业产品预测指设备与工艺变化的预测，企业开发新产品的数量、质量、成本、价格、包装，国内外相关产品的发展动向等。

农副产品预测指其生产量、商品率、上市季节等情况的预测。

进口产品预测包括原材料、设备和工艺、专有技术以及直接进口的各种产成品、半成品、零部件等。

**(三)市场营销组合预测**

市场营销组合预测是对企业的产品、价格、销售渠道和促销方式等营销因素所进行的预测。

产品预测：实体、商标、包装以及安装、维修、咨询等方面的预测。

价格预测：竞争产品的成本和价格，本产品价格是否具有竞争优势、如何制定策略。

销售渠道预测：合理制定分销路线，选择与配置中间商，有效地安排运输与储存，适时地向用户提供适用的商品。

促销方式预测：企业通过一定的方法或手段向消费者传递信息，从而促进消费者对产品或企业的了解，并影响消费者的购买行为。

## 四、市场预测的类型

**(一)按预测的范围分**

1. 宏观预测

宏观预测又称经济预测，是从比较广的角度去研究市场，主要是对整个国民经济的预测，如对人口、能源、工业结构、国民生产总值、物价变动率等的预测。它为整个国民经济的发展及规划提供决策依据。

2. 微观预测

微观预测就是从企业的角度去研究市场的变化。它为企业营销决策提供依据。

**(二)按预测期的长短分**

1. 近期预测

近期预测是指时间在1周至1季度之间的预测。

2. 短期预测

短期预测是指时间在1季度至1年之间的预测。帮助企业适时调整营销策略，实现企业经营管理的目标。

3. 中期预测

中期预测是指时间在 1～5 年之间的预测。帮助企业确定营销战略。

4. 长期预测

长期预测是指时间在 5 年以上的市场变化及其趋势的预测。为企业制定总体发展规划和重大营销决策提供科学依据。

### (三)按营销预测的性质分

1. 定性预测

定性预测又称质的分析，是以人们的直觉或经验作出主观判断，粗略地预见事物的发展趋势，或估计出一个概数。

2. 定量预测

定量预测是根据调查得到的数据资料，运用数学方法对未来市场营销变化作出量的估计。在营销预测实际工作中，往往要求将两类方法结合运用，才能得到科学、准确的预测数据。

### (四)依据预测对象的分类

1. 单项产品预测

单项产品预测是市场预测的基础。按照产品的品牌、规格与型号进行预测。为企业编制季度计划、年度计划与安排生产进度提供科学依据。

2. 同类产品预测

同类产品预测是按照产品类别进行预测。一般而言按照同大类产品的具体标志性特征进行具体预测。

3. 产品总量预测

产品总量预测是对消费者需要的各种产品的总量进行预测。一般属于行业预测。

## 五、市场预测的步骤

### (一)确定预测目标

进行一项预测，首先必须明确为什么要进行这项预测，它是解决什么问题，预测的目的关系到预测的一系列问题，为搜集什么资料、怎样搜集资料、采用什么预测方法等。只有目标明确，才能使预测工作有的放矢，按照要求进行。

### (二)选择预测方法

市场预测的方法很多，各种方法都有自己的适应范围和局限性。要取得较为正确的预测值，必须正确选择预测方法。其选择的原则，主要考虑以下几个方面：

1. 预测的目的

不同的预测目的，要选择不同的方法。例如，为了分析和辨明两种相关联产品之间的内在联系及需要量的联系，可以运用相关分析法；如果是为了发展一种新产品，预测新产品未来的市场容量，可以采用从上往下或市场因子推演法。

2. 预测时间的长短

短期的销售预测一般采用各种平均法、平滑法。中、长期预测一般要采用直线或曲线趋势法。

3. 占有历史统计资料的多少及完整程度

中、长期预测一般要有3年以上的统计资料，如果历史统计资料比较丰富和完整，可以运用各种统计方法进行预测；如果历史统计资料不完整，一般只适宜采用主观经验判断法、销售人员集合意见法、德尔菲方法等。

4. 产品寿命周期

产品寿命周期的不同阶段，有不同的市场特性，市场经营决策的目标也不同，因此，要采用不同的预测方法。如家用电器的市场需求量，在产品的投入市场阶段、成长阶段、成熟阶段，其市场需求趋势很不相同。产品处于成长期，销售增长很快，则要用直线式或曲线式最小平方法；如果产品受季节波动的影响，则要用季节指数法，消除季节性波动的影响；产品进入成熟期，销售增长率一般不少于5%，比较稳定，可以采用移动平均法、平滑法进行预测。因此，要分析产品寿命周期和更新换代的转折点，从而选择不同的预测方法。

### （三）收集市场资料

资料是预测的基础，必须做好资料的搜集工作。搜集什么资料，是由预测的目标所决定的。对所搜集到的资料要进行认真的审核，对不完整和不适用的资料要进行必要的推算和调整，以保证资料的准确性、系统性、完整性和可比性。对经过审核和整理的资料还要进行初步分析，观察资料结构的性质，作为选择适当预测方法的依据。

### （四）进行预测

按照选定的预测方法，利用已经获得的资料进行预测，计算预测结果。

### （五）预测结果评价

预测结果得到以后，还要通过对预测数字与实际数字的比较分析以及对预测模型的理论分析，对预测结果的准确性和可靠程度给出评价。

### （六）预测结果报告

经过预测之后，要及时写出预测结果报告。预测报告是对预测工作的总结，用以向预测信息的使用者汇报预测结果。除了应列出预测结果之外，一般还应包括资料搜集与处理过程、选用的预测技术、建立的预测模型及对模型的评价与检验、对未来条件的分析、对预测结果的分析与评价（包括对利用模型得到的结果进行修正的理由和方法）以及其他需要说明的问题等。预测结果的报告从结果的表述形式上看，可以分成点值预测和区间预测。

## 六、市场预测的方法

### （一）定性预测方法

企业在营销预测中由于掌握的数据资料不多或许多重要的因素无法定量，只能凭借积累的经验和掌握的少量数据，在主观上进行分析、假设、推理来预测其发展趋势，这就是定性预测。定性预测方法的应用非常广泛，其优点是方法简单，易于掌握，使用方便，一般不要求具备全面而系统的数据资料。以下是几种常用的定性预测方法：

1. 经理意见评判法

这种方法是由企业的经理或厂长召集与市场有关或熟悉时常情况的有关负责人，让他们对市场情况及其未来的发展趋势发表自己的意见，作出自己的判断，然后将各种意见汇集起来，进行分析研究，得出市场预测的结果。这种方法简单、易行、及时、费用低，但容易受主观因素的影响。

2. 销售人员综合意见法

企业在进行营销预测时，把本企业的所有推销人员都召集到一起，让他们对自己负责的地区的销售趋势作预测，然后汇总成整个企业的预测数。

3. 顾客需求意向调查法

向顾客了解他们的需求意向也是企业经常用到的一种预测方法。对产业市场，由于顾客群体一般较小，可以采用普查的方式来了解顾客意向，而对于顾客群体较大的消费品市场则采用抽样调查技术。

4. 专家预测法

专家预测法是基于对市场预测有丰富经验专家的知识与分析判断能力，在分析各方面资料的基础上，对未来市场发展变化的趋势作出可靠的预测。专家预测法在具体操作上有许多方式。有专家意见集合法、德尔菲法等。

德尔菲法也称专家小组法或专家意见征询法，它以大量采用匿名调查表的方式，通过函询征求专家意见，对各种意见汇总整理，将其作为参考资料再匿名反馈给各位专家，不断征询、不断修改，反复多次，得到多次的补充和完善，直到取得一套完整的预测方案。与其他专家预测法相比，德尔菲法有三个明显的特征：匿名性、反馈性和量化性。

专家意见集合法属于集体经验判断法的范畴，是根据市场预测的目的和要求，向一组经过挑选的有关专家提供一定的背景资料，通过会议的形式对预测对象及其前景进行评价，在综合专家分析判断的基础上，对市场趋势做出量的推断。它的优点是由专家做出的判断和估计具有更高的准确性；同时，这种方法本身可以使与会专家能畅所欲言，自由辩论，充分讨论，集思广益，从而提高预测的准确性。但是，应该注意这种方法也同样存在于受专家个性和心理因素或其他专家的意见的影响或左右，也受参加人数和讨论时间的限制，会影响预测的科学性和准确性，为此要注意专家的选择和操作技巧。

**（二）定量预测方法**

1. 时间序列法

时间序列法是根据历史统计资料的时间序列，预测事物发展的趋势。时间序列法主要用于短期预测。常用的有简单平均法、移动平均法、加权平均法、指数平滑法。

（1）简单平均法　是用观察期的每期实际销售量之和除以观察期的期数，用这个平均数作为预测值的一种方法。

由于简单平均法把实际销售量的波动当做随机因素来处理，因此有一定的局限性，其误差较大，比较适合于观察期资料没有明显升降趋势变动的情形。

（2）移动平均法　是假定预测对象的未来状况与邻近几期的数据有关，而与较远的数据无关，因此，只选近期几个数据加以算术平均，作为下期的预测值。随着预测时期的向前推移，邻近几期的数据也向前推移。故称为移动平均法。

这种方法的优点是计算简单，但它却存在明显的缺点：一是平等对待移动平均期内的数据；二是预测值出现滞后偏差。这主要是因为没有考虑时间因素对预测值的影响。要克服以上缺点，可分别采用加权移动平均法和二次移动平均法。

（3）加权移动平均法　是在简单移动平均法的基础上，根据最近几期观察值对预测值的影响大小给予不同的权数，而以加权后的平均值作为下一期预测值的预测方法。

(4)指数平滑法　是根据本期的实际值和过去对本期的预测值，预测下一期数值，它反映了最近时期事件的数值对预测值的影响。这是一种在移动平均法的基础上发展起来的特殊的加权平均法。

2. 因果预测法

因果分析预测法主要包括回归分析预测法、计量经济模型预测法、多元统计分析预测技术、投入产出法等。

因果预测法的优点是能够从现象之间的因果关系出发，由因推果，预测结果有根有据，可靠性比较强，预测精度较高。但因果预测法也有局限性，主要表现在模型的估计与检验的工作量大；模型所描述的经济结构关系不能完全等同于未来的经济结构关系，故模型的应变性较差。

## 思考题

1. 市场营销信息系统由哪几部分构成？
2. 市场营销调研程序主要包括哪些步骤？
3. 市场营销调研的方法主要有哪些？
4. 在市场预测方法中定性和定量的方法主要有哪些？

## 实训项目

到一个小型或者中型的企业中，了解他们经常在哪些方面进行市场预测？你认为他们仍然需要补充进行什么内容的市场预测？为什么？

## 案例分析

### 福建平和县利用信息化致富

2007 年 4 月 8 日一早，福建平和县琯溪镇高南村村民林金盛冒雨来到柚园补肥。而修枝、整园、除草等早在元宵节前就做完了。如此的干劲，源于效益的激励。去年，蜜柚量价齐升，林金盛家产柚约 3.5 万千克，以每千克 2.1 元被收购，净收入 5 万多元。与高价相行的是畅销。全县总产 50 万吨蜜柚全部销售告罄，许多客商到平和也提不到货。蜜柚不但畅销国内市场，还畅行东南亚和欧盟等地。而这一切都有赖于网络的帮助。

**平和琯溪蜜柚借助网络走向世界**

琯溪蜜柚，是平和县的地方传统名果，素有“天然水果罐头”之美称，至今已有 500 多年的栽培历史。目前，平和全县种植面积已突破 45 万亩，年产 50 万吨。但在往年，一到蜜柚销售旺季这里的农民就发愁，由于市场信息不灵，优质的产品卖不了好价格。

当地政府为了鼓励发展蜜柚产业，干部每年奔波京沪等地卖蜜柚。这样的做法取得了比较明显的效果。但是仅依靠政府推介、宣传卖蜜柚的缺点也暴露出来了，首先是成本高，其次是农民的种植、养殖习惯在政府的计划安排下进行，缺乏市场信息观念。

长期的销售实践使当地政府和果农们认识到，在通信和信息日益发达的今天，农业的发展、农村的进步，必须要有农业信息化来支撑。为此，漳州市采取多项措施，着力完善农村通信基础设施建设，不断加快农业通信发展，积极推进农业信息化建设。

随着农业信息化的发展，随着农业信息网站的出现，不少精明的果农纷纷上网，利用网上信息指导种植，利用网络推销蜜柚，一些专业销售蜜柚的网站如蜜柚贸易网等纷纷建立，为了拓展对外销售，当地果农还特别建立了全英文的介绍蜜柚和销售的网上商城。

借助于这些网站，果农们把最新的信息发布在上面，批发商们则可以通过网站的平台随时找到果农并和他们商量蜜柚的销售事宜。网站传达适时信息以及节约成本的效应得到了极大的发挥。蜜柚销售网站不仅吸引了国内客户，更吸引了许多国外的客户来访问和洽谈生意。这些网站还使得果农不再盲目生产，开始认识信息的价值，开始搜集信息、利用信息、围绕市场信息进行种植蜜柚。

**良好的农业信息化外部环境**

平和琯溪蜜柚借助网络走向了世界，他们的做法是我国推行农业信息化的一个缩影。

我国政府一直非常重视农业信息化的建设。2006 年中央 1 号文件把“积极推进农业信息化建设”作为现代农业和社会主义新农村建设的一项重要内容。我国发布的《2006—2020 年国家信息化发展战略》也强调要加强农业信息化，农业部下发的《农业部关于进一步加强农业信息化建设的意见》更是直接给出了实施农业信息化的具体步骤和方法。

在国家战略的指导下，在农业信息化促进农业科技进步、产业结构调整、增加农民收入以及提高农产品竞争能力等好处的刺激下，各地的农业信息化建设开展得如火如荼。

在福建泉州，建设新农村公共信息服务平台和一批信息化示范村，被市委、市政府列入为民办实事项目。在江西，“十一五”期间，实现了“家家通电话，村村通宽带，信息进万家”，实现了 50%的乡镇和 20%的行政村配备标准的信息收集与发布设施。江西在 2006 年建成了 100 个“农村信息化示范乡镇”和 1 000 个“农村信息化示范村”。广西已建成 14 个市级、100 多个县级农业信息网络服务平台、600 多个乡镇农业信息服务站以及由 6 000 多人组成的农村信息员队伍。2006 年，广西农产品贸易网网上展销促成农产品交易 132 万多吨，成交金额 34.28 亿元。

**利用农业信息化致富**

记者注意到像平和县果农那样利用网络销售农产品的农民也越来越多，他们充分借助于农业信息化的力量，让自己的产品卖个好价钱.网络在其中发挥了重要作用。

农民首先可以借助网络进行市场研究。其主要手段是在网络上进行全仿真模拟销售。数据挖掘是指运用数据分析工具，根据营销决策需要对农产品网络数据库上获得的巨大信息流进行分析并用于辅助决策的一种活动。网上市场调研是一种与传统市场调查类似的方法，不过它是通过电子邮件和在线访问进行的。电子调查表的回复率一般要比传统方式回复率高、费用低，并且可以直接进行互动交流。

有了市场研究后，农民们还可以利用网络直接销售产品。农产品网上直接销售的途径很多，既可以在自己的站点上直接销售，也可以加入电脑网络广场和虚拟电子商场，具体做法是把自己的推销方案做成一个或数个互动界面，让顾客访问时在页面上任意挑选。客户满意就可以直接成交或者电话、实地考察后再成交。

相信随着农业信息化建设的持续深入，越来越多的农民将享受到信息化带来的好处。

# 第三章　消费者购买行为分析

学习目标

掌握购买者行为模式的一般规律；了解影响消费者购买行为的主要因素；认识消费者购买行为的不同类型；了解购买群体决策中的角色及各自的作用；了解消费者的购买决策过程和决策方式。

案例引导

台湾统一超商："利他"哲学创造奇迹

经过30年的演进改善，台湾统一超商建立起现代化、效率化的物流体系、后勤制度、服务系统，加上创新的营销手法，与台湾民众密切互动，带动民众消费型态的演进，统一超商的经营Know-how更被写进连锁流通教科书，成为标杆案例。

被称为台湾零售业教父的统一超商总经理徐重仁，对统一超商的期望并非"成为最大的便利超商"如此简单，而是有着更大的梦想与定位。

留学日本念MBA的徐重仁，深受Duskin集团前会长驹井茂春的独特经营理念影响："先想到对社会带来什么贡献，再想到带来多少利润；先考虑别人，再考虑自己；相信别人好，自己也会好。"

徐重仁深信，企业要永续发展，须奉"利他"为圭臬，企业存在目的就是要实践利他，创造共好社会，才能永续发展。不管是接受媒体采访还是内部沟通时，徐重仁总是强调："好的企业，不是做事业、获取利润就好，还要能为顾客创造满意度，让员工感到幸福。"

**质量哲学取代成本哲学**

在统一资历15年、目前担任鲜食部经理的吴劲甫指出，对徐重仁的带领，感受特别深刻。"早期开会，如果营业额没有达成目标，心情郁闷等着被骂，可是常常徐总把我叫进去，没说什么，只是告诉我如何了解顾客需求、问我想法。"

吴劲甫笑说，当他认同理念，更明白如何带领鲜食部发展，开会出来"又像一尾活龙。"

吴劲甫强调，很多人以为，等企业荷包赚饱饱之后，才有余力实践利他。事实上，统一超商在转亏为盈后的第二年，就提拔10%广告预算投入公益活动，当然也会引发员工疑虑，毕竟，公司法第一条开宗明义说，企业存在是以盈利为目的，要先利他再利己，理性上来说是不小的考验。也就是因为对理性是种考验，利他的确需要坚持，"但因为老板非常坚持，慢慢也影响我们愿意去坚持。"吴劲甫强调。

"利他是一种企业价值观，是不能随意舍弃的，但相应发展阶段，会有不同调整策略。像是我们还在亏损时，必须先建立硬件设施，例如物流配送体系、销售、服务系统、人员操作能力、强化体制，这时候是以'成本哲学'为主。等到软硬件完备，消费者习惯消费模式后，就要转变思考成'质量哲学'，以融入顾客情境、提升满意度为主。"吴劲甫解释。

尤其是吴劲甫带领的鲜食部门，在超商争霸战中扮演关键角色，因为食品类约占便利超商营收6成，其中鲜食利润最高，从鲜食卖况可窥见整体业绩。

如同Duskin集团前会长驹井茂春所说，服务业是"100减1就等于0"的事业，鲜食部门的特性就是如此，因为销售成败以"天"计算，消费者喜不喜欢、买不买单，看当天销售状况立刻见分晓，因此，创新与维持质量，成为鲜食部门一直追求的目标。

鲜食产品的研发，背后牵涉整体原物料供应链，不能主观臆测，因此员工被要求跳脱企业角色，想象一般消费者：一走进超商，"我"会被什么吸引？"我"想吃什么？"我"在意什么？什么产品会吸引"我"？再集合研发、采购、鲜食部门提案、讨论，决定品项。

**绿色采购环保又美味**

吴劲甫带领鲜食部门长期研究消费者趋势，锁定外食人口的健康问题。这群"老外族"的数量越来越多，根据行政院主计处统计，2008年的外食家庭（每月在外用餐伙食费超过50%）的比例达34.8%，比10年前提高7.6个百分点，外食市场商机一年超过3 000亿元。便利超商纷纷抢食这块大饼，推出琳琅满目的便当、饭团、三明治、面包、关东煮等。

然而，很少消费者会了解自己吃下肚的东西来源、产地、营养成分、到底健不健康。

挟着广大通路与品牌优势，统一超商大可寻找最便宜的供货商，满足最低质量要求即可。不过，站在利他角度，鲜食团队思考："如果我是消费者，我对食物的要求是什么？我敢天天吃吗？"决定将环保、健康、卫生的观念纳入食品开发及采购的重点，并导入"绿色采购"机制，在既有的供应链管理，优先采购绿色原材料，降低污染，提升供货商的环保意识。

案例思考：

1. 统一超商是如何了解消费者和满足消费者的需求的？
2. 统一超商的"利他"哲学给我国的零售业带来什么影响？

## 第一节　消费者市场与消费者购买行为模式

### 一、消费者市场的概念和特点

#### （一）消费者市场的概念

消费者市场是指为满足生活消费需要而购买货物和劳务的一切个人和家庭。现代市场营销的口号是"消费者至上"，"消费者是上帝"。因此，一切企业，无论是生产企业还是商业、服务企业；也无论是否直接为消费者服务，都必须研究消费者市场，因为只有消费者市场才是商品的最终归宿，即最终市场。其他市场，如生产者市场、中间商市场等，虽然购买数量很大，常常超过消费者市场，但其最终服务对象还是消费者，仍然要以最终消费者的需要和偏好为转移。因此，消费者市场是一切市场的基础，是最终起决定作用的市场。

#### （二）消费者市场的特点

消费者需求由于多种主客观因素的影响，是复杂多样的。但从总体上看，各种需求之间存在某些共性，这就是消费者市场需求的特点：

1. 消费者市场需求的无限扩展性

人们的需求是无止境的，永远不会停留在一个水平上。随着社会经济的发展和消费者收入的提高，对商品和劳务的需求也将不断地向前发展。

2. 消费者市场需求的多层次性

消费者需求总是在一定的支付能力和其他条件的基础上形成的。尽管人们会有多种多样的需要，但不可能同时得到满足，总要按照个人的收入情况、支付能力和客观条件的可能，根据需要的轻重缓急，有序地逐步实现。

3. 消费者市场需求的复杂多变性

消费者人数众多，差异性很大，由于各种因素的影响，对不同商品或同类商品不同品种、规格、性能、式样、服务、价格等方面会有多种多样的需求。而且，随着生产的发展、消费水平的提高和社会习俗的变化，消费者需求在总量、结构和层次上也将不断发展，日益多样化。

4. 消费者市场需求的可诱导性

消费者需求的产生，有些是本能的、生而有之的，但大部分是与外界的刺激诱导有关的。经济政策的变动，生产、流通、服务部门营销活动的影响，社会交际的启示，广告宣传的诱导等，都会使消费者的需求发生变化或转移，潜在的需求可以变为现实的需求，微弱的欲望可以变成强烈的购买欲望。

5. 消费者市场购买者的分散性

消费者人数众多分布面广，每次购买量较少而购买频率很高。

## 二、消费者购买行为模式

对消费者购买行为规律的研究首先涉及消费者购买行为的基本模式，它主要要回答以下一些问题：

| | |
|---|---|
| 形成购买群体的是哪些人？ | 购买者 |
| 他们要购买什么商品？ | 购买对象 |
| 他们为什么要购买这些商品？ | 购买目的 |
| 哪些人参与了购买决策过程？ | 购买组织 |
| 他们以什么方式购买？ | 购买方式 |
| 他们在什么时候购买？ | 购买时间 |
| 他们在哪里购买？ | 购买地点 |

这些问题往往要通过广泛深入的市场调查来获得答案，而企业则必须在此基础上去发现消费者的购买行为规律，并有的放矢地开展营销活动。

企业的营销活动对一个具体的消费者消费者来讲，是否能够产生作用，能够产生多大作用，对哪些人最为有效，可以从心理学的“认识-刺激-反应”模式去加以认识。这是研究购买者行为最为基本的方法。因为任何购买者的购买决策都是在一定的内在因素的促动和外在因素的激励之下而采取的。要使企业的营销活动获得成功，关键要看这些活动是怎样对消费者产生影响的，不同的消费者有各自会对其作出怎样的反应，而形成不同反应的原因又到底是什么。我们可从“认识-刺激-反应”模式出发去建立消费者的购买行为模式（图 3-1）。

从这一模式中我们可以看到，具有一定潜在需要的消费者首先是受到企业的营销活动刺

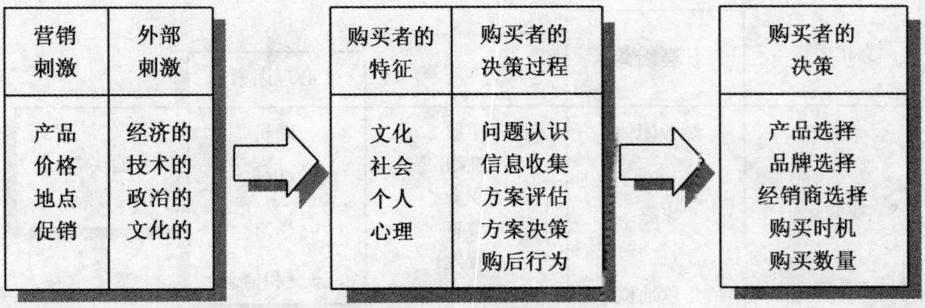


**图 3-1 消费者购买行为模式**

激和各种外部环境因素的影响而产生购买取向的;而不同特征的消费者对于外界的各种刺激和影响又会基于其特定的内在因素和决策方式作出不同的反应,从而形成不同的购买取向和购买行为。这就是消费者购买行为的一般规律。

在这一购买行为模式中,"营销刺激"和各种"外部刺激"是可以看得到的,购买者最后的决策和选择也是可以看得到的,但是购买者如何根据外部的刺激进行判断和决策的过程却是看不见的。这就是心理学中的所谓"黑箱"效应。购买者行为分析就是要对这一"黑箱"进行分析,设法了解消费者的购买决策过程以及影响这一决策过程的各种因素的影响规律。所以对消费者购买行为的研究主要包括两个部分,一是对影响购买者行为的各种因素的分析,二是对消费者购买决策过程的研究。

## 第二节 影响购买行为的主要因素

研究发现,影响消费者的购买行为的非经济因素主要有内、外两个方面。从外部来看,主要有:消费者所处的文化环境,消费者所在的社会阶层,消费者所接触的各种社会团体(包括家庭),以及消费者在这些社会团体中的角色和地位等;内部因素则是指消费者的个人因素和心理因素。个人因素包括消费者的性别、年龄、职业、教育、个性、经历与生活方式等,心理因素包括购买动机、对外界刺激的反应方式、学习方式、态度和信念等(图 3-2)。这些因素从不同的角度影响着消费者的购买行为模式。

### 一、文化因素

文化是一个广泛的概念。从广义上讲,文化是指人类在社会历史实践中创造的物质财富和精神财富的总和;从狭义上讲,是指社会的意识形态,以及与之相适应制度和结构。广义的文化与文明同义,它将社会的经济、政治、科技、法律包含在内;狭义的文化也非仅指人们的文字运用能力和对基本知识的掌握,而是包括语言、文学、艺术、信仰、态度、风俗习惯、教育方式以及社会组织等各方面。

#### (一)文化影响

文化作为一种社会氛围和意识形态,无时无刻不在影响着人们思想和行为,当然也必然影

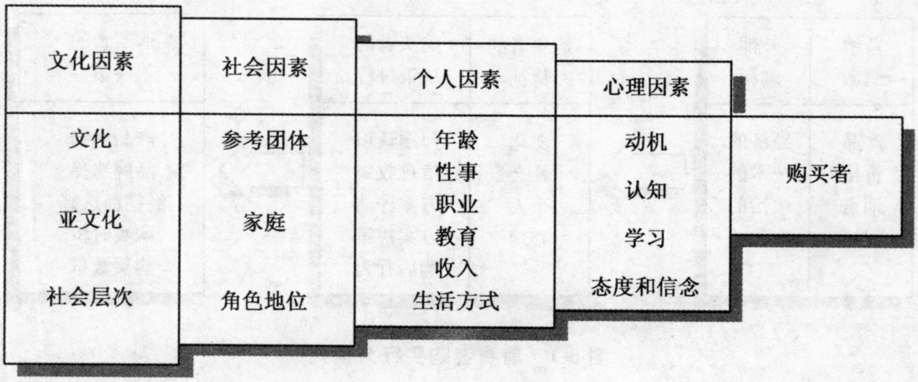


**图 3-2　影响消费者购买行为的因素**

响人们对商品的选择与购买。文化对于人们行为的影响有着这样一些特征：

1.具有明显的区域属性

生活在不同的地理区域的人们文化特征会有较大的差异，这是由于文化本身也是一定的生产方式和生活方式的产物。同一区域的人们具有基本相同的生产方式和生活方式，能进行较为频繁的相互交流，故能形成基本相同的文化特征。而不同区域的人们由于生产与生活方式上的差异，交流的机会也比较少，文化特征的差异就比较大。如西方人由于注重个人创造能力发挥，比较崇尚个人的奋斗精神，注重个人自由权的保护；而东方人由于注重集体协作力量的利用，比较讲究团队精神，注重团体利益和领导权威性的保护。这种文化意识往往通过正规的教育和社会环境的潜移默化，自幼就在人们的心目中形成。然而，随着区域间人们交流频率的提高和交流范围的扩大，区域间的文化也会相互影响和相互交融，并可能对区域文化逐步地加以改变。如中国自 20 世纪 80 年代实行改革开放以来，已融入了相当多的西方文化，例如牛仔裤、迪斯科和肯德基快餐，都已成为中国当代文化不可忽略的组成部分。

2.具有很强的传统属性

文化的遗传性是不可忽略的。由于文化影响着教育、道德观念甚至法律等对人们的思想和行为发生深层次影响的社会因素，一定的文化特征就能够在一定的区域范围内得到长期延续。对某一市场的文化背景进行分析时，一定要重视对传统文化特征的分析和研究。此外，必须注意到的是，文化的传统性会引发两种不同的社会效应。一是怀旧复古效应，利用人们对传统文化的依恋，可创造出很多市场机会；二是追新求异效应，即大多数年轻人所追求的“代沟”效应。这将提醒我们在研究文化特征时必须注意多元文化的影响，又可利用这一效应创造出新的市场机会。

3.具有间接的影响作用

文化对人们的影响在大多数情况下是间接的，即所谓的“潜移默化”。其往往首先影响人们的生活和工作环境，进而再影响人们的行为。如一个在农村长期生活的农民，在家乡时可放任不羁地大声说笑，随地吐痰，进城到某外资企业办事，马上会变得斯斯文文，彬彬有礼。就是由于外资企业的文化环境对其产生了影响。一些企业注意到这一点，首先通过改变人们的生活环境来影响人们的消费习惯的做法，往往十分见效。20 世纪 80 年代中，一些外国家电企业首先在中国举办“卡拉 OK”、“家庭演唱大奖赛”之类的民间自娱自乐活动，形成了单位或家庭自娱自乐的文化氛围，进而在中国成功引进了组合音响、家庭影院等家电产品，就是利用文化影响间接作用的典型范例。

### (二)亚文化

亚文化是指存在于一个较大社会群体中的一些较小社会群体所具有的特色文化。所谓的特色表现为语言、信念、价值观、风俗习惯的不同。人类社会的亚文化群主要有三大类：

1. 国籍亚文化群

国籍亚文化群是指来源于某个国家的社会群体。在一些移民组成的国家中。国籍亚文化现象显得尤为明显。例如在美国等西方国家的大城市里都有“唐人街”，那里集中体现了中国的国籍文化。但是由于“唐人街”是在美国等国，总体上受着所在国地域文化的影响，所以只能是一种亚文化。

2. 种族亚文化群

种族亚文化群是指由于民族信仰或生活方式不同而形成的特定文化群体。如中国是一个统一的多民族国家，除了占人口 90%以上的汉族以外，还有 5C 多个少数民族。由于自然环境和社会环境的差异，不同的少数民族形成不同的亚文化群。这些亚文化群在饮食、服饰、建筑、宗教信仰等方面表示出明显的不同，如回族人戒食猪肉，男子戴白帽，大多数信伊斯兰教；藏族人信佛教，男子长袍有两个袖子，但只穿一个等。

3. 地域亚文化群

同一个民族，居住在不同的地区，由于各方面的环境背景不同，也会形成不同的地域亚文化。我国的汉族人口众多，位居祖国辽阔的土地上.汉族人都讲汉语，但各地都有各自的方言。我国北方的汉语比较统一，但到了南方，方言就十分复杂。江南人讲吴语，广东人讲粤语，闽南人讲闽南话。各地人在一起，不讲普通话而讲方言，也是无法沟通的。我国各地的饮食文化有着明显差异。西南和北方人喜欢吃辣，江南人偏爱甜，广东人对食品特别讲究新鲜。北方人以面食为主，南方人则以米饭为主食等。

对于亚文化现象的重视和研究能使企业对市场有更为深刻的认识，对于进一步细分市场，有的放矢地开展营销活动具有十分重要的意义。

### (三)社会阶层

社会阶层也属于文化的范畴。其主要是由于人们在经济条件、教育程度、职业类型以及社交范围等方面的差异而形成的不同社会群体，并因其社会地位的不同而形成明显的等级差别。

中国在实行计划经济体制时，因经济条件而形成的社会层次并不明显，但社会职业和职务而形成的社会层次同样存在，如工人阶层、农民阶层、干部阶层以及知识分子阶层等。改革开放以后，中国开始走向市场经济，经济条件也逐渐成为形成社会阶层的重要因素。中国也有了百万富翁和亿万富翁，也出现了白领阶层和蓝领阶层之分。同时以职业职务、教育程度划分的社会阶层也依然存在，从而使中国的社会阶层划分也变得越来越复杂。同样，中国不同社会阶层的消费习惯与购买行为也有很大差异，其不仅体现在衣着打扮、饮食起居方面，甚至在家庭摆设和兴趣爱好方面也会有明显不同。

社会阶层作为一种文化特征具有这样一些特点：一是处于同一阶层的人的行为比处于不同阶层的人的行为有更强的类似性；二是当人的社会阶层发生了变化(如工人考上了大学；个体户发展为私营企业家)，其行为特征也会随之发生明显变化；三是社会阶层的行为特征是受到经济、职业、职务、教育等多种因素的影响，所以根据不同的因素划分，构成的社会阶层会有所不同。个人社会阶层的稳定归属有时要依据对其最具有影响的因素来定。

社会阶层对人们行为产生影响的心理基础在于人们的等级观和身份观，人们一般会采取同自己的等级、身份相吻合的行为。等级观和身份观又会转化为更具有行为指导意义的价值观、消费观和审美观，从而直接影响人们的消费特征与购买行为。

## 二、社会因素

### (一)参考团体

人生活在一定的社会群体之中，其思想和行为不可避免地要受到周围其他人的影响。从主动的意义上讲，人们会经常向周围的人征询决策的参考意见；从被动的意义上讲，人们所处的特定社会群体的行为方式会不知不觉地对其产生引导和同化作用。我们把对人们的行为经常发生影响的社会群体称作"参考团体"。参考团体一般可以分为三种类型：

1.成员资格型参考团体

人们从事各种职业，具有不同的信仰和兴趣爱好，因此他们都分属于不同的社会团体。由于社会团体需要协同行为，作为团体的成员的行为就必须同团体的行为目标相一致。各种团体具有不同的性质，因此它们对其成员行为的影响程度也是不同的。军人必须穿着军装，严肃风纪，这时候带有强制性的纪律。文艺工作者穿着打扮比较浪漫，比一般人更丰富多彩，其并不是文艺团体对其成员硬性规定的结果，而是一种职业特征的体现；国外有各种球迷协会，其成员佩戴共同的标志，经常在某一个咖啡馆聚会，甚至购买某一种共同牌号的商品，这种行为显然也是出于自愿的行为。

2.接触型参考团体

人们能够参加的团体数目是有限的，但是人们接触各种团体的机会却是很多的，人们都有自己的父母、兄弟、亲戚、朋友、同事、老师、邻居，这些人分属与各种社会团体，人们可以通过他们对各种团体有所接触。接触型参考团体对消费者行为同样会产生一定的影响。父母从事文艺工作或教育工作，子女从小耳闻目睹爱好文艺，对商品选择具有一定的艺术鉴赏能力，或穿着注意仪表，酷爱读书；某人的亲戚、朋友是医生，受他们的影响，此人的生活也会比较讲究卫生，对食物更注重其所提供的营养；某人的邻居是一位体育工作者，他就有机会更多地了解国内体育市场的发展状态，观看各种体育比赛，甚至受邻居的影响而参加各种体育活动。

3.向往型的参考团体

除了参与和接触之外，人们还可以通过各种大众媒介了解各种社会团体。所谓向往型团体是指那些与消费者没有任何联系，但对消费者又有很大吸引力的团体。人们通常会向往某一种业务，羡慕某一种生活方式，甚至崇拜某一方面团体的杰出人物。那些对未来充满理想憧憬的青年人，这种向往的心理就显得尤为明显。当这种向往不能成为现实的时候，人们往往回通过模仿来满足这种向往心理要求。女孩子会模仿歌星、影星；男孩子会模仿著名的运动员；成年人也会模仿某些有影响人物的发型、服饰和生活环境。向往型团体对消费者的行为影响也是间接的，但由于这种影响与消费者的内在渴望相一致，因此效果往往是很明显的。

在产品生命周期的不同阶段，参考团体的影响作用是不一样的。在产品刚刚进入市场的时候，参考团体主要会在产品本身的推荐上对消费者产生影响；而在产品已被市场普遍接受的情况下，消费者则会在品牌的选择方面更多地受参考团体的影响，产品本身的参考意见需要会逐渐减弱；而在产品已进入成熟阶段时，激烈的竞争会使得品牌的参考需求达到最高的程度。因此企业应当根据不同的时间和阶段，利用参考团体的影响来实现自己的营销目的。

**(二)家庭**

家庭是社会最基本的组织细胞，也是最典型的消费单位，研究影响购买行为的社会因素不能不研究家庭。家庭对购买行为的影响主要取决于家庭的规模，家庭的性质(家庭生命周期)，以及家庭的购买决策方式等几个方面。

不同规模的家庭有着不同的消费特征与购买方式。三代或四代同堂的大家庭消费的量大，但家庭设备与耐用消费品的数量却不会很多；两口之家或三口之家人虽然不多，但“麻雀虽小，五脏俱全”，对生活质量的要求更高；单身汉的消费方式更是别具一格，对商品的要求更有其独特之处。一段时期内某一特定市场上不同规模家庭的比例，直接影响到产品需求的类型与结构。如中国城镇家庭从20世纪90年代起随着住房条件的改善，家庭规模出现小型化的发展趋势，从而导致家用电器等耐用消费品的销售量明显上升，而家庭厨房炊具等却出现小型化、精致化的需求；孩子一大群的家庭教育费用并不太多，而独生子女家庭的教育费用却与日俱增。家庭规模的变化会对整个市场带来很大的影响。

家庭也有其发展的生命周期，处于发展周期不同阶段的家庭，由于家庭性质的差异，其消费与购买行为也有很大的不同。一般来说，家庭的生命周期可划分为八个主要阶段(图3-3)：

**图3-3 家庭生命周期**

1. 单身阶段

已参加工作，独立生活，处于恋爱，择偶时期。处于这一阶段的年轻人几乎没有经济负担，大量的收入主要花费在食品、书籍、时装、社交和娱乐等消费上。

2. 备婚阶段

已确定未婚夫妻关系并积极筹备婚事，处于这一阶段的人们为构筑一个幸福的小家庭，购置成套家具、耐用消费品、高级时装和各种结婚用品，装修新房等成了他们除了工作以外的基本生活内容，从而使此阶段成为家庭生命周期中一个消费相对集中的阶段。应当指出的是，备婚阶段在中国等东方民族比较明显，而在西方国家却不太突出。因为西方人的习惯是婚后才逐步添置家庭生活用品，所以此阶段的消费并不十分集中。在西方营销学的著作中一般不将此单独列为一个阶段。

3. 新婚阶段

已经结婚，但孩子尚未降临人间。这一阶段家庭将继续添置一些应购未购的生活用品，如果经济条件允许，娱乐方面的花费可能增多。

4. 育婴阶段(满巢1)

有6岁以下孩子的家庭。有孩子的家庭才是完整的家庭，故称“满巢”。孩子诞生后将成为家庭消费的重点。因此，此阶段家庭会在哺育婴儿的相关消费上作比较大的投资。

5.育儿阶段(满巢2)

有6～18岁孩子的家庭。孩子在长大成人,家庭的主要消费仍在孩子身上。所不同的是,此阶段孩子的教育费用将成为家庭消费的重要组成部分。除学费之外,各种课外的学习与娱乐的开支也会大大增加。

6.未分阶段(满巢3)

有18岁以上尚未独立生活的子女的家庭。此时子女已经长大成人,但仍同父母住在一起。此阶段家庭消费的主要特点是家庭的消费中心发生了分化。父母不再将全部消费放在子女身上,也开始注重本身的消费;而子女随着年龄的增大,在消费方面的自主权开始增加;有些子女参加了工作,有了一定的经济来源,消费的独立性会更为明显。

7.空巢阶段

孩子相继成家,独立生活。这一时期的老年夫妇家庭,由于经济负担减轻,他们的消费数量将减少,消费质量将提高。保健、旅游将成为消费的重点,社交活动也会有所增加。在中国,一些老人经常会毫不吝啬地将钱花在第三代身上。

8.鳏寡阶段

夫妻一方先去世,家庭重新回到单人世界,此时最需要的消费是医疗保健、生活服务和老年社交活动。

对家庭生命周期的研究,主要涉及对一个地区或市场的家庭结构与性质的分析,其对于市场总体性质的研究具有十分重要的意义。

家庭购买决策的方式对于购买行为的研究同样十分重要,其涉及对购买组织和营销对象的认识。因为各个家庭在进行购买决策时,决策方式会有较大差异。

首先是集中决策与分散决策的差异。一些家庭进行购买决策时集中度较高,购买大多数东西都要商量一番;另一些家庭则习惯分散决策,大多数购买决策由当事人自己来做。一般在收入水平较高的家庭,分散决策的倾向比较明显;而收入水平较低的家庭则倾向于集中决策。当然,家庭民主气氛的浓厚与否,也会影响决策的集中与分散。

其次是独断决策与协商决策的差异。对一些重要的购买行为(如选购大件耐用消费品),有的家庭是由家庭首要成员一人拍板决定的,有的则由全家进行协商后决定。独断决策还是协商决策一方面看家庭的民主气氛是否浓厚,另一方面也取决于家庭成员对所购买的商品的知识普及程度。

再次是男主型还是女主型的差异。一些家庭购买决策主要有男主人拍板决定,而另一些家庭则主要由女主人拍板决定。由谁决策除了各种家庭的习惯之外,主要还要看购买何种类型的商品,一般情况下家庭日用消费品的购买决策通常由主妇来做,而耐用消费品的购买决策则通常由男主人做出。

## 三、个人因素

除了文化和社会的差异之外,消费者的个人因素在其购买决策中也发挥着重要的作用。我们可以看到,在相同的社会和文化背景下,消费者的购买行为也存在着相当大的差异。生活在同一个家庭中的姐妹,有的喜欢看书,有的喜欢跳舞;在同一单位工作的同事,有的花钱大方,有的十分节俭。这说明除了文化与社会的因素之外,消费者的个人因素对于其购买行为起着更为明显的作用。个人因素包括年龄与性别、职业与教育、收入水平以及个性与生活方式等。

**(一)年龄与性别**

年龄与性别是消费者最为基本的个人因素,具有较大的共性特征。如追求时髦的大都是年轻人,因为年轻人热情奔放,喜欢接受新事物;老年人一般比较稳健,不会轻易冲动,但相对也比较保守。男女之间在购买内容和购买方式上的差异特别明显。例如,购买大件耐用消费品及技术含量较高的商品往往由男士出面,而购买家庭日用消费品则多数是女士的专利。夫妇俩逛街时,女士爱看服装与化妆品,男士却关心音响图书与设备。购买商品时,大多数男士不挑不选,拿了就走;而大多数女士则要反复挑选,甚至还要讨价还价。了解不同年龄层次和不同性别消费者的购买特征,才能对于不同的商品和顾客制订准确的营销方案。

**(二)职业与教育**

职业与教育实际上是社会阶层因素在个人身上的集中反映。从事一定的职业以及受过不同程度教育的人会产生明显的消费行为差异,这主要是由于一种角色观念的作用。例如,一个大学生,在学校期间喜欢穿运动衫,登旅游鞋,背登山背包,骑一辆山地跑车,显得青春焕发,朝气蓬勃;而毕业以后,进大公司当了白领,立刻就换上了西装革履,夹起了公文包,坐上了出租车,从衣着打扮到言谈举止都发生了很大的变化。这就是因为运动衫、登山包是大学生的身份象征,而西装革履和公文包则是公司白领的角色标志。这些在消费者的购买行为中会有强烈的表现。

**(三)个性与生活方式**

个性是指对人们的行为方式稳定持久地发挥作用的个人素质特征。人的个性在不同场合通过自己的行为表现出来,因此它是消费者行为研究的重要内容。对于人的个性,我们必须用辩证的观点指导分析。首先,个性是差异性和类似性的统一。每个消费者的个性都是由特定的心理条件和社会影响促成的,因此,我们可以说世界上不存在两个个性完全相同的消费者。但是,一个消费者不论其个性多么独特,他总是有一些地方与其他消费者相似。具有相似个性的人可能是一群,甚至一大群。正因为此,我们可以通过细分市场来开展营销,不必面对成千上万的个人;第二,个性是稳定性和发展性的统一。人的个性是在长期生活过程中逐渐形成的。个性一旦确定就会显示出其稳定性的特征。个性的稳定性正是我们区别不同消费者个性的依据。但个性又不是一成不变的,它随着人的生理变化和外部条件的变化而变化。例如妇女处于更年期,会暂时失去以往的乐观、理智,一个人受到较大挫折会变得谨小慎微等。

消费者的个性可以从能力、气质、性格三方面分析。

1. 能力

消费者在购买商品时需要注意、记忆、分析、比较、检验、鉴别、决策等各种能力。由于个人素质、社会实践、文化教育等方面不同,使得各人的能力也有很大差别。这种能力方面的不同,使得有些消费者在购买活动比较自信,能比较迅速地对商品作出评价,从而作出相应的决策。有些消费者则由于能力较差,缺乏主见,对购买犹豫不决,并往往要求助手和“参谋人员”。

2. 气质

心理学认为人们的气质有多血质、胆汁质、黏液质和忧郁质四种。多血质的人好动、灵敏,对某一事物的注意和兴趣容易产生,但也容易消失,他们一般喜欢时新商品,且易受宣传影响;胆汁质的人直率、热情、精力充沛,购买商品时愿花时间选择比较;黏液质的消费者冷静、善于思考、自制力强，他们讲究实用，不易受宣传影响；忧郁质的消费者多虑谨慎，对新兴商品反应迟钝，购买决策迟缓。

3. 性格

性格与气质既有区别又有共同之处。两者相比较性格带有更多的社会因素，气质则带有更多的生理色彩，性格更能反映一个消费者的心理特征。

人们的性格大致可分为五种：

(1)外向型　具有这类性格的消费者愿意表白自己的要求，喜欢与售货员交谈。

(2)内向型　内向型消费者少言语，感情不外露，丰富的思想集中于内心。

(3)理智型　这类消费者善思考，作决策时要反复权衡。

(4)意志型　这类消费者的特点是比较主观，购买目的明确，决策比较果断。

(5)情绪型　情绪型的消费者容易冲动，购买商品往往带有浓厚的感情色彩。

人的个性对于人们的生活方式和消费方式会有很大影响，或者说，人的个性往往是通过其生活方式和消费方式而表现出来的。所以，企业往往可以通过对消费者生活方式的调查来了解目标市场消费者的主要个性特征的。日本东京的R&D调查公司根据他们所作的调查，将人们的个性分为四种不同的类型，并以此来分析人们的生活欲望与生活方式，具有很强的借鉴意义(表3-1)。

**表3-1　个性与生活方式的关系**

| 个性特征 | 欲望特征 | 生活方式 |
|---|---|---|
| 活跃好动 | 改变现状 | 不断追求新的生活方式 |
| | 获得信息 | 渴望了解更多的知识和信息 |
| | 积极创意 | 总想做些事情来充实自己 |
| 喜欢分享 | 和睦相处 | 愿与亲朋好友共度好时光 |
| | 有归属感 | 想同其他人一样生活 |
| | 广泛社交 | 不放弃任何与他人交往的机会 |
| 追求自由 | 自我中心 | 按自己的意愿生活而不顾及他人 |
| | 追求个性 | 努力与他人有所区别 |
| | 甘于寂寞 | 拥有自己的世界而不愿他人涉足 |
| 稳健保守 | 休闲消遣 | 喜欢轻松自在，不求刺激 |
| | 注意安全 | 重视既得利益的保护 |
| | 重视健康 | 注重健康投资 |

## 四、心理因素

心理是人的大脑对于外界刺激的反应方式与反应过程。真如我们一开始就指出的，消费者的购买行为模式在很大程度上就是建立在其对外界刺激的心理反应基础之上的。但我们可以发现，人们之间的心理状况是很不相同的。这是因为除了天生就有的无条件反射之外，人的绝大多数心理特征都是在其生活经历中逐步形成的。而由于人们生活经历的千差万别，人们的心理状况也就千变万化，各不相同了。这是使得消费者购买行为变得十分复杂的重要原因。

影响购买行为的心理因素主要包括：动机、认知、学习、态度和信念等各个方面。

(一)动机

动机是一种无法直观的内在力量，它是人们因为某种需要产生的具有明确目标指向和即时实现愿望的欲求。动机是购买行为的原动力。需要是产生动机的基本原因，但需要并不等于动机，动机有其固有的表现形态。

亚伯拉罕·马斯洛著名的“需求层次论”说明了需要和动机在不同的环境条件下侧重点是不同的（图 3-4 ）。从基本的生理需要出发，人们首先会产生寻求食物充饥和获得衣物御寒等最基本的动机；而当饥寒问题解决了以后，安全又会成为人们所关心的问题，人们不再会不顾一切地去寻求食物等基本生活资料，即使敢冒风险，也绝不是出于生理的需要，而可能是为了更高层次需求的满足（如为了爱情或事业）；生活有了充分保障的人们又会把社交作为重要的追求，以满足其社会归属感；而有了一定社交圈的人又十分重视他人对其的尊重，重视在社会上的身份和地位；追求自我价值的实现是最高层次的需要和动机，人们会在各种需要以基本满足的前提下，努力按自己的意愿去做一些能体现自我价值的事情，并从中寻求一种满足感。马斯洛认为，低层次需求尚未得到满足的人一般不会产生高层次的动机，然而，这一结论似乎有些机械。事实上，人世间为理想而甘冒风险，为朋友而忍饥挨饿的例子并不在少数。但是，马斯洛的理论对于企业分析和研究市场却不失为重要的理论依据。例如，当我们分析顾客购买某种商品的动机时就应当弄清楚，他是为了满足自己的某种需要，还是为了送给朋友，以满足社交的需要。因为对于不同的需要，营销的策略和方法是很不一样的。

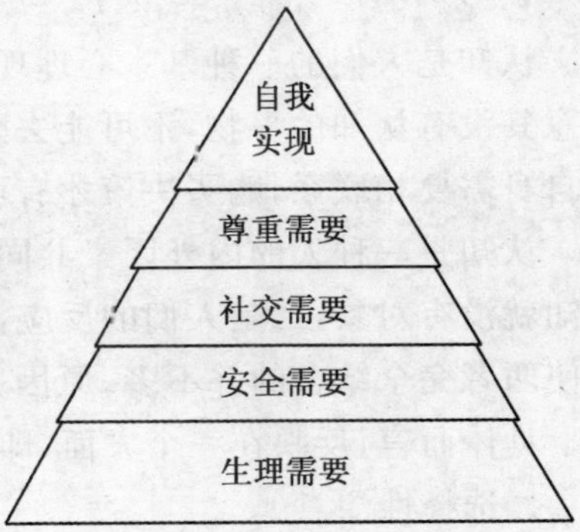


图 3-4 马斯洛需求层次论

弗雷德利克·赫茨伯格的“双因素理论”对于需求动机的研究同样是很重要的。“双因素理论”认为人们“不满意”的对立面不是“满意”，而是“没有不满意”；同样，“满意”的对立面也不是“不满意”，而是“没有满意”。即“没有不满意”只是人们的对所获得的商品和服务的基本要求，但并非其购买的原因和动机，如人们选择到某地旅游是由于该地的宜人景色令人满意，而服务是否周到并非人们选择旅游点的主要原因。人们不会由于在服务上没有不满意而到一个不能满足其旅游欲望的地方去旅游。

从商业的角度思考，人们的购买动机又可分为两大类型：一是本能动机。本能动机又是原始动机，它直接产生于本能需要，如“饥思食，渴思衣，困思眠，孤单思伴侣”等。本能动机是基本的，也是低层次的。二是心理动机。心理动机是人们通过复杂的心理过程形成的动机。心理动机又可分成三类：

1. 情感类心理动机

人们有高兴、愉快、好胜、好奇等情感和情绪，表现在购买动机上常有以下特征：求新，注重新颖，追求时尚；求美，注重造型，讲究格调，追求商品的艺术欣赏价值；求奇，追求出奇制胜，与众不同。

2. 理智类心理动机

经过客观分析形成的心理动机，称为理智型动机。这种理智型购买动机在购买行为上表现为以下几个特点：求实，注重质量，讲究效用；求廉，注重商品的价格；求安全，希望商品使用顺利，有可靠的服务保障。

3. 惠顾类动机

消费者基于经验和情感。对特定的商品、品牌、商店产生特殊的信任和偏爱，从而引起重复购买的动机，便称为惠顾类动机。

**(二)认知**

认知是人们的一种基本心理现象，是人们对外界刺激产生反应的首要过程。人们不会去注意其没有认知的事物，不可能去购买没有认知的商品。只有觉察和注意到某一商品存在，并与自身需要相联系，购买决策才有可能产生。

认知是一种人的内外因素共同作用的过程，取决于两个方面：一是外界的刺激，没有刺激认知就没有对象，二是人们的反应，没有反应，刺激就不能发挥作用。然而在实际生活中真正能使两者完全结合的并不多，原因是人们认知能力的局限，对外界刺激的接受只能是有选择的。具体而言，反映在三个方面，即选择性注意、选择性理解和选择性记忆。

1. 选择性注意

人们对外界的刺激源不会全都注意，有许多可能是视而不见，听而不闻。引发人们注意的因素主要是两个：一是人们的需要和兴趣，这是引发注意的内在因素；另一个是刺激的力度，这是引发注意的外在因素。表 3-2 反映了外在刺激物的特征与引发感知的关系，说明除了了解消费者的需要和兴趣，有的放矢地进行刺激之外，调整刺激的方式和力度也是很重要的。

**表 3-2　刺激与认知的关系**

| 刺激物的特征 | 容易引起认知 | 不易引起认知 |
|---|---|---|
| 规模 | 大 | 小 |
| 位置 | 显著 | 偏僻 |
| 色彩 | 鲜艳 | 暗淡 |
| 动静 | 运动 | 静止 |
| 反差(对比) | 明显 | 模糊 |
| 强度 | 强烈 | 微弱 |

2. 选择性理解

人们对所接受的刺激和信息的理解会有一定的差异，这是由于人们在接受外在刺激和信息前，已经形成了自己的意识和观念。他会以自己已有的意识和观念去理解外来的刺激和信息，从而产生不同的认识。如对于“红豆”这样一种标志物，大多数中国人可能都会联想到“相思”这样一种情感，因为他们熟知“红豆生南国，春来发几枝，愿君多采撷，此物最相思”的诗句。但对于大多数外国人来讲，“红豆”可能最多只意味着是一种好看的植物，而不可能产生爱情之类的联想。

3. 选择性记忆

记忆在商业活动中是很重要的，消费者能否对企业的广告和品牌记忆深刻，关系到企业的产品销路和市场竞争力。而人们在记忆方面同样是有选择的。强化记忆的因素有三个方面，除了人们的兴趣、刺激的强度这两个引发注意的因素对于强化记忆同样能发挥作用以外，“记忆坐标”的因素是很重要的。所谓“记忆坐标”是指当人们接受某一信息是同时接受的另一信息,它可成为人们记住某一信息的“坐标”。如利用某种谐音可使人们记住难记的电话号码;利用某种有特征的环境因素能让人们记住在此环境下发生的事情。积极创立各种记忆坐标是促使消费者记住企业和产品特征的重要方法。

从消费者行为角度来看,唤起认知的主要是销售刺激。销售刺激分为两种:一是商品刺激,刺激源是商品本身,它包括商品的功能、用途、款式和包装等;二是信息刺激,即除商品外各种引发消费者注意和产生兴趣的信息,包括通过广告、宣传、服务及购物环境等表现出来的语言、文字、画面、音乐、形象设计等。

**(三)学习**

消费者的大多数行为都是学习得来的,通过学习消费者获得了商品知识和购买经验,并用之于未来的购买行为。

消费者的学习方式大致有四种类型:

1.行为学习

人们在日常生活中,不断学得许多有用的行为,包括劳动、读书、与人交往等。作为一个消费者,他要不断学习各种消费行为。行为学习的方式就是模仿。通过模仿,人们学会吃饭、喝水、喝咖啡、听音乐、看电视、用洗衣机洗衣服、唱卡拉OK、跳舞等。模仿的对象是众多的,孩子模仿父母,学生模仿老师,观众模仿影视人物,还有人们之间的相互模仿等。

2.符号学习

借助外界的宣传教育,人们了解各种符号,如语言、文字、造型、色彩、音乐的含义,从而通过广告、商标、装潢、标语、招牌与生产商和制造商进行沟通。

3.解决问题的学习

人们通过思考和见解的不断深化来完成对解决问题方式的学习。思考就是对各种消费行为和各种体现现实世界的符号进行分析,从而形成各种意义的结合。思考的结果便是见解,见解是对问题中各种关系的理解。消费者经常思考如何满足自身的需要,思考的结果常被用于指导消费者行为。

4.情感的学习

消费者的购买行为带有明显的情感色彩,如偏爱某个公司,某家商店,某种商品或劳务、某种品牌等,这些来源于消费者的感受。这种感受包括消费者自身的实践体会和外界的鼓励、支持、劝阻、制裁等因素。消费者这种感受的积累和定型便是情感学习的过程。

消费者的基本学习模型由内驱力、提示(线索)、反应、强化四个部分组成(图3-5)。内驱力指人们的心理紧张状态。内驱力分原始驱力和衍生驱力。原始驱力是由生理需求造成,如饥饿、口渴。衍生驱力是后天学来的,如寻找面包因为能够充饥,购买饮料因为能够解渴;提示又成为线索,是引导人们寻求满足方式的一种启示,例如人们饥饿的时候常会被饭店的招牌、食物的香味所吸引。因为以往学习的知识和经验告诉他们那里是解决饥饿的去处。而且一些著名饭店的招牌或广告更能给人们以美味佳肴的提示;反应就是对提示采取的行动,反应有不同的层次,如婴儿饥饿的反应是啼哭或吸奶的动作,成年人饥饿会买各种喜欢的食品;强化就是使某种反应强化并稳定下来。强化的结果是对某种行为加以肯定,并能不断重复这一行为。如人们对某一品牌的商品产生“品牌忠实度”,就是刺激不断强化的结具。

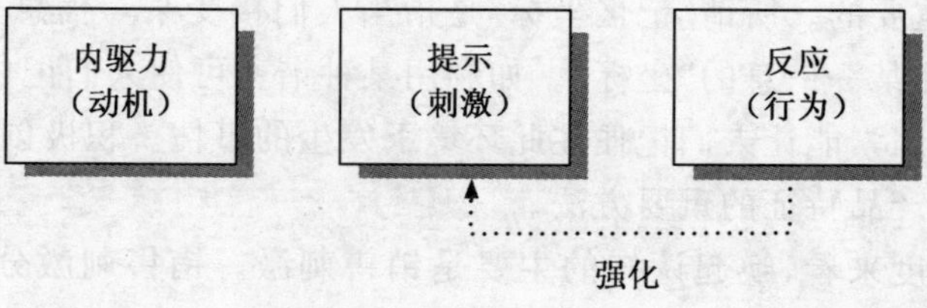


图 3-5 消费者学习模型(刺激反应模式)

**(四)态度和信念**

消费者的态度是消费者对有关事物的概括性评估,是以持续的赞成或不赞成的方法表现出来的对客观事物的倾向。态度带有浓厚的感情色彩,它往往是思考和判断的结果。信念是在态度得到不断强化的基础上所产生的对客观事物的稳定认识和倾向性评价。在信念指导下的行为往往不再进行认真的思考,而成为一种惯性。态度具有三个明显特征:

1. 态度具有方向和程度

态度具有正、反两种方向,正向即消费者对某一客观感到喜欢,表示赞成;反向即消费者对某一客体感到不喜欢,表示不赞成。所谓程度,就是指消费者对某一客体表示赞成或不赞成的程度。

2. 态度具有一定的结构

消费者的态度是一个系统,其核心是个人的价值观念。各种具体的态度分布在价值观念这一中心周围,它们相对独立,但不是孤立存在,而是具有一定程度的一致性,都受价值观念的影响;它们处于不同的参差不齐,离中心较近的态度具有较高的向心性,离中心较远的态度则向心性程度低。形成时间较长的态度比较稳定,新形成的态度则比较容易改变。

3. 态度是学来的

态度是经验的升华,是学习的结果,包括自身的学习和向他人的学习。消费者自身的经历和体会,如得到过的好处和教训都会建立和改变人们的态度;家人、朋友以及推销人员所提供意见和看法也是一种间接的经验,同样会对人们的态度产生正面或反面的影响。

相对态度而言,信念更为稳定。使消费者建立对自身产品的积极信念应当是企业营销活动的主要目标。而消费者如果对竞争者的产品建立了信念,则会对企业构成很大威胁。从某种程度上讲,建立和改变消费者的信念就是对市场的直接争夺。

可采用两种策略来建立或改变消费者的态度和信念:适应策略和改变策略。

适应策略是通过适应消费者的需要来建立消费者的态度和信念,这种策略具体有四种做法:一是通过不断提高产品质量,改进款式,完善售后服务,不间断地做广告,以不断增强现有消费者的积极态度;二是为现有消费者提供新产品、新牌子,以满足他们的要求,以增加现有消费者对企业的好感;三是强调现有产品的特点,吸引新顾客;四是及时了解市场新动向,为新的消费者提供新的产品。

改变消费者的态度和信念远比适应消费者的态度和信念困难得多,改变策略的做法主要有:突出强调企业产品的优点;尽量冲淡产品较弱属性的影响,例如可以告诉消费者产品的某一些不足并不像他想象的那么严重,而且无伤大局;采取一些必要的补偿措施,如降低价格、实行“三包”等使消费者心理得到平衡。

## 第三节 购买决策过程

这一节我们将从动态的角度去研究消费者购买决策的方式及其过程。消费者的购买决策是一个极为复杂的过程，存在这众多的可变因素和随机因素，只有进行全面分析才有可能把握其中的规律。主要涉及参与决策的角色、购买决策的类型和购买决策的过程。

### 一、参与决策的角色

购买决策在许多情况下并不是由一个人单独作出的，而是有其他成员的参与，是一种群体决策的过程。这不仅表现在一些共同使用的产品(如电冰箱、电视机、住房等)，也表现在一些个人单独使用的产品(如服装、手表、化妆品等)的购买决策过程中，因为这些个人在选择和决定购买某种个人消费品时，常常会同他人商量或者听取他人的意见。因此了解哪些人参与了购买决策，他们各自在购买决策过程中扮演怎样的角色，对于企业的营销活动是很重要的。

一般来说，参与购买决策的成员大体可形成五种主要角色：

发起者 即购买行为的建议人，首先提出要购买某种产品。

影响者 对发起者的建议表示支持或者反对的人，这些人不能对购买行为的本身进行最终决策，但是他们的意见会对购买决策者产生影响。

决策者 对是否购买，怎样购买有权进行最终决策的人。

购买者 执行具体购买任务的人，其会对产品的价格、质量、购买地点进行比较选择，并同卖主进行谈判和成交。

使用者 产品的实际使用人，其决定了对产品的满意程度，会影响买后的行为和再次购买的决策。

这五种角色相辅相成，共同促成了购买行为，是企业营销的主要对象。必须指出的是，五种角色的存在并不意味着每一种购买决策都必须要五人以上才能作出，在实际购买行为中有些角色可在一个人身上兼而有之，如使用者可能也是发起者，决策者可能也是购买者。而且在非重要的购买决策活动中，决策参与的角色也会少一些。

认识购买决策的群体参与性，对于企业营销活动有十分重要的意义。一方面企业可根据各种不同角色在购买决策过程中的作用，有的放矢地按一定的程序分别进行营销宣传活动；另一方面也必须注意到商品购买决策中的角色错位，如男士的内衣、剃须刀等生活用品有时会由妻子决策和采购；儿童玩具的选购过程中，家长的意愿占了主要的地位等，这样才能找到准确的营销对象，提高营销活动的效果。

### 二、购买行为的类型

不同类型的消费者对于不同类型的商品，购买决策行为也是有很大的差异的。如购买一台电脑和购买一把牙刷，购买决策行为就会在很大不同。前者可能要广泛搜集信息，反复比较选择，后者则可能不加思考，随时就可以购买。根据消费者对产品的熟悉程度(需要解决问题的多少)和购买决策的风险大小(很大程度上决定于产品价格的昂贵与否)，我们可以将购买行为分成四种类型(表 3-3)。

表 3-3 购买行为的类型

| 购买决策风险 | 对产品的熟悉程度 | |
|---|---|---|
| | 低 | 高 |
| 高 | 复杂性购买行为 | 选择性购买行为 |
| 低 | 简单性购买行为 | 习惯性购买行为 |

复杂性购买行为　主要是对于那些消费者认知度较低、价格昂贵、购买频率不高的大件耐用消费品。由于价格昂贵,购买决策的风险就比较大,购买决策必然比较谨慎;由于消费者对产品不够熟悉,需要搜集的信息比较多,进行选择的时间也比较长。

选择性购买行为　同样是价格比较昂贵的商品,有较大的购买决策风险,但是由于消费者对于此类商品比较熟悉,知道应当怎样进行选择。因此在购买决策时无须再对商品的专业知识作进一步的了解而只要对商品的价格,购买地点以及各种款式进行比较选择就可以了。

简单性购买行为　对于某些消费者不太熟悉的新产品。由于价格比较低廉,购买频率也比较高,消费者不会花很大的精力去进行研究和决策,而常常会抱着“不妨买来试一试”的心情来进行购买,所以购买的决策过程相对比较简单。

习惯性购买行为　对于那些消费者比较熟悉而价格比较低廉(通常产品的稳定性也比较好)的产品,消费者会采用习惯性的购买行为,即不加思考地购买自己习惯用的品种、品牌和型号。若无新的强有力的外部吸引力,消费者一般不会轻易地改变其固有的购买方式。

了解购买行为的不同类型,有助于企业根据不同的产品和消费者情况去设计和安排其营销计划,知道哪些是应当重点予以推广和宣传的,哪些只需作一般的介绍,以使企业的营销资源得到合理的分配和使用。

## 三、购买决策的阶段

消费者的购买决策是一个动态发展的过程,一般可将其分为五个阶段:确认问题、收集信息、评价方案、作出决策、买后行为(图 3-6),这是一种典型的购买决策过程。以下分别就这五个阶段进行分析。

图 3-6 购买行为的决策阶段

### (一)确认问题

这里问题是指消费者所追求的某种需要的满足。因为需要尚未得到满足,就形成了需要解决的问题。满足的需要到底是什么?希望用什么样的方式来进行满足?想满足到什么程度?这些就是希望解决的问题。确认问题是购买决策的初始阶段,因为消费者只有意识到其有待满足的需要到底是什么,才会发生一系列的购买行为。

需要的满足根据其性质的不同可分为几种不同的类型,如按照问题的紧迫性和可预见性两个指标可将需求满足的问题划分为四种类型(表 3-4)。

表 3-4 需要解决的问题类型

| 预见性 | 紧迫性 | |
|---|---|---|
| | 需要立即解决的 | 无须立即解决的 |
| 在预期之中的 | 日常问题 | 计划解决问题 |
| 非预期之中的 | 紧急问题 | 逐步解决问题 |

1. 日常问题

日常问题属预料之中但需要立即解决的问题。事实上消费者经常面临大量的日常问题，如主副食品、牙刷牙膏、毛巾肥皂等天天要消费，经常要购买。在解决日常问题时消费者的购买决策一般都比较简单，而且容易形成品牌忠诚性和习惯性的购买。但是，如果消费者感到前一次购买的商品不能令人满意，或发现了更好的替代品，他也会改变购买商品的品牌或品种。

2. 紧急问题

紧急问题是突发性的，而且必须立即解决，如自行车轮胎爆破、眼镜镜片失手打碎、钢笔遗失等。紧急问题若不立即解决正常生活次序将被打乱。紧急问题一般难以从容解决。这时消费者首先考虑的是如何尽快买到所适用的商品，而对商品的品牌、销售的商店，甚至商品的价格都不会进行认真的选择和提出很高的要求。

3. 计划解决的问题

预期中要发生，但不必立即解决的问题便是计划解决的问题。计划解决的问题大多数发生在对价值较高的耐用消费品购买，例如一对开始筹备婚事的恋人准备年内购买一套家具，一个已有黑白电视机的家庭准备一年后购买一台彩电等。由于计划解决的问题消费者从认识到实际解决的时间比较长，对于这种类型的购买活动，消费者一般都考虑得比较周密，收集信息和比较方案的过程比较完善。

4. 逐步解决的问题

逐步解决的问题即非预期之中，也无需立即解决的问题。它实际是消费者潜在的有待满足的需求。例如，一种新面料的服装出现在市场上，大部分消费者不必立即购买它，当然也无须计划过多长时间去购买它。然而随着时间推移，这种面料的服装的优点日益显示出来，这时购买者便会逐渐增多。一旦该种面料的服装得到社会的充分肯定，原先的逐步解决的问题很可能就演变成了日常问题或计划解决的问题。

**(二)收集信息**

消费者一旦对所需要解决的需要满足问题进行了确认，便会着手进行有关信息的收集。所谓收集信息通俗地讲就是寻找和分析与满足需要有关的商品和服务的资料。消费者一般会通过以下几种途径去获取其所需要的信息：个人来源，家庭、朋友、邻居、熟人；商业来源，广告、推销员、经销商、包装、展览；公共来源，大众传播媒体、消费者评价机构；经验来源，产品的检查、比较和使用。

消费者所要收集的信息主要有三方面内容：

1. 恰当的评估标准

如某消费者欲购买一块手表，他首先要确定他所要购买的手表应具有哪些特征。这些特征便是评估的标准。消费者一般先根据自己的经验判断一块理想的手表应具备哪些特征。一旦他感到自己经验有限,他就会向朋友打听、查阅报纸杂志或向销售人员征询。

2. 已经存在的各种解决问题的方法

如目前有多少种手表在市场上出售。

3. 各种解决问题的方法所具备的特征

如目前市场上各种手表的款式、功能、厂牌信誉、价格等方面情况。

消费者所面临的可解决其需要满足问题的信息是众多的,他们一般会对于各种信息进行逐步地筛选,直至从中找到最为适宜的解决问题的方法。图 3-7 描述了一个想要购买洗衣机的消费者对于各种有关信息的筛选过程。

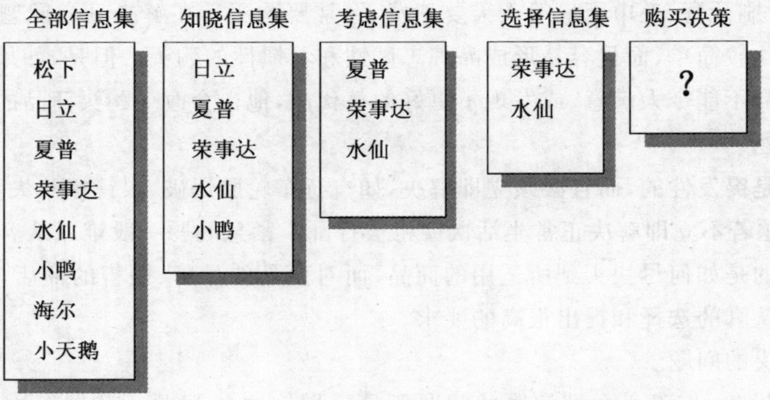


**图 3-7 消费者信息收集与筛选过程**

从图 3-7 中我们可以看到,消费者一般不可能收集到有关产品的全部信息,他们只能在其知晓的范围内进行选择;而对于其所知晓的信息进行比较筛选后,会挑出其中一部分进行认真的选择;最终又会在它们中间选出两三个进行最后的抉择,直至作出购买决策。在这逐步筛选的过程中,每进入一个新的阶段都需要进一步收集有关产品更为详细的资料和信息。如果某一产品在这一选择过程中被首先淘汰,除其不适应消费者的需要之外,很大程度上是由于所提供的信息资料不够充分。因此,积极向消费者提供产品和服务的有关资料在消费者收集信息阶段是十分重要的。

**(三)评价方案**

消费者在充分收集了各种有关信息之后,就会进入购买方案的选择和评价阶段。该阶段消费者主要要对所收集到的各种信息进行整理,形成不同的购买方案,然后按照一定的评估标准进行评价和选择。

根据消费者进行评价和选择的评估标准和评估方法的不同,评价方案的阶段会有以下五种情况:

1. 单因素独立评价

单因素独立评价的原则就是消费者只用一个评估标准为依据挑选商品(或品牌)。例如,某些消费者选择某一商品时可能会以价格作为唯一的评估标准,在所有同类商品中购买最便宜的一种。实际上商品成千上万,消费者个性及环境差异也很大,因此在具体进行单因素独立评价的过程中，形式是多种多样的。不同的消费者对同种商品会采用不同的评估标准，同一个消费者对不同的消费品也会采用不同的评估标准。单因素独立评价是一种绝对的形式，实践中并不多见。

2. 多因素联合评价

多因素联合评价的原则就是指消费者在购买商品时同时考虑该商品的各方面特征，并规定各个特征所具备的最低标准。例如，消费者购买耐用消费品时要考虑它的价格、款式、功能、操作方式、售后服务；购买和租赁房屋时要考虑房屋的价格、结构、地段、层次、朝向、内部设备等。

3. 词典编辑式评价

词典编辑式评价的原则实质是单因素独立评价原则的扩展，即当消费者用他认为最重要的评估标准选购商品，但未能选出令人满意的商品时，便用他认为第二位重要的标准进行挑选。如用第二位重要标准仍然不行，则采用第三位重要的标准进行选择，依此类推。事实上在消费者心目中商品各种评估标准的重要性是不同的，因此在进行方案评价时客观上会有一个逐次按不同标准进行筛选的过程。

4. 排除式评价

排除式评价原则就是消费者在选择商品时逐步排除那些不具备最低要求的品牌。例如消费者购买服装首先考虑知名度高的商品，杂牌的服装不在考虑之列；其次预定价格的大致范围，超出这一范围不予考虑；其三是款式；其四是色彩；等等。消费者会不断地把不符合其基本指标的商品一一排除，直到满意为止。但采用这种评价方法的消费者往往会发现，最后没有一件商品能使其感到满意，于是或是放弃购买，或是修改标准，重新选择。

5. 互补式评价

互补式评价原则与上述四种原则完全不同。它不是根据几个因素决定取舍，也不是按照最低标准决定取舍，它是纵观商品的各个特性，取长补短，综合利用，在考虑信息集或选择信息集中挑选一个最满意的商品。如果可以给各个商品的各个评估标准分别打分的话，互补式评价是以总分最高作为购买方案选择的原则。

**（四）作出决策**

消费者在进行了评价和选择之后，就形成了购买意图，最终进入作出购买决策和实施购买的阶段。但是，在形成购买意图和作出购买决策之间，仍有一些不确定的因素存在，会使消费者临时改变其购买决策。这些因素主要来自两方面：一是他人的态度；二是意料之外的变故（图 3-8）。

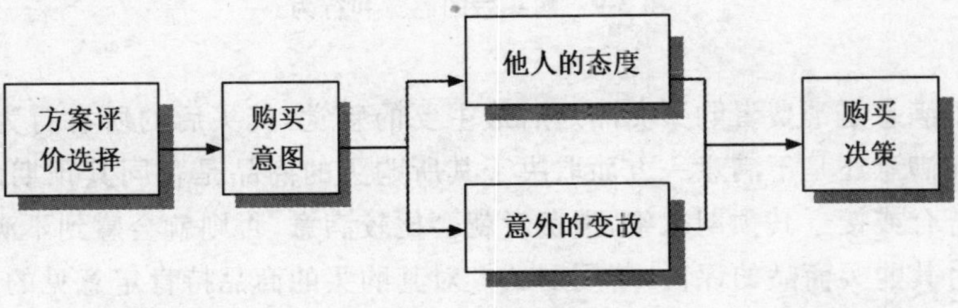


图 3-8 对购买决策的影响因素

其他人如果在消费者准备进行购买时提出反对意见或提出了更有吸引力的建议，会有可能使消费者推迟购买或放弃购买。他人态度影响力的大小主要取决于两点：反对的强烈程度以及其在消费者心目中的地位。反对的越强烈，或其在消费者心目中的地位越重要，其对消费者购买决策的影响力也就越大；反之，就比较小。

在消费者准备进行购买时所出现的一些意外变故也可能使消费者改变或放弃购买决策。如消费者家中突然有人生重病，需要大量治疗费用，消费者突然失去工作或稳定的收入来源等，都是一些有可能改变消费者购买决策的突变因素。

影响消费者进行最终购买决策的根本问题是消费者对购买风险的预期，如果消费者认为购买之后会给其带来某些不利的影响，而且难以挽回，消费者改变或推迟购买的可能性就比较大。所以企业必须设法降低消费者的预期购买风险，这样就可能促使消费者作出最终的购买决策。

在消费者决定进行购买以后，他还会在执行购买的问题上进行一些决策，大体上包括五个方面：商店决策，到哪里去购买；数量决策，要购买多少；时间决策，什么时候去购买；品种决策，购买哪种款式、颜色和规格；支付方式决策，现金、支票或分期付款。

**(五)购买后的感觉和行为**

消费者购买了商品并不意味着购买行为过程的结束，因为其对于所购买的商品是否满意，以及会采取怎样的行为对于企业目前和以后的经营活动都会带来很大的影响，所以忠实消费者买后的感觉和行为并采取相应的营销策略同样是很重要的。图 3-9 展示了消费者购买后的感觉及行为特征。

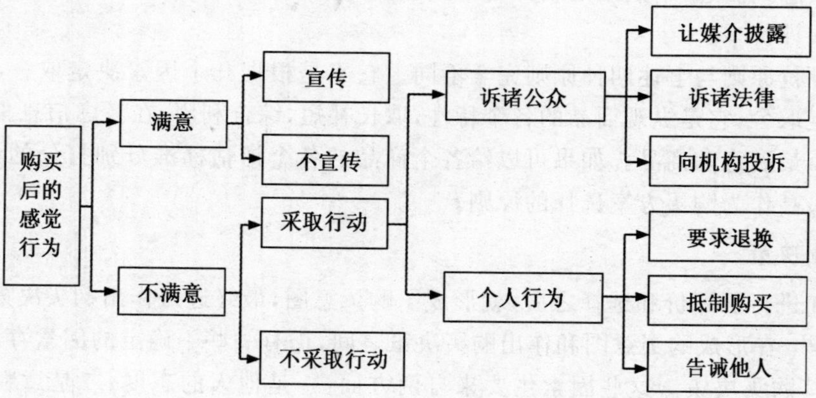


**图 3-9 购买后的感觉和行为**

满意还是不满意是消费者购买商品之后最主要的感觉，其买后的所有行为都基于这两种不同的感觉。而满意还是不满意一方面取决于其所购买的商品是否同其预期的欲望(理想产品)相一致，若符合或接近其预期欲望，消费者就会比较满意，否则就会感到不满意。另一方面则取决于他人对其购买商品的评价，若周围的人对其购买的商品持肯定意见的多，消费者就会感到比较满意，持否定意见的多，即使他原来认为比较满意的，也可能转为不满意。

感到满意的消费者在行为方面会有两种情况：一种是向他人进行宣传和推荐；另一种是不进行宣传。当然，消费者能够对企业的产品进行积极的宣传是最为理想的，企业要设法促使消费者这样去做。

感到不满意的消费者行为就比较复杂，首先也有采取行动和不采取行动之分。一般而言，若不满意的程度较低或商品的价值不大，消费者有可能不采取任何行动；但是如果不满意的程度较高或商品的价值较大，消费者一般都会采取相应的行动。

不满意的消费者所采取的一种是个人行为，如到商店要求对商品进行退换，将不满意的情况告诉亲戚朋友，以后再也不购买此种品牌或此家企业的商品等。消费者的个人行为虽然对企业有影响，但是影响的程度相对小一些；消费者另一种可能的做法就是将其不满意的情况诉诸公众，如向消费者协会投诉，向新闻媒体披露，甚至告上法庭。这样的行为就会对企业造成较大的损失。企业应当尽可能避免这样的情况出现。

事实上，即使出现消费者不满意的情况，企业若能妥善处理，也是能够使消费者转怒为喜的。如妥善处理好退换商品的工作，耐心听取消费者意见并诚恳道歉，公开采取积极的改进措施，在必要的情况下主动对消费者进行赔偿等。

现代营销观念认为稳定的市场份额比高额的利润更为重要，所以认真对待消费者买后的态度和行为是企业营销活动中间的重要一环。

## 第四节　中国消费者购买行为的主要特征

中国是世界上人口最多的国家，又是一个发展中国家，其市场潜力十分庞大，所以历来成为世界各国企业所关注的地方。然而，由于其资源、历史、体制、文化等方面的原因，中国市场也有着许多与众不同的特征。能否了解和掌握这些方面的特征，对于能否在中国市场上顺利地开展营销活动，取得良好的经营效益是至关重要的。我们可分别从消费水平、消费结构、消费行为和消费发展趋势等方面去了解中国消费市场的一些主要特征。

### 一、消费水平

由于中国是一个发展中国家，总体消费水平并不太高。至 2001 年全国城镇居民的人均可支配收入为 6 860 元人民币，年人均消费支出为 5 309 元人民币；农村居民的人均纯收入仅为 2 366 元人民币，年人均消费支出仅为 1 741 元人民币。但是收入的增长速度仍然是很快的，同 1995 年相比，城镇居民的人均收入增长了 60%，农村居民的人均收入也增长了 50%。中国居民的储蓄增长速度也很快，至 2001 年底，城乡居民的储蓄存款余额已高达 72 300 亿人民币，比 1995 年增长了 147%。构成了庞大的潜在购买力。

收入水平在城乡之间、地区之间、行业之间以及人群之间的不平衡是中国目前市场的一个重要特点，2000 年中国城镇居民的人均收入是农村居民人均收入的2.8 倍；城镇居民人均收入最高的地区是最低地区的 2.5 倍，东部地区的收入水平最高，中部地区较低，西部地区最低，从而使消费购买能力形成了明显的落差；收入最高行业的收入水平是收入最低行业的 2.6 倍；据有关部门抽样调查，城镇地区 20%最高收入户的人均收入水平是 20%最低收入户的 8 倍。收入水平的不均衡是中国消费市场的状况变得极为复杂，各地区、各人群的需求存在着很大的差异。由于中国农村居民的收入水平较低，农村人口又占了全国人口的 60%以上，农村消费水平的不高影响了中国消费市场的发展速度,启动农村市场成为开拓中国消费市场的关键问题。

## 二、消费结构

中国市场的消费结构这两年发生了重大的变化。

首先,随着人们收入水平的不断增长,中国居民消费的恩格尔系数明显下降。2001 年城镇居民的恩格尔系数已下降到 37.9%,农村居民的恩格尔系数也已降到 47.8%,初步达到了小康水平。

其次,消费已由生存型需要的满足趋向于生活质量的提高,消费呈多元化的发展的趋势。2000 年城镇居民食品消费比 1995 年只增长了 10.9%,衣着消费仅增长了 4.4%,而交通与通信的消费增长了 131%,文化娱乐的消费增长了 69.4%,教育的消费增长了 119.5%。

再次,中国居民的消费出现明显的周期性增长规律,即从 20 世纪 60 年代以自行车、缝纫机为代表的"家庭机械化"时期,到 80 年代以电视机、电冰箱、洗衣机为代表的"家庭电子化"前期,再到 90 年代以空调机、微波炉、淋浴器为代表的"家庭电子化"后期,直至目前电脑、住房、家庭轿车又开始成为新的消费热点,一个层次到一个层次波浪式递进,呈现出明显的周期性规律。在各个阶段,中国居民的消费结构都进行了一定程度的升级换代。

## 三、消费行为

也许是受经济条件和文化传统的影响,中国消费者在消费行为中也表现出一些明显的特征,这是在中国市场开展营销的企业所必须加以关注的。

1. 消费的滞后性

所谓消费的滞后性主要是指中国的大多数消费者都抱有"量入为出",先积累,后消费的意识和习惯。很少有人会倾囊而出地去满足除生存型需求之外的某一方面消费。只要有能力,一般都会储蓄一部分钱以防不测,大多数人都不愿进行借贷消费。"背债"被相当一部分人看做是不光彩的事情。所以中国消费者的实际消费水平往往比他们的消费能力要低得多。目前随着人们思想意识的初步转变,以及某些配套政策的出台,借贷消费的观念已经被一部分城市消费群体所接受,特别是在进行购买住房、汽车等巨额消费时,借贷消费的比重正在不断增长。

2. 消费的趋同性

消费趋同的现象在中国消费市场中是很普遍的。我们经常可以看到在某段时间内,大多数人集中争购某类商品的现象。这种现象主要是计划经济时期收入水平和消费水平的平均化所造成的,但也反映了中国"不患寡而患不均"的传统文化意识的影响。同时我们可以看到,这种消费趋同性的现象主要表现在对一些流行产品或耐用消费品的购买,在其他商品上表现得并不明显。因此在中国市场营销活动中应当积极利用这种趋同性,寻找出对周边人群能产生重大影响的"意见领袖",重点开展营销,以期望通过他们去影响周边的消费者,达到事半功倍的效果。

3. 消费的节俭性

节俭历来被中国人认为是一种传统美德,至今仍对中国消费者的购买行为发生着重要的影响。具体表现为价格仍是许多消费者选择商品的首要标准,不少人宁愿花很多时间去寻找相对便宜的商品,而不愿就近购买相对较贵的商品;人们对基本生活需要的满足要求很低,但却愿意把节省下来的钱去购买昂贵的耐用消费品；会把钱用于一些能显示自身价值的地方，而在不为人知的日常消费中却十分节俭。中国的居民消费率(居民消费总量占GDP的比重)只有46.6％，远低于国外一般60％左右的水平。

然而，必须看到中国新一代的年轻人消费观念已经有了很大的改变，20世纪80年代以后出生的青年人的消费观念和消费行为已在很大程度上受到了国外，特别是西方发达国家的影响，超前性、个性化的消费特征比较明显，但传统文化对他们中间的大多数人仍然有着重要的影响。中西文化的交融会成为这一代人消费行为的主要特征。

## 思考题

1. 为什么说购买者行为模式从根本上讲是一种“认识-刺激-反应”模式？

2. 影响消费者购买行为的主要因素有哪些？举例说明这些因素对购买决策行为的影响。

3. 购买决策一般要经过那几个主要阶段？为什么说“银货两讫”后购买行为过程并没有结束？

## 实训项目

1. 实地观察、接触消费者的实际感受，结合消费行为理论剖析消费者两至三种行为过程，说明其有可能受哪些心理活动的影响。

2. 将班级同学分为三组，各自完成自己角色的任务和要求。

第一组以顾客身份出现，再进一步提出“当你看见同学的手机”时的更多想法，注意要用简洁的语言描述你的“需求”。

第二组以商家的身份出现，分析“顾客”的需求，剖析“顾客”的购买心理和购买行为，并提出商家针对不同顾客的销售策略。

第三组以中间人的身份出现，客观评价第一组“顾客”，是否准确地表达了真实和准确的需求；评价第二组“商家”，是否了解“顾客”的购买心理和购买行为，采取的销售策略是否恰当而有效。

## 案例分析

### 佩氏农庄的失策

美国西部的佩珀尔基农庄是个在历史上享有盛名的农庄。20世纪70年代，这个农庄几乎成了传统和优质农副产品的代名词。无论是新鲜蔬菜还是速冻食品，只要冠以佩珀尔基品牌，在市场上就很抢手。

1979年，佩氏农庄准备扩大战果，农庄的董事们聚集在一起，进行了长时间的酝酿，他们认为，人们的饮食模式正在改变，传统的家庭用餐方式已经衰退，人们需要在无规则的时间里食用味道鲜美、数量不多却饶有趣味的“非正餐”食品。1980年初，佩氏农庄推出了夹心膨化型面制糕饼类食品。1980年3月，这条食品线在加州的贝克斯菲尔德经过了小范围试验，试验结果表明，这种食品与三明治相比更能引起人们的食欲，且烹调方便，价格便宜。于是，他们将其命名为“得利”食品。董事们预测，这种食品上市后的一年中，销售额不会低于4 000万美元这一保本数量。

一年之后,“得利”食品的销售额只有3 500万美元,大大低于佩氏农庄的事先所料。这是该农庄有史以来的第一次严重失利。农庄的老板鲁奇先生承认,“得利”食品的牛肉馅肉质太老,令消费者不满意;消费者并没有真正接受“得利”的新口味;更重要的是,“得利”食品在早期决策中不明确,为谁而生产、准备卖给谁,至今仍不清晰。

“看来,我们的运气不佳,我们必须寻求新的机遇。”鲁奇说,“产品也要有特色”。1982年5月,佩氏农庄的董事们又坐到了一起,重新设计着新的方案。我们一直销售别人的优质饼干,为什么自己不能生产呢?”一位董事说。大家对这一提议很感兴趣,他们决心这次首先把目标市场找准。“据可靠消息,三部系列电影片《星球大战》将于1983年春天上映,这将赐予我们儿童饼干市场的良机。”另一位董事说。后经考察,证实了《星球大战》上映的内容和时间,董事会形成了一个“万无一失”的方案。

就在《星球大战》系列电影第三部上映的1983年春天,佩氏农庄的“星球大战”饼干批量上市。起初,确实迎合了儿童的心理,销势看好,佩氏开足马力生产。时过几个月,形势急转直下,很多超级市场表示不愿意销售这种饼干。他们认为,这种饼干的出厂价太高,他们不得不把零售价订为139美元,这已超过了当时市场上任何一种儿童饼干的价格。佩氏农庄接纳了零售商的建议,设法降低成本,这样,又使“星球大战”饼干的一些质量指标低于正常标准,最终,致使超级市场拒收“星球大战”饼干。

在“星球大战”饼干刚刚出现滞销现象的同时,佩珀尔基农庄的董事们又举行了“拯救佩珀尔基”商讨会,推出了一种新的高质量产品——非过滤优质苹果汁。当时,美国消费者购买的80%的苹果榨汁都是经过过滤的,用透明的容器盛装,感观十分清澈爽净,儿童市场占有稳定的、相当大的比例。他们将新产品在两个地区投入试销,取得了令人鼓舞的效果。于是,佩氏就地购买了一家大型食品加工厂。1984年初,印有“佩珀尔基农庄”名称的苹果汁在康涅狄格州铺天盖地。但是,当农庄将这种“味美甘润的天然苹果汁”推向美国其他市场时,却招致不幸。那时候,美国人对天然并带有果肉的水果饮料并未发生兴趣,人们甚至对这种未经过滤的、有许多絮状物的水果液体望而生畏;另外,产品名称和广告中没有一点“适宜于儿童”的字样和针对儿童或其父母的劝说。销售不畅迫使农庄以优惠价(较大幅度降低价格)出售产品,而降价又引起人们对产品质量更大的猜疑,形成恶性循环。这使佩珀尔基农庄第三次陷入困境。1984年,佩氏农庄的经营利润下降了18%。到1985年,巨大的食品加工厂整个关闭,至此,优质苹果汁只能作为自饮的苦汁。

案例思考:

1. 分别从“得利”食品、“星球大战”饼干和苹果汁的策略中找出佩氏失败的原因。

2. 评价佩氏农庄这三次行动失利的对策适当与否,并结合消费者行为研究阐述理由。

# 第四章　组织市场购买行为分析

学习目标

了解组织市场的含义和构成；了解组织市场购买行为的特征；了解组织购买的决策方式和决策过程；掌握政府采购行为的主要特征。

案例引导

台塑集团采购原材料的方式

台塑集团20多个关系企业，只要任何一个部门有采购需求，便将信息输入关贸网络公司架构的网络环境；获得审核的厂商则透过关贸网络的网站查询台塑的采购需求，同时进行报价，双方直接在网络上进行交易，杜绝人为介入操纵，充分发挥自由竞价的市场机制，同时促使价格透明化、合理化。透过网络采购系统，台塑和供应商省下了1天半处理咨询报价的时间，而光是纸张邮寄费用，台塑每个月就省下10万元……

案例思考：

1. 台塑集团是如何购买原材料的？
2. 哪些因素影响生产者购买决策？

## 第一节　组织市场的分类和特征

组织市场和消费者市场的主要区别在于：购买者主要是企业或社会团体而不是个人或家庭消费者；目的是为了用于生产或转卖以获取利润，以及其他非生活性消费，而不是为了满足个人或家庭的生活需要。根据组织市场的这种特点，我们可将组织市场定义为：购买商品和服务以用于生产性消费，以及转卖、出租，或用于其他非生活性消费的企业或社会团体。组织市场的规模很大，往往是消费者市场规模的几倍。中国2001年仅生产资料市场的销售总额就达57 000亿元，比同年社会消费品零售总额高51.6%。所以组织市场一直是企业十分关注的市场。

### 一、组织市场的分类

正因为我们把众多的不同购买者集合在一起统称为“组织市场”，所以有必要对其进行分

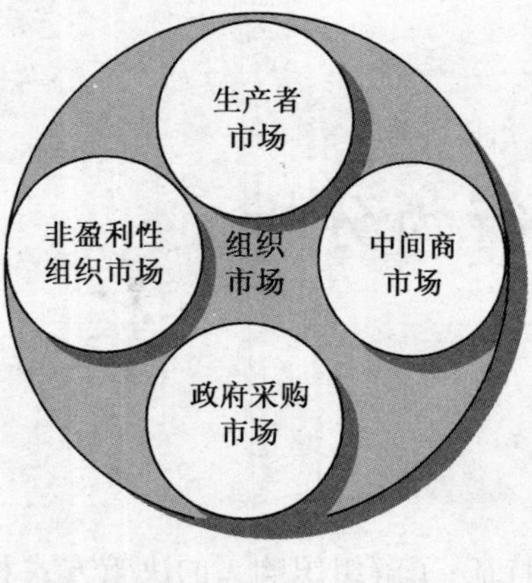


图 4-1　组织市场的主要构成

类(图 4-1),以作进一步的分析与比较。

1.生产者市场

在某些场合,它亦可称作产业市场或工业市场。它主要由这样的一些个体和组织构成:它们采购商品和劳务的目的是为了加工生产出其他产品以供出售、出租,以从中谋利,而不是为了个人消费。这部分市场是我们本文中所称的“组织市场”的主要组成部分。它主要由以下产业构成:①农、林、牧、渔业;②采矿业;③制造业;④建筑业;⑤运输业;⑥通信业;⑦公用事业;⑧银行、金融、保险业;⑨服务业。以生产者市场为服务目标的企业,必须深入研究这个市场的特点,并分析其购买行为,从而才能取得营销成功。

2.中间商市场

亦称转卖者市场,它是由所有以盈利为目的而从事转卖或租赁业务的个体和组织构成,包括批发和零售两大部分。在许多场合中,批发和零售往往作为营销渠道的组成部分被提出来,而不作为组织市场的一部分被讲述。其实,中间商市场和生产者市场有着许多相似之处,包括双方的购买行为上,也有许多雷同的地方。因此,我们认为有必要把它作为组织市场的第二主要组织部分提出来,而在具体分析的时候,并不涉及其作为渠道组成部门的特点。

3.非盈利性组织

也称机构市场,主要是指一些由学校、医院、疗养院、监狱和其他为公众提供商品和服务的部门所组成的市场,它们往往是以低预算和受到一定的控制为特征的,而且一般都是非营利性的。所以,这部分市场也有其独特的特点,但为了全面起见,我们仍把它们也放入组织市场之个大概念中去。一起来讨论它们的共性问题。

4.政府采购市场

在大多数国家里,政府也是产品和劳务的主要购买者。由于政府的采购决策要受到公众的监督,它们经常会要求供应商准备大量的书面材料,此外政府市场还有一些如以竞价投标为主,喜欢向国内供应商采购等特点。但这些特点都不会影响到把它也纳入组织市场这个大概念里来分析,事实上,把它纳入之后将会使我们的分析研究更有意义。

以上就是我们一般可能会接触到的一些构成组织市场的不同类型的成员,在大多数场合里,它们被分开阐述,各自说明特点或进行购买行为分析。但实际上我们不难看出,在各自不同类型的市场特征背后,却有着很多的共性特征。

## 二、组织市场的特征

组织市场与消费者市场相比,具有一些鲜明的特征。

1.购买者少,购买规模大

组织市场上的购买者比消费者市场上的购买者要少得多。例如美国固特异轮胎公司的订单主要来自通用、福特、克莱斯勒三大汽车制造商,但当固特异公司出售更新的轮胎给消费者时,它就要面对全美 1.71 亿汽车用户组成的巨大市场了。组织市场不仅买主个数少而且其购买次数也少。一家生产企业的主要设备要若干年才购买一次,原材料与零配件也大都只签订长期合同。而文具纸张等日用品也常常是8个月集中购买一次。购买次数少就决定了每次采购量将十分巨大。特别在生产比较集中的行业里更为明显,通常少数几家大企业的采购量就占该产品总销售量的大部分。

2.购买者在地域上相对集中

由于资源和区位条件等原因,各种产业在地理位置的分布上都是由相对的集聚性,组织市场的购买者往往在地域上也是相对集中的。例如中国的重二产业大多集中在东北地区,石油化工企业云集在东北、华北以及西北的一些油田附近,金融保险业在上海相对集中,而广东、江苏、浙江等沿海地区集聚着大量轻纺和电子产品的加工业。这种地理区域集中有助于降低产品的销售成本,这也使得组织市场在地域上形成了相对的集中。

3.着重人员销售

由于仅存在少数大批量购买的客户,企业营销部门往往倾向于通过人员销售,宣传其优惠政策而不是通过广告。一个好的销售代理可以演示并说明不同产品的特性、用途以吸引买方的注意力。根据及时得到的反馈,立即调整原有的政策。当然这种快速反馈是不可能通过广告获得的。

4.进行直接销售

消费品的销售通常都经过中间商,但组织材料的购买者大多直接向生产者购买。这是因为购买者数量有限,而且大多属于大规模购买,直接购买的成本显然低得多。其次组织市场的购买活动在售前售后都需要由生产者提供技术服务。因此,直接销售是组织市场常见的销售方式。

5.实行专业购买

相应地,组织机构通常比个人消费者更加系统地购买所需要的商品,其采购过程往往是由具有专门知识的专业人员负责,例如采购代理商。这些代理商将其一生的工作时间都花在学习如何更好地采购方面。他们的专业方法和对技术信息评估能力导致他们的购买是建立在对商品价格质量比、售后服务及交货期的逻辑分析基础之上的。这意味着组织营销者必须具有完备的技术知识,并能提供大量的有关自身及竞争者的数据。

6.衍生需求,需求波动大

对组织市场上的购买需求最终来源于对消费品的需求,企业所以需要购买生产资料,归根到底是为了用来作为劳动对象和劳动资料以生产出消费资料。例如,由于消费者购买皮包、皮鞋才导致生产企业需要购买皮革、钉子、切割刀具、缝纫机等生产资料。因此消费者市场需求的变化将直接影响组织市场的需求。有时消费品需求仅上升10%,就可导致生产这些消费品的企业对有关生产资料的需求增长200%。而若需求下降10%,则可导致有关生产资料需求的全面暴跌。这种现象在经济学上被称为"加速原理",这导致许多企业营销人员促使其产品线和市场多样化,以便在商业波动周期中实现某种平衡。

7.需求缺乏弹性

组织市场的需求受价格变化的影响不大。皮鞋制造商在皮革价格下降时,不会打算采购大量皮革,同样,皮革价格上升时,他们也不会因此而大量减少对皮革的采购,除非他们发现了某些稳定的皮革替代品。需求在短期内特别无弹性,因为厂商不能对其生产方式作许多变动。对占项目总成本比例很小的业务用品来说,其需求也是无弹性的。例如,皮鞋上的金属鞋孔价格上涨,几乎不会影响其需求水平。

8. 互惠购买原则

另外一种在消费营销过程中不会发生但在组织营销过程中常见的现象是互惠现象。也就是“你买我的产品，那么我也就买你的产品。”更通俗地讲，叫互相帮忙。由于生产资料的购买者本身总是某种产品的出售者，当企业在采购时就会考虑为其自身产品的销售创造条件。但这种互惠购买的适用范围是比较狭窄的，一旦出现甲企业需要乙企业的产品，而乙企业并不想购买甲企业的产品时，就无法实现互惠购买了。这样互惠购买会演进为三角互惠成多角互惠。例如，甲企业向乙企业提出，如果乙企业购买丙企业的产品，则甲企业就购买乙企业的产品，因为丙企业以甲企业推销其产品作为购买甲企业的产品的条件，这就是三角互惠。虽然这类现象极为常见，但大多数经营者和代理商却反对互惠原则，并视其为不良习俗。

9. 租售现象

一些组织购买者乐于租借大型设备，并不愿意全盘购买。租借对于承租方和出租方有诸多好处。对于出租方，当客户不能支付购买其产品的费用时，他们的优惠出租制度为其产品找到了用武之地。对承租方，租借为他们省下了大量资金，又获得了最新型的设备。租期满后可以购买折价的设备。这种方式目前在工业发达的国家有日益扩大的趋势。特别适用于电子计算机、包装设备、重型工程机械、运货卡车、机械工具等价格昂贵、精神磨损迅速或并不经常使用的设备。在美国，租赁方式已扩大到小型次要设备，甚至连办公室家具、设备也都可以租赁。

10. 谈判和投标

组织机构在购买或出售商品时，往往会在价格和技术性能指标上斤斤计较，如果营销人员能预先获知客户正在研究之中的新产品的有关信息，他们就可在谈判开始之前修改某些技术参数；卖方得知买方愿意接受耐用性较差和服务亦一般的商品时，就会提出一个较低的价格。当双方在价格上都有较大的回旋余地时，而且此次交易对双方都是至关重要，谈判就成为双方交涉中最重要的部分。谈判的风格或对抗或合作，但绝大多数买方倾向于后者。

有远见的买方通常在诸多投标卖方间进行精挑细选。美国联邦政府将它所有买卖的40%建立在投标的基础上。在公开投标的基础上，可以参阅其他投标商的标书。然而在保密投标的情况下，标书的条款是不公开的。所以供方会尽量提供好的设备和较低的价格。政府购买设备往往用保密投标的方式。

在研究组织市场购买行为一般特征的基础上，在具体的营销活动中还应当注意对特定时点上特定购买者行为特点的研究和分析。这是由于相对数量众多的个人消费者而言，数量有限的组织购买者行为特征的个性更为明显。

## 第二节　组织市场购买决策

正如个人消费者一样，组织消费者在作出购买决策之前，也经历几个步骤，心理过程在这之中也充当了一个重要的角色。两者不同的是，组织购买更正规化、专业化、系统化。这一节将主要论述组织购买区别于个人购买的一系列决策行为。

## 一、购买行为类型

组织购买者行为的复杂程度和采购决策项目的多少,取决于采购业务的类型。我们把它分为三种类型:直接再采购、修正再购买和新购。

1. 直接再采购

直接再采购指采购方按既定方案不作任何修订直接进行的采购业务。这是一种重复性的采购活动。按一定程序办理即可,基本上不用做新的决策。在这种情况下,采购人员的工作只是从以前有过购销关系的供应商中,选取那些供货能满足本企业的需要和能使本企业满意的供应商,向他们继续订货。入选的供应商应该尽最大的努力,保持产品和服务的质量,以巩固和老客户的关系,落选的供应商则应努力作一些新的工作,消除买方的不满,设法争取新的订单。

2. 修正再购买

修正再购买指组织购买者对以前已采购过的产品通过修订其规格、价格、交货条件或其他事项之后的购买。这类购买较直接再购买要复杂,购销双方需要重新谈判,因而双方会有更多的人参与决策。在被选掉的"名单"中的供应商压力会很大,为了保持交易将加倍努力。而对"名单"之外的供应商来说,这是一次机会,他们将会提供更好的条件以争取新的业务。

3. 新购

新购指组织购买者第一次购买货品的购买行为。新购的成本费用越高,风险越大,参加决策的人数就越多,所需信息量也越多,制定决策的时间也越长,新购没有任何可直接选用的老供应商,所以对一切供货方来说都是好的机会。他们应设法接触主要的采购影响者,并向他们提供有用的信息和协助。许多公司设立专门的机构负责对新客户的营销,它们称其为"访问使用推销队伍",它由最好的推销人员组成。

在直接再采购的情况下,组织购买者所作的决策数量最少。而在新的条件下,他们所作的决策数量最多。购买者必须决定产品规格、价格限度、交货条件与时间、服务条件、支付条件、订购数量、可接受的供应商以及可供选择的供应商。不同的决策参与者会影响每一项决策,并将改变进行决策的顺序。

## 二、购买决策者

谁在从事为组织市场所需要的价值达数千亿美元的商品和服务的采购呢?在直接再采购时,采购代理人起的作用较大;而在新任务采购时,其他组织人员所起作用较大。我们把采购组织的决策单位叫做"采购中心"(buying center)并定义为:所有参与购买决策过程的个人和集体。他们具有某种共同目标并一起承担由决策所引发的各种风险。采购中心包括购买组织中的全体成员,他们在购买决策过程中可能会形成五种不同的角色(图 4-2)。

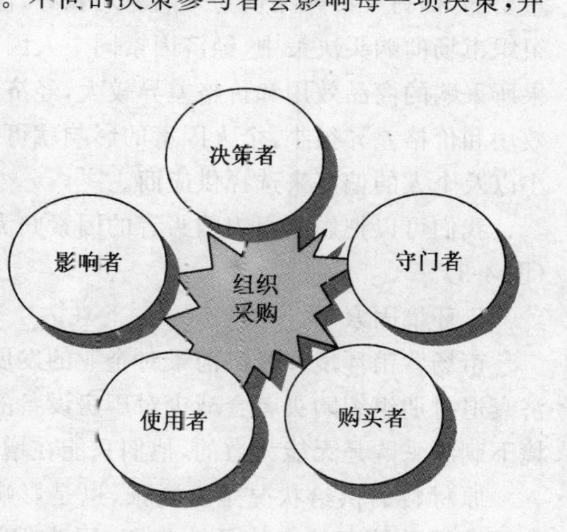


图 4-2 组织购买决策的主要参与者

1. 使用者(users)

使用者指组织中将使用产品或服务的成员。在许多场合中,使用者首先提出购买建议,并协助确定产品规格。

2. 影响者(influencers)

影响者指影响购买决策的人,他们带协助确定产品规格,并提供方案评价的情报信息,作为影响者,技术人员尤为重要。

3. 决策者(deciders)

决策者指一些有权决定产品需求和供应商的人,在重要的采购活动中,有时还涉及主管部门或上级部门的批准,构成多层决策的状况。

4. 购买者(buyers)

购买者指正式有权选择供应商并安排购买条件的人。购买者可以帮助制定产品规格,但主要任务是选择卖主和交易谈判。在较复杂的购买过程中,购买者中或许也包括高层管理人员一起参加交易谈判。

5. 守门者(gatekeepers)

守门者是有权阻止销售员或信息员与采购中心成员接触的人,主要是为了控制采购组织的一些信息不外露。例如,采购代理人、接待员和电话接线员都可以阻止推销员与用户或决策者接触。

在任何组织内,采购中心会随各人不同类别产品的大小及构成发生变化。显然,参与购买一台重要机器设备的决策人数肯定会比参与购买办公文具的人数要多。作为产品营销人只要知道的是如下内容:谁是主要决策的参与者?其影响决策的程度如何?对哪些决策他们具有影响力。摸清客户的这些情况,然后才能有针对性地采取促销措施。

## 三、影响采购决策的主要因素

组织采购人员在作出购买决策时受到许多因素影响。有些营销人员认为经济因素是最为重要的,而另一些人又认为采购者对偏好、注意力、避免风险等个人因素反应敏感。实际上在组织市场的购买决策中,经济因素同个人因素对采购人员的影响是同样重要的。一般来说,如果所采购的商品效用和价格差异较大,经济因素就会成为采购人员所考虑的主要因素;而如果效用和价格差异很小,个人因素的影响就可能增大。一些采购人员会根据个人所得利益的大小以及个人的偏好来选择供应商。

我们可以把影响组织购买者的因素归为四类:环境因素、组织因素、人际因素和个人因素(图 4-3)。

1. 环境因素

市场营销环境和经济前景对企业的发展影响甚大,也必然影响到其采购计划。例如,在经济衰退时期组织购买者会减少对厂房设备的投资,并设法减少存货。组织营销人员在这种环境下刺激采购是无能为力的,他们只能在增加或维护其需求份额上作艰苦的努力。

原材料的供给状况是否紧张,也是影响组织用户采购的一个重要环境因素。一般企业都愿购买并储存较多的紧缺物资,因为保证供应不中断是采购部门的主要职责。同样,采购者也受到技术因素、政治因素以及经济环境中各种发展因素的影响。他们必须密切注视所有这些环境作用力,测定这些力量将如何影响采购的有效性和经济性,并设法使问题转

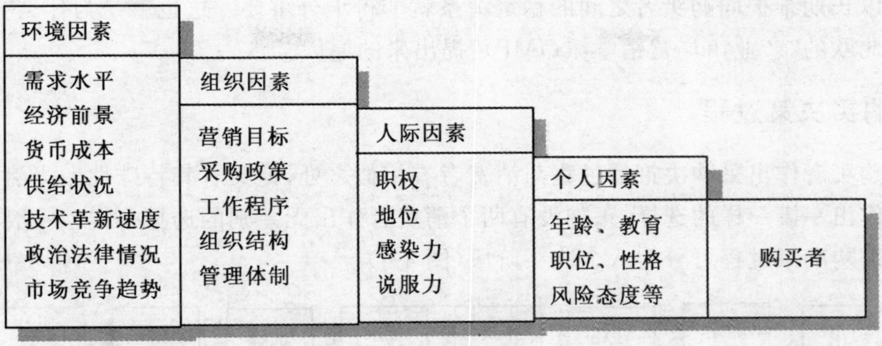


图 4-3 影响组织采购行为的主要因素

化为机会。

2. 组织因素

每一采购组织都有其具体目标、政策、程序、组织结构及系统。营销人员必须尽量了解这些问题。例如,有的地方规定只许采购本地区的原材料;有的国家规定只许买本国货,不许买进口货,或者相反;有的购买金额超过一定限度就需要上级主管部门审批等。

组织内部采购制度的变化也会对采购决策带来很大影响。如对于大型百货商厦来说,是采用集中采购的进货方式还是将进货权下放给商品部或柜组,采购行为就会有很大差别;一些组织会用长期合同的方式来确定供应渠道,另一些组织则会采用临时招标的方式来选择其供应商。又如,在西方发达国家近年来兴起一种"正点生产系统"(just-in-time production systems),即适量及时进货、零库存、供量100%合格的生产系统,它的兴起大大地影响了组织采购政策。

3. 人际因素

采购中心通常包括一些具有不同地位、职权、兴趣和说服诱导力的参与者。一些决策行为会在这些参与者中产生不同的反应,意见是否容易取得一致,参与者之间的关系是否融洽,是否会在某些决策中形成对抗,这些人际因素会对组织市场的营销活动产生很大影响营销人员若能掌握这些情况并有的放矢地施加影响,将有助于消除各种不利因素,获得订单。

4. 个人因素

购买决策过程中每一个参与者都带有个人动机、直觉和偏好,这些因素受参与者的年龄、收入、教育、专业文化、个性以及对风险意识的态度的影响,因此,供应商应了解客户采购决策人的个人特点,并处理好个人之间的关系,这将有利于营销业务的开展。

组织营销人员必须了解自己的顾客,使自己的营销策略适合特定的组织购买行为中的环境、组织、人际以及个人因素的影响。

组织市场购买行为的重要特点是往往表现为组织与组织之间(BTOB)的交易关系,看来应当比消费者购买行为更为理性,而不涉及个人情感。但实际上并非如此,因为在组织采购过程中的每一个过程都是由具体的人员去完成的。执行组织采购任务的具体人员的个性与情感对于其作出相应的采购决策同样发挥着重要的影响。所以注意研究组织购买行为中的个人因素,并有的放矢地开展相关的营销活动是十分重要的。而且组织之间的交易关系一旦建立,就会比较稳定(因为组织购买的信息收集和采购洽谈成本比较高,采购组织一般不愿轻易改变供应商),所以长期维护同购买者之间的稳定关系就变得十分重要。这也就是为什么“关系营销”首先是由北欧的“产业市场营销学派(IMP)”提出来的原因。

## 四、购买决策过程

组织购买者作出采购决策的过程与消费者有相似之处,但又有其特殊性。当然,不是所有的组织会作出一模一样的选择,正如没有两个消费者作出无差别的选择一样。一般认为,组织购买者的采购决策过程可分为八个购买阶段(图 4-4)。

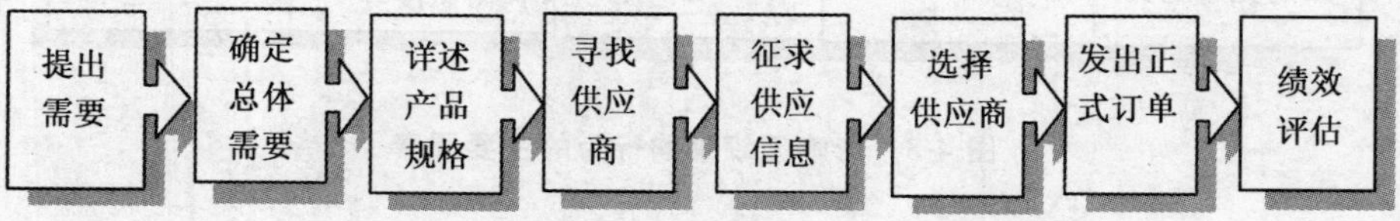


图 4-4 组织购买者采购决策过程

1. 提出需要

当公司中有人认识到了某个问题或某种需要可以通过得到某一产品或服务得到解决时,便开始了采购过程。提出需要是由两种刺激引起的:

内部刺激 如企业决定推出一种新产品,于是需要购置新设备或原材料来生产这种新产品;企业原有的设备发生故障,需要更新或需要购买新的零部件;或者已采购的原材料不能令人满意,企业正在物色新的供应商关系。

外部刺激 主要指采购人员在某个商品展销会引起新的采购主意,或者接受了广告宣传中的推荐,或者接受了某些推销员提出的可以供应质量更好、价格更低的产品的建议关系。可见,组织市场的供应商应主动推销,经常开展广告宣传,派人访问用户,以发掘潜在需求。

2. 确定总体需要

提出了某种需要之后,采购者便着手确定所需项目的总特征和需要的数量。如果是简单的采购任务,这不是大问题;由采购人员直接决定。而对复杂的任务而言,采购表要会同其他部门人员,如工程师、使用者等共同来决定所需项目的总特征,并按照产品的可靠性、耐用性、价格及其他属性的重要程度来加以排列,在此阶段,组织营销者可通过向购买者描述产品特征的方式向他们提供某种帮助,协助他们确定其所属公司的需求。

3. 详述产品规格

采购组织按着确定产品的技术规格,可能要专门组建一个产品价值分析技术组来完成这一工作。价值分析的目的在于降低成本。它主要是通过仔细研究一个部件,看是否需要重新设计,是否可以实行标准化,是否存在更廉价的生产方法。该小组将重点检查既定产品中成本较高的零部件——这通常是指数量占了 20%而成本占了 80%的零部件。该小组还要检查出那些零件寿命比产品本身寿命还长的超标准设计的零部件。最后,该小组要确定最佳产品的特征,并把它写进商品说明书中,它就成为采购人员拒绝那些不合标准的商品的根据。同样,供应商也可把产品价值分析作为打入市场的员工。供应商通过尽早地参与产品价值分析,可以影响采购者所确定的产品规格,以获得中选的机会。

4. 寻找供应商

采购者现在要开始寻找最佳供应商。为此，他们会从多处着手，可以咨询商业指导机构；查询电脑信息；打电话给其他公司，要求推荐好的供应商；或者观看商业广告；参加展览会。供应商此时应大做广告，并到各种商业指导或指南宣传机构中登记自己的公司名字，争取在市场上树立起良好的信誉。组织购买者通常是会拒绝那些生产能力不足、声誉不好的供应商；而对合格的供应商则会登门拜访，察看他们的生产设备，了解其人员配置。最后，采购者会归纳出一份合格供应商的名单。

5. 征求供应信息

此时采购者会邀请合格的供应商提交申请书。有些供应商只寄送一份价目表或只派一名销售代表。但是，当所需产品复杂而昂贵时，采购者就会要求待选供应商提交内容详尽的申请书。他们会再进行一轮筛选比较，选中其中最佳者，要求其提交正式的协议书。

因此组织营销人员必须善于调研、写作、精于申请书的展示内容。它不仅仅是技术文件，而且也是营销文件。在口头表示意见时，要能取信于人，他们必须始终强调公司的生产能力和资源优势，以在竞争中立于不败之地。

6. 选择供应商

采购中心在作出最后选择之前，还可能与选中的供应商就价格或其他条款进行谈判。营销人员可以从好几个方面来抵制对方的压价。如当他们所能提供的服务优于竞争对手时，营销人员可以坚持目前的价格；当他们的价格高于竞争对手的价格时，则可以强调使用其产品的生命周期成本比竞争对手的产品生命周期成本低。此外，还可以举出更多的花样来抵制价格竞争。

此外，采购中心还必须确定供应商的数目。许多采购者喜欢多种渠道进货，这样一方面可以避免自己过分地依赖于一个供应商，另一方面也使自己可以对各供应商的价格和业绩进行比较。当然，在一般情况下，采购者会把大部分订单集中在一家供应商身上，而把少量订单安排给其他供应商。这样，主供应商会全力以赴保证自己的地位，而次要供应商会通过多种途径先争得立足之地，再图自身的发展。

7. 发出正式订单

采购者选定供应商之后，就会发出正式订货单，写明所需产品的规格、数目、预期交货时间、退货政策、保修条件等项目。通常情况下，如果双方都有着良好信誉的话，一份长期有效合同将建立一种长期的关系，而避免重复签约的麻烦。在这种合同关系下，供应商答应在一特定的时间之内根据需要按协议的价格条件继续供应产品给买方。存货由卖方保存。因此，它也被称做"无存货采购计划"。这种长期有效合同是导致买方更多地向一个来源采购，并从该来源购买更多的项目。这就使得供应商和采购者的关系十分紧密，外界的供应商就很难满意其间。

8. 绩效评估

在此阶段，采购者对各供应商的绩效进行评估。他们可以通过三种途径：直接接触最终用户，征求他们意见；或者应用不同的标准加权计算来评价供应商；或者把绩效不理想的开支加总，以修正包括价格在内的采购成本。通过绩效评价，采购者将决定延续、修正或停止向该供应商采购。供应商则应该密切关注采购者使用的相同变量,以便确信为买主提供了预期的满足。

购买阶段指的是一个组织在购买前所进行的、从组织产生需要到对即将购买的商品进行评估的一系列过程。但并非每次采购都要经过这八个阶段,这要依据采购业务的不同类型而定。表 4-1 说明了各阶段对各类采购业务是否有必要。

从表 4-1 中可以看出,新购最为复杂,需要经过所有八个阶段;直接再采购最简单,只需经过两个阶段;而在修正再采购或直接再采购的情况下,其中有些阶段可能被简化、浓缩或省略。例如在直接再采购的情况下,采购者可能会有一个或一批固定的供应商而很少会考虑其他供应商,而在实际购买情况中,也有可能发现这八个阶段以外的其他情况,这要求组织营销者对每一情况分别建立模型,而每一情况都包含一个具体的工作流程。这样的购买流程能为营销人员提供很多线索。

**表 4-1 不同采购任务采购决策过程的比较**

| 购买阶段 | 购买类型 | | |
|---|---|---|---|
| | 新购 | 修订再购买 | 直接再采购 |
| 1. 提出需要 | 是 | 可能 | 否 |
| 2. 确定总体需要 | 是 | 可能 | 否 |
| 3. 详述产品规格 | 是 | 是 | 是 |
| 4. 寻找供应商 | 是 | 可能 | 否 |
| 5. 征求供应信息 | 是 | 可能 | 否 |
| 6. 选择供应商 | 是 | 可能 | 否 |
| 7. 发出正式订单 | 是 | 可能 | 否 |
| 8. 绩效评估 | 是 | 是 | 是 |

总之,组织市场是一个富有挑战性的领域,其中最关键的问题就是要了解采购者的需要、购买参与者、购买标准以及购买步骤。了解以上各点,组织营销人员就能够因势而动,为不同的顾客设计不同的营销计划。

## 第三节 政府市场与政府采购

政府采购是组织购买者中比较特殊的一个市场,也是十分重要的一个市场,在西方已有 200 年左右的历史,其特点就是对政府的采购行为进行法制化的管理。英国政府在 1782 年设立了文具公用局,专门负责政府部门所需办公用品的采购工作,并同时开始对政府采购的管理进行立法。美国在 1861 年颁布了《联邦政府采购法》,并建立了专门的机构和制度。目前在世界各国政府采购的金额一般要占 GDP 的 10%以上。美国则高达 25%,无疑这是一个十分庞大的组织购买市场,必然会引起相关企业的特别关注。

## 一、政府采购的含义、特点和意义

### (一)政府采购的含义

对于政府采购的含义曾经有过许多解释。中国政府 2002 年 6 月份正式颁布的《中华人民共和国政府采购法》对政府采购的含义进行了定义:“政府采购是指各级国家机关、事业单位和团体组织,使用财政性资金采购依法制定的集中采购目录以内的或者采购标准以上的货物、工程和服务的行为”。这一定义反映政府采购的一些基本要素:

1. 政府采购的主体

政府采购的主体是国家机关、事业单位和团体组织,而不是一般的个人或企业。从这些主体本身的性质而言,可认定其采购的目的主要是为了满足开展日常的政务活动或为社会公众提供公共服务的需要。

2. 政府采购的范围

政府采购的范围并不包括所有的商品和服务,而是有所限定的,那就是“依法制定的集中采购目录以内”的商品和服务,以及“采购标准以上”的商品和服务。这说明政府采购实际上是一种纳入法制管理范围的组织购买行为。通过必要的法定程序是政府采购的重要特点。

3. 政府采购的资金来源

政府采购的资金来源是财政性的资金,即全民的公有财产。这就是为什么要对政府采购进行必要的法制管理的主要原因。这里所说的财政性资金,不仅包括预算内资金,也包括预算外资金。但并非所有财政性资金的使用都纳入政府采购的管理范畴,还应根据资金的使用方向,看其是否在政府采购的管理范围之内。

### (二)政府采购的特点

同私人或企业采购相比,政府采购具有行政性、社会性、法制性和广泛性等主要特点。

1. 行政性

政府采购决策是一种行政性的运行过程,要严格遵守行政决策的程序和过程,要代表政府的意志,遵循组织原则,并非将经济利益作为唯一的评价标准。

2. 社会性

政府要承担社会责任和公共责任,其包括采购行为在内的所有行为不能只对政府机构负责,而必须对全社会负责。所以其采购行为必然要综合考虑对诸如环境、就业以及国家安全等各方面的影响。同时,政府采购行为的本身也要接受社会和监督。相比私人采购要接受董事会和股东的监督而言,其接受监督的范围要大得多。

3. 法制性

在法制国家中,政府行为的基本特征是必须在法律的范围内运行,所有行为必须符合法律的规范和原则。所以政府采购的对象、程序和操作都必须用法律的形式加以规定并严格执行。

4. 广泛性

政府是对国家和社会实行管理和服务的机构,其涉及的事务范围极其广泛,政治、经济、军事、教育、医疗卫生、资源开发、环境保护,几乎无所不包。所以其采购的领域必然也十分广泛,涉及的货物、工程和服务会和众多的产业有关,从而也给各行各业创造了市场机会。

### (三)政府采购的意义

首先,政府采购可以理解为政府受纳税人的委托,代表纳税人采购公共产品。这种采购行为当然应当符合广大公民(即纳税人)的利益。对其实行法制化的管理,可以使其受到必要的监督与控制,使广大公民(纳税人)的利益能得到有效的保护。

其次,由于政府采购的数额巨大,其对国民经济的影响必然是很大的。所以政府有可能通过调节政府采购的总量和结构,来达到调整产业结构、调整国民经济的发展速度的目的。同时还可以对各类产业的发展方向,实施有效的调控,如为了加强环境保护,政府可以扩大对低污染的汽车等产品的采购,而对污染严重的汽车的采购进行控制。这样就能通过市场的手段,而不是行政手段来引导汽车产业的发展方向。

再次,政府采购还能在一定程度上起到稳定市场物价的作用。如政府通过对粮食等重要物资的采购与储备。就能在必要的情况下通过储备物资在市场上的吸纳和投放来调节市场的供求,起到稳定市场物价的作用。

最后,政府采购还可在一定程度上起到保护国内企业和扶持民族产业发展的作用,许多国家通过立法的形式,强制要求政府购买本国产品以保护民族产业的发展。如美国 1933 年就颁布了《购买美国产品法》,以保证在政府采购中对美国自身的产业进行必要的保护。

## 二、政府采购的方式和程序

### (一)政府采购的方式

根据《中华人民共和国政府采购法》规定,政府采购基本上采用公开招标、邀请招标、竞争性谈判、单一来源采购、询价等方式。其中公开招标是政府采购的主要方式。

1. 公开招标

公开招标采购就是不限定投标企业,按照一般的招标程序所进行的采购方式。这种采购方式对所有的投标者是一视同仁的,主要看其是否能更加符合招标项目的规定要求。但由于整个招标、评标过程会耗费大量的费用,所以公开招标一般要求采购项目的价值比较大。

2. 邀请招标

邀请招标采购是指将投标企业限定在一定的范围内(一般必须三家以上),主动邀请他们进行投标。邀请招标的原因一方面是由于所采购货物、工程或报务具有一定的特殊性,只能向有限范围内的供应商进行采购;另一方面是由于进行公开招标所需要费用占采购项目总价值的比例过大,即招标成本过高。所以对于采购规模较小的政府采购项目一般会采用邀请招标的方式。

3. 竞争性谈判

竞争性谈判是指采购单位采用同多家供应商同时进行谈判,并从中确定最优供应商的采购方式。一般适用于在需求紧急情况之下,不可能有充裕的时间进行常规性的招标采购;或招标后没有合适的投标者;以及项目技术复杂、性质特殊无法明确招标规格等情况下,就可不采用招标方式而采用竞争性谈判的采购方式。

4. 单一来源采购

单一来源采购即定向采购,虽然所采购的项目金额已达到必须进行政府采购的标准,但由于供应来源因资源专利、合同追加或后续维修扩充等原因只能是唯一的,就适用于采取单一来源的采购方式。

5. 询价采购

询价采购主要是指采购单位向国内外的供应商(通常不少于三家)发出询价单,让其报价,然后进行比较选择,确定供应商的采购方式。询价采购一般适应于货物规格标准统一,现货货源充足且价格变化幅度较小的政府采购项目。对于某些急需采购项目,或招标谈判成本过高的项目也可采用询价采购的方式。

以上采购方式主要是指列入政府采购管理范围之内的采购项目的采购。所谓列入管理范围主要是指两方面:一是属于法定的"集中采购目录"之内的采购项目;二是达到所规定的采购金额标准以上的采购项目。规定的采购金额标准(通常也称作"门槛价")是由政府有关部门(一般必须由财政部门参与)根据实际情况所规定的。在采购金额标准以下的采购项目,一般不受政府采购有关程序的约束,但也要求采用比价择优的方式。

**(二)政府采购的程序**

政府采购的程序因采购的方式的不同而不同:

1. 公开招标的采购程序

首先进行招标前的准备,如上报采购计划,确定招标机构,制作招标文件等;第二步是发布招标通告,让所有在投标人知道招标信息;第三步进行资格预审,即对于供应商的资格和能力进行事先的了解和审定;然后是发售招标文件,接受投标;在规定时间内接受了投标之后,进行公开统一开标、评标,确定供应商;最后同所有确定的供应商签订采购合司。

2. 邀请招标的基本程序

同公开招标差不多,只是其对于投标的供应商有一定的限制,不是采用发布招标通告,而是采取发出招标邀请书的方式进行招标的。

3. 竞争性谈判的程序

与一般商务采购程序差不多,通常包括四个基本环节:首先是询盘,即向供应方提出关于采购项目的价格及其他交易条件的询问;然后是发盘,即由接到询盘的供应方发出价格或交易条件的信息,也称"报价"(但有时也可由采购方首先发盘,供应方若无条件接受、交易合同就可成立);第三步是还盘,即采购方对供应方的发盘(报价)提出一些修改意见,供应方修改后再向采购方还盘,此过程可反复进行,直至达成交易或拒绝交易;最后是接受,即采购方或供应方对于对方提出的价格和交易条件表示同意,从而双方的交易合同即可成立。竞争性谈判的这一程序是同时对各供应商开展的,由供应商进行公平竞争,采购方在同各供应商的发盘和还盘中去选择最合适的供应商。

4. 询价采购的程序

一般也分为四步。第一步是选择供应商,一般应在三家以上;第二步是发出询价单,询价单除询问价格之外还应包括其他交易条件;第三步是评价和比较,由采购方对供应商报出的条件进行比较,然后作出选择;第四步是签订合同、履行采购。

5. 单一来源采购

由于没有竞争,不需要进行广泛的招标和竞价,但一般也要经过:提出采购要求,进行交易谈判和签订、履行交易合同的过程。

实际上各种政府采购方式的基本程序还是相类似的,无非五个基本步骤:确定采购项目,发出采购信息,接受供应信息,评价选择供应者和签订履行合同(图 4-5),只是在发出信息和接受信息的方式和对象上有所不同。

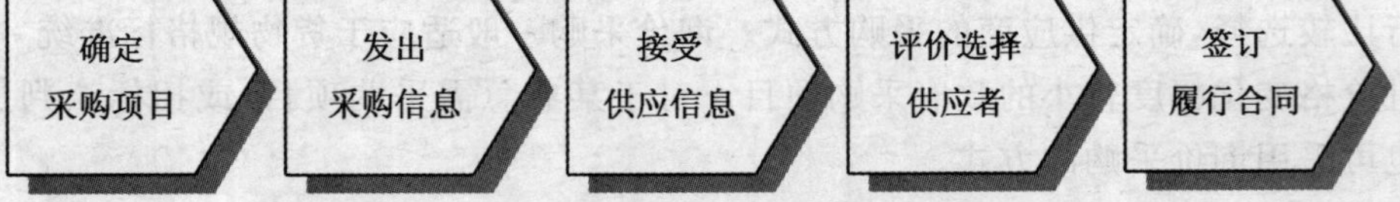


图 4-5 政府采购的一般程序

## 三、政府采购的组织形式

国外政府采购一般有三种模式:集中采购模式,即由一个专门的政府采购机构负责本级政府的全部采购任务;分散采购模式,即由各支出采购单位自行采购;半集中半分散采购模式,即由专门的政府采购机构负责部分项目的采购,而其他的则由各单位自行采购。中国的政府采购中集中采购占了很大的比重,列入集中采购目录和达到一定采购金额以上的项目必须进行集中采购。

政府采购一般主要涉及五个方面的机构和人员:

采购人　即货物、工程或服务的需要机构,由他们使用财政性资金进行采购并使用。

采购代理机构　即专门设立的政府采购机构,在集中采购的情况下,由他们负责代理采购人履行采购业务。

供应商　即参与政府采购的投标、谈判并在中标后向采购方提供货物、工程或服务的企业。

采购相关人员　即在政府采购过程中进行中介、参与评标或谈判的有关人员,也包括提供有关信息的机构和人员。

政府采购监督管理部门　属于政府的职能部门,负责对政府采购活动依法实施监督和管理。

这五方面机构和人员的关系大体上如图 4-6 所示:由采购人提出采购申请;由专门的政府采购代理机构向有关供应商进行采购;采购相关人员参与采购的有关活动;政府采购监督管理部门对采购全过程实施监督。

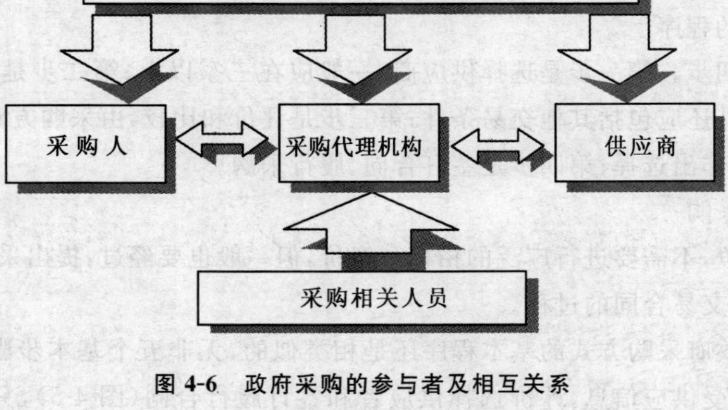


图 4-6 政府采购的参与者及相互关系

## 思考题

1. 组织购买市场同消费者购买市场相比有哪些主要特征？

2. 组织采购决策一般会有哪些主要角色所构成？其对于组织购买行为各产生怎样的作用？

3. 组织市场的购买决策一般会经过那几个主要阶段？

4. 什么是政府采购？有哪些主要特点？会有哪些角色参与？

## 实训项目

让学生通过市场调查了解永辉超市、新华都购物广场、好又多超市、沃尔玛百货公司和家乐福超市各自不同的生鲜产品采购模式。

## 案例分析

### 永辉超市独特的生鲜采购模式

一直立足于福建发展的永辉超市股份有限公司作为地域性品牌，却在外资超市纷纷进入二、三线城市拓展之际，逆市进行全国扩张，在重庆开出45家店后，2009年挥师北京，分别于1月和6月在北京六里桥和鲁谷地区开出两家大卖场。不论是在大本营福建，还是西南的重庆、华北的北京，永辉的主要竞争手段就是丰富的生鲜产品供应和独特的生鲜采购模式。

采购的第一步，永辉超市董事长张轩松选择了自己最容易做到的——福建靠海，就从水产开始，张轩松派住在海边的同事们就地采购，与渔民一起打鱼，现场挑货。

初见成效之后，他开始构建更为庞大的采购队伍。"通常都会有老采购员'传帮带'徒弟几年，拥有丰富经验的老采购员们对生鲜管理、蔬果种植和水产养殖都是半个专家，而新手多来自各个门店，从搬货押车开始，到理货环节，业绩突出并经过层层挑选。"彭华生说。

之所以这样做，张轩松希望他们能够对生鲜产品建立认知，了解不同产品的质量状况，准确给出产品单价和要货量。从超市里积累足够"内功"的采购员们需要驻扎在产品所在地，同农民打成一片，熟知产品的生长情况。目前这支近300人的队伍分散在全国20余个基地，承担着全国几百家店铺的货源工程，是永辉超市的幕后英雄。

不过这种"直采"的模式也会遇到一些问题。以蔬菜为例，通常菜贩会去基地向农民购菜，再放在大型农贸市场进行交易，之后经过代理转手进入超市渠道，如果购菜量少，农民则会选择自己卖掉。而永辉超市强调"只购大流量、高流通、高落差的商品"，东北五常大米、福建平和蜜柚、山东烟台苹果等产品能采购到上百吨，成本自然就降了下来。

成本更低的方式是自建基地，目前永辉超市建立起一批自营与合作相结合的养殖与蔬果生产基地，主要在福建；此外订单农业也是张轩松大力推广的方式。为了让农民放心，永辉超市先垫付农资或给出收购保底价，把一批货全部包下，比如几艘船捕捞的鱼虾量或一片果园，亲自参与订下的果园采摘，然后自己做等级分检。

目前永辉超市生鲜产品主要来源——直接采购、订单农业、自有基地三者灵活运用，同时会与山东家家悦超市等企业进行联合采购。"人们总认为采购需要基地化、产地直销、跨越城区去采购，这是个误区，在主城区商业网点能够较大规模统一采购、配送，但是县域市场如果通过主城区的采购部门就可能造成大量损耗。"翁海辉称，"我们外围的门店实行当地采购，和农户建立长期合作关系，或者同联合供应商合作直送门店。"他表示："生鲜农产品的品种多、种植地广、建设周期长。我们摸索十年建立的'产、供、销'一体化机制是外资超市很难炮制的。"

案例思考

1. 永辉超市采取什么样的生鲜采购模式？

2. 永辉超市的生鲜采购模式和传统的采购模式有什么不同？

# 第五章　目标市场营销战略

## 学习目标

了解 STP 目标营销三个步骤对企业营销战略的重要意义。掌握 STP 的具体内容：市场细分、目标市场选择、市场定位的基本含义。掌握市场细分的原则和标准，目标市场营销策略、市场定位的方法和步骤。

## 案例引导

康师傅进军大陆市场的成功之道

中国内地，康师傅是一个家喻户晓的品牌，几乎就是"方便面"的代名词。康师傅以 60 亿包的年销量被称为"中国面王"，同时也是世界上销售量最大的方便面生产厂商，一年中单用于包装康师傅方便面的塑料薄膜就可以绕地球十二圈。2004 年上半年康师傅营业额为 60 亿元人民币，而拥有康师傅品牌的台湾顶新集团 2004 年年销售额已高达 200 亿元人民币。

康师傅通过大手笔的广告策划、准确明晰的市场定位、领先一步的产品策略、精耕细作的渠道策略……在极短的时间里脱颖而出。

1991 年时，大陆的方便面市场呈现两极化：一极是国内厂家生产的廉价面，几毛钱一袋，但质量很差；另一极是进口面，质量很好，但价格贵，五六元钱一碗，普通大陆人根本消费不起。因此顶新集团以最快的速度投入大量的资金与商标制作、广告宣传、产品质量、包装及营销等诸多环节。几个月后，一种名叫"康师傅"的方便面问世了。康师傅定位明确，其速食面品质精良、汤料香浓，杯装面、袋装面一应俱全，更重要的是它有一个响当当的名字——"康师傅"。考虑到大陆消费者的消费能力，最后把售价定在 1.98 元。

与此同时，康师傅的广告宣传也全面铺开。为了迎合观众心理，给品牌定位为"康师傅，来自台湾！"配合红烧牛肉面口味浓、分量足的特点，上市广告词设计为"香喷喷，好吃看得见"。康师傅在 20 世纪 90 年代中后期，每年的广告投入从不低于 1 亿元。康师傅认为，"广告就像朋友，你不打招呼，人家就把你淡忘了"。

包装漂亮、广告凶猛的康师傅一经推出便立即打响，并掀起一阵抢购狂潮。

方便面虽然看上去是一个门槛比较低的行业，但实际上要做好也非常不易，新品开发能力是很关键的因素。消费者喜新厌旧，天天都是一个口味谁受得了。因此，为了适应消费者的胃口，在最近几年中，康师傅新上市的品种都占了销售额的 45%以上。

新品开发的前提是根据市场的需求变化，每一个市场甚至每一个时期都会有不同的口味、价格、诉求等需求，如果忽略这一点，就可能会犯下致命的错误。统一在进入中国市场时，曾把在台湾最畅销的鲜虾面、肉燥面等产品带到中国来，认为"我们爱吃，他们也应该喜欢的"，结果遭到冷遇。怎样开发符合大陆人口味的方便面呢？康师傅经过上万次的口味测试和调查发现：大陆人口味偏重，而且比较偏爱牛肉，于是决定把“红烧牛肉面”作为主打产品。

在台湾，人们吃海鲜味选统一，排骨味选味味，干吃面吃王子面。鉴于此，康师傅在大陆发展出很多副品牌，如面霸120、福满多、小虎队等，适应不同的口味。

随着大陆民众收入增加，消费者对速食面的需求，从以前吃饱就行，发展到现在开始关注营养成分。康师傅敏锐地注意到了这一变化，并经过调研，发现有七成消费者对营养型速食面感兴趣。

于是，2004年，康师傅开始了其在高端市场的产品延伸，研发了代表六个不同国家、地区口味的方便面，推出“亚洲精选”系列。并且请来了凤凰卫视的节目主持人陈鲁豫做代言人，希望能将它打入城市白领市场。本着一贯的大手笔，康师傅对“亚洲精选”系列的市场推广费用在1亿元人民币以上。

案例思考：

康师傅进军大陆市场取得成功的关键在哪些方面？

## 第一节　市场细分

市场细分是企业选择确定目标市场，制定营销策略的基本前提。任何一个企业都不可能满足市场上所有顾客的各种需求，而只能满足一部分顾客的某些需求。通过市场细分可以将具有不同消费偏好的群体区分开来，以便企业根据不同的群体特征，有针对性的展开更有效的市场营销工作。

### 一、市场细分的概念与作用

#### （一）市场细分的概念

市场细分（segmenting）概念是美国市场营销学家温德尔·斯密于1956年在美国《市场营销》杂志上首先提出的一个新概念。所谓市场细分，就是指企业通过市场调研，根据市场需求的多样性和异质性，依据一定的标准，把整个市场即全部顾客和潜在顾客划分为若干个子市场的市场分类过程。每一个子市场就是一个细分市场，一个细分市场内的消费者具有相同或相似的需求特征，而不同子市场之间有明显的需求差异。

#### （二）市场细分的作用

1.发现新的市场机会

在市场细分的基础上，企业可以更加深入地了解各细分市场的需求差异，并在此基础上分析各个子市场的满足程度、竞争状况、市场前景等，通过比较发现适合于本企业市场机会，然后，运用自身的有利条件开发、占领该细分市场。

2.增强企业的竞争力

每个企业的资源总是有限的，通过市场细分，企业可以结合各细分市场的特点，集中使用企业的各种资源为自己选定的细分市场服务。将有限的资源用于最能发挥企业优势的细分市场上，从而可以增强企业的竞争力。

3. 制定和调整市场营销组合策略

通过市场细分，企业更容易掌握各个细分市场的消费者需求特点，从而能有针对性的开发和改进产品。进而，也就更方便企业制定和调整针对各个不同子市场的有效的市场营销组合策略。

## 二、市场细分的依据

### (一)消费者市场细分的依据

消费者市场与生产者市场有诸多不同的影响因素，因此各自的市场细分依据也有所区别。

在消费者市场上，影响需求的因素错综复杂，对消费者市场的细分也没有统一固定的模式。每个企业可以根据自己的特点和需要将各种因素综合考虑，采取适宜的因素进行细分。一般说来，这些细分变量归纳起来主要有：地理因素、人口因素、心理因素和行为因素等。

1. 地理细分

地理细分是根据消费者所处的地理位置、自然环境等地理变量来细分消费者市场。其细分变量包括：国家、地区、城乡、人口密度、不同地形地貌等。正是由于不同地域有不同的文化传统、生活习惯、消费水平等，也就形成了不同地域消费者的不同需求、不同偏好等。比如，我国就有“南甜、北咸、东辣、西酸”的饮食传统。

2. 人口细分

人口细分是按照人口统计因素来细分市场的。其细分变量包括：年龄、性别、收入、职业、受教育文化程度、家庭人口、家庭生命周期、国籍、种族、宗教、社会阶层等。

(1)年龄与生命周期阶段　不同年龄的消费者对商品的需求也是不同的。如儿童对玩具的需求较多，青年对时装的需求较多，而老年人对保健品的需求较多。服装、食品等市场均可按年龄细分。

(2)性别　性别是最常用的细分因素之一。不同性别的人对商品的需求，以及他们的购买行为习惯都也很大的差异性。比如，常见的化妆品市场、服装市场、书刊等都有以性别为细分依据的。

(3)收入　消费者的购买力直接受其收入的影响，包括实际收入、家庭总收入等。因此，收入水平对消费者需求的数量和结构有重要的影响。家具、汽车、旅游、饮食服务等均可以此为基础进行市场细分。

(4)民族与国籍　不同民族、国籍的人有不同的生活习惯与风俗，以及不同的购买力。因而也就形成了对不同商品的不同需求。

(5)职业与受教育程度　不同职业的消费者，对商品的需求大不相同。不同受教育程度的消费者在对商品的偏好上也有很大的区别。因此，这也成为很多企业细分市场的依据之一。比如服装、杂志等。

(6)家庭人口与家庭生命周期　家庭人口直接反映了家庭规模的大小。家庭规模的大小会直接影响家庭用品的消费。比如洗衣机、冰箱的型号等。而每个家庭处于不同的家庭生命周期对商品的需求也不一样。比如有子女与无子女，有年幼的子女与成年子女都有所不同。

(7)多重人口统计变量　消费者市场需求的影响一般不会只受一种因素的控制。因此在细分的时候往往也要同时考虑多重因素。比如服装市场，常常同时考虑性别、年龄、收入三个因素。

3.心理细分

心理细分就是按照消费者的生活方式、个性等心理变量来细分市场。消费者的欲望、需求、购买行为都会受到其心理因素的影响。

(1)生活方式　生活方式是指个体在成长过程中,在与社会诸因素相互作用下,表现出来的活动兴趣和态度模式。消费者的消费行为与其生活方式有着密切的关系。目前有很多企业都以生活方式来细分市场。比如不同款式的汽车。

(2)个性　个性是指特有的稳定的心理特征,它影响着消费者的需求与购买行为。目前有许多产品都是以消费者的个性为细分的依据之一。比如,对不同个性消费者设计不同款式的服装。

4.行为细分

行为细分是指企业按照消费者购买或使用某种产品的时机、消费者所追求的利益、使用者情况、消费者对某种产品的使用率、消费者对品牌(或商店)的忠诚程度、消费者的购买阶段和消费者对产品的态度等行为变量来细分消费者市场。

(1)购买时机　根据消费者提出需要、购买和使用产品的不同时机,将他们划分成不同的群体。例如,生产果珍之类清凉解暑饮料的企业,可以根据消费者在一年四季对果珍饮料口味的不同,将果珍市场消费者划分为不同的子市场。

(2)追求利益　消费者购买某种产品总是为了解决某类问题,满足某种需要。然而,产品提供的利益往往并不是单一的,而是多方面的。消费者对这些利益的追求时有侧重,如对购买手表有的追求经济实惠,有的追求耐用可靠,还有的则偏向于使用显示出社会地位等不一而足。

(3)使用状况　根据顾客是否使用和使用程度细分市场。通常可分为:经常购买者、首次购买者、潜在购买者、非购买者。不同的公司对不同的顾客采取不同的营销策略。

(4)使用率　根据消费者使用某一产品的数量大小细分市场。通常可分为大量使用者、中量使用者和少量使用者。大量使用者人数可能并不很多,但他们的消费量在全部消费量中占很大的比重。美国一家公司发现,美国啤酒的80%是被50%的顾客消费掉的,另外一半的顾客的消耗量只占消耗总量的12%。

(5)品牌忠诚程度　企业还可根据消费者对产品的忠诚程度细分市场。有些消费者经常变换品牌,另外一些消费者则在较长时期内专注于某一或少数几个品牌。通常可以分为三类:①坚定品牌忠诚者。这类消费者一贯忠诚于某一品牌,任何时候、任何场合都只购买该品牌的产品。②游离品牌忠诚者。这类消费者的购买是在几种品牌之间游离。③无品牌忠诚者。这类消费者对任何品牌都无所谓,购买具有很大的随意性。

(6)购买的准备阶段　消费者对各种产品了解程度往往因人而异。有的消费者不知道该产品的存在;还有的消费者虽已知道产品的存在,但对产品的价值、稳定性等还存在疑虑;另外一些消费者则可能正在考虑购买。针对处于不同购买阶段的消费群体,企业采用不同的营销策略。

(7)态度　不同消费者对同一产品的态度可能有很大差异,如有的很喜欢持肯定态度,有的持否定态度,还有的则处于既不肯定也不否定的无所谓态度。针对持不同态度的消费群体,企业应该在广告、促销等方面有所不同。

### (二)生产者市场细分的依据

许多用来细分消费者市场的标准,同样可用于细分生产者市场。如根据地理、追求的利益和使用率等变量加以细分。不过,由于生产者与消费者在购买动机与行为上存在差别,可用一些新的标准来细分生产者市场。

1.按产品的最终用户细分

企业按生产者市场上产品最终用户的不同,制定不同的营销策略,以满足不同用途生产者的需要和提供相应的售前、售中、售后服务。

2.按购买者的地理位置细分

每个国家和地区,都在一定程度上受自然资源、气候条件和历史文化传统等因素的影响,形成了若干工业区。因此,生产者市场往往比消费者市场更为集中。按购买者地理位置细分市场,使企业目标放在用户集中的地区,有利于节省推销人员往返于不同客户之间的时间、费用,有利于节省营销成本,提高企业经济效益。

3.按购买者的经营规模细分

购买者经营规模的大小,决定其购买能力的大小。企业可以针对客户的不同特点,作为生产者市场的细分标准。通常分为大客户、中客户、小客户三类。

4.按购买者的行业特点细分

生产者市场的购买者是由许多行业构成的,每个行业明显地表现出自身的特点。按行业划分市场,使企业目标更加集中,容易研究掌握市场变化、发展趋势,更好地满足生产者市场的需要。

许多企业在实际的市场细分中,并不是只使用一个变量的,而是考虑几个变量,甚至是一系列变量来细分市场。

## 三、市场细分的原则

企业可根据单一因素,亦可根据多个因素对市场进行细分。选用的细分标准越多,相应的子市场也就越多,每一子市场的容量相应就越小。相反,选用的细分标准越小,子市场就越少,每一子市场的容量则相对较大。如何寻找合适的细分标准,对市场进行有效细分,在营销实践中并非易事。一般而言,成功、有效的市场细分应遵循以下基本原则:

1.可衡量性

可衡量性指细分的市场是可以识别和衡量的,亦即细分出来的市场不仅范围明确,而且对其容量大小、潜力、购买力等都能大致作出判断。有些细分变量,如具有"依赖心理"的青年人,在实际中是很难测量的,以此为依据细分市场就不合适。

2.可进入性

可进入性指细分出来的市场应是企业营销活动能够抵达的,亦即是企业通过努力能够使产品进入并对顾客施加影响的市场。一方面,有关产品的信息能够顺利传递给该市场的大多数消费者;另一方面,企业在一定时期内可以将产品运送到该市场。否则,该细分市场的价值就不大。

3.可盈利性

可盈利性指细分出来的市场,其容量或规模要大到足以使企业获利。进行市场细分时,企业必须考虑细分市场上顾客的数量,以及他们的购买能力和购买产品的频率。如果细分市场的规模过小，市场容量太小，细分工作烦琐，成本耗费大，获利小，就不值得去细分。

4. 对营销策略反应的差异性

对营销策略反应的差异性指各细分市场的消费者对同一市场营销组合方案会有差异性反应，或者说对营销组合方案的变动，不同细分市场会有不同的反应。如果不同细分市场顾客对产品需求差异不大，行为上的同质性远大于其异质性，此时，企业就不必费力对市场进行细分。另一方面，对于细分出来的市场，企业应当分别制定出独立的营销方案。如果无法制定出这样的方案，或其中某几个细分市场对是否采用不同的营销方案不会有大的差异性反应，便不必进行市场细分。

## 四、市场细分的方法与程序

### (一)市场细分的方法

企业在运用细分标准进行市场细分时必须注意以下问题：第一，市场细分的标准是动态的。市场细分的各项标准不是一成不变的，而是随着社会生产力及市场状况的变化而不断变化。如年龄、收入、城镇规模、购买动机等都是可变的。第二，不同的企业在市场细分时应采用不同标准。因为各企业的生产技术条件、资源、财力和营销的产品不同，所采用的标准也应有区别。第三，企业在进行市场细分时，可采用一项标准，即单一变量因素细分，也可采用多个变量因素组合或系列变量因素进行市场细分。下面介绍几种市场细分的方法：

1. 单一变量因素法

根据影响消费者需求的某一个重要因素进行市场细分。如服装企业，按年龄细分市场，可分为童装、少年装、青年装、中年装、中老年装、老年装；或按气候的不同，可分为春装、夏装、秋装、冬装。

2. 多个变量因素组合法

根据影响消费者需求的两种或两种以上的因素进行市场细分。如冰箱生产企业，要按消费者的利益、收入、家庭规模等因素来细分市场。

3. 系列变量因素法

根据企业经营的特点并按照影响消费者需求的诸因素，由粗到细地进行市场细分。这种方法可使目标市场更加明确而具体，有利于企业更好地制定相应的市场营销策略。如自行车市场，可按地理位置(城市、郊区、农村、山区)、性别(男、女)、年龄(儿童、青年、中年、中老年)、收入(高、中、低)、职业(工人、农民、学生、职员)、购买动机(求新、求美、求价廉物美、求坚实耐用)等变量因素细分市场。

### (二)市场细分的程序

美国市场学家麦卡锡提出细分市场的一整套程序，这一程序包括七个步骤：

(1)选定产品市场范围，即确定进入什么行业，生产什么产品。产品市场范围应以顾客的需求，而不是产品本身特性来确定。

(2)列举潜在顾客的基本需求。例如，公司可以通过调查，了解潜在消费者对前述住宅的基本需求。这些需求可能包括：遮风挡雨，安全、方便、宁静，设计合理，室内陈设完备，工程质量好等。

(3)了解不同潜在用户的不同要求。对于列举出来的基本需求，不同顾客强调的侧重点可能会存在差异。例如，经济、安全、遮风挡雨是所有顾客共同强调的，但有的用户可能特别重视生活的方便，另外一类用户则对环境的安静、内部装修等有很高的要求。通过这种差异比较，不同的顾客群体即可初步被识别出来。

(4)剔除潜在顾客的共同要求，而以特殊需求作为细分标准。上述所列购房的共同要求固然重要，但不能作为市场细分的基础。如遮风挡雨、安全是每位用户的要求，就不能作为细分市场的标准，因而应该剔除。

(5)根据潜在顾客基本需求上的差异方面，将其划分为不同的群体或子市场，并赋予每一子市场一定的名称。例如，西方房地产公司常把购房的顾客分为好动者、老成者、新婚者、度假者等多个子市场，并据此采用不同的营销策略。

(6)进一步分析每一细分市场需求与购买行为特点，并分析其原因，以便在此基础上决定是否可以对这些细分出来的市场进行合并，或作进一步细分。

(7)估计每一细分市场的规模，即在调查基础上，估计每一细分市场的顾客数量、购买频率、平均每次的购买数量等，并对细分市场上产品竞争状况及发展趋势作出分析。

## 第二节 目标市场的选择

### 一、目标市场的概念

所谓目标市场是指通过市场细分，被企业所选定的、准备以相应的产品和服务去满足现实的或潜在的消费需求的那一个或几个细分市场。企业在市场细分的基础上，总要选择某一个或几个细分市场作为自己的目标市场。一旦确定目标市场企业就可以集中资源发挥优势，来取得更佳的业绩。因此，目标市场是企业制定营销战略的基础，对企业的生存发展有非常重要的意义。

### 二、评估细分市场

企业为了选择恰当的目标市场，必须对各个细分市场进行评估。企业评估细分市场主要是评价其经济价值，主要从以下三个方面进行评价：

1.市场规模和增长潜力

所谓适当的市场规模是相对企业的规模与实力而言的。较小的市场对大企业来说不值得涉足；而较大的市场对于小企业来说有没有足够的能力进入。

市场增长潜力的大小关系到企业销售和利润的增长，但是有发展潜力的市场也常常是竞争者激烈争夺的目标，这就减少了企业的获利机会。

2.市场的吸引力

所谓吸引力主要指长期盈利能力的大小，一个市场可能具有适当的规模和增长潜力，但从获利观点看不一定具有吸引力。一般来说决定市场是否具有长期吸引力的有五种力量：现实的竞争者、潜在的竞争者、替代产品、购买者和供应者。

3. 企业本身的目标和资源

有些市场虽然规模合适，也具有吸引力，但是企业也还要考虑自身的因素：是否符合企业的长远目标；企业是否具备在该细分市场竞争中获胜的能力和资源。

## 三、目标市场选择策略

1. 无差异性市场营销策略

所谓无差异性市场营销策略是指将整体市场作为为企业的目标市场，推出一种商品、实施一种营销组合，以满足整体市场的共同需要。在无差异性市场营销策略下，企业把市场作为一个整体，认为所有消费者对某种商品有共同的需求，因而不考虑他们实际存在的需求差异，所以，这种营销策略只适用于少数大家都有共同需要、差异性不大的商品（图 5-1）。

**图 5-1　无差异性市场营销组合策略示意图**

这种策略的优点是产品单一，容易保证质量，可以大批量生产，降低产品和销售费用。其缺点是同一种产品想得到不同消费者的认可和满意比较困难；同时如果同类企业也采用这样的策略会加剧竞争。

2. 差异性市场营销策略

所谓差异性市场营销策略是指企业针对各细分市场中的需求差异，设计生产出不同目标顾客需要的多种产品，并制定相应的营销策略，以满足整个市场中不同顾客的需要。这种营销策略的立论基础是：根据消费者需求的差异性，捕捉更多的市场营销机遇（图 5-2）。

这种策略的优点是体现了以消费者为中心的经营思想，通过满足不同消费者需要以扩大市场销售额；企业可能在几个细分市场上占优势，提高企业声誉，树立良好形象，提高市场占有率。其缺点是企业资源分散于各细分市场，不易赢得竞争优势；产品生产成本和经营成本较高，促销费用提高，对争取顾客不利。

3. 集中性市场营销策略

所谓集中性市场营销策略，也称密集性市场营销策略，它与前两种策略不同之处，就是不把整个市场作为自己的服务对象，而只是以一个或少数几个细分市场或一个细分市场中的部分作为目标市场，集中企业营销力量，实行专门化生产和营销。采取这种目标市场营销策略的企业，追求的不是在较大市场上占有较少的份额，而是在较小的市场上占有较大的份额（图 5-3）。

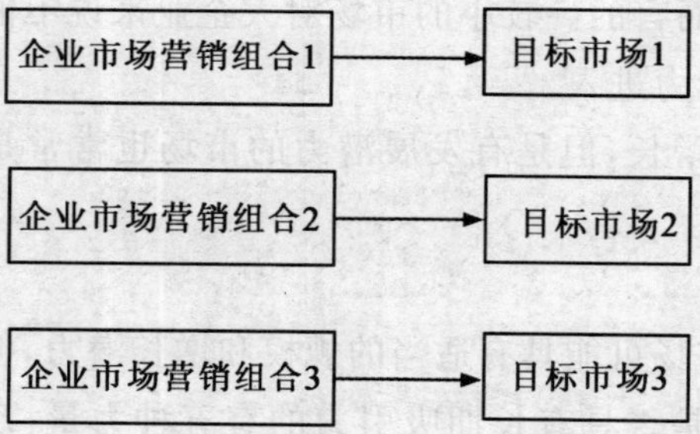


**图 5-2　差异性市场营销策略示意图**

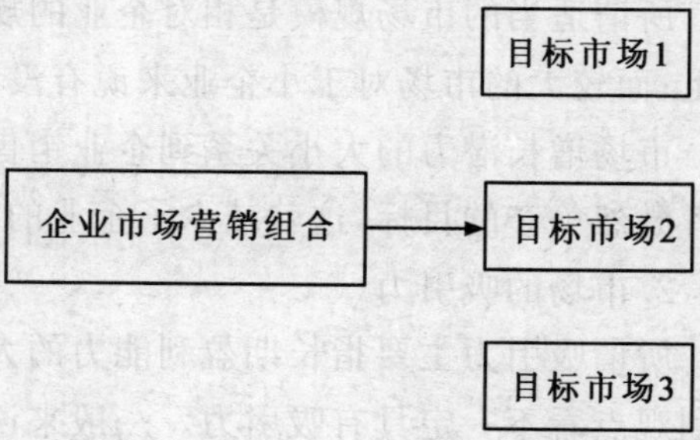


**图 5-3　集中性市场营销策略示意图**

这种策略的优点是营销对象集中，能充分发挥企业优势以降低成本、提高盈利。缺点是由于市场单一、狭小，一旦发生突变，缺少回旋余地。

## 四、选择目标市场要考虑的因素

1. 企业实力

选择目标市场营销策略时要考虑到企业的实力。企业实力是指企业满足需求的能力，主要包括财力、生产能力、科技开发能力，以及经营管理和市场开拓能力。如果企业实力强，就可以采取差异性营销策略。如果企业实力较弱，宜采取集中性市场营销策略。

2. 产品特点

选择目标市场营销策略要考虑到产品的特点。产品性质相似、消费者使用时挑选性不大、使用面较广的产品，可采用无差异性市场营销策略。对于商品性质差异较大、挑选性较强的商品，如服装、儿童玩具等宜采用差异性营销策略或集中性营销策略。

3. 产品的生命周期

产品在市场上的生命周期不同，采用的营销策略也不一样。一般说来，企业的新产品在投入期或成长期时，宜采取无差异性市场营销策略，以探测市场需求和潜在顾客情况，也有利于节约市场开发费用；当产品进入成熟期时，宜采取差异性市场营销策略，以开拓新的市场；当产品进入衰退期时，宜考虑采取集中性市场营销策略，集中力量于少数有利可图的目标市场。

4. 市场竞争状况

选择目标市场营销策略时，要考虑到市场竞争状况。当竞争者少时，可采用无差异性市场营销策略，竞争激烈时，要考虑主要竞争对手实力。如果竞争者与本企业的实力相当，则应避免直接冲突，以免造成不必要的损失。如果本企业力量较弱，则宜采取集中性市场营销策略。

5. 消费者行为

选择目标市场营销策略时，要考虑到消费者购买行为。如果消费者的需要和偏爱相近，购买方式大致相同，就可采取无差异性市场营销策略。反之，应当采用差异性市场营销策略或集中性市场营销策略。

6. 宏观政治经济环境

选择目标市场策略还应考虑宏观政治经济环境的变化因素。

# 第三节 市场定位

## 一、市场定位的含义

市场定位是企业及产品确定在目标市场上所处的位置。

市场定位是在 20 世纪 70 年代由美国营销学家艾·里斯和杰克特劳特提出的，其含义是指企业根据竞争者现有产品在市场上所处的位置，针对顾客对该类产品某些特征或属性的重视程度，为本企业产品塑造与众不同的，给人印象鲜明的形象，并将这种形象生动地传递给顾客,从而使该产品在市场上确定适当的位置。

市场定位并不是你对一件产品本身做些什么,而是你在潜在消费者的心目中做些什么。市场定位的实质是使本企业与其他企业严格区分开来,使顾客明显感觉和认识到这种差别,从而在顾客心目中占有特殊的位置。

市场定位可分为对现有产品的再定位和对潜在产品的预定位。对现有产品的再定位可能导致产品名称、价格和包装的改变,但是这些外表变化的目的是为了保证产品在潜在消费者的心目中留下值得购买的形象。对潜在产品的预定位,要求营销者必须从零开始,使产品特色确实符合所选择的目标市场。公司在进行市场定位时,一方面要了解竞争对手的产品具有何种特色,另一方面要研究消费者对该产品的各种属性的重视程度,然后根据这两方面进行分析,再选定本公司产品的特色和独特形象。

## 二、市场定位的步骤

市场定位的关键是企业要设法在自己的产品上找出比竞争者更具有竞争优势的特性。

竞争优势一般有两种基本类型:一是价格竞争优势,就是在同样的条件下比竞争者定出更低的价格。这就要求企业采取一切努力来降低单位成本。二是偏好竞争优势,即能提供确定的特色来满足顾客的特定偏好。这就要求企业采取一切努力在产品特色上下工夫。因此,企业市场定位的全过程可以通过以下三大步骤来完成:

1.明确优势

这一步骤的中心任务是要回答以下三个问题:一是竞争对手产品定位如何?二是目标市场上顾客欲望满足程度如何以及确实还需要什么?三是针对竞争者的市场定位和潜在顾客的真正需要的利益要求企业应该及能够做什么?要回答这三个问题,企业市场营销人员必须通过一切调研手段,系统地设计、搜索、分析并报告有关上述问题的资料和研究结果。通过回答上述三个问题,企业就可以从中把握和确定自己的潜在竞争优势在哪里。

2.准确选择竞争优势

竞争优势表明企业能够胜过竞争对手的能力。这种能力既可以是现有的,也可以是潜在的。选择竞争优势实际上就是一个企业与竞争者各方面实力相比较的过程。比较的指标应是一个完整的体系,只有这样,才能准确地选择相对竞争优势。通常的方法是分析、比较企业与竞争者在经营管理、技术开发、采购、生产、市场营销、财务和产品七个方面究竟哪些是强项,哪些是弱项。借此选出最适合本企业的优势项目,以初步确定企业在目标市场上所处的位置。

3.准确传播企业的定位概念

这一步骤的主要任务是企业要通过一系列的宣传促销活动,将其独特的竞争优势准确传播给潜在顾客,并在顾客心目中留下深刻印象。为此,企业首先应使目标顾客了解、知道、熟悉、认同、喜欢和偏爱本企业的市场定位,在顾客心目中建立与该定位相一致的形象。其次,企业通过各种努力强化目标顾客形象,保持目标顾客的了解,稳定目标顾客的态度和加深目标顾客的感情来巩固与市场相一致的形象。最后,企业应注意目标顾客对其市场定位理解出现的偏差或由于企业市场定位宣传上的失误而造成的目标顾客模糊、混乱和误会,及时纠正与市场定位不一致的形象。

## 三、市场定位的方法

1. 特色定位法

根据特定的产品属性来定位。产品属性包括制造该产品时采用的技术、设备、生产流程以及产品的功能等，也包括与该产品有关的原料、产地、历史等因素。如龙井茶、瑞士表等都是以产地及相关因素定位，而一些名贵中成药的定位则充分体现了原料、秘方和特种工艺的综合。

2. 利益定位法

根据需要满足的需求或所提供的利益来定位。这里的利益包括顾客购买产品时追求的利益和购买企业产品时能获得的附加利益，产品本身的属性及消费者获得的利益能使人们体会到它的定位。如大众汽车"气派"，丰田车"经济可靠"，沃尔沃车"耐用" 而奔驰是"高贵、王者、显赫、至尊"的象征，奔驰的电视广告中较出名的广告词是"世界元首使用最多的车"。这种定位关键是要突出本企业产品的优势和特点，以及他对目标顾客有吸引力的因素，从而在竞争者中突出自己的形象。

3. 用途定位法

根据产品使用场合及用途来定位。例如，"金嗓子喉宝"专门用来保护嗓子，"丹参地丸"专门用来防治心脏疾病。为老产品找到一种新用途，是为该产品创造定位的好方法。尼龙从军用到民用，便是一个最好的用途定位例证。如防晒霜被定位于防止紫外线将皮肤晒黑晒伤，而保持和补充水分的润肤霜则被定位于防止皮肤干燥。

4. 使用者定位法

根据使用者的类型来定位。企业常常试图把某些产品指引给适当的使用者即某个细分市场，以便根据该细分市场的看法塑造恰当的形象。康佳集团针对农村市场的"福临门系列彩电"，充分考虑农民消费者的需求特殊性，定位为质量过硬、功能够用、价位偏低，同时增加了宽频带稳压器等配件产品。如强生公司将其婴儿洗发液重新定位于常常洗头而特别需要温和洗发液的年轻女性，使其市场占有率由3%提高至14%。

5. 竞争定位法

根据竞争者来定位。可以接近竞争者定位，如康柏公司要求消费者将其个人电脑与IBM个人电脑摆在一起比较，企图将其产品定位为使用简单而功能更多的个人电脑；也可远离竞争者定位，如七喜将自己定位为"非可乐"饮料，从而成为软饮料的第三巨头。

6. 档次定位法

不同的产品在消费者心目中按价值高低有不同的档次。对产品质量和价格比较关心的消费者来说，选择在质量和价格上的定位也是突出本企业形象的好方法。企业可以采用"优质高价"定位和"优质低价"定位。在"各种家电产品价格大战"如火如荼的同时，海尔始终坚持不降价，保持较高的价位，这是"优质高价"的典型表现。如劳力士表价格高达几万元人民币，是众多手表中的至尊，也是财富与地位的象征。拥有它，无异于暗示自己是一名成功的人士或上流社会的一员。

7. 消费者定位法

按照产品与某类消费者的生活形态和生活方式的关联定位。以劳斯莱斯为例，它不仅是一种交通工具，而且是英国富豪生活的一种标志。90多年来劳斯莱斯公司出产的劳斯莱斯豪华轿车总共才几十万辆，最昂贵的车价格高达34万美金。

8.感情定位法

运用产品直接或间接地冲击消费者的感情体验而进行定位。如“田田口服液”以“田田珍珠，温柔女性”为主题来体现其诉求和承诺，由于“田田”这一品牌名称隐含“自然、清纯、迷人、温柔”的感情形象，因而其感情形象的价值迅速通过“温柔女性”转为对“女性心理”的深层冲击。

9.文化定位法

将某种文化内涵注入产品之中，形成文化上的品牌差异，称为文化定位。文化定位可以使品牌形象独具特色。如万宝路引入“男性文化”因素，改换代表热烈、勇敢和功名的红色包装；用粗体黑字来描画名称，表现出阳刚、含蓄和庄重；并让结实粗犷的牛仔担任万宝路的形象大使，强调“万宝路的男性世界”。不断塑造强化健壮的男子汉形象，终于使万宝路香烟的销售和品牌价值位居世界香烟排名榜首。

10.附加定位法

通过加强服务树立和加强品牌形象，称为附加定位。对于生产性企业而言，附加定位需要借助于生产实体形成诉求点，从而提升产品的价值；对于非生产性企业来说，附加定位可以直接形成诉求点。例如，“海尔真诚到永远”是海尔公司一句响彻全球的口号。

市场定位实际上是一种竞争策略，是企业在市场上寻求和创造竞争优势的手段，要根据企业及产品的特点、竞争者及目标市场消费需求特征加以选择。实际营销策划中往往是多种方法结合采用。

## 四、市场定位策略

1.竞争定位策略

竞争性定位策略又称“针锋相对”定位策略，指企业选择在目标市场上与现有的竞争者靠近或重合的市场定位，要与竞争对手争夺同一目标市场的消费者。实行这种定位策略的企业，必须具备以下条件：能比竞争者生产出更好的产品；该市场容量足以吸纳两个以上竞争者的产品；比竞争者更多的资源和更强的实力。

例如，美国可口可乐与百事可乐是两家以生产销售碳酸型饮料为主的大型企业。可口可乐自 1886 年创建以来，以其独特的味道扬名全球，二战后百事可乐采取了针锋相对的策略，专门与可口可乐竞争，半个多世纪以来，这两家公司为争夺市场而展开了激烈竞争，而他们都以相互间的激烈竞争作为促进自身发展的动力及最好的广告宣传，百事可乐借机得到迅速发展。1988 年，百事可乐荣登全美十大顶尖企业榜，成为可口可乐强有力的竞争者。当大家对百事可乐—可口可乐之战兴趣盎然时，双方都是赢家，因为喝可乐的人越来越多，两家公司都获益匪浅。

2.“填空补缺式”定位策略

填补空隙策略也叫避强定位策略，指企业尽力避免与实力较强的其他企业直接发生竞争，寻找新的尚未被占领的，但又为许多消费所重视的市场进行定位。例如：“金利来”进入中国内地市场时，就是填补了男士高档衣物的空位。通常在两种情况下适用这种策略：一是这部分潜在市场即营销机会没有被发现，在这种情况下，企业容易取得成功；二是许多企业发现了这部分潜在市场，但无力去占领，这就需要有足够的实力才能取得成功。

3."另辟蹊径式"定位策略

当企业意识到自己无力与同行强大的竞争者相抗衡,从而获得绝对优势地位时,可根据自己的条件取得相对优势,即突出宣传自己与众不同的特色,在某些有价值的产品属性上取得领先地位,如美国"七喜"汽水突出宣传自己不含咖啡因的特点,成为非可乐型饮料的领先者。

4.重新定位策略

企业对已经上市的产品实施再定位就是重新定位策略。采用这种策略的企业必须改变目标消费者对其原有的印象,使目标消费者对其建立新的认识。一般情况下,这种定位目的在于摆脱困境,重新获得增长与活力。例如,美国强生公司的洗发液由于产品不伤皮肤和眼睛,最初定位于婴儿市场,当年曾畅销一时。后来由于人口出生率下降,婴儿减少,产品逐渐滞销。经过分析,该公司决定重新将产品定位于年轻女性市场,突出介绍该产品能使头发松软、富有光泽等特点,再次吸引了大批年轻女性。自行车——传统代步工具,20世纪50年代美国年产销400万辆,后下降为年产销130万辆;新定位:健身休闲用品,增加品种类型和花色。橘汁——传统定位:维生素C保健饮品(保健功能);新定位:消暑解渴、提神,恢复体力的饮品。

## 五、市场竞争策略

不同类型的企业,根据其在市场上所处的位置,在市场定位时会采取不同的具体策略。

### (一)市场领导者的策略

所谓市场领导者,是指在相关产品的市场上市场占有率最高的企业。一般说来,大多数行业都有一家企业被公认为市场领导者,它在价格调整、新产品开发、配销覆盖和促销力量方面处于主导地位。它是市场竞争的导向者,也是竞争者挑战、效方或回避的对象。

这些市场领导者的地位是在竞争中自然形成的,但不是固定不变的。如果它没有获得法定的特许权,必然会面临着竞争者的无情挑战。因此,企业必须随时保持警惕并采取适当的措施。一般来说,市场领导者为了维护自己的优势,保持自己的领导地位,通常可采取三种策略:一是设法扩大整个市场需求;二是采取有效的防守措施和攻击战术,保护现有的市场占有率;三是在市场规模保持不变的情况下,进一步扩大市场占有率。

1.扩大市场需求总量

一般来说,当一种产品的市场需求总量扩大时,受益最大的是处于市场领导地位的企业。因此,市场领导者应努力从以下三个方面扩大市场需求量:

(1)发掘新的使用者。每一种产品都有吸引顾客的潜力,因为有些顾客或者不知道这种产品,或者因为其价格不合适或缺乏某些特点等而不想购买这种产品,这样,企业可以从三个方面发掘新的使用者。

(2)开辟产品新用途。公司也可通过发现并推广产品的新用途来扩大市场。同样,顾客也是发现产品新用途的重要来源。因此,公司必须要留心注意顾客对本公司产品使用的情况。

(3)扩大产品的使用量。促使使用者增加用量也是扩大需求的一种重要手段。

2.保护现有市场占有率

处于市场领导地位的企业,在努力扩大整个市场规模时,必须注意保护自己现有的业务,防备竞争者的攻击。

市场领导者如何防御竞争者的进攻呢?最有建设意义的答案是不断创新。领导者不应满足于现状,必须在产品创新、提高服务水平和降低成本等方面,真正处于该行业的领先地位,同时，应该在不断提高服务质量的同时，抓住对方的弱点主动出击，此所谓进攻是最好的防御。

3.提高市场占有率

市场领导者设法提高市场占有率，也是增加收益、保持领导地位的一个重要途径。因此，许多企业以提高市场占有率为目标。例如，美国通用电器公司要求它的产品在各自市场上都要占据第一或第二位，否则就要撤退。该公司就曾将电脑和空调机两项业务的投资撤回，因为它们在无法取得独占鳌头的地位。

但是，有些学者对该项研究提出不同意见。他们在对某些产业的研究中发现，有些企业其市场占有率虽然较低，但其利润率高，它们的特点是产品质量较高，相对其高质量来说价格中等或偏低，产品经营范围狭窄。对有些行业的研究结果表明，市场占有率和利润率之间存在着一条V形关系曲线。

**(二)市场挑战者的策略**

市场挑战者是指那些相当于市场领先者来说在行业中处子第二、第三和以后位次的企业。如美国汽车市场的福特公司、软饮料市场的百事可乐公司等企业，处于次要地位的企业如果选择“挑战”战略，首先必须确定自己的策略目标和挑战对象，然后选择适当的进攻策略。

大多数市场挑战者的战略目标是提高市场占有率，进而达到提高投资收益率和利润率的目标。

挑战者在明确战略目标时，必须确定谁是主要竞争对手。一般说来，挑战者可以选择下列几种类型的攻击目标：

1.攻击市场领先者

这是一种既有风险又具潜在价值的战略。一旦成功，挑战者企业的市场地位将会发生根本性的改变，因此颇具吸引力。企业采用这一战略时，应十分谨慎，周密策划以提高成功的可能性。

进攻领先者需要满足的基本条件：

(1)拥有一种持久的竞争优势，比如成本优势或创新优势。以前者之优创造价格之优，继而扩大市场份额；或以后者之优创造高额利润。

(2)在其他方面程度接近。挑战者必须有某种办法部分或全部地抵消领先者的其他固有优势。

(3)具备某些阻挡领先者报复的办法。必须使领先者不愿或不能对挑战者实施旷日持久的报复。

2.攻击与自身实力相当的企业

抓住有利时机，向那些势均力敌的企业发动进攻，把竞争对手的顾客吸引过来，夺取它们的市场份额，壮大自己的市场。这种战略风险小，若几番出师大捷或胜多败少的话，可以对市场领先者造成威胁，甚至有可能改变企业的市场地位。

3.攻击实力较弱的企业

当某些中、小企业出现经营困难时，可以通过兼并、收购等方式，夺取这些企业的市场份额，以壮大自身的实力和扩大市场占有率。

市场挑战者的进攻策略主要有以下几种：正面进攻、侧翼进攻、围堵进攻、迂回进攻、游击进攻。市场挑战者常用的具体的营销策略包括：价格折扣、廉价品策略、名牌产品策略、产品创新策略、改善服务的策略、分销渠道创新策略、密集广告促销策略等。

**(三)市场追随者的策略**

并非所有的位居第二的公司都会向市场领先者挑战,有些企业只希望维持自己的市场份额与利润,而不肯冒风险攻击市场领导者,以防自己受到攻击。他们往往就以市场追随者的姿态出现。一个市场追随者必须知道如何保持现有的和如何争取有新顾客参加的令人满意的市场份额。每一个追随者要努力给它的目标市场——地点、服务、融资——带来有特色的优势。追随者是挑战者攻击的主要目标,因此,市场追随者必须保持它的低制造成本和高产品质量或服务。当新市场开辟时,它也必须进入。追随战略并非是被动的或是领先者的一个翻版。追随者必须确定一条不会引起竞争性报复的成长路线。追随战略可以分为三类:紧紧跟随、保持一段距离跟随、有选择追随。

1.紧紧跟随

追随者在尽可能多的细分市场和营销组合领域中模仿领先者。追随者往往几乎以一个市场挑战者面貌出现,但是如果它并不激进地妨碍领衔者,直接冲突不会发生。有些追随者甚至可能被说成是寄生者,他们在刺激市场方面很少动作,他们只希望靠市场领先者的投资生活。

2.保持一段距离跟随

追随者保持某些距离,但又在主要市场和产品创新、一般价格水平和分销上追随领先者。市场领先者十分欢迎这种追随者,因为领先者发现他们对它的市场计划很少干预,而且乐意让他们占有了一些市场份额,以便使自己免遭独占市场的指责。保持距离的追随者可能获取同行业的小公司而得到成长。

3.有选择跟随

这类公司在有些方面紧跟领先者,但有时又走自己的路。这类公司可能具有完全的创新性,但它又避免直接的竞争,并在有明显好处时追随领先者的许多战略。这类公司常能成长为未来的挑战者。

市场追随者虽然占有的市场份额比领先者低,但它们可能赚钱,甚至赚更多的钱。它们成功的关键在主动地细分和集中市场;有效地研究和开发;着重于盈利而不着重市场份额;以及有坚强的管理当局。

**(四)市场补缺者的策略**

在市场经济发展过程中,人们非常关注成功的企业,往往忽略每个行业中存在的小企业,却正是这些不起眼的星星之火,在大企业的夹缝中求得生存和发展后,呈燎原之势,这些小企业就是所谓的市场补缺者。由于这些中小企业集中力量来专心致力于市场中被大企业忽略的某些细分市场,在这些小市场上专业化经营,因而获取了最大限度的收益。这些可以为中小企业带来利润的有利市场位置称为“利基”(niche),因而市场补缺者又被称为市场利基者。

市场补缺又称市场补白,是指选择某一特定较小之区隔市场为目标,提供专业化的服务,并以此为经营战略的企业。

市场补缺者的主要战略是专业化市场营销,即

(1)专门致力于为某类最终用户服务的最终用户专业化。

(2)专门致力于分销渠道中的某些层面的垂直层面专业化。

(3)专门为那些被大企业忽略的小客户服务的顾客规模专业化。

(4)只对一个或几个主要客户服务的特定顾客专业化。

(5)专为国内外某一地区或地点服务的地理区域专业化。

(6)只生产一大类产品的某一种产品或产品线专业化。

(7)专门按客户订单生产预订的产品的客户订单专业化。

(8)专门生产经营某种质量和价格的产品的质量和价格专业化。

(9)专门提供某一种或几种其他企业没有的服务项目专业化。

(10)专门服务于某一类分销渠道的分销渠道专业化。

## 思考题

1. 什么是市场细分？市场细分的作用有哪些？
2. 市场细分的程序和方法有哪些？
3. 什么是定制营销？为什么说定制营销实质是市场细分的一种战略？
4. 什么是目标市场？如何评价目标市场？
5. 目标市场模式有几类？试分别举例分析三种目标市场策略的运用。
6. 企业选择目标市场应考虑哪些因素？请举例分析。
7. 什么是市场定位？市场定位的方法有哪些？请举例分析。
8. 市场定位的策略有哪些？请举例分析。

## 实训项目

以3～5人为一组，选择一种产品，试分析其市场定位的方法和策略。

## 案例分析

### 十元一个的五彩萝卜

潍坊县萝卜一直以来都是青皮的，您见过紫红、粉红皮的潍县萝卜吗？潍城农民孙仲明历时六年，就培育出了这样的五彩萝卜。

11月19日，记者在潍城区北关街道东夏庄孙仲明家里，见识了他新培育出的五彩萝卜。这些萝卜有紫色的，有紫红的，有粉红的，还有的皮是青色的，瓤是红色的，果然五彩缤纷。

“这些五彩萝卜和传统的潍县青萝卜相比，除了外表五颜六色外，口感也不一样。”孙仲明边请记者品尝边介绍，传统的潍县青萝卜瓤细无渣，脆甜爽口，略带辣味；而五彩萝卜则皮薄脆甜，基本没有辣味。简单地区分，就是传统潍县青带辣，五彩萝卜不辣。

为什么会想到培育不辣的五彩萝卜呢？孙仲明说，这些五彩萝卜主要是迎合妇女儿童的需要而培育的。大约六七年前，孙仲明在卖萝卜的时候发现，潍县青萝卜尽管广受大伙喜爱，但一些妇女儿童由于嫌辣而不愿吃。孙仲明就萌生了一个想法：能不能培育出妇女儿童喜欢吃的潍县萝卜呢？

种了二十多年萝卜的孙仲明从此就开始着手培育既好看又不辣的潍县萝卜。经过反复试验、品种改良，历时六年，孙仲明终于培育出五彩萝卜。

孙仲明的萝卜地有五十多亩，由于是试验，五彩萝卜仅种了一亩。让孙仲明高兴的是，五彩萝卜刚一上市，就吸引了众多尝鲜者。“这些五彩萝卜，最少的五元钱一个，多的要十元钱一个，还是供不应求。”孙仲明乐呵呵地说，只要产品好，销路根本不愁。自己正打算扩大生产，来年多种五彩萝卜，让更多的人尝个新鲜。

案例思考：

1. 为什么五彩萝卜能卖好价钱？

2. 孙仲明采取了何种目标市场战略？

# 第三篇　营销策略篇

本篇主要内容为4Ps营销策略组合，即产品策略（product）、价格策略（price）、分销策略（place）、促销策略（promotion）。4Ps营销策略为企业实现营销目标提供了最优手段，即最佳综合性营销活动，也称整体市场营销。

# 第六章　产品策略

学习目标

掌握产品的整体概念；掌握产品组合、产品项目、产品线等基本概念；掌握产品组合策略的制定与调整方法。了解品牌、商标的概念与区别，明确营销实践中品牌、商标的价值及功能作用。了解产品包装的层次、作用及类型，明确包装设计的基本原则与要求，熟悉产品的包装策略，了解新产品的概念及类型，熟悉新产品的开发方式及研发过程。理解产品生命周期的概念及各阶段的特点。

案例引导

农村包围城市，台湾微米以弱胜强

面对洋品牌的技术优势，众多国产品牌要如何出位？一个新兴品牌缘何能够创下销售奇迹？台湾微米DV的市场策略或许能给我们带来不少启发。

台湾微米是一家新兴的台湾光学企业，主要从事数码相机、家用DV的研发与生产。当其大陆总代理博亚时代将微米品牌引进大陆时，大陆市场早已经被众多老牌日系厂商所占领。如何在产品技术及品牌影响力都很难与对手直接对抗的情况下占据一席之地，成为摆在博亚时代面前的一道难题。

最终，博亚时代逐渐摸索出一条农村包围城市的道路，最终实现了销量的快速增长。让我们来看看其具体的市场策略。

**产品分析**

目前市面上的DV主要有四种：传统的磁带式、DVD光盘式、硬盘式和闪存式。这其中，磁带式历史最悠久，选择最丰富，而DVD光盘式和硬盘式价格较贵。闪存式则是未来的趋势，因为随着闪存卡价格的不断下降，越来越多的厂商都推出了采用闪存卡进行存储的产品。

用闪存卡存储有三个优点：一是制造成本更低，价格更具竞争力；二是闪存卡可以擦写至少十万次，后期使用成本低于磁带式DV；三是使用闪存卡存储视频文件，免除了传统DV繁琐的采集过程，更符合普通家庭用户的使用习惯。

与老牌的日系厂商相比，台湾微米的产品在技术上并没有太多优势可言。于是，博亚时代选择不从正面与日系厂商竞争，而是选择了对产品易用性和价格方面有优势的中低端闪存式产品进行代理。

微米的闪存系列DV产品正是专为家庭用户设计的，全部使用中文菜单，简便易用，让用户在不看说明书的情况下也能很快上手。

**市场定位与渠道、价格策略**

由于博亚时代将用户群选定为普通家庭用户，他们将其DV产品定位于普通的家用电器，以商场、超市、家电连锁卖场为主要渠道。这样不仅增加了与目标消费人群的接触机会，同时也避免了在IT卖场与洋品牌的直接竞争。竞争较少，利润相对IT卖场会更高一点。

在渠道建设方面，博亚时代采取了农村包围城市的策略。不在一线大城市与日系品牌正面交锋，而是将渠道的重点放在了二、三线城市。二、三线城市数目众多，市场广阔，日系品牌并没有全面覆盖，影响力较小，更利于微米品牌的推广及终端拦截。

在价格策略方面，考虑到二、三线城市的人均收入水平，博亚时代制定了介于国外品牌和其他国内品牌之间的价格，以高品质、高档次的形象出现在消费者面前。同时，产品的价格不像一般的IT数码产品，新产品一出，老产品就大幅降价。而是采取比较稳健的价格策略，不让消费者产生持币待购的心理。

销售数据表明，博亚时代的市场定位与渠道策略是非常正确的。二、三线城市的销量远远超过了一线城市。但是这时，另外一个问题又出现了。

**体验营销**

目前，国内市场上，使用闪存卡的家用数码DV品牌很多，鱼龙混杂，质量参差不齐，让很多消费者对整个行业都产生了误解。对此，博亚时代采取了以下两点措施：划清界限、体验营销。

首先，由终端的销售人员向消费者解释微米DV与其他同类产品的区别。

早期的数码DV由于像素不高，处理芯片不强大，拍摄的照片效果并不理想。视频方面，以前的存储卡容量小，价格高，所以早期的数码DV为了追求拍摄时间，视频文件压缩得非常厉害，拍摄的视频效果也不好。而现在，新款的微米DDV-V3能够拍摄1 100万像素的照片以及1280×720P的高清视频，处理芯片更先进，拍出来的效果跟专业机型不相上下。

口说无凭，体验营销这时就派上用场了。博亚时代要求经销商都尽量在卖场配备一台电脑。方便消费者现场拍摄试用，在电脑上观看效果。此举的效果非常不错，很多消费者都是在电脑上看到最终的拍摄效果之后，才下定了购买的决心。销售数据也显示，很多销售网点在配备电脑之后，销售率相比配备电脑之前有很大的提高，体验营销成为博亚时代终端制胜的法宝之一。

**性价比制胜**

我们可以在很多其他行业找出同样的成功案例，比如奇瑞和吉利的小排量家庭轿车，都是在发现众多普通家庭有“以车代步”的需求之下推出的产品。虽然大排量的轿车同样能够满足消费者的需求，但是价格却很难令这部分消费者满意。这块让国外厂商忽略的市场现在却养大了两个国产汽车品牌。

由此可见，满足用户需求的重要性远远超过技术领先所起到的影响力。消费者考虑的问题，简言之就是性价比。性能上满足消费者的需求，价格上能让消费者接受，甚至给消费者一个惊喜，这样的产品永远不会愁销路？所以，技术不一定是越先进越好，能够满足消费者的需求就行。如何去发掘并满足消费者的需求，才是厂商需要考虑的重点。当然，技术同样是满足消费者需求的手段之一，这一点不能忘，否则我们就只能永远跟在别人后面喝汤。

因此，当国内厂商苦于国外厂商技术领先、难以赶超的时候，不要脚跟发软，不要自毁长城。只要抓住用户需求，自然就会有市场。有了市场做基础，利润做后盾，相信技术就不再是一道迈不过的坎。只要永远保持对市场的敏感度,企业就一定能够做大做强。

案例思考:台湾微米为什么能以弱胜强?

## 第一节 产品与产品组合策略的制定

### 一、产品的概念与分类

#### (一)产品的概念

在经济学中,人们通常认为产品是通过人们有目的的生产劳动创造出的能够满足人们某种需要的物质资料。依此可以看出经济学单纯认为产品就是一种实物(实体),这和人们购物时对品牌、形状等方面的挑选及对售后服务的追求形成"不一致"。可见,这一概念在市场中不免缺少适用性,需要引入一种更为全面、适用的整体产品概念。所谓整体产品是指提供给市场的能够满足人们需要的实体或服务。它包括核心产品、形式产品和附加产品三个层次,如图6-1所示。

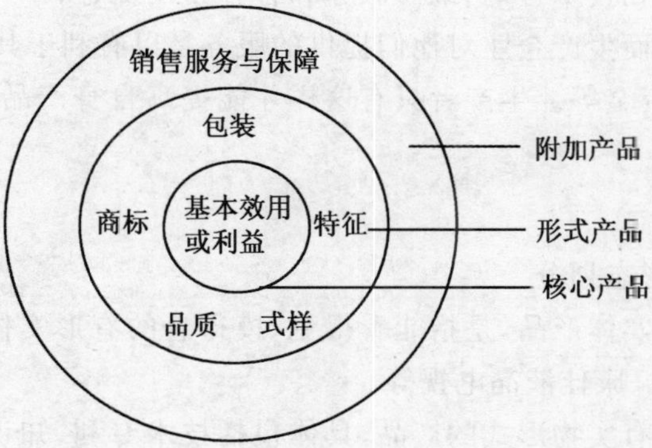


图 6-1 整体产品概念的三个层次

1. 核心产品

核心产品也叫实质产品,是指向顾客提供的产品的基本效用或利益,是构成产品最本质、最核心的部分。从根本上说,每一种产品实质上都是为顾客解决问题而提供的。如女性购买口红,并非购买物理或化学特性,而是购买美感,美才是化妆品的核心,正如美国化妆品生产商所说:"在工厂,我们生产化妆品;在商店,我们销售愿望。"因此,企业营销人员销售的任何产品都必须具有反映顾客核心需求的基本效用或利益。

2. 形式产品

形式产品是指核心产品借以实现的形式或目标市场对某种需求的特定满足形式。形式产品由五个特征所构成,即品质、式样、特征、商标、包装。产品的基本效用必须通过特定形式才能实现,市场营销人员应努力寻求更加完善的外在形式以满足顾客的需要。

3.附加产品

附加产品也叫延伸产品，是指顾客购买产品时所能得到的附加服务和附加利益的总和，包括产品说明书、保证、安装、维修、送货、技术培训等。由于技术的发展，企业之间竞争激烈，不同企业提供的同类产品在核心利益上越来越接近，很难有大的差别，正确发展延伸产品便成了企业获得竞争优势的有效手段。美国营销学家里维特曾指出："未来竞争的关键，不在于工厂能生产什么产品，而在于其产品所提供的附加价值——包装、服务、广告、用户咨询、消费信贷、及时交货和人们以价值来衡量的一切东西……"

产品整体概念的三个层次，十分清晰地体现了以顾客为中心的现代营销观念。这一概念的内涵和外延都是以消费者需求为标准的，由消费者的需求来决定。可以说，产品整体概念是建立在"需求＝产品"这样一个等式基础上的。

### (二)整体产品概念对企业营销的意义

根据整体产品的概念，如果产品物质部分的功能相同，而包装、特点及随产品所提供的服务等有好坏的差别，这就会直接影响到企业产品的销售。因此，在顾客导向的营销观念指导下，企业必须根据整体产品的概念，在研究消费者不同需求的基础上，致力于提供不同的形式产品与扩增产品。例如，对生产企业来讲，同一产品销售给中间商和销售给最终使用者是完全不同的。最终使用者购买产品的目的在于投入使用，因而生产企业对他们提供的服务是以保证其正常使用为中心，例如技术咨询、维修服务和各种使用保证；中间商购买产品的目的在于重新出售以获取利润，因而生产企业对他们提供的服务是以有利于其转售为中心，例如代培推销人员、提供广告、代垫资金等。生产者只有这样才能提高自身产品在市场上的竞争力，提高销售业绩。

### (三)产品的分类

1.按照产品的具体形态划分

(1)有形产品　也称实体产品，是指能看得见，摸得着的有形实体，是存在形式的产品，如波司登羽绒服、TCL 手机、康佳液晶电视等。

(2)无形产品　不具有实物形式的产品，具体包括技术专利、知识产权等无形资产和数字化信息产品。

(3)服务　不具实物形态，直接由人的劳动向消费者传递利益与价值的产品形式，如金融服务、旅游、理发等第三产业中涉及的各类服务项目。

2.按照消费者购买习惯划分

(1)便利品　是指那些消费者经常购买、随时购买、追求便利，购买时不需要或不愿意花费太大精力去比较选购的产品，如洗衣粉、牙膏、酱油等日用品。

(2)选购品　指消费者在选购商品的过程中，愿意投入许多精力和时间进行认真选购的产品。这类产品多数价值较大，但又是消费者普遍需要的，如服装、家电、手机、电脑等。

(3)特殊品　指那些具有独特的品质、风格、造型、工艺等特性，或品牌为消费者特别偏爱，消费者习惯或愿意多花时间和精力购买的商品。这类商品不是消费者的普遍需要，如古玩字画、手工艺品、高级乐器等。

(4)非渴求品　指消费者目前不知道，或即使知道也不轻易购买的产品，例如某些新特药、人寿保险、墓地、百科全书等。这类产品需要企业投入大量的营销努力。

## 二、产品组合

### (一)产品组合的概念

根据整体产品的概念及其指导意义,企业必须对其产品进行改进、开发,形成满足消费者多元化需求的产品。可见,企业生产经营的产品不是单一的,而是由多个品种构成的。我们把一个企业生产经营的全部产品的有机构成及量的比例关系称为产品组合,具体由一个企业生产经营的全部产品线与产品项目数构成,如图 6-2 所示。

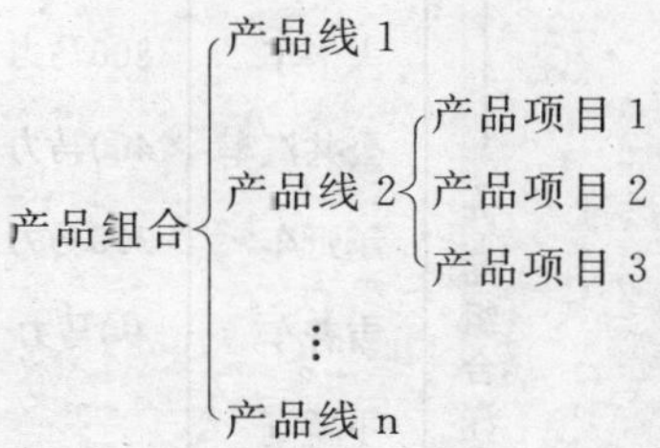


**图 6-2 产品项目、产品线与产品组合的关系**

### (二)产品组合的广度、深度与关联性

1. 产品组合的广度

产品组合的广度(又称宽度)是指企业拥有多少条不同的产品线,产品线越多,说明广度越大;产品线越少,则广度越小。例如,大连显像管股份有限公司仅生产显像管,其产品组合很窄。相反,万宝路公司除了生产香烟外,还生产油漆、食品等众多产品,每种产品的品种规格也很多,其产品组合的广度就大。产品线反映了一个企业市场服务面的宽窄程度和承担风险的能力。

2. 产品组合的深度

产品组合的深度是指一个企业的产品组合中所包含的产品项目数。也就是每条产品线有多少个花色、品种。产品组合的深度反映了一个企业在同类细分市场中满足顾客不同需求的程度。用产品组合包含的品牌数去除各种品牌的花色品种规格总数,即可求得一个企业产品组合的平均深度。

3. 产品组合的关联性

产品组合的关联性是指各产品线之间在最终用途、生产技术、分销渠道以及其他方面相互关联的程度。其关联程度越密切,说明企业各产品线之间越具有一致性。

产品组合的宽度、深度和相关性同促进销售、增加企业利润关系密切。拓展产品组合的宽度,可以充分发挥企业特长,充分利用企业资源,开拓新市场,分散投资风险;增加产品组合的深度可使产品线有更多的花色品种,适应顾客不同的需求,扩大总销售量;增加产品组合的关联性,可充分发挥企业现有的生产、技术、渠道等方面的能力,提高企业的竞争力,巩固市场地位,提高经营的安全性,如图 6-3 所示。

在图 6-3 中,某汽车公司有 6 个产品线,即汽车线、发动机线、轮胎线、拖箱线、电视机线以及食品线。这 6 个产品线构成该汽车公司产品组合的方式。同时,每一产品线下又有许多项目,产品组合的长度为 26,该产品组合中各产品的深度不一。假设好利面包有 3 种口味和 2 种重量规格,则好利面包的深度为 6。在 6 个产品线之间,汽车线、发动机线、轮胎线以及拖箱线之间为强相关;它们与电视机的关系为弱相关,与食品线的关系为不相关。

产品组合广度（←→）

产品组合深度（↕）

| 汽车 | 发动机 | 轮胎 | 拖箱 | 电视机 | 食品 |
|---|---|---|---|---|---|
| 大卡车 | 800马力 | 2米 | 30吨 | 18小时 | 好利面包 |
| 公共汽车 | 400马力 | 1.8米 | 25吨 | 21小时 | ⋮ |
| 越野车 | 350马力 | 1.5米 | 10吨 | 25小时 | |
| 吉普车 | 90马力 | 1米 | 8吨 | 29小时 | |
| 小轿车 | ⋮ | 0.8米 | 5吨 | ⋮ | |
| 消防车 | | ⋮ | ⋮ | | |
| 救护车 | | | | | |
| ⋮ | | | | | |

←强相关→

←弱相关→

←不相关→

**图 6-3 某汽车公司产品组合**

（注：1 马力＝735.499 瓦）

**（三）产品组合策略**

通过对产品线中各产品项目的销售额和利润贡献的分析、产品项目与竞争者同类产品项目的对比分析，为产品组合的调整优化提供了重要依据。当企业进行产品组合的优化调整时，可根据具体情况，选择以下具体调整策略：

1. 扩大产品组合的策略

这种策略着眼于向任何顾客提供所需要的一切产品。它包括拓宽产品组合的广度和加深产品组合的深度，拓宽产品组合的广度，是指增加一个或几个产品线，扩大产品经营范围，搞多角化经营。加深产品组合的深度，是指在原有产品线内增加新的产品项目，增加产品的花色品种。新增加的产品线或产品项目可以不受产品之间关联度的约束。扩大产品组合可以使企业充分利用生产设备、技术和人力、物力及品牌和销售渠道等，而且通过开辟新的产品线，增加新的产品项目，有助于企业避免风险，提高市场占有率，增强企业的市场竞争能力。

2. 缩减产品组合的策略

缩减产品组合策略指在市场不景气的时候，特别是原料和能源供应紧张时，企业为了获得最大利益，从产品组合中剔除那些获利小的产品线或产品项目。通过缩减产品组合，可以使企业避免战线过长造成的精力分散，有利于企业集中力量发挥和提高专业技术水平，使企业生产经营专业化，赢得某特定市场的利益和信誉。同时还有利于企业节约原材料，降低成本，减少资源占用，加快资金周转。

3. 产品线延伸策略

产品线延伸策略是指部分或全部改变公司原有产品的市场地位。具体有三种方式：向下延伸、向上延伸和双向延伸。

产品线向下延伸是指企业原来定位于高档市场的产品线向下延伸，增加低档产品项目。企业采用这种延伸策略，其主要原因与目的：一是利用高档名牌产品的声誉，吸引购买力水平较低的顾客慕名购买此产品线中的低档廉价产品。二是高档产品销售增长缓慢，且市场范围有限，资源设备不能得到充分利用，不能为企业带来满意的利润。为赢得更多的顾客，企业可以以将产品线向下伸展。三是补充企业产品线的空白。

产品线向上延伸是指原来定位于低档产品市场的企业，在原有的产品线内增加高档产品项目，使企业进入高档产品的市场。企业采用向上延伸这一策略，主要原因与目的：一是高档产品市场具有较大的潜在成长率和较高利润率的吸引。二是企业要重新进行产品线定位。

产品线双向延伸即原定位于中档产品市场的企业掌握了市场优势以后决定向产品线的上下两个方面延伸。一方面增加高档产品，另一方面增加低档产品，扩大市场阵容，丰富产品类型。

## 第二节 品牌策略的制定

案例引导

什么是品牌、什么是商标？

阿黄是四川市场的一位经销商，平时主要经营国产杂牌的成年男女装、背包和饰品，但生意平平。为了能够吸引更多顾客，也为自己能有更多的利润，阿黄用了不少心思，也得到了一定的好处。不过，好景不长，2005 年 5 月 23 日，根据群众举报，渝中区工商分局在朝天门市场查获当事人阿黄经销的 BONEY RABBIT（邦妮兔）女装手袋 932 个，其商品吊牌标注的美国花花公子（国际）贸易有限公司的名称，突出使用“花花公子”字样。当即因其侵犯了花花公子有限公司（美国）的注册商标，渝中区工商分局责令阿黄立即停止侵权行为，并没收了侵权物品，罚款 3 万元。阿黄只有乖乖受罚，并暗下决心以后一定要以诚信为本。

注：邦妮兔是美国花花公子授权旗下的香港品牌，在中国的广州有生产厂地，专做各类时装款真皮或配真皮女包，款式新颖大方，香包用料和做工质量都相当讲究。

案例思考：

1. 阿黄为什么要借用“邦妮兔”和“花花公子”的商标？“花花公子”的字样为什么不能随便套用？

2. 阿黄的品牌策略为何是侵权行为？阿黄怎样才能真正建立起属于自己的品牌？

## 一、品牌的概念和作用

### (一)品牌的概念

所谓品牌是指用来识别卖主的货物或劳务的某一名称、名词、图案或其组合。这是美国市场营销协会对品牌的定义。品牌是一个复合的概念,它由品牌名称与品牌标志两部分组成。品牌名称是指品牌中可以用语言称谓表达的部分,而品牌标志则是通过某些符号、图案或特定颜色来被人们识别但不能用语言称呼的部分。

### (二)品牌与商标的关系

品牌与商标是一对非常容易混淆的概念,两者既有联系,又有区别,品牌并不完全等同于商标,或者说品牌有别于商标。品牌如果经工商有关部门注册,便具有法律效力,成为受法律保护的品牌,这就是商标。商标所有者在商标注册范围内对其商标享有独占使用权,并禁止其他企业或个人未经许可使用同其商标相同或相似的品牌。因此,商标与品牌是不同的,它们之间的区别就在于是否经过了法律程序。

品牌是市场概念,是产品和服务在市场上通行的牌子,它强调与产品及其相关的质量、服务等之间的关系,品牌实质上是品牌使用者对顾客在产品特征、服务和利益等方面的承诺。而商标属于法律范畴,是法律概念,它是已获得专用权并受法律保护的品牌。

### (三)品牌的功能作用

1.使卖主的产品与其他同类产品区别开来

这是品牌的基本功能。在市场经济条件下,任何一种产品,都有可能有或多或少的企业同时进行生产。不同生产厂家的同类产品要想加以区别,最有效的手段之一便是产品的品牌化。

2.品牌是塑造企业形象、提高产品知名度的基础

在广告、宣传等营销活动中,企业反复向顾客推荐其品牌,在顾客心目中树立起产品的形象标志,能够增强顾客的影响。

3.品牌便于顾客对产品的选择,进而促进产品的销售

通过顾客品牌意识的培养,使顾客在购买商品时从众多的同类商品中选择出自己偏爱的产品,达到商品促销的目的。

4.品牌有助于监督企业提高产品质量

在买方市场条件下,企业要创立一个名牌产品,必须经过长期的营销努力。在创名牌过程中或创出名牌后,企业都必须自觉地接受顾客的监督,并要不断地提高产品质量,以保持其原有顾客并赢得更多的顾客。

5.品牌注册成商标后就受到法律的保护

品牌经工商部门注册成为商标后,就得到了法律的认可和保护,可防止其他企业仿制、倒卖,有利于维护企业的正当权益不受侵犯。

## 二、品牌的设计

品牌由文字、图案、符号构成。品牌题材极其广泛,花鸟虫鱼、飞禽走兽、人物事件、名胜古迹、神话传说、天文地理,以及道德规范等都可以作为品牌的内容。品牌的设计是一种实用的工艺美术。从市场营销学的观点来说,一个良好的品牌设计应符合如下原则:

1. 造型美观，构思新颖

这样的品牌不仅能给人以美的享受，而且能使顾客产生信任感，使顾客感觉到企业组织健全、经营有方，联想到产品的质量是可以信任的。如果品牌的外形是粗糙的、抄袭的，或是庸俗的、无新意的，就会使消费者产生不信任感，联想到这种企业可能是经营观念传统落后，组织结构混乱，产品粗制滥造等。

2. 能凸显企业或产品的特色

对于一个具体的企业或产品，并不是任何造型美观的品牌都能适用。品牌设计要考虑到能够显示企业或产品的特色。例如，化工企业的产品品牌常常采用原子结构或分子链的图案，机械制造企业常用齿轮，锤子或其主要产品的图案作为品牌。

3. 简洁明快

品牌所使用的方案、图案、符号都不应该冗长、繁杂，应力求简洁明快，给人以集中的印象。简单并不和品牌的丰富多彩相矛盾，如果设计的品牌在图案或名称上千篇一律，就会显得单调乏味，达不到明显的效果。

4. 符合目标市场上消费群体的文化习俗

尤其是出口产品更需要注意，例如中文的“芳芳”译成英文后为毒蛇的牙，日本人喜欢樱花却忌讳桃花，土耳其人把绿三角视为“免费样品”的标记等。如果我们在品牌设计时不加注意，必然影响产品在这些国家或地区的销售。

5. 设计的品牌要考虑到注册成商标后的易保护性

一个品牌或商标如果用语一般化，就难以保证企业的独占地位。例如“虹美”和“红梅”就很接近，“TDK”与“TTK”也是如此。这样，一些对品牌认识不深刻的消费者就容易搞混，从而使商标独占权受到侵害。

6. 品牌设计要符合国家的有关规定

根据我国商标管理条例，商标不得使用下列文字、图形。

(1)同中华人民共和国的国旗、国徽、军旗、勋章相同或近似的。

(2)同外国的国旗、国徽、军旗相同或近似的。

(3)同红十字、新月的标志、名称相同或相近似的。

(4)政治上有不良影响的，例如民族歧视、有损社会风尚的等。

此外，如果是出口产品，还要注意其进口国家关于商标的法律规定。

## 三、品牌策略

品牌策略是指企业如何合理地使用品牌或商标，以促进其产品销售。企业在如何使用品牌、商标上一般面临以下选择：

### (一)使用还是不使用品牌

采用品牌对大部分产品来说可以起到积极的促进作用，但并不是所有商品都必须采用品牌。由于采用品牌要发生一定的费用。所以，属于下列情况之一的商品，使用品牌促进其销售的积极意义就很小，品牌费用的支出就是不必要的。

(1)商品本身并不具有因制造者不同而形成的不同特点，例如电力、煤炭、钢材、水泥等同质产品，这种产品只要规格相同，不同企业产品的质量是相近的。

(2)消费者习惯上不是认品牌购买的商品，例如信封等。

(3)生产简单、没有一定的技术标准、选择性不大的商品,例如小农具、小商品等。

(4)临时性或一次性生产的商品。

**(二)使用制造商品牌还是经销商品牌**

从历史和传统上看,品牌是商品制造者的标记,因为产品的质量特性总是由制造者确定的,但是自从商业脱离产业而成为独立的部门后,商业的发展使商业企业也形成了自己的声誉,在顾客中产生了一定的评价,而且一些大的批发商和零售商常常附设制造工厂、自产自销,于是就产生了经销商的品牌。由于顾客对所购买的商品并不都是内行,他们并不具有充分的选购知识,因此顾客在选购商品时除了以产品制造者的品牌作为选择的根据外,另一个根据就是经销商的品牌,即是哪个商店销售的。顾客总是愿意购买具有良好信誉的商家出售的商品。因此商品制造者就需要衡量品牌在市场上的声誉,在采用谁的品牌上做出选择。一般来说,如果企业要在一个对本企业的产品不熟悉、不了解的新市场上推销产品,或者在市场上本企业的信誉远远不及销售者的信誉,则适宜采用经销商品牌。

**(三)使用统一品牌还是个别品牌**

决定使用本企业(制造者)品牌后,仍然面临进一步的抉择,即对企业的产品采用统一的品牌,还是对各种不同的产品采用各不相同的品牌。

1. 统一品牌策略

统一品牌策略是企业对其全部产品使用同一个品牌。这种策略的好处是节省品牌的设计推广费用,有利于解除顾客对新产品的不信任感,并能壮大企业的声誉。美国通用电气公司对其产品就采用统一品牌策略。但是企业从采用统一品牌策略中得到利益是有条件的:第一,这种品牌在市场上已获得一定的信誉;第二,采用统一品牌的各种产品具有相同的质量水平。如果同类产品的质量水平不同,使用统一品牌就会影响品牌的信誉,从而损害具有较高质量水平的产品的声誉。

2. 个别品牌策略

个别品牌策略有两种形式:一是对企业的各项产品分别采用不同的品牌;二是对企业的各类产品(产品线)分别采用不同的品牌,因而对同一条产品线内的各产品项目来说是使用统一品牌。如果企业的产品类型较多,产品线之间的关联程度较小,企业的生产条件、技术专长在各产品上有较大的差别,则采用个别品牌策略比较有利。因为企业的声誉并不集中于统一的品牌,即使个别产品声誉不佳也不影响其他产品,因为它们分别使用了不同的品牌。

个别品牌策略还可作进一步的演变,引申为扩展品牌策略和多重品牌策略。所谓扩展品牌策略,就是对个别品牌加以扩展以表示该项产品的不断改进,或者用来表示该项产品的不同功能特点、不同质量水平、不同规格,甚至不同的包装和造型。而多重品牌策略则是指一种产品同时使用两个或两个以上的品牌。企业为了保护已经取得成功的品牌声誉,可将其质量没有达到应有水平的乙等产品换用其他品牌。

3. 统一品牌与个别品牌并行的策略

采用这种策略的出发点是兼有两者的优点。一个拥有多条产品线或者具有多种类型的产品的企业可以考虑采用并行策略。例如美国通用汽车公司生产多种类型的汽车,所有产品都采用 GM 两个字母所组成的总品牌,而对各类产品分别使用卡迪拉克、别克和雪佛兰等不同的品牌。每个个别品牌都表示一种具体特点的产品,例如雪佛兰牌表示普及型的大众化轿车,卡迪拉克则表示豪华型的高级轿车。

**(四)个别品牌调整策略**

个别品牌调整策略是指当市场环境的变化对本企业某一品牌产生不利影响，如某一竞争对手的品牌紧追在本企业品牌的旁边，使市场份额遭到蚕食或消费者的喜好发生变化，使本企业品牌失去原来的中心地位等，这时可考虑对品牌进行调整。调整品牌策略大致可分为两种情况：一是渐变策略。它指新品牌与旧品牌造型接近，一脉相通。这种方法一般适用换代新产品。其优点是品牌所花费的宣传费用少，易保持原有信誉。二是骤变策略。它指企业迅速舍弃原有品牌，采用重新设计的全新品牌。这种方法的好处在于标新立异，唤起消费者的注意。但它需要在短期更换所有促销系统内的品牌或商标，因此开支很大。

**(五)联合品牌策略**

联合品牌策略指当本企业与国外或国内其他有声望的厂家联合生产某种产品时，为了迅速打开产品销路，可采用本企业品牌与合作厂家高信誉品牌相结合的策略，等产品销路打开以后，再单独使用自己的品牌。当然这必须取得对方的同意，并支付一定的费用，例如我国远东机械制造公司与日本日世冷机株式会社联合生产的N-216AZ冰淇淋机所采用的商标即为远东-日世。采用这策略的好处在于可以借用对方的品牌信誉为本企业产品开路。不利之处是成本提高，这是因为要支付商标的使用费。

## 第三节 包装策略的制定

案例引导

竞争加剧，出路何在？

营销专业人员约翰·夏佩尔可谓是受命于危难之时，在啤酒的竞争变得越来越残酷，一些小的区域性啤酒商被挤出市场的状况下，宾夕法尼亚州西部小镇的罗林洛克啤酒公司请他出山来救公司于水火之中，他答应并通过包装策略进行了有效的反击。

由于罗林洛克啤酒公司经济实力有限，夏佩尔为了克服广告预算的不足，决定让包装发挥更大的作用。他组织人员为罗林洛克啤酒设计了一种绿色长颈瓶，并漆上显眼的艺术装饰，使包装在众多的啤酒中非常引人注目。夏佩尔说："有些人以为瓶子是手绘的，它跟别的瓶子都不一样，独特而有趣。人们愿意把它摆在桌子上。"事实上，许多消费者坚持装在这种瓶子里的啤酒更好喝。同时公司也重新设计了啤酒的包装箱。"我们想突出它的绿色长颈瓶，与罗林洛克啤酒是用山区泉水酿制的这个事实。"夏佩尔解说："包装上印有放在山泉里的这些瓶子。照片的质量很高，色彩鲜艳、图像清晰。消费者很容易从30英尺以外就能认出罗林洛克啤酒。"夏佩尔喜欢用"魅力"这个词来形容罗林洛克啤酒的新形象。"魅力，这意味着什么呢？我们认为，瓶子和包装造就了讨人喜欢的这种感觉。看上去它不象大众化的产品，而是一种高贵的品质感。而且这种形象在很大程度上也适合啤酒本身。罗林洛克啤酒出口于宾州西部的小镇。它只有一个酿造厂，一个水源，这和安豪斯·布希啤酒或库尔斯啤酒完全不同，但事实上，并非所有的库尔斯啤酒都是在科罗拉多州的峡谷中酿造的。”

夏佩尔通过这一神奇的包装策略使罗林洛克啤酒摆脱了市场困境，跨过了营销障碍。

案例思考：

1. 罗林洛克啤酒的包装发挥了什么作用？罗林洛克啤酒的包装设计符合什么原则？

2. 夏佩尔采取的创新啤酒包装的策略给你什么样的启示？

## 一、产品包装的概念与类型

### (一)产品包装的概念

产品包装有两方面的含义：一是指采用不同形式的容器或物品对产品进行包装；二是泛指装盛产品的容器和包装物。现代营销学对包装的定义是指后者。包装是商品实体的主要组成部分，一般可分为三个层次：首要包装、次要包装和外包装。

1. 首要包装

首要包装(内包装)指从产品出厂到使用终结，一直与产品紧密结合，例如牙膏壳、酒瓶等。设计内包装时，要根据产品的物理化学性质和用途、卫生要求，选用适当的材料、方式、方法，并且包装的质量要与产品的质量档次相符。

2. 次要包装

次要包装(中包装)指便于陈列、携带和使用的产品外部包扎物件。这种包装设计要美观大方，图案生动形象、不落俗套，使人耳目一新，而且特别要求突出厂牌商标、品名，标明配方、规格、容量等。

3. 外包装

外包装(储运包装)是指为了适应储存搬运所需的包装，例如集装箱。这类包装要讲究标准化，回收复用，并且要注明各项标记，例如收发货人、收发地点、货物的质量等级、数量、体积、重量和保护性警告标志等。

### (二)产品包装的基本类型

1. 单个包装与集合包装

按内含商品的数量可分为单个包装和集合包装。单个包装是对单个的商品进行独立的包装，如电视机、中型设备等；集合包装是将若干个销售单位置于一个包装内，如黑墨水、胶水、套装茶具等。

2. 专用包装与通用包装

按包装的使用范围可分为专用包装和通用包装。专用包装是对于某些贵重商品采用与其身份相当的包装；通用包装是适用于一般商品的包装，如木箱、瓦楞纸箱等。

3. 一次用、多次用与周转用包装

按包装使用的次数可分为一次用、多次用和周转用包装。一次用包装是商品消费完毕，包装就废弃，随着人们环保意识的增强，这类包装应该选择那些不造成环境污染的材料；多次用包装是商品被消费后，可回收再利用的包装，如啤酒瓶等；周转用包装是为一类商品设计可反复利用的包装，如周转箱等。

## 二、包装的作用

1.保护产品

防止产品在运输、装卸和储藏过程中散失、短缺、变质的损坏，这是包装的基本目的。同时，包装使产品更加清洁、使用便利。这是包装的物理功能，也是基本功能。

2.便利功能

现代的产品包装为人们提供了许多便利，对于提高工效和生活质量发挥着非常重要的作用。适宜的包装能适应生产企业机械化、专业化、自动化生产的要求，能够提高工作效率；储运包装有利于商品合理堆放、装卸、存储和集装箱运输；销售包装便于陈列、清点、售卖、携带、保管和消费。

3.促进销售

商品包装具有识别、传递信息和吸引购买等促销功能。包装是商品的外壳，是注册商品型号、数量、品牌、生产厂商和产品性能等的说明载体，是消费者和营销人员最先熟知的内容，能够帮助工作人员和消费者区别产品。起着"无声推销员"的作用。优秀的包装设计、精巧的造型、合理的结构、醒目的商标、明快的色彩和得体的文字都可刺激消费者的购买欲望，并且使消费者记忆深刻，增加重复购买的次数。

4.提高产品档次，增加销售利润

优良、美观的包装往往可抬高商品"身价"，使顾客愿意付出较高的价格来购买，甚至使同样质量、同样分量的产品在高出原价较多时，购买者也乐于接受。一般来说，商品的内在质量是竞争能力的基础，但是，优质产品如果没有一个良好的包装相匹配，就会降低"身价"，并在市场上削弱竞争能力，这在国际市场特别明显。除此之外，由于包装的保护作用，减少了商品的损坏，也能够使企业降低消耗，增加利润。

5.树立企业信誉

判断一个企业的优势，主要是根据产品而定，而包装则是构成产品外观的重要部分，因此良好的包装必然有利于树立企业信誉。我国长期以来对包装作用的认识一直赶不上形势的发展，在国际贸易中长期处于一流产品、二流价格、三流包装的局面，使国家和企业蒙受巨大的经济损失，因此企业必须重视产品包装策略的制定与实施。

## 三、包装设计的基本要求

商品包装设计好坏与品牌一样，直接影响着产品的销量，因此应给予特别注意。良好的包装应符合以下设计要求：

1.包装设计应与商品价值、质量水平以及市场地位等相一致

生活消费品中的贵重商品(如珠宝、首饰等)和艺术品、化妆品的包装要能烘托出商品的高贵、典雅和艺术性。对于低档产品则不宜配以过分奢华的包装，否则不仅不利于销量的增加，甚至会使成本增加。

2.包装设计应能给人以美观大方、生动形象、不落俗套的感觉

如果造型不佳，没有特色，则难很难引起消费者的注意，达不到促销的目的。

3.包装设计应能显示出商品的特点或独特风格

对于以外形和色彩表现其特点或风格的商品，如服装、装饰品等，应考虑采用透明包装、开

天窗包装或在包装上附上彩色照片等,以显示其风格或特色。

4.包装设计应符合目标市场上消费者的风俗习惯或心理反应

例如就包装的色调而言,男性与女性就有区别,男性对朱红、深蓝和黑色比较感兴趣,这样,企业在进行包装设计时就必须予以注意。

5.包装的造型和结构设计应考虑使用、保管和携带的方便

包装的封面设计也要尽可能增加顾客的信任感并能起到指导消费的作用。例如药物类商品的包装上标明成分、功效、服用量、禁忌以及是否具有副作用等。

## 四、包装策略

1.统一包装策略

统一包装策略(又称类似包装策略)指企业生产的多种产品,在包装上采用相同的图案,相近的颜色,体现共同的特色,使顾客极易发现是同一家企业的产品。类似包装具有和采用统一品牌策略相同的好处,可以节约设计和印刷成本,有利于提高企业声誉,特别是在新产品上市时,可借用原有的信誉消除购买者的猜疑和不信任感,为迅速打开销路提供条件。但是企业的产品质量不能相差太大,否则一旦某一产品质量下降,可能会影响到采用同类包装的其他产品的销路。

2.综合产品包装策略

综合产品包装策略(又称配套包装策略或多种包装策略)指企业把各种使用相关的产品放在同一个包装容器之内,例如化妆品的包装,可以把粉蜜、粉霜、香水、口红等包装在一起,这种配套包装可以方便消费者的购买和使用,也用于带动多种产品销售,特别适用于新产品的推广。但是这种包装策略具有很大的局限性,因为只有相关小商品才能采用这一策略。

3.复用包装策略

复用包装策略指用户将原来的包装产品一次使用以后,包装容器可以继续挪作其他用途。例如果珍、雀巢咖啡采用杯形包装,空的包装瓶可以作旅行杯,而且特殊的杯形无形中也起到了促销的作用,具有一定的广告价值。这种包装策略的目的是通过给消费者额外的利益来扩大商品的销售。

4.附赠品包装策略

附赠品包装策略是目前市场上比较流行的一种包装策略,例如儿童市场上的玩具、糖果等商品,附赠连环画、识字图,化妆品包装内附赠礼券等。

5.等级包装策略

等级包装策略指对同一商品,采用不同等级的包装,以适应不同的购买力水平或不同顾客的购买心理,例如书有精装、平装之分,以满足不同层次的需要。

6.改变包装策略

改变包装策略指当企业的某种产品在市场上打不开销路,或一种包装采用的时间较长,产品销量有明显的下降趋势时,可考虑改进包装设计,以改变产品形象。

以上是企业常用的几种包装策略,实际中如何使用应视具体情况而定,最终还取决于商品内在品质是否符合消费者的要求。如果本末倒置,只注意商品的包装,不注意商品的内在品质,金玉其外、败絮其中,那么,再好的包装也无济于事。

## 第四节 产品生命周期各阶段营销策略的制定

案例引导

产品走下坡路了怎么办?

前几年,产品A酒一直占据着西北某地22元流行零售价位的绝大部分市场份额,可进入2005年,由于各种原因,该产品销量开始急剧下滑。为扭转这种局面,在公司的安排下,王磊带领一个团队从2006年1月起对该地区A酒进行恢复与重振。

王磊他们在对A酒的销售市场进行深度调研的基础上,发现A酒价格透明,分销商、终端零售商利润偏低,分销渠道混乱;促销方式主要以降价为主,导致批发价、终端零售价逐年下滑;前期厂方销售人员安于现状、不思进取;经销商对其业务员的A酒提成偏低。不过在该地区仍具有较强的品牌基础;A酒品质在消费者中具有良好的口碑,惠而不贵;A酒经销商在该地区处于绝对强势地位,其整个地区完善的分销网络为加强A酒的深度分销和网点维护搭建了一个良好的平台。分析了A酒在该地区的优势与劣势,他们从以下几个方面调整A酒的市场营销思路:

调整价格体系。首先调整、统一A酒的市场价格,然后通过提高分销商和零售终端的供应价格,逐步提升终端销售价格来扩大经销商的利润空间,并在不增加厂家投入的情况下,增加对经销商业务员的提成以及对渠道成员的促销力度。

调整分销渠道。在每个市区和县级市场优选一个分销商,由其直供终端。和分销商签订《特约分销商协议》,统一终端商的供货价格,以加强渠道控制。指导分销商和终端签订《终端商协议》,统一零售价格。

调整促销方式。不再采用降价策略,而是采取灵活的阶段性促销方式,使终端商摸不清真正的促销力度,不轻易降价销售。

要求经销商增加其业务员的提成至千分之五,提高他们的销售积极性。

开发一款零售价位在35元/盒的铁盒酒,作为该产品的升级换代,弥补A酒下滑的损失。

经过王磊团队近一年的努力,该地区A酒逐年下滑的局面在2006年基本得到扭转,初步进入了良性恢复发展的轨道。

根据营销情景中描述的事实,学生独立思考并回答:

1.产品卖不动就是产品老化了吗?销量不断下降,产品就一定会被市场淘汰吗?

2.假如你是王磊,你是开发全新产品,还是进行产品的升级换代,为什么?

### 一、产品市场生命周期理论

#### (一)产品市场生命周期的概念

产品的市场生命周期是指产品从完成试制、投放市场开始,直到最后被市场所淘汰退出市场为止的整个过程所经历的时间。典型的产品市场生命周期包括四个阶段,即投入期、成长期、成熟期和衰退期。

值得注意的是，产品的市场生命周期既可以指某一类产品（如洗衣机）的生命周期，也可指某一品种（如双缸洗衣机）、某一品牌（如水仙牌洗衣机）的生命周期。但从企业的角度来讲，它主要研究品种和品牌的生命周期，而不是产品种类的生命周期。因为产品种类的市场生命周期很长，绝大多数都能在市场上长期延续下去，没有必要分析其生命周期。产品的具体品种和品牌比较真实地反映产品市场生命周期的历史。产品生命周期的分析主要适用于加工制造品，而对农产品中的初级产品意义不大。

另外，产品市场生命周期是指产品的市场生命而非使用寿命。产品市场生命与产品使用寿命是两个不同的概念。产品使用寿命是指一件产品能使用的时间长短，而产品市场生命则是指产品在市场上的延续的时间。

### （二）产品市场生命周期曲线

一般说来，购买者购买商品表面上是随机的无规律的行为，但从大量购买事件分析，却存在着规律性。这种规律性可以类似地用描述大量事件的数学方法——正态分布来表示。这种购买的规律性使得产品市场生命周期呈现与正态分布类似的图像。

产品市场生命周期曲线图的分阶段划分问题，在经济发达国家，由于消费水平高，产品更新换代速度快，一般可分为投入、成长、成熟、衰退四个阶段。而在我国及发展中国家，消费水平还不高，产品更新换代速度相对较慢，因而在产品生命期的成熟期以后，还会有一个销售量保持相对稳定且呈下降趋势的饱和期，形成五个阶段。我们仅以典型的产品市场生命周期四个阶段即投入期、成长期、成熟期、衰退期为例来画图，如图 6-4 所示。

产品生命周期的四个阶段只是一种典型化的描述。由于各种行业经营的产品不同，产品的生命周期及其经历各阶段的时间长短也不同。有些产品例如服装，整个生命周期可能只有几个月，有些产品的生命周期可以长达几十年甚至数百年，例如茅台酒、北京烤鸭等都久负盛名，长久不衰。而每种产品经历生命周期各阶段的时间也不尽相同。此外，各种产品也不一定都能经历市场生命周期的四个阶段。有的产品可能刚进入市场不久就衰退，成为短命的产品；有的产品则可能一进入市场就达到成长阶段。但一般来说，大多数产品都将“衰老”，直至退出市场。

### （三）产品市场生命周期各阶段的判断

判断产品处于市场生命周期的哪一个阶段，是一个比较困难且有很大随机性的问题，一般只能做出大致的判断，企业常用的方法有以下三种：

1. 类比法

类比法即根据类似产品的发展情况作对比分析，进行判断。例如参照黑白电视机的发展资料来判断彩色电视机的发展趋向。相互类比的产品，必须是具有可比性的产品，在各自投入市场后的情况要有相似之处。

2. 销售增长率比值法

销售增长率比值法即以产品销售量随时间的变化率来判定。根据销售增长率来划分产品市场生命周期的各个阶段，如图 6-4 所示。

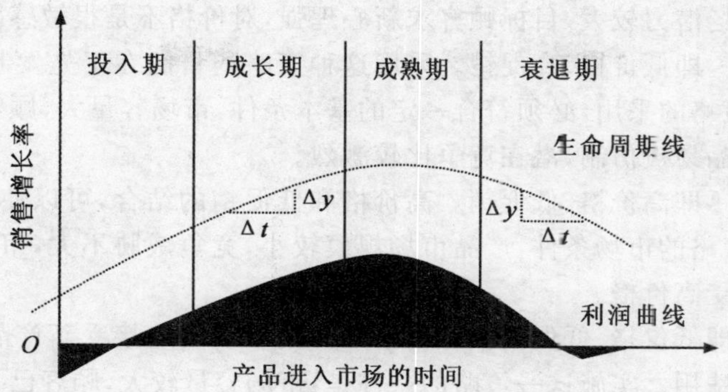


图 6-4 产品市场生命周期图

图中,$\Delta y$ 为销售量的增加量,用销售量的增长率表示;$\Delta t$ 为时间的增量,用年表示。根据国外市场营销学介绍的经验数据,可知:$\Delta y/\Delta t$ 的值小于 10%时,属于投入期;$\Delta y/\Delta t$ 的值大于 10%时,属于成长期;$\Delta y/\Delta t$ 的值大于-10%,小于 10%时,属于成熟期;$\Delta y/\Delta t$ 的值小于-10%时,属于衰退期。

以上评定标准只是对市场生命周期判断的一般经验统计,而且随科技的进步,评定标准必然会发生变化。

3. 产品的普及率法

依据产品在市场上的普及率判断其所处的生命周期阶段。普及率小于 5%为投入期,普及率为 5%~50%为成长期,普及率为 50%~90%时为成熟期,普及率在 90%以上为衰退期。

## 二、产品市场生命周期各阶段的主要特征及营销策略

### (一)产品投入期的主要特征及相应的营销策略

1. 投入期的主要特征

投入期是指产品经过了开发设计和试制阶段,转入小批量生产,投放到市场进行试销的阶段。这一阶段的主要特点:

(1)产品刚进入市场试销,尚未被顾客所接受,表现为销售额缓慢增长。

(2)生产批量很小,试制费用很大,因而产品生产成本较高。

(3)用户对产品不了解和不熟悉,需要大量的促销活动,销售费用较高。

(4)产品在市场上一般没有同行竞争。

(5)产品刚进入市场,由于生产成本和销售费用较高,企业在财务上往往表现为亏损。

(6)由于价格较高,顾客一般是高收入者或好奇者。

2. 投入期的营销策略

对大多数企业来说,出于对研制阶段或获得技术支出的费用考虑,都想尽快获得收益,因此,在产品投入期一般要突出一个"短"字,即尽可能缩短投入期,以便在短期内迅速进入和占领市场,打开局面,为进入成长期奠定良好的发展基础。

(1)双高策略　即高价格、高促销。企业采用高价格是为了在每一单位产品销售中获得尽可能高的利润,以便尽快收回产品开发或技术转让中的投资;采用高促销则是希望通过大规模的促销活动,使顾客尽快了解产品,以迅速占领市场。双高策略的实施应有一定的市场环境:

顾客不了解产品,市场潜力较大,目标顾客求新心理强,对价格不是很敏感。

(2)密集性策略　即低价格、高促销。采用这种策略的目的在于先发制人,以最快的速度进入市场。密集型策略的采用,必须符合一定的基本条件:市场容量大,顾客对产品不了解,且对价格比较敏感,产品易被仿制,潜在竞争比较激烈。

(3)选择性策略　即高价格、低促销。高价格和低促销的结合,可以使企业单位产品的利润较高。实施这一策略的市场条件:产品市场规模较小,竞争威胁不大,市场中的顾客对产品价格不太敏感,能接受高价格。

(4)双低策略　即低价格、低促销。低价格是为使市场迅速接受新产品;低促销则是为实现更多的盈利,节省费用。实施这一策略的条件是:市场容量较大,顾客已了解该产品,并对价格较敏感,潜在竞争激烈。

**(二)产品成长期的主要特征及相应的营销策略**

1.成长期的主要特征

成长期是指新产品经试销效果良好,开始为市场所接受,转入成批生产,销售量急剧上升的阶段。这一阶段的主要特点:

(1)销售量迅速增长。

(2)生产工艺及设备逐渐成熟配套,可以组织成批或大批量生产,产品成本显著下降。

(3)随着产量或销量的迅速增加,企业转亏为盈,利润迅速上升。

(4)同行竞争者开始生产这类产品,市场上开始出现竞争趋势。

(5)这一时期的顾客多为早期采用者。

2.成长期的营销策略

这一阶段是企业产品的黄金阶段,营销策略要突出一个"快",以便抓住市场机会,迅速扩大生产能力,以取得最大的经济效益。这一阶段采取的具体营销策略:

(1)以质量求生存是企业的格言,对成长期的产品尤为重要。企业要博取用户的好感,树立产品的良好形象,务必要在推出新产品之后,精益求精,要根据产品投入市场后用户的反应,进一步完善产品设计,建立严格的质量管理制度,保证优质产品。

(2)进一步进行市场细分,不断改进完善产品,满足目标市场的需求。

(3)增加分销渠道,并积极开拓新市场,创造新用户,以利于扩大销售。

(4)在广告宣传上,从介绍产品转为建立本企业的产品形象,进一步提高企业产品在社会上的声誉,突出品牌。

(5)对于高价产品,应在扩大生产批量的基础上,选择时机,适当调整产品价格,以防竞争者的进攻。

**(三)产品成熟期的主要特征及相应的营销策略**

1.成熟期的主要特征

成熟期是指产品已稳定地占领市场进入畅销的阶段。这一阶段的主要特点:

(1)市场趋于饱和,销售量达到最高点。

(2)大批生产,成本低,利润达到最高点。

(3)很多同类产品进入市场,市场竞争异常激烈。

(4)成熟的后期,销售额已不再增长,甚至趋于下降。并且该产品已经基本普及,可能出现了性能更佳的新产品,预示着该产品的衰退期即将来临。

(5)这一时期的顾客一般为大众顾客。

2.成熟期的营销策略

这一阶段企业产品的销售量大,而且总利润也较大,由于竞争的激烈,营销策略要突出一个"改"字,即尽量延长成熟期。这一阶段采取的具体营销策略:

(1)改进市场。在现有目标市场外,开拓新市场,寻找新顾客,或是通过市场渗透,以增加销售量。

(2)改进产品。设法在基本产品基础上,发展变形或派生产品,适当地提高产品性能,扩大产品用途,适应与满足各种用户的不同需求,以达到提高市场占有率的目的。

(3)改进市场营销组合。通过对市场营销组合的改进,刺激销量上升或保持、提高市场占有率。

### (四)产品衰退期的主要特征及相应的营销策略

1.衰退期的主要特征

衰退期是指产品已经老化,不能适应市场的需要,市场上已经出现了更新换代的、性能更趋完美的新产品的阶段。这阶段的主要特点:

(1)新产品开始进入市场,逐渐替代了老产品。

(2)除少数品牌产品外,大多数产品销量下降。

(3)市场竞争突出地表现为价格竞争,产品的销售价格不断下降。

(4)这时期的顾客多为落后者。

2.衰退期的营销策略

进入衰退期的产品,除非特殊需要可维护外,通常应有计划、有步骤地主动撤退,把剩余的生产能力转移到发展新产品上去。因此,这一阶段应突出一个"转"字。具体策略包括:

(1)维持策略　这一阶段中很多竞争者纷纷退出市场,而这种产品在市场上尚有一定的需求,因此,有条件的企业可适当地保留一部分生产。

(2)延长策略　即延长生命策略,企业延长产品生命周期的途径很多,最主要的有改变产品功能,增加新的用途;改变产品设计,提高产品性能、质量、包装、外观等;在现有目标市场外,开拓新市场,寻找新顾客,以增加销量,从而使产品生命周期实现再循环。

(3)产品开发策略　即开发新产品,淘汰老产品,但是老产品退出市场时,应注意保留一定期限内供应维修配件的生产,满足老用户的购买习惯和正常使用产品的需要,以保持生产厂家整体的形象,不能因此而影响到企业正处于投入期、成长期、成熟期的其他产品的声誉,决不能轻易地把老客户推给竞争对手。

## 三、产品市场生命周期理论的具体应用

### (一)进行产品决策的重要依据和方法

进行产品决策时,可应用产品生命周期原理,判断企业生产的产品处于其生命周期的哪一个阶段,作出相应的决策,使处于投入期的产品迅速完善,开拓市场;处于成长期的产品大力发展,扩大销售量;处于成熟期的产品继续提高竞争能力,为企业带来更多的盈利;处于衰退期的产品减少其生产能力甚至淘汰。

### (二)发挥市场的预测作用

根据产品生命周期各阶段销售额的变化规律,可以推断和预测产品市场销售额的发展趋势,为市场预测提供依据。例如处于成长期的产品,销售量将迅速增长,其增长率往往按二次

曲线的速度发展,可选择二次曲线计算预测值。当产品进入成熟期,销售量趋于稳定,一般可按平均法进行预测。当产品进入衰退期,销售量将很快下降,可按一次线性模型预测。

**(三)对产品更新换代时机的确定有分析和控制作用**

当老产品的市场销售状况接近衰退时,企业可采取措施延长其生命周期。其办法主要有:

(1)扩大市场范围,打开新的销路。具体途径:一是开辟新市场,如某些发达国家的产品向发展中国家推进;二是寻找新用途。

(2)改进产品性能、提高产品质量、改进产品包装等,加强产品对市场的吸引力。

(3)改善经营管理,以降低成本、加强销售服务、适当降价等办法扩大市场,延长产品生命周期。

运用产品生命周期理论,可以控制产品更新换代、新产品投入市场的时机。新产品接替老产品的时间,最好是选择在老产品的成熟期接近衰退期的临界区间,这样能保证当老产品进入衰退期后,新产品已进入成长期。过早投入市场,必将使老产品加速衰退,造成企业现有生产能力的浪费。过晚投入市场,市场又将被别的企业占领,如图 6-5 所示。

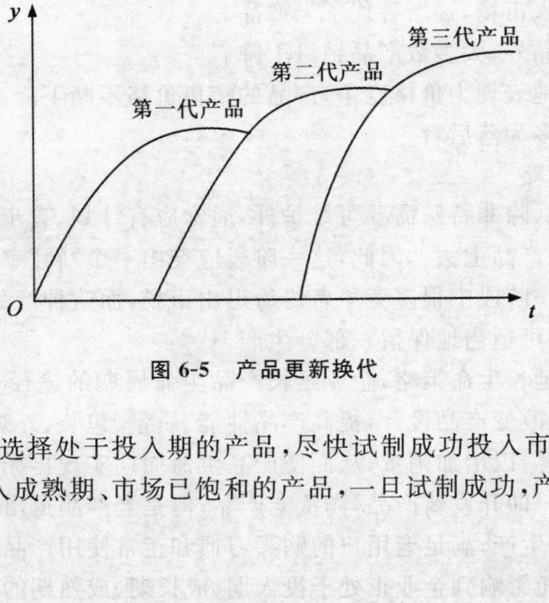


**图 6-5 产品更新换代**

在仿制新产品时,应选择处于投入期的产品,尽快试制成功投入市场,才能取得较好的经济效益。如果选择已进入成熟期、市场已饱和的产品,一旦试制成功,产品进入衰退期,必将给企业造成重大经济损失。

## 第五节 新产品的研发与扩散

案例引导

又黑又大

在台湾食品界,味全、统一、味王是鼎足而立的三张王牌。这三家公司产品种类繁多、质量优良,而且销售网络遍布全岛,因此它们的市场地位和占有率很难有人撼动。

但在最近几年,它们在罐头食品方面遭到了大成公司强有力的挑战。

大成公司知名度较低,最近几年,能以“黑马”姿态异军突起,令人刮目相看,是因为运用了产品差异化策略。它的所谓差异化,事实上也仅仅是“无中生有”的创新名词而已。但是这无中生有的创意,却成为它披荆斩棘、无往不利的“卖点”,不但为公司产品增添了附加值而有利于市场开拓，也提高了公司形象。

首先是大成的"黑"瓜。瓜的种类很多，名称也不计其数，但没有一种瓜称为"黑"瓜的。任何用小黄瓜经酱油腌渍过的酱瓜都会呈黑色，所以基本上所有的罐装瓜应该都是黑瓜。不过大家却称之为酱瓜，没有人叫黑瓜，唯独大成大胆地称为"黑瓜"。这一"黑"就将它与其他品牌的产品作了差异化的区分，也就增加了销量。

其次是"大"土豆面筋。土豆面筋的品牌很多，产品本身没有什么特色，口味或淡或咸，则随个人喜爱而已。至于土豆，当然有大有小，很少人会刻意地加以比较。然而，大成公司卸在仑的土豆面筋上加了一个"大"字，这一个"大"字即大大地使它的产品差异于其他品牌；因此，也使它的销量大为提高。

"黑"或"大"充其量不过是个形容词或名词而已，它并不专属任何产品或任何人，大成公司也只是匠心独具地率先使用它，因此成为独特"卖点"。这实在是一个有特点说特点，没有特点创造特点的最佳说明。

## 一、新产品的概念

市场营销学对新产品概念的解释，与科学技术发展中新产品的含义不完全相同，其内容要广泛得多。从市场营销的角度看，凡是在结构、功能、材料或形态等任何一部分发生了创新、改进或提高，并推向了市场的产品都是新产品。具体包括以下四类产品：

1. 全新产品

全新产品是指使用新原理、新技术、新材料制造的前所未有的产品。对大多数企业来说，独立发展这种新产品是非常困难的，因为一项新的科学技术的发明应用于生产，需要经历较长的时间，要花费巨大的人力和资金。这种全新产品要经国家科学技术管理部门的鉴定批准，并可申请专利，得到法律的保护。

2. 换代新产品

换代新产品是指适合新用途、满足新需要，在原有产品的基础上采用新技术而制造出来的新产品。例如黑白电视机革新为彩色电视机等。

3. 改进新产品

不是由于科学技术的进步而导致产品的重大革新，只是对现有产品的品质、性能、款式等做一定的改进。例如不同型号的汽车、新款式的服装等。改进新产品与换代新产品是市场上新产品的主要来源，换代新产品主要是对用途而言，改进新产品主要是对品质、性能与外形而言，二者都是企业开发新产品的重点。改进新产品比较容易为消费者接受，但是也易于被竞争者仿效，因此竞争比较激烈。

4. 仿制新产品

仿制新产品则是指市场上已有的产品，本企业模仿而生产，也是企业的新产品。从市场竞争和企业的竞争上看，仿制在新产品发展中是不可避免的。例如目前一些地方生产的电冰箱、洗衣机、VCD 等，都是模仿他人的产品而生产出来的。

## 二、新产品的开发原则

开发新产品是关系企业生存发展的大事。但又是一项很难的工作，不仅需要投入大量资金，而且具有很大的风险，事实上并非所有新产品的开发都能获得成功。因此，企业开发新产品必须坚持积极慎重的方针，不能盲目轻率地采取行动。

1.根据市场需要，开发适销对路的新产品

生产符合社会需要的产品，是提高经济效益的关键，也是社会经济发展的客观要求。企业应当根据社会经济形势的发展，市场需求的变化来开发新产品，而不能盲目轻率地采取行动。企业要掌握市场需求及其变化发展的前景，就需要有经常的、深入的市场调查和市场预测，进行系统的市场研究工作。

2.根据本企业的能力确定新产品的开发方向

企业本身具有的生产能力、技术能力、资金能力、销售能力、管理能力等内部条件，相对而言存在着某些优势和劣势。因此，并不是任何具有市场需求的产品，企业都有能力开发。只有那些既是市场需要的，又符合企业本身能力的项目，才是新产品开发的方向，这样做可以扬长避短、发挥优势，收到事半功倍的效果。

3.量力而行，采用切实可行的开发方式

新产品开发有独立开发、协作开发、技术引进和购买专利等方式。一般来说，只要条件许可企业都应承担独立开发的任务，特别是大型企业，还可以抽调一定的人力，从事基础研究和应用研究，以促进企业的技术进步与我国科技事业的发展。

4.不断创新，持续前进

我国正面临着"新产业革命"的挑战，新技术、新工艺不断涌现，产品生命周期愈来愈短，如果企业安于现状，得过且过，就必然会被淘汰。为此，应按照"生产一代、研制一代、设计一代、构思一代"的要求，推陈出新，不断进取。

5.注意产品开发的动向

当前，产品已朝着多能化、微型化、简单化、多样化和公益化的方向发展，特别是当前在新的产业革命浪潮冲击下，计算机日益普及，新工艺与新材料也不断涌现，为新产品的开发不断开辟新的途径，这些都是企业应当密切注视的动向。

## 三、新产品的开发形式

1.独立研制

独立研制是指完全依靠本企业的科研和技术力量研发新产品，是企业开发新产品的主要形式之一，该方式能使企业在同行业中占有领先地位。但是由于企业掌握的信息有限，开发能力也有限，加上市场变化较快，科学技术发展迅速等原因，同时企业研发中又要投入大量的人、财、物等资源，因而难度和风险较大。

2.技术引进

技术引进是指从企业之外引进技术或购买专利来开发新产品。引进方式有两种：一是引进样品进行仿制；二是引进先进的生产工艺技术，用于新产品的设计生产，这种方式可缩短开发时间，节约研发费用，风险相对较小，还有利于提高企业的技术水平、生产效率和产品质量，是在企业科研、技术能力有限的情况下采用的一种方式。但引进时应对技术的成熟度、先进性、适应性、经济性及市场容量和自身的竞争能力进行综合评估。

3.研制与引进结合

研制与引进结合这种方式投资少，见效快，产品既有一定的先进性，又有自己的特色，并能进行技术改造和创新。但在引进时应做好企业技术知识转换工作，把引进技术同企业原有技术进行整合，促进新技术的消化吸收。

4. 协作开发

协作开发是指企业间、企业与科研单位及教学单位之间协作研究开发新产品。它有利于企业利用社会的科研能力，弥补企业研发力量的不足，把科技成果快速转化为现实的生产力，比较符合我国的国情，但协作中应该注意知识产权的保护。

## 四、新产品的开发过程

1. 寻求创意

新产品始于设想。产品设想来源于各个方面：第一是来自顾客，顾客的需求是寻求新产品构想的重要来源，企业可以通过直接向顾客调查以及接待顾客来信、来访，了解他们的需求；第二来自科技人员，他们的新发现、新发明对企业开发新产品很有益处；第三是来自竞争对手，从竞争对手的产品中可以看出什么产品受顾客欢迎；第四是来自企业的推销人员或经销商，因为他们经常和顾客接触，了解市场需要；此外还有发明专利权代理人、大学及科研机构、市场营销研究机构等。不管构想来自哪里，其产生不外乎四种方式：灵感、偶发事件、顾客需求与创造力技巧。企业应注意了解顾客需求，广泛收集新产品的构思与创意。

2. 创意的筛选

在新产品的创意构想阶段，会产生很多设想，这些设想，哪些应该剔除，哪些应该保留，就要通过筛选来解决，其目的是要淘汰掉不可行或可行性差的设想，使企业的有限资源能集中运用于成功机会较大的哪些设想上。筛选时，企业应召集各方面的专家和人员，从多方面对产品设想做出评价，评价时可采用新产品设想评价表。其基本格式如表 6-1 所示。

表 6-1 中第一栏是制约产品成功的因素，它们对产品在市场中的成败有着不同程度的影响；第二栏 A 是根据这些因素对产品成败影响的不同程度而设定的权重，权重越大，意味着该因素对产品在市场成败中的影响程度越大；第三栏 B 是对企业在这方面能力的评分，评分越高，表明企业在这方面能力越强；最后一栏为各因素的评价得分（即 A×B），所有得分相加，将得出该产品构思的综合评价。综合评价得分为 0～0.40 时表明设想无前途，应予以放弃；得分为 0.41～0.75，设想一般；得分为 0.76～1，设想良好。

**表 6-1　新产品设想评价表**

| 制约新产品成功的因素 | A:相对重要性 | B:本公司的能力水平 | | | | | | | | 评价得分 A×B |
|---|---|---|---|---|---|---|---|---|---|---|
| | | 0.3 | 0.4 | 0.5 | 0.6 | 0.7 | 0.8 | 0.9 | 1.0 | |
| 公司特点与信誉 | 0.2 | | | | √ | | | | | 0.120 |
| 市场营销实力 | 0.2 | | | | | | | √ | | 0.180 |
| 研究开发能力 | 0.2 | | | | | √ | | | | 0.140 |
| 人员能力 | 0.15 | | | | √ | | | | | 0.090 |
| 财务能力 | 0.10 | | | | | | | √ | | 0.090 |
| 生产能力 | 0.05 | | | | | | √ | | | 0.040 |
| 布局和便利条件 | 0.05 | √ | | | | | | | | 0.015 |
| 原材料等供应能力 | 0.05 | | | | | | | √ | | 0.045 |
| 合计 | 1.00 | | | | | | | | | 0.72 |

3.新产品概念的形成

筛选后的设想需经过进一步的开发程序,以形成具体的产品概念。产品设想是人们以语言表达拟推向市场的一种存在可能性的产品,而产品概念则是企业欲使顾客接受而形成的关于产品的一种主观意志。一种产品设想可能衍生出许多产品概念,产品概念形成以后,还要进行概念的检验。常用的方式是邀请各种潜在的顾客及专家讨论产品概念,根据他们反映的意见和提出的问题,与相似产品的属性相比较,最后通过实物模型和文字表示出来。

4.经营分析

对已基本定型的产品概念进行分析论证,重点在于成本分析、需求分析和盈利能力分析。成本分析包括生产成本和推销成本。需求分析,则要测算市场需求潜量与销售潜量以及消费者的购买能力与购买愿望。只有同时具备了购买能力和购买愿望,才能实现销售。企业盈利能力分析是对新产品的成本、销售量与利润进行的综合分析。

企业在需求分析、成本分析和盈利能力分析的基础上,进行综合权衡后才能正式作出开发新产品的决策。此外,还要考虑"机会成本"问题,即由于将资金投入某项新产品开发,而不能用在其他用途上所要失掉的利益。

5.产品研发

在形成新产品概念的基础上,由产品研制部门所进行的产品模型和样品的研究、设计和试制,它包括样品试制和小批量试制。在样品试制过程中,要解决试制过程中碰到的各种技术问题,同时也要检验产品的技术性能是否达到设计的要求;小批量试制是在样品试制成功的基础上进行的,它是为产品的正式投产所进行的生产工艺、各种技术及生产组织等各项验证工作。在小批量试制时,同样也要解决由样品试制到批量生产过程中出现的各种技术问题,经过这一阶段,企业才能正式判断产品在技术上、经济上是否可行,如果一经否定,整个过程即应全部中止,重新构思另外的产品。

6.市场试销

新产品的样品经过部分顾客试用基本满意后,企业可根据改进后的设计进行小批量生产,在选择的目标市场中做检验性试销。试销不仅能增进企业对新产品销售潜力的了解,而且有助于企业改进市场营销策略,但新产品试销可能带来以下问题:一是试销有时不能正确反映市场需求;二是试销的代价很大;三是容易泄露企业的新产品信息,易被竞争者所利用。因此,一些企业为了避免同行抢先进入市场,往往把力量集中在产品概念的试验和用途的试验上,而省略了试销这个阶段。

7.批量生产与销售

新产品经部分顾客试用或试销成功后,应根据试销或试用中收集到的顾客意见,对产品的整体设计再作进一步的修改,然后,即可进行批量生产。这时企业应注意以下问题:

(1)正确选择投放市场的时间,即所谓的市场定时策略。新产品选择什么时机进入市场,概括地说有两种情况:一是企业新产品试制成功后,以最快的速度把产品推向市场;二是新产品试制成功后,并不急于投放市场,而是等待销售时机。这类产品多属换代产品,因为在原有产品未进入衰退期前,大批量地推出它的换代产品,会影响原有产品和其他同类产品的市场销量,从而减少企业盈利。

(2)正确选择投放地区。新产品不一定立即向全国市场投放,可先向某一区域市场推出,进行集中性的促销取得相当的市场占有率以后,再向其他市场渗透扩散。

(3)正确选择目标市场。新产品的潜在消费者有四种类型:最先采用者、大量购买者、有影响的带头购买者、对价格敏感的购买者。企业应根据新产品的特点,选择最有潜力的消费者群体,作为自己的目标客户。

(4)正确选择营销组合。在新产品投放市场前,应尽可能地制定完备的营销组合方案,并做出合理的预算,以便组织好投放时的营销活动。

## 五、新产品的开发策略

新产品开发策略是指企业为提高竞争能力在产品开发问题上所进行的抉择。一般来说,一个产品在市场上有无竞争能力,主要取决于品种、质量、价格、交货期、服务五个因素,其中品种是源泉,质量是核心,价格是条件,交货期是立足点,服务是保证。根据这五个因素,可供企业选择的新产品开发策略有:

1. 抢先策略

抢先策略是指当企业的某一产品处于成熟期,市场需求量基本饱和时,也即着手开发新产品,以便能抢先投入市场。采用这一策略的好处在于产品在市场上始终处于领先地位,从而在竞争中能取得优势。但它要求企业必须有较强的产品研制能力和小批量试制能力。此外还要有承担风险的资金力量,有激发顾客对新产品产生需求的能力等。

2. 紧跟策略

紧跟策略是指当企业发现市场上有竞争能力强的产品或热门货时,立即仿制投入市场。采用这一策略要求企业必须对市场情况反映敏感,具有一定革新、研制产品的能力,有一个高效率的营销组织系统。

3. 最低成本策略

最低成本策略是指企业在制造方法上、生产组织上努力挖掘潜力,以降低新产品成本,通过低价策略,迅速占领并扩大市场。采用这一策略要求企业有一定研究和改革工艺的能力,有高效率、大批量的生产能力,销售费用较低,有"以廉取胜"的把握。

4. 市场服务策略

市场服务策略是指企业在开发与销售新产品的同时,配合各种服务,以满足顾客的特殊需要,扩大市场占有率。采用这种策略的企业,需要有一定的研究和提供服务的能力。

## 六、新产品的采用与扩散

### (一)新产品的采用过程

新产品采用是指消费者个人由接受创新产品到成为重复购买者的各个心理阶段。人们对新产品的采用过程客观上存在着一定的规律性。美国营销学家罗杰斯经过实地调查,把新产品采用过程看做是创新决策的过程,并据此建立了创新决策过程模型。他认为,创新决策过程包括五个阶段,即认识阶段、说服阶段、决策阶段、实施阶段和证实阶段。这五个阶段又受到一系列变量的影响,它们不同程度地促进或延缓了企业的创新决策过程。

1. 认识阶段

在认识阶段,消费者要受个人因素(如个人的性格特征、社会地位、经济收入、性别、年龄、文化水平等)、社会因素(如文化、经济、社会、政治、科技等)和沟通行为因素的影响。他们逐步认识到创新产品,并学会使用这种产品,掌握其新的功能。研究表明,较早意识到创新的消费者同较晚意识到创新的消费者有着明显的区别。一般地，前者较后者有着较高的文化水平和社会地位，他们广泛地参与社交活动，能及时、迅速地收集到有关新产品的信息资料。

2.说服阶段

有时，消费者尽管认识到了创新产品并知道如何使用，但并不立即产生喜爱和购买欲望。而一旦产生这种欲望，决策行为就进入了说服阶段。在认识阶段，消费者的心理活动尚停留在感性认识上，而在说服阶段，其心理活动就具备影响力了。消费者常常要亲自操作新产品，以避免购买风险。但这需要市场营销部门能让消费者充分认识到新产品的某些特性（相对优越性、适用性、复杂程度、可试性、明确性），才可能加速他们的购买。

3.决策阶段

通过对产品特性的分析和认识，消费者就会决定采用还是拒绝采用该种创新产品。他也许决定采用创新产品，此时有两种可能：在使用之后觉得效果不错，继续使用下去；使用之后发现效果不好而不再使用，可能改用别的品牌。他也许决定拒绝采用，此时也有两种可能：以后改变了态度，接受了这种创新产品；继续拒绝采用这种产品。

4.实施阶段

当消费者开始使用创新产品时，就进入了实施阶段。消费者就会考虑以下问题："我怎样使用该产品？"和"我如何解决操作难题？"此时，企业的市场营销人员就要积极主动地向消费者进行介绍和示范，并提出自己的建议。

5.证实阶段

人类行为的一个显著特征是，人们在做出某项重要决策之后总是要寻找额外的信息，来证明自己决策的正确。消费者的购买决策也不例外。因为消费者在进行购买决策时，面临多个备选方案，而每一种方案又都有其优点和缺点，所以只要消费者选择其中的一个方案，在决策后的最初一段时间，消费者常常觉得有些后悔，他或她会发现自己选择的方案存在很多缺陷，而认为未选方案有不少优点。事实上，如果再给他（她）一次机会，她或她就会选择其他方案。不过，这种后悔感不会持续时间不长，便被不和谐减弱阶段所代替。此时，消费者认为已选方案仍然较为适宜。在整个决策创新过程中，证实阶段包括了决策后不和谐、后悔和不和谐减弱三种情况。消费者往往会告诉朋友们自己采用创新产品的明智之处，倘若他或她无法说明采用决策是正确的，那么就可能中断采用。

**（二）新产品的市场扩散**

所谓新产品的市场扩散，是指新产品上市后随着时间的推移不断地被越来越多的消费者所采用的过程。也就是说，新产品上市后逐渐地扩张到其潜在市场的各个部分。扩散过程与采用过程的含义不一样。采用过程是从微观角度考察消费者个人由接受创新产品到成为重复购买者的各个心理阶段，而扩散过程则是从宏观角度分析创新产品如何在市场上传播并被市场所采用的更为广泛的问题。

在新产品的市场扩散过程中，由于个人性格、文化背景、受教育程度和社会地位等因素的影响，不同的消费者对新产品接受的快慢程度不同。罗杰斯根据这种接受程度快慢的差异，把采用者划分成五种类型，即创新采用者（简称为"创用者"）、早期采用者、早期大众、晚期大众和落后采用者，如图 6-6 所示。

从新产品上市算起，采用者的采用时间大体服从统计学中的正态分布，约有 68％的采用者（早期大众和晚期大众）落入平均采用时间加减一个标准差的区域内，其他采用者的情况类

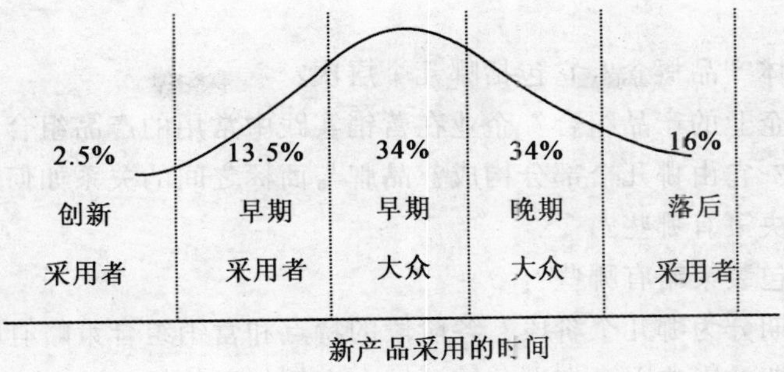


图 6-6　新产品采用者的类型

推。尽管这种划分并非精确，但它对于研究新产品的扩散过程有着十分重要的意义。

1.创新采用者

该类采用者处于距离平均采用时间两个标准差以左的区域内，占全部潜在采用者的2.5%。任何新产品都是由少数创新采用者率先使用，这种采用者一般有以下特点：有冒险精神；收入水平、社会地位和受教育程度相对较高；大部分为年轻人，交际广泛且信息灵通。企业营销人员在向市场推出新产品时，应把促销手段和传播工具集中于创新采用者身上。通过他们影响后面的使用者。不过，找出创新采用者并非易事，因为很多创新采用者在某些方面倾向于创新，而在其他方面可能是落后采用者。

2.早期采用者

早期采用者是第二类采用创新的群体，占全部潜在采用者的13.5%。他们大多是某个群体中具有很高威信的人，受到周围朋友的拥护和爱戴。他们一般是年轻人，富于探索，对新事物比较敏感并有较强的适应性，经济状况良好，对广告促销反应强烈。他们常常去收集有关新产品的各种信息资料，成为某些领域的舆论领袖。这类采用者多在产品的介绍期和成长期采用新产品，并对后面的采用者影响较大。所以，他们对创新扩散有着决定性的影响。

3.早期大众

这类采用者的采用时间较平均，采用时间要早，占全部潜在采用者的34%。其特征是：教育程度高，有较好的工作环境和固定收入，对社会上有影响的人物特别是自己所崇拜的"舆论领袖"的消费行为有较强的模仿心理。他们虽然也希望在一般人之前接受新产品，但却是在经过早期采用者认可后才购买，从而成为赶时髦者。由于该类采用者和晚期大众占全部潜在采用者的68%，因而，研究其消费心理和消费习惯对于加速创新产品扩散具有重要作用。

4.晚期大众

这类采用者的采用时间较平均采用时间稍晚，占全部潜在采用者的34%。其基本特征是多疑。他们的信息多来自周围的同事或朋友，很少借助宣传媒体收集所需要的信息，其受教育程度和收入状况相对较差，所以，他们从不主动采用或接受新产品，往往在产品成熟阶段后才加入购买。显然，对这类采用者进行市场扩散是极为困难的。

5.落后采用者

这类采用者是采用创新的落伍者，占全部潜在采用者的16%。他们思想保守，拘泥于传统的消费行为模式，对新生事物持反对态度，极少借助宣传媒体，其社会地位和收入水平最低。因此，他们在产品进入成熟期后期乃至进入衰退期时才会采用。

## 思考题

1. 如何理解整体产品概念？它包括哪几个层次？
2. 简述什么是企业的产品组合？企业在营销实践中常用的产品组合策略有哪些？
3. 什么是品牌？它由哪几个部分构成？品牌与商标之间的关系如何？
4. 常见的品牌决策有哪些？
5. 企业常见的包装策略有哪些？
6. 产品生命周期分为哪几个阶段？各阶段的特点和营销组合策略有哪些？
7. 产品生命周期的影响因素有哪些？请结合实例加以分析。
8. 新产品有哪些类型？请举实例说明？
9. 简述新产品的开发程序与开发策略？

## 实训项目

以3～5人为一小组分别对“红豆”、“娃哈哈”、“同仁堂”、“青岛啤酒”、“海飞丝”等品牌进行调查，试剖析其所属企业是如何保护该品牌的？

## 案例分析

### 义乌无土花卉随小商品漂洋过海

花卉产品不比普通小商品，出口成本颇高，主要是检验检疫、报关货运方面程序颇为繁琐。“花无缺”公司销售主管龚俊民介绍，花卉出口连同土壤，许多国家对土壤中的成分、细菌含量等检疫要求严格。此外，由于花卉需保鲜，盆花出口大多靠空运，但空运成本颇高，单盆花空运价格和花价的比例可达1∶1，甚至更高。

能不能绕开土壤检疫这道程序呢？为突破瓶颈，公司成立了一个实验室，聘请技术人员试验花卉无土真空栽培。“我们从杭州农科院聘请了无土栽培的专家。”龚俊民说，大概用了一年时间，就成功用营养液替代土壤，让玫瑰、月季等花卉在真空状态下开花。

不过，据介绍，新开发的产品已不单单是花卉，而且还属于工艺品。

在刚刚结束的森博会上，“花无缺”将他们的最新产品带到了展会上。记者在现场看到，这些针对外贸出口设计的花卉工艺品，以手机挂件居多，高度约为1～5厘米。产品外型为塑料瓶身，里面播下两个月的种子刚刚发芽。据“花无缺”公司技术人员郑毓华介绍，瓶内是真空环境，瓶底有一层可食的无菌固态培养基，养料可供植物生长一年。种子以玫瑰、月季居多，长到一定时候，花朵会在瓶内绽放。下一步，郑毓华还打算开发高度在五六十厘米的产品，适合摆放在办公桌上。

“中东缺水，这款产品的外贸前景看好。”龚俊民说，义乌市场中东客商络绎不绝，不需浇水的花卉挂件或盆景应该能畅销。在今年的森博会上，“花无缺”公司已接到了不少意向订单。待明年实现批量生产后，瓶装花卉就能顺利远销海外了。

案例思考：

1. 义乌无土花卉随小商品漂洋过海？
2. 义乌“花无缺”公司采取了什么样的目标市场营销战略？

# 第七章　价格策略

学习目标

**理解价格策略在市场营销组合策略中的重要地位；理解公司制定价格必须考虑的因素，使学生明确价格问题的重要性；掌握企业定价目标；掌握产品定价的方法和策略。**

案例引导

台湾连锁餐饮业价格战各出奇兵

台湾连锁餐饮业者面对不景气，纷纷大打价格战，有些品牌不想陷入削价竞争战争中，降价手法也大不相同。

麦当劳是这一波降价风潮发动者，看准台湾人一天大都吃一顿西式快餐的习惯，空出午餐时段促销，祭出79元、约七五折价格，锁定没有品牌忠诚度、只注重价格的消费客层。此举立刻对肯德基造成极大压力，但因成本和量体不同，不能祭出相同的价格策略，经过近一个月苦思，推出“不限种类、全日第二套半价”的促销方案，大约也是打七五折，果然吸引许多两人以上的客层，业绩顿时增长2～3成。

台湾星巴克则不打价格战，是标榜“不满意可换一杯”的方式，将制定价格权力交给客户，“想喝便宜咖啡，只要你敢开口，指出星巴克的缺点，服务生马上再送一杯”。

其实，“不满意可要求换一盘”是西式餐厅不成文的规定，星巴克将这个传统发扬光大。有人可能认为，若是客人找碴，星巴克恐怕会赔钱。

星巴克认为，会到星巴克的客层都是收入较高的上班族，星巴克主动释出善意，让客人自己决定是否要多喝一杯，大多数客人应该不会贪小便宜，反而更喜欢前来消费。

案例思考：

1.如何评价台湾连锁餐饮业价格战？

2.企业应如何应对价格战？

## 第一节　企业定价目标

**定价目标是指企业希望通过适当定价来达到的企业的总体目标。它是企业选择定价方法和制定价格策略的依据。不同企业有不同的定价目标，同一企业在不同发展阶段也有不同的**

定价目标。定价将会影响制造、财务等几乎企业所有领域的决策，所以定价必须与企业目标相一致。通常，与企业定价直接有关的营销目标主要有以下几方面：

## 一、以利润为导向的定价目标

盈利是企业的基本目标，价格的高低变化又直接影响着企业的盈利水平，因此，不少企业都把实现目标利润作为重要的定价目标。由于企业在不同产品上所确定的目标利润不同，以追求利润为目的的定价目标也有不同的表现。

1.最大利润目标

实现最大利润是企业的最高愿望。最大利润是指企业在一定时期内可能并准备实现的最大利润额，这就是要求企业全部产品线的各种产品的价格总体最优，而不是单位商品的最高价格。因此，企业经常有意把少数几种商品的价格定得很低，以招揽顾客，借以带动其他商品的销售，从而在整体上获取最大的利润。例如，美国的吉利公司曾低价甚至是赔钱的价格推销其刀架，目的是为了吸引更多的顾客购买其互补品——剃须刀，从大量销售刀片中获取更多的利润。

2.预期收益目标

任何企业对其投入的资金，都希望获得预期水平的报酬，而预期的报酬水平通常是通过投资收益率(资金利润率)来表示的，所以，企业经常规定自己的资金利润率目标。为此，企业定价要求在产品成本基础上加上适当的预期收益，竞争实力强大的企业常用这种定价方法。

3.适当利润目标

在剧烈的市场竞争中，企业为保全自己，减少经营风险，或因为经营力量不足等多种原因，把取得适当利润作为定价目标，这样既能够保证一定的销路，又能使企业得到适当的投资回报。

## 二、以市场占有率为导向的定价目标

市场占有率的高低直接反映出企业的经营状况和企业产品在市场上的竞争力，直接关系到企业的生存和发展。企业要提高市场占有率首先要打入和占领市场，然后是极力扩大市场阵地，最后是巩固已有的市场份额。这就需要适当的价格策略加以配合。因此，增加销售量，扩大市场占有率就成为企业普遍采纳的定价目标。

大量销售一方面可以形成强大声势，提高市场知名度，并方便顾客购买，另一方面可有效地降低生产和经营成本。因此，争取大量的销售量，也就争取到了最大的销售收入。一般来说销售收入增大，在成本与费用得到控制并有所降低的情况下，就有可能实现高额利润。增加销售量就意味着市场占有率的提高，收益的逐渐增加。以此为定价目标，企业在定价时一般都采用低价策略；而在调整价格时，一般都采纳降价措施。如美、日等国家的一些大型企业，常常采用低价渗透方式进入目标市场，并力争一个较大的市场占有率。

## 三、以竞争为导向的定价目标

相当多的企业对于竞争者的价格十分敏感，有意识地通过商品的恰当定价去应付竞争或避免竞争的冲击，是企业定价的重要目标之一。例如，企业竞相降价以争夺市场，或将价格定得适当高于对方，以求树立声望等。所谓用价格去防止竞争，就是以对市场价格有决定影响的竞争者的价格为基础,去制定本企业的商品价格,或与其保持一致,或稍有变化,并不企图与之竞争,而是希望在竞争不太激烈的条件下,求得企业的生存和发展。采用这种定价目标的企业,必须经常广泛地收集资料,及时、准确地把握竞争对手的定价情况,并在将企业经营商品与竞争者类似的商品作审慎地比较以后,定出本企业经营商品的价格。不过,具体到某一个企业,价格如何制定,要根据实际情况区别对待。一般来说,在成本、费用或市场需求发生变化时,只要竞争者维持原价,采用这种定价策略的企业也应维持原价;当竞争者改变价格时,也应随之调整,避免竞争带来的冲击。对于谋求扩大市场占有率的企业,其定价应采取低于竞争者的薄利多销的策略;对于具有特殊条件、财力雄厚,或商品质量优良的企业,可采取高于竞争者的定价策略。

### 四、以维持企业生存为目标

定价的基本目的是要谋求企业的生存。当企业面临市场需求的巨大波动和强大的竞争对手,以至受到破产威胁时,维持生存成了企业的首要目标。即使已经意识到可能出现短期性亏损,也要降低价格,并以此打开经营萧条的局面。在危机时期,企业甚至以变动成本为产品价格的下限。不过,求生存只能是企业的短期目标,从长期来看,企业必须设法在市场上提高产品价格,否则企业将面临灭亡。

除上述定价目标外,企业还可以有保持价格稳定、保持与中间商的良好关系、促进产品销售等目标。对于大多数企业来说,产品价格往往不是由单一定价目标所决定的,在这些定价目标中,企业可能会同时追求或兼顾几个目标,但其中各个目标的重要程度是不同的。

## 第二节　影响企业定价的因素

影响产品价格制定的因素有很多,但大致可以将其分为企业内部影响因素和外部影响因素两大类。内部影响因素主要有企业的定价目标、产品成本、产品特点、分销渠道、促销策略等;外部因素主要有市场供求状况、市场竞争程度、政府政策和法律、其他宏观社会经济因素。企业在确定产品价格时,必须对这些因素进行系统地分析,认识它们与产品价格之间的关系,并在此基础上,选择企业的定价方法和策略。

### 一、营销目标

企业在定价之前,必须对产品总战略作出决策。如果企业已经审慎地选择好目标市场,并进行了准确的市场定位,那么确定营销组合战略就相对容易。如果市场对企业的能力要求很高,竞争很激烈,消费者的欲望又不断地变化,此时企业往往把生存作为自己的主要目标。为了使工厂运转,企业可以制定较低的价格,以便增加需求。

### 二、成本因素

成本是企业产品定价所设定的下限,产品的最低价格取决于该产品的成本费用,任何产品的价格都应高于成本费用,企业才能生存、发展。企业想设定一种较低的价格,既能取得较高的销售量，又能够带来可观的利润，就必须采取各种手段以降低其在生产、分销和直销产品的成本。

## 三、需求因素

从需求方面看，市场需求规模以及消费者的消费心理、感受价值、收入水平、对价格的敏感程度、消费者的议价能力等都是影响企业定价的主要因素。经济学里因价格和收入变动而引起的需求的相应变动率称为需求弹性，需求弹性一般来说可以分为需求收入弹性、需求价格弹性、交叉价格弹性和顾客的议价能力等几类。

1.需求收入弹性

随着人们收入的增加（或减少），对某种产品或服务的需求可能会产生三种变化，即需求增加、减少或不变。需求收入弹性就是指因收入变动而引起的需求相应变动的敏感程度。一般来说，高档商品、奢侈品、服务产品、娱乐消费多属于需求收入富有弹性的产品，而生活必需品则一般表现为需求收入缺乏弹性。因此，企业产品定价应充分考虑人们的收入水平，在人们的收入有较快增长，而其他条件不变的情况下，需求收入富有弹性的产品定价可适当高一点，反之，则相反。

2.需求价格弹性

需求价格弹性是指因价格变动而引起的需求相应变动的敏感程度。在正常情况下，市场需求与价格的变化呈反方向变动。随着价格的提高（或降低），对某种产品或服务的需求可能会产生三种变化，即需求增加、减少或不变。一般来说，高档食品、奢侈品、服务产品、娱乐消费多属于需求价格富有弹性的产品，而生活必需品则一般表现为需求价格缺乏弹性。正因为价格会影响需求，所以企业产品定价的高低会影响企业产品的销售，企业在进行产品定价时应十分慎重。

3.交叉价格弹性

交叉价格弹性即商品 A 需求变化的百分比与商品 B 价格变化的百分比之间的比率，可能是正数、负数，也可能是零。如果交叉价格弹性大于零，则商品 A 与 B 之间存在着相互替代的关系；如果交叉弹性小于零，则说明商品 A 和 B 之间存在着互补关系；如果交叉价格弹性的绝对值很小，接近于零，则说明商品 A 与 B 之间没有什么关系，互相独立。因此，企业产品的定价还要考虑互补品、替代品、条件品的价格水平高低。

4.顾客的议价能力

在现代市场，顾客有着较强的选择性与主动性，顾客的议价能力或者顾客价格谈判的能力对企业产品交易价格的形成有很大影响。一般来说，顾客的议价能力是众多因素综合作用的结果，如顾客购买量的大小、企业产品的性质、顾客寻找替代品的可能性等。

## 四、市场竞争状况

产品的最高价格取决于该产品的市场需求，最低价格取决于产品的成本费用。在这种最高价格和最低价格的幅度内，企业能把产品价格定多高，则取决于竞争者同种产品的价格水平。企业必须采取适当方式，了解竞争者所提供的产品质量和价格。企业获得这方面的信息后，就可以与竞争产品比质比价，更准确地制定本企业产品价格。竞争者也可能随机应变，针对本企业的产品价格而调整其价格；也可能不调整价格，而调整市场营销组合的其他变量，与企业争夺顾客。当然，对竞争者价格的变动，企业也要及时掌握有关信息，并作出明智的反应。

### 五、市场的供求状况

商品价格与商品的供求状况有密切的关系，商品的供求推动价格的变化。一般而言，在市场供给不变的条件下，市场对商品的需求上升则商品价格上涨，商品需求下降则价格下降；在市场需求不变的条件下，商品供给增加则价格下降，供给减少则价格上升。另外，商品价格也同时推动市场供求关系发生变化。一般情况下，价格上升则需求减少，供给增加；价格下降则需求增加，供给减少。当然，市场供求关系和价格变动的基础是商品的价值，商品价格的任何变动总是围绕商品价值在上下波动。

对于某一具体企业，在研究市场供求与价格的关系时，还必须了解本企业产品价格的变化与竞争者产品价格的变化，以及与竞争者产品需求量变化的关系。

## 第三节 定价方法

定价方法是企业为实现其定价目标所采取的具体方法。在企业实际定价中，常用的定价方法大致分为三类：成本导向定价法、需求导向定价法和竞争导向定价法，营销界称为“3C”定价法。

### 一、成本导向定价法

成本导向定价法是一种以产品的完全成本为基础，加上预期利润，这是企业最基本，最普遍的定价方法。在企业确定定价策略时，以成本导向的应用不同，也有以下多种具体方法：

1. 成本加成定价法

成本加成定价法的计算方法包括成本加成定价法和售价加成定价法两种，即按照单位成本加上一定百分比的加成率来制定价格。

成本加成定价法中的加成率的计算式为：

$$加成率=\frac{毛利}{销售成本}$$

产品单价计算公式为：

$$产品单价=单位产品总成本\times(1+加成率)$$
$$P=C\cdot(1+R)$$

式中：$P$ 为产品单价；$C$ 为单位产品成本；$R$ 为加成率。

售价加成定价法是以产品的最后销售价格为基数，按销售价格的一定比率来计算加成，然后得出产品的价格。其计算公式为：

$$P=\frac{C}{1-R}$$

式中：$P$ 为产品单价；$C$ 为单位产品成本；$R$ 为加成率。

例：某生产企业生产的某一型号洗衣机单位成本为800元/台，预期利润率为20%。如用成本加成法，每辆自行车销售价格为800×(1+20%)=960(元)。如用售价加成法，则每台洗衣机销售价格为800÷(1−20%)=640(元)。

加成定价法是一种传统的定价方法，优点是计算简便。但由于只是从企业角度而没有考虑市场需求和竞争对手的情况，加成定价法经常被认为是落后的、不合逻辑的，是生产者导向观念指导下的产物。

2. 目标利润定价法

这是一种根据企业的总成本和所要实现的利润来确定产品价格的方法。这种方法一般是运用"盈亏平衡图"。首先预计企业的销售量，从而推导出其总成本，然后再结合企业确定的目标利润计算出产品的价格。其计算公式为：

$$P=V+\frac{F+G}{Q}$$

式中：$P$ 为产品价格；$V$ 为单位变动成本；$F$ 为固定成本；$G$ 为要实现的目标利润；$Q$ 为预期销售量。

例：某企业固定成本为500万元，单位产品的变动成本为50元，企业的目标利润定为200万元，如果企业的产品销售量能达到7万件，产品的价格应定为多少？

$$P=V+\frac{F+G}{Q}=50+(2\,000\,000+5\,000\,000)\div 70\,000=150(\text{元})$$

3. 边际贡献定价法

边际贡献定价法又称边际成本定价法。边际贡献是指产品销售收入与产品变动成本的差额，单位产品边际贡献指产品单价与单位产品变动成本的差额。企业销售产品所获得的收入应首先补偿产品的变动成本，只要销售收入能完全补偿产品的变动成本并有剩余，即销售收入大于变动成本，亦即边际贡献大于零，就说明产品对企业有收益贡献，销售这种产品是有意义和有价值的。

0＜边际贡献＜固定成本，企业将发生亏损；边际贡献＝固定成本，企业保本；边际贡献＞固定成本，企业弥补固定成本后如有剩余，就形成企业的纯收入。在企业经营不景气，销售困难，生存比获取利润更重要时，或企业生产能力过剩，只有降低售价才能扩大销售时，可以采用边际贡献定价法。

如某企业某产品的生产能力为年产70万件，年固定成本50万元，单位产品变动成本为1.80元，产品单价为3元，现在企业只接到订单40万件。按此计划生产，边际贡献弥补部分固定成本后企业仍亏损2万元。如果有客户追加订货20万件，每件报价为2.40元，根据边际贡献定价法原则，这一报价是可以接受的。接受此订单后，企业将实现盈利10万元。

## 二、需求导向定价法

这是根据顾客对产品价值的感受和需求强度，结合成本、收入变动关系来确定产品的价格。需求导向定价法包括两个主要的定价方法，即认知价值定价法和需求差别定价法。

1. 认知价值定价法

又称理解价值定价法，是根据消费者所理解的某种商品的价值，或者说是消费者对产品价值的认识程度来确定产品价格的一种定价方法。理论上讲,顾客对某一产品的认知价值越是高于产品的实际价值,产品的价格需求性就越低。

在现代企业中,越来越多的企业已经开始把它们的价格建立在消费者对产品的认知价值上,因为随着科技的迅速发展,生产力得到了大幅度的提高,许多产品定价的关键,不再只是单纯地去考虑卖方的成本,还要注重买方对所需产品的价值认知程度。

认知价值定价法的关键是要正确地估计消费者的认知价值。如果估计过高,会导致定价过高,影响产品的销售;如果估计过低,会导致定价过低,产品虽然卖出去了,却不能达到定价绩效的目标。

当产品的价格水平与消费者对产品价值的理解和认识程度大体一致或者低于时,消费者就很容易接受这种产品;反之,消费者就不会接受这种产品,产品就很难销售出去。

运用认知价值定价法一定注意要把自己的产品和竞争者的产品进行比较,准确地确定市场对产品的认知。如果对自己的产品估计过高,会将产品定价过高,如果对认知价值估计过低,又会使价格低于它们能够达到的水平,影响企业实现利润最大化的目标。所以在确定产品的认知价值时,有必要进行市场调研。

认知价值定价法一般用于企业推出新产品或进入新市场时,具体做法是:

(1)确定消费者认知价值,决定商品的初始价格。

(2)预测在初始价格下的商品的销量。

(3)预测目标成本,即由销量算出生产量、投资额及单位成本。

(4)把目标成本与实际成本相比较,计算能否达到预期利润。

如果盈利令人满意,企业就投资开发此产品,否则,就放弃开发。

2.需求差异定价法

需求差异定价法又称价格歧视,是指根据销售的对象、时间、地点的不同而产生的需求差异,对相同的产品采用不同价格的定价方法。在这里,同一产品的价格差异并不是因为产品成本的不同而引起的,而主要是由于消费者需求的差异所决定的。这种定价方法对同一商品在同一市场上制定两个或两个以上的价格,或使不同商品价格之间的差额大于其成本之间的差额。其好处是可以使企业定价最大限度地符合市场需求,促进商品销售,有利于企业获取最佳的经济效益。

事实上,这种价格差异的基础是:顾客需求、顾客的购买心理、产品样式、地区差别以及时间差别等,采用这种方法定价,一般是以该产品的历史定价为基础,根据市场需求变化的具体情况,在一定幅度内变动价格。这种方法的具体实施通常有四种方式:

(1)基于顾客差异的差别定价。这是根据不同消费者消费性质、消费水平和消费习惯等差异制定不同的价格。如会员制下的会员与非会员的价格差别;学生、教师、军人与其他顾客的价格差别;新老顾客的价格差别;国外消费者与国内消费者的价格差别等可以根据不同的消费者群的购买能力、购买目的、购买用途的不同,制定不同的价格。

(2)基于不同地理位置的差别定价。由于地区间的差异,同一产品在不同地区销售时,可以制定不同的价格。例如班机与轮船上由于舱位对消费者的效用不同而价格不一样;电影院、戏剧院或赛场由于观看的效果不同而价格不一样。

(3)基于产品差异的差别定价。质量和规格相同的同种产品,虽然成本不同,但企业在定价时,并不根据成本不同按比例定价,而是按外观和式样不同来定价。这里定价所考虑的真正因素是不同外观和式样对消费者的吸引程度。比如说，营养保健品中的礼品装、普通装及特惠装三种不同的包装，虽然产品内涵和质量一样，但价格往往相差很大。

(4)基于时间差异的差别定价。在实践中我们往往可以看到，同一产品在不同时间段里的效用是完全不同的，顾客的需求强度也是不同的。在需求旺季时，商品需求价格弹性化，可以提高价格，需求淡季时，价格需求弹性较高，可以采取降低价格的方法吸引更多顾客，如时装、空调。

需求差异定价法是许多企业采用一种常见的定价方法。这种方法比单一价格销售产品，更能增加销量，获得更多的“消费者剩余”，即顾客在购买商品时所预料的、情愿付出的价格与市场实际价格之间的差额使企业的赢利达到最大化。通常情况下，一个顾客购买商品实际付出的价格，不会高于他愿意支付的价格，这样，对同一商品，不同顾客愿意支付的价格是不同的。所以商家应针对这种需求差异，采用多种价格，实现顾客的不同满足感，从而将这些“消费者剩余”尽可能多地转化为企业的利润。

实行需求差异定价法必须具备一定的前提。这些前提条件包括：

(1)符合国家的相关法律法规和地方政府的相关政策；

(2)市场能够细分，且各细分市场具有不同的需求弹性。顾客对产品的需求有明显的差异，需求弹性不同，市场能够细分。

(3)不同价格的执行不会导致本企业以外的企业在不同的市场间进行套利。低价市场和高价市场之间是相互独立的，不能进行交易，否则低价市场的购买者将低价购进的商品在高价市场上出售，使企业差异定价不能实现。

(4)顾客在主观上或心理上确实认为产品存在差异。不要引起顾客的反感，使他们不会产生被歧视的感觉。放弃购买，抵制购买。

需求导向定价法能考虑消费者的因素，体现企业以市场为中心的营销观念，如果应用妥当，能使产品价格符合市场实际情况，但是这种方法的应用较为复杂，需要进行深入的市场调研，而要准确地确定消费者对产品价格的认同情况，是一件相当困难的工作。

## 三、竞争导向定价法

竞争导向定价法是根据主要竞争对手的商品价格来确定自己商品的价格，是以竞争为中心的一种定价方法。这种定价方法并不要求企业把自己的商品价格定得与竞争对手商品的价格完全一致，而是使企业的产品价格在市场上具有竞争力。竞争导向定价法的特点是产品的价格与竞争者的产品价格有关，企业产品的价格随竞争者的产品价格变化而改变。其目的在于开拓、巩固和改善企业在市场上的地位，保持市场竞争的优势。其具体做法灵活多样：

### 1. 随行就市定价法

随行就市定价法就是企业按照行业的平均现行价格水平定价。这是最常见的一种定价方法。这种定价法的目的：

(1)平均价格水平在人们观念中常被认为是“合理价格”，易为消费者接受。

(2)试图与竞争者和平相处，避免激烈竞争产生的风险。

(3)一般能为零售店带来合理、适度的盈利。

这种定价适用于竞争激烈的均质商品，如大米、面粉、食油以及某些日常用品的价格确定。在完全寡头垄断竞争条件下也很普遍。

2. 密封投标定价法

大宗物资采购、工程项目、国际金融组织、政府间贷款项目一般都运用这种形式。购买者在媒体刊发招标广告，邀请供应商在规定的日期内投标，届时开标，选择报价最低的、最有利的供应商成交。这样，供应商的报价必须同时考虑利润和中标概率两个因素。价格低，利润肯定低；报价高，中标的可能性低。因此，只有考虑到竞争者的报价，确定一个适宜的价格，才可能中标。

3. 薄利多销定价法

薄利多销定价法即以减少单位产品销售利润作为代价，争取薄利多销，扩大销售量，获得规模效益，在市场竞争中巩固自己的地位。在激烈竞争的市场上，企业为了应付竞争局面争取顾客常常采取竞争导向的定价方法。这种定价方法是通过研究竞争对手的产品价格、生产条件、服务状况等，以竞争对手的价格为基础，确定本企业同类产品的价格。

4. 拍卖定价法

拍卖产品时根据消费者的需求波动来制定价格。卖方预先展示所要出售的产品，在一定的时间和地点、按一定的规则，由买方公开叫价竞买。在艺术品、古董、房地产等交易中常采用这种定价方法。拍卖定价法适用于成本难以准确估算而消费需求又非常强烈的产品。

## 第四节 定价策略

价格是影响企业营销活动的重要因素，企业在价格的制定过程中，除了要考虑各种价格影响因素，采用不同的定价方法，确定出适当的产品价格，还需要根据不同的市场情况，采取各种灵活多变的价格策略和技巧，对产品价格进行必要的调整，以使企业能通过产品价格策略的具体实施，有效地实现企业的营销目标。企业可以采用的价格策略有很多，常用的价格策略主要有新产品定价策略、产品组合定价策略、心理定价策略、价格调整策略等。

### 一、新产品定价策略

不同类型的新产品，由于其生产经营条件不同，及顾客对其需求状况不同，企业定价时可以根据具体情况选择不同的定价策略。

1. 取脂定价策略

新产品刚进入市场时将价格定得很高，在短期内获取高额利润，尽快收回投资。这种方法特别适用于有专利保护的新产品的定价。

采用高价策略的前提条件是：

(1)产品有足够多的购买者，并且需求弹性较小。

(2)索取高价带来的好处必须大于由于小批量生产而导致的产品成本的增加。

(3)新产品较难仿制，高价格不会迅速引来大量竞争对手。

(4)较高的价格能够使顾客对新产品产生高档的感觉，而不会被认为是牟取暴利。

(5)企业的产品质量与所定的高价格相符合。

2.渗透定价策略

在新产品投放市场时,价格定的尽可能低一些,只求保本或微利,目的是使新产品一上市用低价吸引大量的顾客购买产品,迅速打开市场,并赢得较大的市场占有率。同时,也可以有效地阻止竞争者进入市场,从而为企业长期的占领市场打下坚实基础。

采用渗透定价策略也需要具备一定的前提条件:

(1)产品的价格弹性大,采取低价能刺激需求迅速增长。

(2)具有规模效益。

(3)低价能够有效地阻止现有竞争对手和潜在竞争者进入新产品市场。

(4)新产品的潜在市场需求量非常大。

对于企业来说,采用哪一策略更合适,应根据市场需求状况、竞争形势、生产能力等各种因素综合考虑,来加以判断和选择。

## 二、地区定价策略

许多企业生产的产品不仅销售给当地的顾客,而且也销售给外地的顾客。在将产品销往外地情况下,会发生运输、仓储、装卸、保险等费用。这时,企业就面临着地区性定价问题,即企业在将产品卖给不同地区的顾客时,是执行同样的价格还是执行不同的价格。

1.FOB(free on board)产地定价

FOB(free on board)产地定价即企业负责将产品装运到产地某种运输工具上交货,并承担交货前的一切风险和费用;交货后的一切风险和费用则由买方承担。这样定价,每个顾客都是按照企业的厂价来购买产品,并分别负担从产地到目的地的风险和运费,是比较合理的。但这种定价法对企业的不利之处在于,远地的顾客可能会流失。

2.统一交货定价

这种定价方法和FOB产地定价刚好相反,没有地区差价。企业对不同地区的顾客都实行同样的价格,即按出厂价加上平均运费定价。这种定价方式计算简便,虽然对远方的顾客有吸引力,但却会使近处的顾客感到不太公平。

3.分区定价

分区定价即将产品的销售市场划分为若干个区域,不同区域价格不同,在同一区域内执行统一的价格。

4.基点定价

企业选定一些城市作为基点,按照一定的厂价加上从基点城市到顾客所在地的运费来定价,而不管产品实际上是从哪里起运的。

5.免收运费定价

有些企业为了尽快地进入某个市场,或急需和某个顾客达成交易时,企业为购买产品的顾客负担部分或全部运费。企业认为,如果生意扩大,其平均成本就会降低,因此足以抵偿这些费用开支。采取运费免收定价,可以使企业加深市场渗透,并且能在竞争日益激烈的市场上站得住脚。

## 三、心理定价策略

根据顾客的购买心理和行为习惯而采取的定价策略和方法。在零售价格中常用到以下策略：

1. 尾数定价策略

尾数定价也称零头定价或缺额定价，在确定零售价格时，以零头数结尾，或者是按照风俗习惯的要求，价格尾数取吉利数，也可以促进购买。该策略适用于非名牌和中低档产品。大多数消费者在购买产品时，尤其是购买一般的日用消费品时，乐于接受尾数价格，如 9.88 元、9.98 元等。消费者会认为这种价格经过精确计算，购买不会吃亏，从而产生信任感。同时，价格虽离整数仅相差几分或几角钱，但给人一种低一位数的感觉，符合消费者求廉的心理愿望。这种策略通常适用于基本生活用品。

2. 整数定价策略

整数定价与尾数定价正好相反，企业有意将产品价格定为整数，以显示产品具有一定质量。整数定价多用于价格较贵的耐用品或礼品，以及消费者不太了解的产品，对于价格较贵的高档产品，顾客对质量较为重视，往往把价格高低作为衡量产品质量的标准之一，容易产生“一分价钱一分货”的感觉，从而有利于销售。

3. 声望定价策略

声望定价即针对消费者“便宜无好货、价高质必优”的心理，对在消费者心目中享有一定声望，具有较高信誉的产品制定高价。不少高级名牌产品和稀缺产品，如豪华轿车、高档手表、名牌时装、名人字画、珠宝古董等，在消费者心目中享有极高的声望价值。购买这些产品的人，往往不在乎产品价格，而最关心的是产品能否显示其身份和地位，价格越高，心理满足的程度也就越大。

4. 特价价格

这是利用部分顾客求廉的心理，特意将某几种产品的价格定得较低，以此作为吸引顾客的手段，带动其他产品的销售。

## 四、折扣定价策略

折扣营销定价策略是通过降低一部分价格以争取顾客的策略，在现实生活中应用十分广泛，用折让手法定价就是用降低定价或打折扣等方式来争取顾客购货的一种售货方式。

1. 数量折扣策略

数量折扣策略就是根据代理商、中间商或顾客购买货物的数量多少，分别给予不同折扣的一种定价方法。数量越大，折扣越多。其实质是将销售费用节约额的一部分，以价格折扣方式分配给买方。目的是鼓励和吸引顾客长期、大量或集中向本企业购买商品。

2. 现金折扣策略

现金折扣策略又称付款期限折扣策略，是在信用购货的特定条件下发展起来的一种优惠策略，即对按约定日期付款的顾客给予不同的折扣优待。现金折扣实质上是一种变相降价赊销，鼓励提早付款的办法。如付款期限一个月，立即付现折扣 5%，10 天内付现折扣 3%，20 天内付现折扣 2%，最后 10 天内付款无折扣。有些零售企业往往利用这种折扣，节约开支，扩大经营，卖方可据此及时回收资金，扩大商品经营。

3. 交易折扣策略

交易折扣策略是企业根据各类中间商在市场营销中担负的不同功能所给予的不同折扣，又称商业折扣或功能折扣。企业采取策略的目的是为了扩大生产，争取更多的利润，或为了占领更广泛的市场，利用中间商努力推销产品。交易折扣的多少，随行业与产品的不同而不同；相同的行业与产品，又要看中间商所承担的商业责任的多少而定。如果中间商提供运输、促销、资金融通等功能，对其折扣就较多；否则，折扣将随功能的减少而减少。一般而言，给予批发商的折扣较大，给予零售商的折扣较少。

4. 季节性折扣策略

季节性折扣策略是指生产季节性商品的公司企业，对销售淡季来采购的买主所给予的一种折扣优待。季节性折扣的目的是鼓励购买者提早进货或淡季采购，以减轻企业仓储压力。合理安排生产，做到淡季不淡，充分发挥生产能力。季节性折扣实质上是季节差价的一种具体应用。

5. 推广让价策略

推广让价策略是生产企业对中间商积极开展促销活动所给予的一种补助或降价优惠，又称推广津贴。中间商分布广，影响面大，熟悉当地市场状况，因此企业常常借助他们开展各种促销活动，如刊登地方性广告、布置专门橱窗等。对中间商的促销费用，生产企业一般以发放津贴或降价供货作为补偿。

## 第五节　价格调整

### 一、削价及提价策略

企业产品价格制定出来以后，并非一成不变，随着市场营销环境的变化，企业必须对现行价格予以适当的调整。企业进行产品价格调整有两种情况：一是主动调整，二是被动调整。倘若企业利用自身的产品或成本优势，主动地对价格予以调整，提高竞争力，这称为主动调整价格。倘若企业出于应付竞争的需要，即竞争对手主动调整价格，而企业也相应地被动调整价格，则这称为被动调整价格。无论是主动调整，还是被动调整，其形式不外乎是削价和提价两种。

#### (一)削价策略

企业削价的原因很多，有企业外部需求及竞争等因素的变化，也有企业内部的战略转变、成本变化等，还有国家政策、法令的制约和干预等。这些原因具体表现在以下几个方面：

1. 回笼现金

为了筹集资金进行某些新活动，企业对现金产生迫切需求，此时，企业可以通过对某些需求的价格弹性大的产品予以大幅度削价，从而增加销售额，获取现金。

2. 开拓市场，提高市场的占有份额

(1)一种产品的潜在顾客往往由于其消费水平的限制而阻碍了其转向现实顾客的可行性。在削价不会对原顾客产生影响的前提下，企业可以通过削价方式来扩大市场，提高市场的占有份额。

(2)企业生产能力过剩,产品供过于求,但是企业又无法通过产品改进和加强促销等工作来扩大销售。在这种情况下,企业必须考虑削价来促进销售,提高市场的占有份额。

(3)企业决策者预期削价会扩大销售,由此可望获得更大的生产规模。特别是进入成熟期的产品,削价可以大幅度增进销售,从而在价格和生产规模之间形成良性循环,为企业获取更多的市场份额奠定基础。

3.排斥市场的边际生产者

对于某些产品来说,各个企业的生产条件、生产成本不同,最低价格也会有所差异。那些以目前价格销售产品仅能保本的企业,在别的企业主动削价以后,会因为价格的被迫降低而得不到利润,只好停止生产。

4.具备削价的条件

随着科学技术的进步和企业经营管理水平的提高,企业成本降低,费用减少,许多产品的单位产品成本和费用在不断下降,因此,企业拥有条件适当削价。

5.中间商的要求

以较低的价格购进货物不仅可以减少中间商的资金占用,而且为产品大量销售提供了一定的条件。因此,企业削价有利于同中间商建立较良好的关系。

6.政治、法律环境及经济形势的变化,迫使企业降价

政府为了实现物价总水平的下调,保护需求,鼓励消费,遏制垄断利润,往往通过政策和法令,采用规定毛利率和最高价格、限制价格变化方式、参与市场竞争等形式,使企业的价格水平下调。在紧缩通货的经济形势下或者在市场疲软、经济萧条时期,由于币值上升,价格总水平下降,企业产品价格也应随之降低,以适应消费者的购买力水平。

削价最直截了当的方式是将企业产品的目录价格或标价绝对下降,但企业更多的是采用各种折扣形式来降低价格。如数量折扣、现金折扣、回扣和津贴等形式。此外,变相的削价形式有:赠送样品和优惠券,实行有奖销售;给中间商提取推销奖金;允许顾客分期付款;赊销;免费或优惠送货上门、技术培训、维修咨询;提高产品质量,改进产品性能,增加产品用途。这些方式具有较强的灵活性,在市场环境变化的时候,即使取消也不会引起消费者太大的反感,同时又是一种促销策略,因此在现代经营活动中运用越来越广泛。

**(二)提价策略**

提价能够增加企业的利润率,却会引起竞争力下降、消费者不满、经销商抱怨,甚至还会受到政府的干预和同行的指责,从而对企业产生不利影响。虽然如此,在实际中仍然存在着较多的提价现象。其主要原因是:

1.应付产品成本增加,减少成本压力

这是所有产品价格上涨的主要原因。成本的增加或者是由于原材料价格上涨,或者是由于生产或管理费用提高而引起的。企业为了保证利润率不致因此而降低,便采取提价策略。

2.为了应对通货膨胀,减少企业损失

在通货膨胀条件下,即使企业仍能维持原价,但随着时间的推移,其利润的实际价值也呈下降趋势。为了减少损失,企业只好提价,将通货膨胀的压力转嫁给中间商和消费者。

3.产品供不应求,遏制过度消费

对于某些产品来说,在需求旺盛而生产规模又不能及时扩大而出现供不应求的情况下,可

以通过提价来遏制需求，同时又可以取得高额利润，在缓解市场压力、使供求趋于平衡的同时，为扩大生产准备了条件。

4.利用顾客心理，创造优质效应

作为一种策略，企业可以利用涨价营造名牌形象，使消费者产生价高质优的心理定势，以提高企业知名度和产品声望。对于那些革新产品、贵重商品、生产规模受到限制而难以扩大的产品，这种效应表现得尤为明显。

为了保证提价策略的顺利实现，提价时机可选择在这样几种情况下：产品在市场上处于优势地位；产品进入成长期；季节性商品达到销售旺季；竞争对手产品提价。此外，在方式选择上，企业应尽可能多采用间接提价，把提价的不利因素减到最低程度，使提价不影响销量和利润，而且能被潜在消费者普遍接受。同时，企业提价时应采取各种渠道向顾客说明提价的原因，配之以产品策略和促销策略，并帮助顾客寻找节约途径，以减少顾客不满，维护企业形象，提高消费者信心，刺激消费者的需求和购买行为。

## 二、消费者对价格变动的反应

不同市场的消费者对价格变动的反应是不同的，即使处在同一市场的消费者对价格变动的反应也可能不同。消费者对价格变动的反应可归纳为：

在一定范围内的价格变动是可以被消费者接受的；提价幅度超过可接受价格的上限，则会引起消费者不满，产生抵触情绪，而不愿购买企业产品；降价幅度低于下限，会导致消费者的种种疑虑，也对实际购买行为产生抑制作用。

在产品知名度因广告而提高、收入增加、通货膨胀等条件下，消费者可接受价格上限会提高；在消费者对产品质量有明确认识、收入减少、价格连续下跌等条件下，下限会降低。

消费者对某种产品削价的可能反应是：产品将马上因式样陈旧、质量低劣而被淘汰；企业遇到财务困难，很快将会停产或转产；价格还要进一步下降；产品成本降低了。而对于某种产品的提价则可能这样理解：很多人购买这种产品，我也应赶快购买，以免价格继续上涨；提价意味着产品质量的改进；企业将高价作为一种策略，以树立名牌形象；卖主想尽量取得更多利润；各种商品价格都在上涨，提价很正常。

## 三、竞争者对价格变动的反应

虽然透彻地了解竞争者对价格变动的反应几乎不可能，但为了保证调价策略的成功，主动调价的企业又必须考虑竞争者的价格反应。没有估计竞争者反应的调价，往往难以成功，至少不会取得预期效果。

如果所有的竞争者行为相似，只要对一个典型竞争者作出分析就可以了。如果竞争者在规模、市场份额或政策及经营风格方面有关键性的差异，则各个竞争者将会作出不同的反应，这时，就应该对各个竞争者分别予以分析。分析的方法是尽可能地获得竞争者的决策程序及反应形式等重要情报，模仿竞争者的立场、观点、方法思考问题。最关键的问题是要弄清楚竞争者的营销目标：如果竞争者的目标是实现企业的长期最大利润，那么，本企业降低，它往往不会在价格上作相应反应，而在其他方面作出努力，如加强广告宣传、提高产品质量和服务水平等；如果竞争者的目标是提高市场占有率，它就可能跟随本企业的价格变动，而相应调整价格。

在实践中，为了减少因无法确知竞争者对价格变化的反应而带来的风险，企业在主动调价之前必须明确回答以下问题：

(1)本行业产品有何特点？本企业在行业中处于何种地位？

(2)主要竞争者是谁？竞争对手会怎样理解我方的价格调整？

(3)针对本企业的价格调整，竞争者会采取什么对策？这些对策是价格性的还是非价格性的？它们是否会联合作出反应？

(4)针对竞争者可能的反应，企业的对策又是什么？有无几种可行的应对方案？

在细致分析的基础上，企业方可确定价格调整的幅度和时机。

## 四、企业对策

竞争对手在实施价格调整策略之前，一般都要经过长时间的深思得失，仔细权衡调价的利害，但是，一旦调价成为现实，则这个过程相当迅速，并且在调价之前大多要采取保密措施，以保证发动价格竞争的突然性。企业在这种情况下，贸然跟进或无动于衷都是不对的，正确的做法是尽快迅速地对以下问题进行调查研究：

(1)竞争者调价的目的是什么？

(2)竞争者调价是长期的还是短期的？

(3)竞争者调价将对本企业的市场占有率、销售量、利润、声誉等方面有何影响？

(4)同行业的其他企业对竞争者调价行动有何反应？

(5)企业有几种反应方案？竞争者对企业每一个可能的反应又会有何反应？

在回答以上问题的基础上，企业还必须结合所经营的产品特性确定对策。一般说来，在同质产品市场上，如果竞争者削价，企业必须随之削价，否则大部分顾客将转向价格较低的竞争者；但是，面对竞争者的提价，本企业既可以跟进，也可以暂且观望。如果大多数企业都维持原价，最终迫使竞争者把价格降低，使竞争者涨价失败。

在异质产品市场上，由于每个企业的产品在质量、品牌、服务、包装、消费者偏好等方面有着明显的不同，所以面对竞争者的调价策略，企业有着较大的选择余地：

(1)价格不变，任其自然，任顾客随价格变化而变化，靠顾客对产品的偏爱和忠诚度来抵御竞争者的价格进攻，待市场环境发生变化或出现某种有利时机，企业再做行动。

(2)价格不变，加强非价格竞争。比如，企业加强广告攻势，增加销售网点，强化售后服务，提高产品质量，或者在包装、功能、用途等方面对产品进行改进。

(3)部分或完全跟随竞争者的价格变动，采取较稳妥的策略，维持原来的市场格局，巩固取得的市场地位，在价格上与竞争对手一较高低。

(4)以优越于竞争者的价格跟进，并结合非价格手段进行反击。比竞争者更大的幅度削价，比竞争者小的幅度提价，强化非价格竞争，形成产品差异，利用较强的经济实力或优越的市场地位，居高临下，给竞争者以毁灭性的打击。

思考题

1. 企业的定价目标主要有哪些？

2. 试述企业定价的主要方法。

3. 试分析中国家用电器市场价格战的利弊。

4. 撇脂定价策略和渗透定价策略各自适用于什么情况?

5. 试述产品价格的制约条件及其与产品价格的关系。

6. 试对新产品定价策划的三种形式进行比较。

7. 论企业发动降价与提价策划的原因及影响。

## 实训项目

要求学生到百货、专卖店、专业店、超市调查不同服装品牌的定价策略。

## 案例分析

### 农产品涨价接力赛

从“蒜你狠”到“豆你玩”到“姜你军”,再到“糖高宗”,这些调侃意味的新词,把今年中国农产品市场的“疯狂”表露无遗。

蒜你狠:从 2009 年开始,大蒜价格疯涨,网友们借鉴陈小春《算你狠》的歌名,调侃出风行网络的“蒜你狠”一词。

豆你玩:从今年初开始,绿豆价格不断攀升,从以往的两三元左右涨到了 10 元左右。网友据此发明了“豆你玩”,是继“蒜你狠”后的又一网络潮语。

姜你军:今年雨水偏多,生姜长势不错。近几个月来,生姜价格一路扶摇直上,在一些城市的零售价近 14 元/千克,直逼猪肉价格,创十多年以来新高。

糖高宗:白糖的价格变化在期货市场上一直很“鬼”,但是从 10 月 8 日至 28 日,短短 20 天时间里,白糖的价格从 5 700 元/吨一直持续上涨至 6 900 元/吨左右,每吨上涨约 1 200 元,涨幅达 21%,创造了同期合约的最高价。

进入第四季度,进行着农产品涨价接力赛的“先驱”们,不愁“后继无人”。在“苹什么”接过涨价的接力棒后,土豆也以价格翻番的势头悄悄跟进……

食品涨价接力赛,似乎没完没了……毫无疑问的是,没有什么不在涨,物价因素正在极大地影响着老百姓的生活!

对于农产品疯狂涨价的成因,很多“业内专家”的分析是:第一,自然灾害发生,农产品扛不过,涨一点;第二,货币发行多了,钞票自然贬值,涨一点;第三,农村人口往城镇里跑,劳力跟不上,涨一点;第四,热钱炒作,恶意囤货,涨一点。结果就是大家所看到的——农产品涨了四点。

从本质上看,此轮农产品涨价是由货币超量供应,引发需求拉动的通货膨胀压力造成的。农产品价格上涨,尤其是结构性上涨,若不与流动性过剩碰头,一般不会引发通胀。只有流通中货币超量了,通胀就会发生,进而导致包括农产品在内的各大类商品价格上涨。

在“涨声一片”的形式下,世界银行的预测新鲜出炉:全球主要食品价格波动将持续 5 年。不知道世界银行是为了哄抬市价还是别有用心,总之老百姓听了这个预测,内心是拔凉拔凉的。

这就给出了一个中长期农产品价格上升的预期。同时,由于国际粮价持续上升,长期流动性过剩,美元贬值,大宗商品价格和资产价格持续上升,造成了通胀预期。因此,当前推高农产品价格的重要因素就是，农产品价格上升预期和通胀预期。

事实表明，通胀会造成对资源配置的错误引导。农民如果按照当前的涨价形势来判断，进行盲目扩大生产，来年必然会陷入“卖难”的困境。

案例思考：

1. 2010年农产品为什么疯狂涨价？

2. 如何避免农产品疯狂涨价？

# 第八章　分销策略

学习目标

通过本章学习，准确理解分销渠道的概念、流程、功能，掌握常见分销渠道类型和销售渠道策略，了解分销渠道中重要成员的作用、类型及相互间的关系，掌握分销渠道的设计和管理。

案例引导

“台湾农产品专卖店”将登大陆

据台湾《联合报》报道，台湾农业主管部门宣布，2010 年 6 月，将在上海成立大陆第一家“台湾农产品专卖店”，销售台湾莲雾、蜜枣等顶级热带水果，及其他“台湾产制”的农产品，不仅要在上海高价位商圈打开台湾农产品知名度，同时也抢攻上海世博会的无限商机。

台湾省农业主管部门官员张淑贤表示，上海举办世博会展期长达半年，台湾农产品在这时候不能缺席，计划在上海开间“门市”，专卖“Made in Taiwan”的农产品。张淑贤说，上海门市除了卖在大陆广受好评的释迦、莲雾、蜜枣、芒果、葡萄柚、凤梨、杨桃等热带水果以外，也买得到台湾百大农产精品、水产品、畜产品，要培养大陆民众想买“正港台湾货”，就要到门市消费的习惯，但其中台湾畜产品，因为两岸检疫检验问题，目前正待克服，到时候，连玉井芒果干、彰化社头龙眼干、云林黑金刚花生等产品，上海都可能买得到。

台湾农业主管部门将把这个计划公开招标，将上海门市委托民间厂商经营管理。张淑贤说，今年上海世博会，估计除了吸引大陆民众以外，还有全世界来参加的游客，正好借此机会，把台湾农产品推向国际。

张淑贤表示，目前在日本东京、中国香港永安百货地下楼，都设有台湾农产品的专卖据点，若上海据点成立，将成为第三个“专卖店”，也是最具业绩成长潜力的据点。

根据统计，2009 年一年台湾农产品销售到大陆产值有 515 万美金，是前年的 2.2 倍，今年有了上海专卖店，估计销售金额会再创新高。

案例思考：

1.“台湾农产品专卖店”登陆，将对台湾农产品的销售带来多大的影响？

2. 农产品的销售，除了专卖店外，还有哪些渠道？

# 第一节 产品分销渠道概述

## 一、分销渠道的概念

### (一)渠道的含义

分销渠道是指某种产品从生产者向消费者或用户转移过程中所经过的一切取得所有权(或协助所有权转移)的商业组织和个人,即产品所有权转移过程中所经过的各个环节连接起来形成的通道。

分销渠道的目的就是使企业生产经营的产品或服务顺利地被使用或消费,其具体的任务是把商品从生产者那里转移到消费者或用户手里,使消费者或用户能在适当的时间、适当的地点买到能满足自己需求的商品。分销渠道所涉及的是商品实体和商品所有权从生产向消费转移的整个过程。在这个过程中,起点为生产者出售的商品,终点为消费者或用户购进商品,位于起点和终点之间的为中间环节。中间环节包括参与从起点到终点之间商品流通活动的个人和机构,如生产者、各种类型的中间商、运输公司、仓储公司、银行和广告代理商等。

### (二)渠道的构成

企业生产出产品之后,只有通过分销渠道,才能将产品转移到最终消费者手中。分销渠道是实现商品销售的重要因素。分销渠道作为一种通道,可使商品实体和所有权从生产领域转移到消费领域。分销渠道也可作为信息传递的途径,对企业广泛、及时、准确地收集市场情报和有关商品销售、消费的反馈信息起着重要的作用。企业大量的、目的在于吸引顾客、说服顾客购买的促销广告和宣传品也通过销售渠道进行传播。除此之外,商品交换账款的支付是在渠道中完成的。由此可知,分销渠道体系中至少存在着五个流程:实物流、所有权流、付款流、信息流和促销流。

1. 实物流

实物流指实体原料及成品从制造商转移到最终消费者的过程。例如,彩色电视机的营销渠道中,原材料、零部件、显像管等从供应商运送到仓储企业,然后被运送到制造商的工程制成彩色电视机。制成成品后也须经过仓储,然后根据代理商订单而运交代理商,再运交顾客(图8-1)。如遇到大笔订单的情况,也可由仓库或工厂直接供应。这一过程中,至少要用一种以上的运输方式,如铁路、卡车、船舶等。

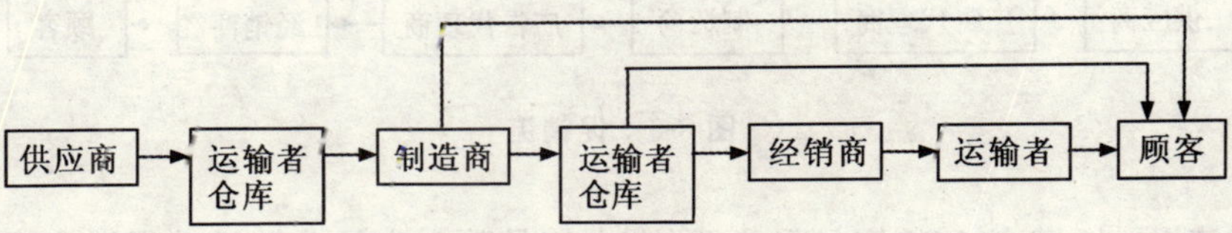


图 8-1 实物流

2. 所有权流

所有权流指货物所有权从渠道中的某个主成员到另一个主成员的转移过程。在前例中，原材料及零部件的所有权由供应商转移给制造商，制造商生产出成品后，彩色电视机的所有权则由制造商转移到经销商，再由经销商转移到顾客(图 8-2)。

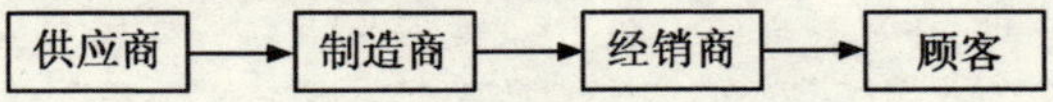


图 8-2 所有权流

3. 付款流

付款流是指货款在各渠道成员之间的流动过程。例如，顾客通过银行或其他金融机构向经销商或代理商支付账单，如果是代理商渠道，代理商扣除佣金后再付给制造商，再由制造商付给各供应商，还须付给运输企业及独立仓库(图 8-3)。

图 8-3 付款流

4. 信息流

信息流是指在市场营销渠道中，各渠道成员之间相互传递信息的过程。如彩电制造商与彩色显像管供应商之间的信息交流，制造商与储运企业之间的信息交流。通常，渠道中每一组相关成员之间都会进行双向的信息交流(图 8-4)。

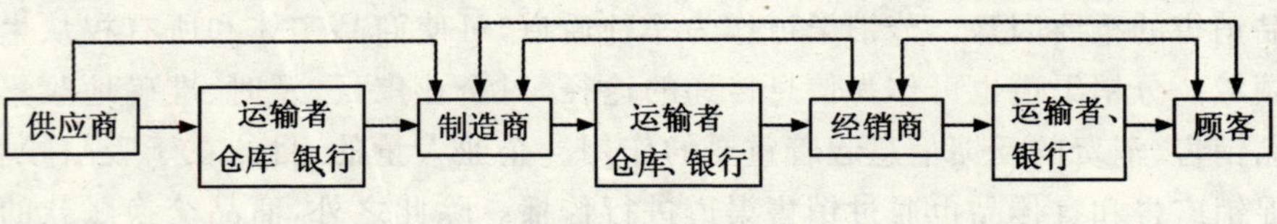


图 8-4 信息流

5. 促销流

促销流是指某一渠道成员运用广告、人员推销、宣传、销售促进等活动对另一渠道成员施加影响的过程。供应商向制造商推销自己的品牌和产品，也可能直接向制造商的最终顾客促销，进而影响制造商购买其零部件或原材料来装配产品；制造商向代理商或经销商促销；制造商向最终顾客促销(图 8-5)。

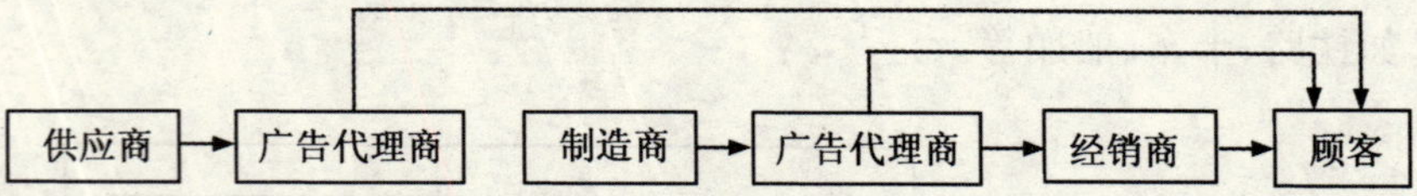


图 8-5 促销流

在这“五流”之中，商流和物流是最主要的，它们是整个产品分销活动得以实现的关键。商流的买卖交易活动是其他分销活动得以成立的前提，没有产品所有权转移的需要和实施，就不可能出现产品实体转移或货币运动，与之相关的信息活动和促销活动也就失去了存在的意义。

而物流所进行的产品实体转移则是产品由生产领域向消费领域的实质性运动，是分销活动的实质内容。值得指出的是，只有当商流和物流都存在的情况下，产品的分销活动才得以成立。但是在实际的分销活动中，商流活动和物流活动并不一定同时发生。而且物流活动有所经过的中间环节和运动轨迹也不一定同商流轨迹完全一致。所以，它们有可能形成各自的渠道与运行方式。当然，对于付款流、信息流和促销流来讲，也会形成各自的渠道和运行方式。对于各类分销活动的运行渠道和运行方式进行正确地选择并加以合理地组合，是有效地实现企业营销目标和提高营销效率的关键。

### (三)渠道的功能

五流的活动形成了分销渠道特定的功能：

1. 媒介交易

各类中介机构能沟通生产者与消费者的联系，为消费者提供有关商品的供应信息，为生产者寻求潜在客户，并促进和实施他们之间的商品交易活动。

2. 运转实体

通过物流渠道能及时把产品运送到销售市场和消费者身边，还能根据消费者的需要对产品进行分等分类，合理配组，并通过包装和储存使产品的使用价值在运转实体过程中不受损害，以期在适当的时候投放市场。

3. 周转资金

通过中介机构的活动，能加速资金在各个环节之间的周转，减少资金的积压和呆滞，使资金发挥和产生更大的效益。

4. 分担风险

分销渠道中中介环节的增加，实际上是将原先由生产者所承担的风险分散到各个中介机构，从而使产品销售的风险可通过各中介环节之间的利益调整和专业化经营效率的发挥而得以减缓。

通过发挥分销渠道的这些功能，就能使生产者更有效地将他们的产品广泛地打入各个目标市场，并通过对分销渠道的合理选择运用来实现最佳的经济效益。

## 二、分销渠道的类型

从一个企业在分销渠道决策时所面临的选择来看，分销渠道大致有以下几种类型：

### (一)直接分销渠道和间接分销渠道

分销渠道最基本的分类是以生产企业是否自己销售商品为标准划分的，可分为直接分销渠道和间接分销渠道。

1. 直接分销渠道

直接分销渠道是生产者把商品直接出售给最终消费者的渠道。也就是说生产与流通两种职能都是由生产者承担的。其具体形式有：

(1)接受用户订货。企业和重点用户签订合同或协议书，按合同生产和销售商品。

(2)设店零售。有的企业专门设立零售商店或分销机构销售商品，有的企业在生产现场设立门市部销售商品。

(3)上门推销。企业派推销员对消费者或用户个别访问，推销商品。

(4)利用通信、电子手段销售。办理邮购业务,接受电视、电话购买,实行网上购物。

直接分销渠道是生产资料分配渠道的重要类型,大约80%的生产资料是直接销售的。消费品有时也采用直接渠道,这主要表现在传统产业和新兴服务业这两大领域。在我国,鲜活品、食品和手工业制成品,有着长期传统的直销习惯;新技术在流通领域中的广泛应用,已使邮购、电话电视销售好计算机联网销售方式逐步展开,促进了消费品直销方式的发展。

直接分销渠道减少了中间环节,全部销售利润归生产者所有,而且可以节约流通费用;商品特别是工业品产销见面,生产者能直接地了解市场需求的变化,有利于企业及时地做出相应的决策。但这种类型有一定的条件限制,适应范围有限;生产者直接销售商品,会耗费一定的人力、物力和财力,对集中精力进行产品生产活动不利;生产者在承担了流通职能的同时也承担了商品销售的风险。

2. 间接分销渠道

间接分销渠道是生产者通过流通领域的中间环节把商品销售给消费者的渠道。也就是在生产者和消费者之间假如了中间商,由中间商承担流通的职能,中间环节可能只有一个,也可能有若干个。一个中间环节有时不止一个中间商,因此,参与商品销售的中间商的数量在某些情况下会大于中间环节的数量。

间接渠道是消费品分配的主要类型,大约95%的消费品通过间接渠道销售。此外,一部分生产资料也通过间接渠道进行销售。

间接渠道通过专业分工使商品销售简单化,促进了生产和流通的发展;中间商的介入,分担了生产者的经营风险;借助于中间环节,可增加商品销售的覆盖面,有利于扩大商品市场占有率。但是如果中间环节过多,会增加流通费用,增大商品成本;会给生产者收集市场情报和商品销售反馈信息带来困难。

**(二)长渠道和短渠道**

对于间接渠道来讲,根据介入的中间商层次的多少分为长渠道和短渠道具体包括以下四层:

1. 零级渠道:制造商—消费者

这是一种最短最简单的销售渠道,没有中间商,消费品的生产企业直接与顾客接触,拜访客户,通过各种方式如邮购、电话销售、上门推销、电视直销、生产单位自己开办销售处等方法,把本企业的产品直接销售给最终消费者。

2. 一级渠道:制造商—零售商—消费者

生产者直接把产品供应给零售商,然后再由零售商将产品分销给消费者,其中只有一个层次的中间商介入。一些大型的百货商店、超级市场、连锁商店都有自己的采购中心或进口部,从生产企业直接进货后自己再销售。采用这种分销渠道的企业通常生产耐用消费品和高级选购品。

3. 二级渠道:制造商—批发商—零售商—消费者,或者是制造商—代理商—零售商—消费者

二级渠道指包括两个层次的渠道,这两个层次,在消费者市场是批发商和零售商,在产业市场则可能是代理商与批发商。这种分销渠道是传统的渠道模式,尤其对于中小企业来说。

4. 三级渠道:制造商—代理商—批发商—零售商—消费者

三级渠道是指有三个层次的中间商介入。

可见,零级渠道最短,三级渠道最长。长渠道是指产品分销过程中经过两个或两个以上的

中间环节;短渠道策略是指企业仅采用一个中间环节或直接销售产品。一般而言,渠道越长,企业产品市场的扩展可能性就越大,但企业对产品销售的控制能力和信息反馈的清晰度就愈差,成本亦愈大;相反,渠道愈短,企业对产品销售的控制能力和信息反馈的清晰度就愈好,成本亦愈小;但是市场的扩展能力会相应下降。

**(三)宽渠道与窄渠道**

根据生产企业在销售渠道的每个层次中选用同种类型中间商的多少而分为宽渠道和窄渠道。

宽渠道是指生产者通过两个或两个以上的中间商来销售自己的产品。一般日用品,如毛巾、牙刷、暖瓶、内衣等都是通过宽渠道进行销售的,由多家批发商经销,又转卖给更多的零售商去进行销售,从而能大量地接触消费者,大批地销售产品;只选用一个中间商销售自己的产品,称为窄渠道。它仅在一些专业技术性强,而且生产批量小的产品销售中适用。生产这类产品的生产者,一般只选用熟练掌握这种产品技术性能的中间商独家经销。这种中间商可以是零售的,也可以是批发的。窄渠道对生产企业来讲,比较容易控制,但市场的分销面就受到限制。因此,窄渠道一般仅适用于专业性较强的产品或较贵重的耐用消费品。

相关链接

爱普森公司的中间商策略

日本的艾普森公司是制造电脑打印机的大厂家。当时该公司准备扩大其产品线,增加经营各种计算机,该公司总经理杰克·沃伦(Jack Whalen)对现有的经销商颇不满意,也不相信他们有向零售商店销售其新型式产品的能力,因此他决定秘密招聘新的配销商以取代现有的配销商。沃伦雇用了一家名为赫展拉特尔公司(Hergenrather & Company)的招募公司,并给予下述指示:

1.寻找在褐色商品(电视机等)或白色商品(电冰箱等)方面有两步配销经验(工厂到配销商到经销商)的申请者。

2.申请者应是领袖型的人,他们愿意并有能力建立其自己的配销机构。

3.他们将被付与8万美元的年薪加奖金以及37.5万美元的资金用于帮助他们建立企业。他们每人各出资2.5万美元。他们每人均可持有企业的股票。

4.他们将只经营艾普森公司的产品,但可经营其他公司的软件。每个配销商将配备一名负责培训工作的经理和一个设备齐全的维修中心。

招募公司在寻找有希望合作并目的明确的候选人时遇到了很大困难。他们在《华尔街日报》上刊登的招聘广告(不提及艾普森公司的名)吸引了近1700封请求信,但其中多半是不合格的求职者。于是,该公司用电话簿上用黄纸印刷的商业部分电话号码得到目前的配销商的名称,并打电话与他的第二常务经理联系。公司安排了与有关人员会见,并在做了大量工作之后提出了一份最具资格的人员名单。惠伦会见了他们,并为其12个配销区域选择了12名最合格的候选者。招募公司为其招聘工作得到了25万美元的酬金。

最后的步骤要求终止艾普森公司现有的配销商。由于招募是在暗中进行的,因此这些配销商对事态的发展毫无所知。杰克·沃伦通知他们将在90天期限内交接工作,他们当然感到震惊,因为他们曾作为艾普森公司最初的配销商与之共事多年。但是他们并没有订立合同。

沃伦知道他们缺少经营艾普森公司扩大电脑产品线和进入必要的新流通渠道的能力。他认为舍此别无他法。

思考：中间商有哪些类型，其作用如何？

## 第二节 中间商的类型

中间商是在商品从生产领域转移到消费领域的过程中，参与商品交易活动的专业化经营的个人和组织。中间商按其在流通过程中的地位和作用可分为批发商和零售商。

### 一、中间商的作用

在中间商出现之前，商品以简单商品流通形式流通，生产者将商品直接销售给消费者。随着社会分工的发展，在生产者和消费者之间出现了专门帮助商品从生产领域转移到消费领域的中间商。中间商的出现，对促进商品生产和流通的发展起了重要的作用。中间商在销售渠道中所发挥的作用主要表现在：

1.促进生产者扩大生产和销售

中间商的出现，使生产企业将其优势和实力集中于生产之上，有效地实现企业的经济目标；中间商的专业化购销活动帮助生产者扩大产品销售量，也扩大了产品市场。

2.协调生产与需求之间的矛盾

专业化生产者生产的商品一般是种类不多而数量很大，消费者需要的商品却是种类繁多、数量很小。中间商可以面向许多生产者购进商品，将商品汇集在一起向消费者供应，从品种、数量、时间、地点等方面为生产者和消费者之间的交换排除了障碍，从而较好地解决了产需之间的矛盾。

3.方便消费者购买商品

居于中间环节的中间商，能够充分利用专职销售的优势，针对消费者的需求组织货源，在很大程度上满足消费者对商品多种多样的需要。同时，中间商通过对商品的宣传推广，使消费者了解商品的性能、特点和使用方法等商品知识和信息，起到了指导消费的作用。

### 二、批发商

批发商是把商品出售给那些为转卖商品而购买的零售商和批发商的中间商。批发商的交易对象除了零售商和其他批发商之外，还有进行大宗购买的企业、机构、团体等客户。一般来讲，批发商在销售渠道中居于起点阶段和中间阶段，它向生产企业购进商品，向零售商批销商品，交易业务活动结束以后，商品仍在销售渠道中。批发商从事的是大宗的商品买卖活动，每次的交易量比较大，特别是购进商品的批量比较大。

商品在实现价值的过程中具有一定的风险，如市场供求和价格变动带来的风险、商品储存、运输过程中可能发生的风险以及商品交易中因预购、赊销造成的呆账风险等。批发商在多数情况下是大批量地购进和储存商品，分批少量地销售商品，在这个过程中为生产企业和零售商承担了一定的市场风险。

批发商有三种主要类型:买卖批发商,代理商和经纪人,制造厂家的销售部。

**(一)买卖批发商**

买卖批发商又称做经销商批发商。买卖批发商在自负盈亏的情况下从事商品买卖,对其经营的商品具有所有权,是一种最主要的批发商类型。以美国为例,虽然大多数买卖批发商的规模较小,但其销售业务量占美国批发业务总量的一半以上。

买卖批发商根据其经营商品范围可分为三种类型:

1.综合批发商

综合批发商指同时经营多种类型商品批发业务的批发商。这种批发商经营商品的范围广、种类繁多,品种大众化,其销售对象主要是综合性比较强的零售商店,如百货商店、食品杂货商店、服装商店、五金商店等。一般日用品都是通过综合批发商进行分销的。

2.产品线批发商

这种批发商主要经营某条产品线中的各种产品,其中主要是食品杂货、药品和五金等。

3.专业商品批发商

这种批发商主要经营一条产品线中有限的几种产品项目。由于专业化程度比较高,一般适合与大零售商做交易。其优势是,对自己经销的有限的几种产品项目具有全面的知识和经商学问。对于品种项目比较复杂、技术性比较强的产品,大多是通过专业批发商进行分销的。

**(二)代理商和经纪人**

代理商和经纪人是为自己的委托人代购代销商品,按销售额提取一定比例的报酬的商人。他们对自己经办的商品没有所有权,主要替那些不具备销售力量或没有在某地区派遣销售人员的厂家销售产品,销售对象主要是工业用户、其他批发商和零售商。代理商和经纪人提供的服务项目较少,因此其成本往往比买卖批发商低。

1.代理商

代理商有多种形式,如制造商代理、销售代理、拍卖公司、进口代理和出口代理等。

制造商代理是授权向某个地区销售制造厂家的部分产品的独立商人。他们不拥有产品所有权,制定销售价格和销售条件、提供信用条件、交货和开账单等工作都由制造厂家承担。一个制造厂家通常与许多代理人有合同关系,而一个代理人往往又替许多厂家代销商品,这些厂家的产品有一定关联,但不存在竞争关系。

销售代理销售一个厂家的全部产品,或者在厂家的全部市场上销售一条或一条以上的产品线。与制造商代理不同的是,他们在委托人的经营管理问题上有发言权,并有权制定价格、销售条件和广告推销甚至产品设计。一个销售代理人通常与两个以上的委托人建立承销关系,但一个厂家却只使用一个销售代理人来销售全部产品或某条产品线的全部产品。代销的产品一般有煤炭、纺织品、罐头食品和家具等。

采购代理商一般与委托人有长期关系,代委托人采购、收货、验货、储运。由于采购代理商消息灵通,可以向委托人提供有价值的市场信息,而且能以最低价格买到最好的货物。

拍卖公司提供商品买卖的场所。经营的商品大多是烟草和家禽等农产品以及汽车、机器等旧设备,有时经营"亏本"商品或破产公司的库房和设备。它在整个批发贸易中占的比例很小。

佣金代理商是指对委托销售的商品实体具有控制力并参与商品销售谈判的代理商,其按销售收入提取佣金。佣金代理商一般能预先获得产品实物,自行销售,然后将所得货款扣除佣金和开支后交还给生产者。

2.经纪人

经纪人是受托安排买卖双方的合同和沟通它们之间的联系的中间商。他们也不拥有产品的实际所有权,既不经手商品,也不经手财务,不参与融资,也不承担买卖风险。与代理商不同的是,经纪人与委托人之间的关系通常不是持久性的,当经纪人促成一项交易之后,这种关系便告终止。经纪人的优势是了解卖方和买方的需求,其服务项目主要是提供市场销售信息。

### (三)制造商的销售部

这类批发商是制造厂家自己的销售部,是专门经营其批发销售业务的独立机构,也是批发商的主要类型之一。制造商的销售部可分为两种类型:一种是销售业务部,没有仓储设施和产品保存,只销售产品,经营方式类似直达货运商;另一种是销售经营部,有仓储设施和产品库存,经营方式类似提供全面服务的买卖批发商。制造商设置销售部,目的在于改进存货控制、销售和促销业务。

## 三、零售商

零售商是将商品销售给为个人或家庭使用而购买的最终消费者的中间商。零售商的对象是众多的消费者,在分销渠道中,零售商居于终点阶段,零售商从生产者或批发商那里小批量购进,再直接向消费者零星、多品种销售商品,每次销售的量小、交易频繁,在交易过程中或结束后要向购买者提供相应的销售服务。由于消费者的购买行为时多种多样和变幻莫测的,所以零售商的形式也是多种多样的。

### (一)据所有权的归属不同,可分为连锁商店和独立商店

1.连锁商店

连锁商店是在同一所有者控制下,拥有数个经销同类商品、统一名称、统一管理的商店的商业集团。连锁商店的经营采取核心化控制,集中大批量进货,可获得规模经济效益。其经营成本较低,售价也相应较低,在许多方面实行标准化,如商店的建筑风格、店内外布局一致等。连锁商店是20世纪零售业最重要的发展之一,已在各类零售经营形式中出现,运用最多的是百货商店、食品商店、药店、鞋店和妇女服装商店。其优势在于:大量进货,可享受数量折扣,运输费用低;聘用优秀管理人员,在定价、商品宣传、推销、存货控制和销售预测等领域实现科学管理;统一广告宣传,可获得促销规模经济;给予连锁分店一定的自主权,以适应市场上消费者不同的偏好,有效地应付竞争。

2.独立商店

独立商店是独自拥有所有权的小型零售商店。由于面对强大的零售业竞争压力,独立商店中已有不少通过不同的途径寻求联合,以增强竞争实力。有的通过契约与其他零售店建立了合作组织,有的与批发商建立了自愿联合组织,有的则与制造厂家建立了特许代理关系。

### (二)据是否购置店铺进行商品交易,可分为有店铺零售商和无店铺零售商

1.有店铺零售商

有店铺零售商即在商店内出售商品的零售商。这是零售商的基本类型,主要形式有:

(1)百货商店。百货商店提供的商品有相当大的深度和广度。店内的每一个部都是自负

盈亏、相对独立的单位，都是经营一条产品线的部门或一个专业化商店，由此促进了商店的核算、管理和促销等工作。百货商店大都向消费者提供送货、信用以及自由退货的优惠条件等服务项目。

(2)专业商店。专业商店仅销售一类产品或有限的几类产品。经销的商品种类不多，但产品线的深度可以很大，出售那些既需要一定商品知识水平又需要提供销售服务的商店，能较好地满足消费者的需要。如家用电器商店、服装店、食品店、家具店等。有些专业商店专门包销某些名牌产品。

(3)超级市场。超级市场规模庞大，经营范围广泛，成本相对较低。经营方式的特点一是现购自运；而是消费者自选；三是大量购买的优惠价。目前，超级市场正在向规模更大、经营品种更多、对顾客提供更多的便利的方向发展。在超级市场之后，又出现了超级商店——规模较大，日用品种全，服务范围较广；综合商店——规模大，多样化经营，有综合食品商店和药品商店；巨型超级市场——规模更大，融合了超级市场、折扣商店和仓库零售的特点，产品超出了一般日用品范围，如家具、服装等。

(4)折扣商店。折扣商店的价格低于一般商店，毛利较少；薄利多销，销售量较大；出售标准商品，提供的基本上都是流行的全国性品牌。有一些特殊商品也采用了折扣零售的方式，如运动用品折扣商店、折扣书店等。

(5)廉价零售商。廉价零售商在低价、数量大方面更具特点，所经营的是高质量但变化不定的商品。廉价零售商有三种主要形式：一是工厂门市部，由制造商拥有和经营，销售多余的或不规范的商品；采用多家工厂门市部在工厂门市部大厅联销的方式，价格大部分低于零售价50%。二是独立的廉价零售商，由企业自己拥有和经营或是从大零售公司划分出来。三是仓库俱乐部，销售有限的有品牌的杂货、器具、衣服等商品，以大量的、低管理费、类似仓储设施的方式经营。参加者每年交纳一定数目的会费，便可得到高折扣。

(6)样品目录陈列室。样品目录陈列室运用商品目录和折扣原则，销售可供选择的毛利高、周转快的有品牌商品，如珠宝、电动工具、照相机、皮包和运动器材等。

2.无店铺零售商

无店铺零售商即销售商品不是在商店内进行，能为消费者提供方便的零售商。这种类型的零售商前景广阔，发展很快，主要形式有：

(1)直接推销。企业派推销员上门推销产品。有挨门挨户推销或上办公室推销；有家庭推销会推销，即邀几个朋友和邻居到某人家里聚会，在这人家里展示推销产品。直接推销还有一种方式，称作多层传销，即生产企业的销售人员通过发展两个以上层次的传销员，由传销员将本企业的产品直接销售给消费者的一种方式。这种方式中，一位传销员的报酬包括他自己直销产品获得的利润，以及他所发展的传销员的全部销售额的比例提成，被称为“金字塔推销”。这种方式的采用有一些限制条件，如产品的质量和范围、组织的管理等。而且这种方式本身是一种有争议的销售方式。我国自20世纪90年代初引进这种方式以来，几起几伏，最后由于其发展走入误区，造成大量的社会问题，被政府取缔禁止。

(2)直复营销。直复营销起源于邮购推销。其特点是直接从目标顾客或潜在顾客那里获得订单，是一种正在发展的营销方式。营销学界将直复营销定义为是一种为了在任何地方产生可度量的反应或达成交易而使用的一种或多种广告媒体的交互作用的市场营销体系。主要形式有：

邮购　邮购有不同的形式，一种是邮购目录，通过邮寄商品目录向顾客介绍产品，所推销的商品范围比较广。另一种是直接邮购，邮寄各种邮件如信件、传单、折叠广告和其他"长翅膀的推销员"给顾客进行推销，适用于推销书籍、杂志和保险，新奇产品、礼品和服饰等的推销也较多地使用这种形式。

电话订购　可直接利用电话向消费者和企业推销产品，也可向现实顾客或潜在顾客提供免费的800电话号码，以使顾客在受到邮寄广告等广告的刺激后，通过电话订购有关产品或服务。

电视购物　有两种途径，一是通过购买电视广告时间介绍产品，一是利用家庭购物频道推销产品。电视购物也提供免费电话，并提供快速送货。

电子购物　电子购物有两种方式：一种是通过视频信息系统，这是一种通过电缆或电话线联结消费者电视机和销售者计算机信息库的双向装置。消费者在一台普通电视机上安装通过双向电缆联结视频系统的一种专门的键盘装置，便可根据系统提供的商品目录，按动键盘订购商品。另一种是消费者使用个人计算机打电话要求订购，多数是服务销售，按月或按次计费。这种方式应用很少。

网络购物　网络购物是在电子购物的基础上发展起来的，企业在计算机网络上开设主页，在主页上开设"虚拟商店"，用以陈列宣传企业的商品，顾客通过网络计算机进入虚拟商店选购商品。网络购物可通过商业联机渠道，更多的是通过国际互联网(Internet)。国际互联网自1990年开始商业应用以来得到不断完善，为企业营销带来了新的契机，也向传统营销提出了新的挑战，预示着网络营销时代即将到来。实行网络购物，上网企业可利用网络渠道进行直接的网上交易(如销售计算机软件、电子图书等产品)，或配合传统的送货上门、结算完成交易过程；可通过网络提供各种售后服务，建立顾客档案，与顾客进行一对一的双向互动沟通。网络购物是一种刚刚兴起、发展迅速、潜力巨大的销售方式。网络购物使渠道缩短，业务人员及管理人员减少；采用虚拟组织如虚拟橱窗布置、虚拟商品、虚拟经销商、虚拟业务代理，导致经理、代理及分店、门市数量减少或消失；"按单制造，及时送货"，使库存成本及风险减少；由此所带来的高交易效率与低交易成本，势必会大大降低营销成本，提高营销效率、质量和效益。

(3)自动售货机。自动售货机往往被安置在商店外面或工厂和办公楼里，出售诸如饮料、咖啡、糖果、香烟和洗衣剂等商品，使零售商在因时间和地点的限制而不可能安排售货员时也能出售少量商品，为消费者提供了方便。但经营成本较高，从而价格也较高。

(4)购物服务。购物服务是一种为特定委托人服务的无店铺零售方式。特定委托人主要指一些大型组织如学校、医院、协会和政府机构的雇员，他们作为购物服务组织的成员，有权向一组选定的与购物服务组织有约定的零售商购买，并获得一定的折扣。这种形式因购物服务组织没有店铺而归在无店铺零售商之内。

## 第三节　分销渠道的设计

如前所述，可供企业选择的销售渠道有直接渠道和间接渠道，有长渠道和短渠道，有宽渠道和窄渠道。在销售渠道中承担销售职能的有零售商、批发商等中间商。从渠道的构成来看，存在着实物流、所有权流、付款流、信息流和促销流五个流程。渠道决策内容丰富、复杂。而分销渠道对于企业又是至关重要的，正如一位经济学家所说，分销渠道体系“是一项重要的外部资源”。

## 一、分销渠道的设计原则

1. 畅通高效原则

这是渠道选择的首要原则。任何正确的渠道决策都应符合物畅其流、经济高效的要求。商品的流通时间、流通速度、流通费用是衡量渠道分销效率的重要标志。畅通高效的分销渠道模式，不仅要让消费者在适当的时间、地点以合理的价格买到满意的商品，而且应努力提高企业的分销效率，争取降低分销费用以尽可能低的分销成本，获得最大的经济效益，赢得竞争的时间和价格优势。

2. 覆盖适度原则

企业在选择分销渠道模式时，仅仅考虑加快速度、降低费用是不够的。还应考虑及时准确地送达的商品能不能销售出去，是否有较高的市场占有率足以覆盖目标市场。因此，不能一味强调降低分销成本，这样可能导致销售量下降、市场覆盖率不足的后果。成本的降低应是规模效应和速度效应的结果。在分销渠道模式的选择中，也应避免扩张过度、分布范围过宽过广，以免造成沟通和服务的困难，导致无法控制和管理目标市场。

3. 稳定可控的原则

企业的分销渠道模式一经确定，便需花费相当大的人力、物力、财力去建立和巩固，整个过程往往是复杂而缓慢的。所以，企业一般轻易不会更换渠道成员，更不会随意转换渠道模式。只有保持渠道的相对稳定，才能进一步提高渠道的效益。畅通有序、覆盖适度是分销渠道稳固的基础。

由于影响分销渠道的各个因素总是在不断变化，一些原来固有的分销渠道难免会出现某些不合理的问题。这时，就需要分销渠道具有一定的调整功能，以适应市场的新情况、新变化，保持渠道的适应力和生命力。调整时应综合考虑各个因素的协调，使渠道始终都在可控制的范围内保持基本的稳定状态。

4. 协调平衡的原则

企业在选择、管理分销渠道时，不能只追求自身的效益最大化而忽略其他渠道成员的局部利益，应合理分配各个成员间的利益。渠道成员之间的合作、冲突、竞争的关系，要求渠道的领导者对此有一定的控制能力——统一、协调、有效地引导渠道成员充分合作，鼓励渠道成员之间有益的竞争，减少冲突发生的可能性，解决矛盾，确保总体目标的实现。

5. 发挥优势的原则

企业在选择分销渠道模式时为了争取在竞争中处于优势地位，要注意发挥自己各个方面的优势，将分销渠道模式的设计与企业的产品策略、价格策略、促销策略结合起来，增强营销组合的整体优势。

## 二、渠道设计步骤

渠道设计是建立企业分销渠道体系的首要阶段，要解决的主要问题是渠道目标和渠道方案的确定，具体可分为如下步骤：

### (一)确定渠道目标

确定渠道目标也就是企业想把渠道建设成一个什么样的渠道，是强调速度，致力于快速传递，既缩短渠道路线使产品尽快进入市场，又节省顾客的时间成本；还是体现便利，大面积地接触顾客，加大市场渗透力，使顾客能够就近购买；还是突出选择，增加渠道中产品线的宽度，提供丰富的产品品种规格供顾客挑选，更好地满足顾客的需求；还是重视服务，将服务如送货上门、安装、维修、信贷等放在首要位置，以高质量和周到的服务解除顾客的后顾之忧，从而使产品的销售进入良性循环。由此看来，渠道目标问题实际上是企业准备提供什么样的"渠道产品"，"渠道产品"的实质是服务，渠道的价值由此体现。在实际中，有的企业追求单一目标渠道，更多的企业追求多重目标渠道。

企业的渠道目标确定，首先必须是以消费者的需求为核心，再考虑一些对渠道选择起限制性作用的因素。

1.分析目标顾客的需要

企业渠道目标首先必须考虑目标顾客的需要，实质上顾客的需要就是企业分销渠道的目标。考虑顾客需要具体来说是要了解企业的目标顾客群希望中间商提供的购买服务水平，根据这种购买服务水平来确定本企业的渠道目标。这就需要对目标顾客群的购买对象、购买习惯，包括什么时间、什么地点、如何购买等进行调查研究，了解他们所要购买的产品的数量、质量和品种、购买等候时间、购买的空间便利、购买时需要的服务类型和水平。

2.分析影响分销渠道选择的因素

企业要正确地选择分销渠道，制订有效的分销渠道方案，必须对影响渠道选择的因素进行系统的分析和判断。影响销售渠道的主要因素有：

(1)产品因素。产品的各种特性从不同程度上影响销售渠道类型的选择。主要表现为：

产品的单价　一般而言，产品单价越低的产品，渠道就越长，而且宽；产品单价越高的产品，渠道就越短，而且窄。如牙膏、香皂之类的日用品，生产者无法直接满足众多的消费者少量、频繁的购买，只有经由批发商、零售商等中间环节间接销售。而像彩电、空调这些高档耐用消费品，如果经较多的中间商转手，必定增大流通造成销售价格的增加，从而影响销路，因此，生产者大多是将产品直接交给大型零售商店或家电商场销售。

产品的消费效用价值　与人民生活密切相关的必需品，要求选择宽渠道，如食品、日用品等，销售网点辐射面要广，尽量使消费者随时随地都可买到。与人民生活关系不太密切的非日常必需品，渠道可以窄一些，如工艺品、金银首饰等，往往在一个城市只有少数商店经销。

产品的自然生命周期　对一些易腐、易碎、易失效、自然生命周期短的产品，要求其渠道越短越好，如玻璃器皿、鲜活商品等。对一些耐藏、耐碰和长效、自然生命周期长的产品，渠道可长一些、宽一些，如五金工具、纺织品。

产品的体积和重量　体积大而笨重的产品，运输和储存都比较困难，选择短渠道比较经济。体积小且重量轻的产品，运输方便费用低，可选择长一些的渠道。

产品的技术服务程度　对技术性不强，不必提供技术服务的产品，一般选取又长又宽的销售渠道；对技术性强要求销售服务的产品，渠道越短越好。

产品的市场生命周期　产品出入投入期，为了尽快打开销路，占领市场，可综合选用各种类型的渠道；进入成长期后，可对销售渠道进行适当调整；进入饱和期，则应开辟新的渠道，占领新的市场。

(2)市场因素。市场因素对销售渠道选择的影响主要表现在市场环境状况和消费者的购买行为等方面。

市场容量及每次购买数量　市场容量大且每次购买量大,可选用窄而短的渠道;市场容量大而每次购买量小,应选用宽而长的渠道。市场容量小而每次购买量大,可选用窄而短的渠道;市场容量小且每次购买量小,可选用较宽渠道。

市场区域范围和顾客集中程度　一般市场范围愈大,销售渠道越长,如在全国销售或出口销售,可经过多层中间商经销。市场范围小或就地销售,可以由生产者直接销售。顾客比较集中的地区,生产者可考虑设点直接推销;顾客比较分散的地区,则由中间商去开辟市场。

市场规模和发展趋势　市场规模小,但发展趋势大,所选用的销售渠道应有扩展和延伸的余地。市场现有规模比较大,但发展趋势是缩小,所选择的渠道应有缩小和转移的余地。

(3)竞争者因素。竞争情况对选择分销渠道影响较大,特别是同类产品竞争,需要仔细研究竞争对手选用何种销路。对竞争者已选用的分销渠道策略或已利用的中间商,生产者应经过综合考虑,做出决策。可以从竞争格局和竞争程度上进行分析。在竞争不激烈或消费者购买模式比较固定和中间商已经习惯的情况下,采用与竞争者相同的渠道策略比较有利。当竞争激烈或各种销路已被竞争者利用或垄断时,一般来说,应尽量采用与竞争者不同的渠道策略和中间商,开辟新的渠道来推销自己的商品。

(4)生产者因素。生产者自身的条件和需要是影响销售渠道选择的重要因素,主要有:

生产者的实力和声誉　生产企业规模大,资金雄厚,声誉高,对渠道的选择就具有主动权和控制权。实力强的生产者可以用奖售中间商的优越条件建立较为牢固的长渠道,也可以建立自己的销售系统,承担流通的职能。势单力薄的生产者,只能依靠中间商销售商品。

生产者的经营能力　生产者拥有足够的具有销售经验和开拓精神的销售人员,则可少用或不用中间商;否则只好依赖中间商。

生产者愿意提供服务的多少　如果生产者愿意为最终消费者服务,则选用直接渠道;如果愿为零售商或批发商服务,则选用间接渠道。生产者为产品提供的服务多而且全面,为商品销售提供方便,会增强中间商销售产品的积极性。

生产者对渠道控制程度的要求　如果生产者要求严格控制产品的零售价格或产品的新鲜程度,应选择窄而短的渠道,否则可选用宽而广的渠道。

**(二)制订渠道方案**

渠道方案的形成主要考虑渠道成员的模式、数量、条件和责任。

1.确定渠道成员的模式

确定渠道模式,即决策渠道的长度,首先要根据影响渠道的主要因素,决定采取什么类型的营销渠道,是派销售人员上门推销或自设销售商店的短渠道,还是选择通过中间商的长渠道,以及通过什么规模和类型的中间商,渠道选择模式首先要确定渠道的长度。一般认为:生产者—批发商—零售商—消费者(包含两个中间层次)的模式是比较典型的市场营销渠道类型。当然,营销渠道的长与短只是相对而言,因为随着营销渠道长短的变化,其产品既定的营销职能不会增加或减少,而只能在参与流通过程的机构之间转移或替代。确定渠道成员模式需综合考虑渠道目标和企业的实力以及竞争状况。

2.确定渠道成员的数量

渠道中应包含的中间商的数量又称5做市场展露度.确定中间商的数目,即决策渠道的宽度。即是每个渠道层次使用多少个中间商,这一决策在很大程度上取决于产品本身的特点、市场容量的大小及市场需求面的宽窄。一般有三种策略:

(1)密集分销策略　密集性分销即利用众多的中间商将产品分配到每一个合适的分销处的策略。生产者根据产品适用于每一家庭或个人的特点,通过既宽又长的渠道分销产品,以此来扩大产品的销售面。其特点是:间接性强,不必自建渠道;延伸度和扩展度大,中间环节多。密集性分销策略常常用于价廉、易耗、挑选性低、容易储存和保质,而且为每个家庭或个人必需的日常消费品。分销渠道的设置须力求通过中间商发挥大面积辐射的功能,做到凡有人群的空间,就有相应规模的销售网点,就有通道将产品送达。当然,实际上由于交通不便、中转环节过多、流通费用过大等原因,在边远地区,产品仍难以到达。这种策略能够接触所有潜在顾客,而且能引起对全国性广告宣传的更大反响,使筛选中间商的工作简便易行,那些有能力经销本企业产品和能及时付账的中间商都将会被选中。但由于把精力分散在众多的中间商身上,也会出现分配工作失控、合作困难等问题。

(2)独家分销策略　专营性分销即在一个特定市场上只选用一个批发商或零售商的策略。这种策略与密集性分销策略可以说是两个极端。其特点是:渠道短,有的是产销合一的独家商品经营;渗透性差,由于经营者的特种技术性能、外界极难渗透进去与之竞争。独家分销渠道常常用于具有特殊消费性能或可满足特种需要的消费者群的商品,或者价格十分名贵的商品,如古董、古玩、戏装戏械、珠宝、金器等。其渠道通常专门单一,往往一个大城市中少则只有一家,多则也只几家。这种策略往往具有垄断的优势,能加强对市场的控制,能节约销售费用,能与中间商保持密切的经营关系。但也有一些缺陷,由于过分依赖专营中间商,生产者缺乏灵活性;不利于消费者选择购买,会失去许多潜在的消费者;不利于开展竞争,由此会引起一些产销间的纠纷。

(3)选择性分销策略　选择性分销即在特定的市场中,选择几家批发商或零售商经销其特定产品的策略。这种策略是处于以上两个极端之间的渠道策略。选择性分销渠道可用于各种各样的产品,尤其适用于一些选择性较强的消费品和专用性较强的零配件以及技术服务要求较高的商品。特别是在消费者能区别不同的品牌时,这种策略更为适用。虽然与密集性分销渠道相比,选择性分销渠道策略的市场渗透力有所削减,但仍有许多可取之处。如能选择能力较强的中间商,取缔低能的;可以密切与中间商的合作,有利于提高工作效率;可以减少经销商之间的盲目竞争,有利于提高商品的声誉。

### (三)确定渠道成员的条件和责任

制造商在确定了渠道的长度和宽度之后,需要进一步规定渠道成员彼此的条件和应尽的义务,即签订"贸易关系组合"协议,协议主要涉及价格政策、销售条件、地区权利以及每一方为对方提供的服务及应尽的责任义务。

1.价格政策

要求制造商制订价目表,对不同地区、不同类型的中间商和不同的购买数量给予不同的价格折扣比率,价格政策的原则及主要内容应得到中间商的理解和认可。

2.销售条件

销售条件是中间商的付款条件及生产者的担保。对及时全部付清货款的中间商应给予现金折扣,生产者还应向中间商提供有关产品质量保证和跌价保证,生产者的跌价保证能够吸引并激励中间商大量购货。

3. 中间商的地区权利

生产者还应明确中间商应具有的特许权力，规定交货的时间、结算条件以及彼此为对方提供哪些服务。对于双方的义务和权力，必须十分谨慎地确定，尤其是采用特许代营或独家代理等渠道形式时，更应当明确双方的义务和责任；表明对中间商的地区安排和特许权分配。

4. 双方的服务和责任

明确规定生产者和中间商各自的服务内容和服务水平以及相应的责任，特别是采取特许经营和独家代理等渠道形式时。

**（四）选择渠道成员**

中间商选择合理与否，对企业产品进入市场、占领市场、巩固市场和发展市场有着关键性的影响。选择中间商时，应主要考虑以下因素：

1. 服务对象

不同制造商有不同的目标市场，不同中间商有不同的服务对象。生产企业选择分销渠道，应首先考虑中间商的服务对象是否向企业要求达到的目标市场相一致，只有一致的中间商才能选择。

2. 地理位置

中间商的地理位置直接影响到产品能否顺利到达目标顾客手中。因此，选择中间商必须要考虑其地理分布情况，要求既要接近消费者，又要便于运输、储存及调度。

3. 经营范围

在选择中间商时，如果其经营主要竞争对手的产品，就需格外谨慎，不宜轻易选取。当然，若本企业产品在品质、价格、服务等方面优于同类产品，也可以选择。

4. 销售能力

考察中间商是否有稳定的、高水平的销售队伍，健全的销售机构，完善的营销网络和丰富的营销经验。

5. 物质设施与服务条件

一些特殊商品要求一定的物质设施和储运条件，这就要求中间商具备这种物质储运条件。此外，有些商品属高档耐用消费品，需要提供一系列的售中和售后服务，这也同样对中间商提出了要求。

6. 财务状况

中间商财务状况的好坏，直接关系到其是否可以按期付款，甚至预付货款等问题。企业在选择中间商时，必须对此严加考察。

7. 合作诚意

若没有良好的合作诚意，再有实力的中间商也不能选择。

8. 营销经验

生产者要尽可能选择营销经验丰富的中间商。以便产品顺利地通过中间商推销出去，如果中间商不具备较好的经营知识和能力. 则不宜选用。

**（五）渠道方案评估**

经过前面的步骤，得出几套可供选择的渠道方案。最后一步就是通过经济性、可控制性和适应性这三个标准对这些方案进行评估，从而确定一个最佳方案。

1.经济性

企业经营的主要目标是获取最大利润,因此经济性目标是首要目标。需要分析每一种渠道方案能达到的销售额有多大,分析每一种渠道方案实现某一销售额所需花费的成本。

2.可控性

企业对分销渠道的选择不应仅考虑短期经济效益,还应考虑分销渠道的可控性。因为分销渠道稳定与否对企业能否维持并扩大其市场份额、实现长远目标关系重大。一般来说,长而密的渠道难以控制,短渠道容易控制,控制性最强的渠道则是直接销售渠道。对渠道的有效控制,是每个企业所期望的,但控制本身并不能带来收益。因此,渠道常常需要在收益和控制之间进行权衡,在收益相同的情况下,需选择相对来说可控性较强的渠道方案。

3.适应性

适应性主要是指每种渠道方案在渠道运行过程中的应变能力。每一分销渠道的建立都意味着渠道成员之间的关系将持续一定时间,不能随意更改和调整,而市场却是不断发展变化的,因此,企业在选择分销渠道时就必须充分考虑其对市场的适应性。首先是地区的适应性,在某一特定的地区建立商品的分销渠道,应与该地区的市场环境、消费水平、生活习惯等相适应;其次是时间的适应性。根据不同时间商品的销售状况,应能采取不同的分销渠道与之相适应。

## 第四节 渠道成员的激励与管理

在营销实践中,有的企业的分销渠道能长期较好地发挥作用,有的企业的渠道却不时出现冲突和低效率等现象。出现这两种截然不同结果的主要原因在于企业对分销渠道管理的重视程度不同。在确定了渠道策略,选择了渠道类型和中间商之后,还必须进行渠道管理,特别是渠道的成员管理和渠道的控制。

### 一、渠道成员管理

渠道的成员管理主要包括三方面内容:一是对渠道成员的检查;二是对渠道成员的激励;三是对渠道成员的评估和调整。

#### (一)检查中间商

企业必须定期评估中间商的绩效是否达到某些标准。也就是说,企业要对中间商进行有效的管理,还需要制定一定的考核标准,检查、衡量中间商的表现。这些标准包括:销售指标完成情况、平均存货水平、向顾客交货的快慢程度、对损坏和损伤商品的处理、与企业宣传及培训计划的合作情况以及对顾客的服务表现等。在这些指标中,比较重要的是销售指标,它表明企业的销售期望。经过一段时期后,企业可公布对各个中间商的考核结果,目的在于鼓励那些销量大的中间商应继续保持声誉,同时鞭策销量少的中间商要努力赶上。企业还可以进行动态的分析比较,从而进一步分析各个不同时期各中间商销售状况。

#### (二)渠道成员的激励

各渠道成员的结合,是他们根据各自的利益和条件相互选择,并以合同的形式规定应有权利和义务的结果。一般来说,各渠道成员都会为了各自的利益努力工作。但是由于中间商是独立的经济实体,与生产者所处的地位不同。考虑问题的角度也不同,必然会产生矛盾。生产者要善于从对方的角度考虑问题,要明白中间商不是受雇于己,而是一个独立的经营者,有他自己的目标、利益和策略。中间商首先是顾客的采购代理,其次才是生产者的销售代理,只有顾客愿意购买的产品,中间商才有兴趣经营。中间商一般不会对各品牌分别做销售记录,有些原始资料也不一定注意保存,除非给予特殊的激励。因此,生产者要制定一些考核和奖励办法,对中间商的工作及时监督和激励,必要时也可以给予惩罚。对于经营效果较好的中间商,应争取建立长期产销合作关系,也可派专人驻商店协助推销并收集信息。

激励中间商的基本点是了解中间商的需要,并据此采取有效的激励手段。企业在处理与中间商的关系时,通常可采取三种方法:合作、合伙与经销规划。

1. 合作

大多数生产者为取得与中间商的合作,采用“胡萝卜加大棒”政策,软硬兼施。一方面使用积极的激励手段,如高利润、特殊优惠待遇、额外奖金、广告津贴等;另一方面,采用制裁措施,对表现不佳或工作消极的中间商则降低利润率、推迟供货或终止合作关系等。这种政策的缺点是没有真正了解中间商的长处和短处,不关心他们的需要和问题,仅仅依据单方面的“刺激—反映”模式将众多的激励因素拼凑在一起,自然难以收到预期的效果。

2. 合伙

生产者着眼于与中间商建立一种长期的合伙关系,达成一种协议。首先生产者要仔细研究并明确自己应该为中间商做些什么,如产品供应、市场开发、技术指导、售后服务、销售折扣等;也让中间商明确他的责任和义务,如他的市场覆盖面、市场潜量以及应提供的咨询服务和市场信息等,然后根据协议执行情况对中间商支付报酬并给予必要的奖励。

3. 经销规划

这是一种最先进的激励方式。主要是建立一个有计划的、实行专门化管理的垂直营销系统,把生产者和中间商的需要结合起来。生产者在其营销部门中设立一个分销关系规划室,专门负责与中间商的关系规划,其任务是了解中间商的需要,制订交易计划,帮助中间商实现最佳经营。具体做法是由该室与中间商共同决定产品销售目标、存货水平、产品陈列计划、销售培训计划、广告促销计划等,引导中间商认识到他们是垂直营销系统的重要组成部分,积极做好相应的工作,以便从中获得更高的利润。

总之,企业对中间商应当贯彻“利益均沾,风险共担”的原则,尽力缓和矛盾,密切协作,共同搞好营销工作。对渠道成员的激励是协调、管理分销渠道,使之有效运作的重要一环。激励方式很多,而且还在不断创新。

**(三)渠道成员的评价与改进**

对渠道成员的评估主要针对渠道成员个体,通过评估来确定某一中间商在经营管理方面存在着哪些问题,下一阶段应该做出哪些改进,或是将一些经营管理水平很差的中间商淘汰出局。对渠道成员的评估主要涉及渠道成员的态度、销售能力、销售额完成情况、平均存货水平、向顾客交货时间及售后服务情况、与公司促销和培训计划的合作情况、渠道成员的发展前景等几个方面。

市场营销环境是不断发展变化的,原先的分销渠道经过一段时间以后,可能已不适应市场变化的要求,为了适应市场需要的变化,整个渠道系统或部分渠道系统必须随时加以修正和改进。企业市场营销渠道的修正与改进可以从三个层次上来研究：从经营层次上看，其修正与改进可能涉及增加或剔除某些渠道成员；从特定市场的规划层次上看，其改变可能涉及增加或剔除某些特定市场营销渠道；在企业系统计划阶段，其改变可能涉及所有市场上进行经营的创新。

1.增减分销渠道中的个别中间商

由于个别中间商的经营不善而造成市场占有率下降，影响到整个渠道效益时，可以考虑对其进行削减，以便集中力量帮助其他中间商搞好工作，同时可重新寻找几个中间商替补；市场占有率的下降，有时可能是由于竞争对手分销渠道扩大而造成的，这就需要考虑增加中间商数量。在实际操作中，是否增减中间商，评价的指标之一是企业利润的变化，但同时也要考虑这一决策对整个渠道系统产生的影响。

2.增减某一个分销渠道

生产企业通过增减个别中间商不能解决根本问题时，就要考虑增减某一分销渠道。当某种分销渠道出售本企业的某种产品，其销售额一直不够理想，企业可以考虑在全部目标市场或某个区域内撤销这种渠道类型，而另外增设一种其他的渠道类型。企业为了满足消费者的需求变化而开发新产品，若利用原有渠道难以打开销路和提高竞争能力时，则可增加新的分销渠道，使产品能够有效地达到某一地区或某类顾客手中，以实现企业营销目标。

3.改进整个分销渠道

这是渠道调整中最复杂、难度最大的一类，因为它要改变企业的整个渠道策略，而不只是在原有基础上缝缝补补。如放弃原先的直销模式，而采用代理商进行销售；或者建立自己的分销机构以取代原先的间接渠道。这种调整不仅是渠道策略的彻底改变，而且产品策略、价格策略、促销策略也必须作相应调整，以期和新的分销系统相适应。总之，分销渠道是否需要调整、如何调整，取决于其整体分销效率。因此，不论进行哪一层次的调整，都必须做经济效益分析，看销售能否增加，分销效率能否提高，以此鉴定调整的必要性和效果。

## 二、渠道的控制

### (一)渠道的控制权

在销售渠道系统中，无论是生产者还是中间商，都希望能获得一定的渠道控制权，以此来谋求更大的利益。但生产者和各类中间商都是相对独立的，都有自己的切身利益，因此，控制权的掌握并非易事。一般来说，能否获得渠道的控制权，所获得的权力大小主要在于企业的基本实力，即规模与垄断的优势。规模大的企业比规模小的企业获得的控制权要大。具有某种垄断优势的企业——产品垄断(如拥有一种市场潜力大的新产品专利)、市场垄断(如唯一在某个国家签订了合同的出口商)、地域垄断(如某个地区只有一家百货公司)等，比没有这些优势的企业更容易获得较大的控制权。有的中间商为了获得对渠道的控制权而形成纵向联合系统。

### (二)冲突控制

冲突是指交往的双方互不相容和互相排斥。在一个销售渠道系统中，渠道成员往往会因经营目标及目标实施方案等问题上意见不一致而发生冲突。控制冲突、促进合作是销售渠道管理的一项重要工作。

1.发生冲突的原因

渠道冲突包括：垂直渠道冲突，即同一渠道中不同层次之间的利害冲突；水平渠道冲突，即存在于渠道同一层次的成员公司之间的冲突；多渠道冲突，即制造商建立的两个以上的渠道同时在同一市场上推销同一产品的冲突。

引起冲突的原因有很多，如在买卖交易上，卖方总想以高价出售并希望得到现金支付，买方总想以低价购进并希望有较宽厚的信用条件。在经营目标上，生产者总是希望市场占有率、销售量和利润不断地增长，而零售商在销售和利润到了一定程度时却往往不愿再努力。在产品销售上，生产者希望中间商销售自己的品牌，中间商则对产品不问品牌，只看好不好销。在利益分配上，生产者希望中间商将厂家提供的折扣再提供给消费者，中间商却喜欢把这种折扣归为己有。生产者和中间商都希望对方负担广告费用，承担存储的任务等。由此可见，销售渠道发生冲突是客观存在的。当然冲突不一定都是坏事，事物总是在矛盾中发展，有时较小的冲突可以起到刺激创新精神和消除自满情绪的作用。但是，大的冲突会对渠道形成阻碍，造成低效率，应予以高度重视和及时处理。如果不能缓解或消除，应考虑对渠道系统进行重新组织。

2.控制冲突与促进合作

促使渠道成员合作是解决冲突的一种比较有效的方法。由于渠道中每一个成员的行动对其他成员经营目标的实现常常起着很大的促进或阻碍作用，要成功地控制冲突，要求在渠道中有控制权的成员以及其他成员把渠道看做大家的命运共同体，要有与其他成员合作共求发展的宗旨和信念。控制冲突与促进合作，应具体做好以下几个方面的工作：

(1)认清渠道中的潜在冲突。经常分析和发现可能存在的冲突，采取措施防止冲突发生，并将可能发生的较大冲突转化为较小的冲突。

(2)有计划地监测冲突。随时观察渠道中的每一个环节，特别是渠道中容易发生呆滞或受阻的环节，将这些环节作为监测重点。特别注意冲突发生的线索，如交易对象的抱怨、延期付款、延期交货等。通过监测还可以了解交易人的满意程度，得到改进工作的建议。

(3)制定解决冲突的策略。解决冲突的策略，一是共同管理的策略，即在处理冲突时，渠道控制者应以其他成员得到更大满意为出发点，充分听取渠道其他成员的意见和建议。二是协商、规劝和洽谈策略。这种策略一般在各方权力均衡的状态下采用。三是运用控制权，实行奖惩制度的策略。规定奖惩制度，促使其他成员采用本企业所希望的行动，如自愿联合组织中的批发商和特许人所采取的提供援助或者禁止提供援助，公司系统所用的利益分配制度和奖金制度，鼓励最佳执行者，调整不符合条件的成员。

## 第五节 商品的实体分销

### 一、商品的实体分销的基本问题

所谓商品实体分销就是对商品实体在分销渠道内发生移动的管理，它包括以生产者的供货去满足消费者需求的过程所需要的运输、储存和信息处理活动。

商品实体分销的目标是将货物以最低成本，在最准确的时间运到规定地点，提高对顾客的服务质量。但达到这一目标并不容易，存在着种种矛盾，主要表现在：

首先，提高服务质量与降低成本之间的矛盾。要提高供货服务水平，就必须大量存货，临时零星运输，广设仓库，频繁发货，但这样势必增加成本；反之，若要降低成本，则要求降低运费，减少存货，集中库存，批量发货，这又将降低服务水平。

其次，实体分销各环节之间的矛盾。如某个环节的目标达到，而另一环节的目标却不能达到；装运部门为了减少费用而采用廉价的容器，导致货物破损严重；降低商品存储量可降低存货费用，但导致发货批量少而损失运价上的数量折扣优惠，运费反而增加。

为了解决这些矛盾，企业应更新观念，树立系统管理的思想。首先，实体分销管理绝不等于企业的运输管理、储存管理和搬运管理的简单相加，而是应把分散的产品实体活动转变为系统的物流活动，树立系统观念。其次，实体分销是整个营销活动的一个环节，所以实体分销策略的制定不能脱离企业的营销战略目标，必须把其纳入企业的营销战略进行综合管理，即围绕目标市场的需要，与企业的产品、价格、促销，特别是渠道选择的策略结合起来，只有树立系统、成本，顾客服务的思想，才能从战略高度解决各环节彼此脱离、相互矛盾的问题。

## 二、实体分销决策

实体分销可以从订货、储存和运输三大环节来进行研究。

### (一)订货过程

实体分销是从顾客订货开始的，订货程序的简捷和准确程度往往是吸引顾客的关键。因此，合理地设计顾客的订货程序，迅速准确地进行订货处理是一项十分重要的工作。为了提高效率，缩短订货周期，许多企业已采用计算机控制系统，从收到顾客的订单开始，计算机就会依次进行如下工作：查看顾客的信用情况以及库存中是否有存货，货存在什么地方；发出装运指令，并开出账单和修改库存记录，发出生产(或进货)指令，以增加库存量，通知销售人员货已发出。这一切均由计算机操作，既准确又迅速。

### (二)商品储存

由于商品生产与消费存在着时间差异，顾客需要量较大的商品往往需要足够的库存来保障供给。另外，有些商品的顾客需求具有细水长流的特征，每次需要量可能较少，但需要是经常发生的。可是该商品在生产上有合理批量的要求，批量太小就不经济，于是一批生产出来的商品中一部分要存入仓库，以备在不生产的时期来满足顾客的需要。这样，不少商品在进入到消费领域之前都会经过库存这个环节。

虽然在很多情况下，商品库存具有积极作用，但是如果管理不好，也有消极作用。它不仅占用流动资金，影响资金利用效率，而且可能削弱生产部门对市场变化的反应能力，对销售部门增加无意义的压力，打乱经营战略的部署，因此做好库存管理对于计划和执行市场营销战略、提高企业对市场变化的适应力和竞争性，具有重要意义。

企业在商品储存的问题上主要面临两个方面的具体决策：一是储存场所(仓库)的选择；二是存货数量的控制。

1. 仓库选择

企业对于储存场所(即仓库)的选择，涉及三个问题：一是仓库的数量；二是仓库的性质；三是仓库的分布。

仓库的数量往往能增加企业交货的便利性，从而提高对顾客的服务水平，但必然会使企业在仓储方面的成本相应增加，所以应当在这两方面进行平衡，把仓库的数量控制在适当的范围。

企业可自建仓库（私人仓库），这样使用比较方便，但投入的固定成本就比较大，限制了资金周转；企业也可租用公共仓库（公共仓库是某些独立公司所拥有的、凭出租仓库面积而获得利润的仓库），投入的资金比较少，但使用起来就不可能随心所欲。另外，公共仓库可以设立在距离客户较近的地方，在市场行情发生变化时便显示出灵活的优越性。因此，企业应当根据产品和市场的特点结合自身的能力，合理选用不同类型的仓库。

仓库位置的分布必须全面考虑市场容量、交货便利性，以及运输成本等因素。一般而言，仓库分布于目标市场附近，交货便利性会大大增加，但企业运输成本可能相应上升；仓库建于工厂附近，运输成本可能降低，但交货便利性也会下降，甚至有可能丧失市场机会。中心仓库距离各主要市场的位置也会影响到产品实体流通费用变化。所以，在确定仓库位置时必须慎重权衡，合理布局。一般来讲，企业应根据不同产品的情况，按照“近厂近储，近销近储，近运近储”的原则设置仓库，紧靠一头，以取其长。

2.存货控制

存货水平的高低与顾客的需求量密切相关。存货水平太低可能会产生产品脱销的危险而导致不能满足顾客的需求，但可以降低存货的成本；存货水平太高可以使顾客需求随时都能得到满足，而大量的存货必然会导致存货成本的上升，减少经济效益。因此，为了保持适当的水平需做好两项决策：一是何时进货（订货点）；二是进多少货（进货量）。

（1）订货点。存货水平随着不断销售而下降，当降到一定的数量时，就需要再进货。这个需要再进货的存最就是订货点。

订货点的确定要考虑办理进货手续的繁简、运输时间的长短、是否容易发生意外情况以及该货的销售率、对服务标准要求的高低等因素。总的原则是既要避免断档脱销带来的声誉损失，又要防止货物积压而造成经济损失。如到货时间长，脱手快，服务水准高，则订货点就很高，如时间变化不定，则确定订货点时应加上安全系数（即安全存货量）。最终的订货点，则是在权衡存量过低的风险以及过量存货的成本之后才决定的。

（2）进货量。进货量就是每次进货的数量。进货量同进货频率是相互联系的，二者成反比。进货量的确定要考虑办理进货的成本和保持存货的成本之间的关系。在一般情况下，进货频率越高，即进货次数越多，则进货成本越高；存货水平越高，则存货成本也越高，这包括仓储费、资金占用费、保险费、文书费、损耗费等。因此，单位货物的总成本等于单位进货成本与单位存货成本之和，单位总成本的最低点，就是最适进货量。

**（三）商品运输**

运输是产品实体流通的主要形式。产品只有通过运输才能实现其地区之间空间位置的转移，才能到达适当的地点，提供给适当的消费者消费。由于运输方式种类繁多，制定运输决策是一项极为复杂的工作。在确定运输方案时，必须综合平衡，以求得整体效益的最优化。

企业在运输方面的决策，主要涉及以下一些问题，即运输工具的选择，运输路线的规划和运输形式的组织。

1. 运输工具的选择

运输工具是实现产品实体空间位置转移的物质载体。现代商品运输可分三种：陆地运输（包括铁路、公路和管道运输），水路运输（可分为海洋运输、远洋运输及内河运输）和空中运输。企业可根据产品的特点、市场的需要，费用的比较、地理及气候条件的限制来加以选择。

2. 运输路线的规划

选择运输路线是基于三个基本考虑：

(1)选择较短的运输路线可以节约运输量，降低有关成本。

(2)保证货物尽快到达顾客手上或目的地。

(3)保证运输过程的安全。

运输路线规划的基本要求是应当避免迂回、倒流、往返、过远等不合理运输现象的出现，做到既直又短。所谓"直"，不仅是指由发货点到收货点问的地理路线要直，而且也是指尽可能减少运输始点和终点间的中转环节，如商品在"商流"过程中可能会几易其主，但是在实体流通时只需从最初生产者直接运往最终买主就行了。所谓"短"，也并非完全是指地理距离的远近，而应结合交通条件起考虑，即应以各条不同运输路线的相对距离进行比较。

3. 运输形式的组织

企业在运输决策中，还应当考虑将各种运输工具和运输方式结合起来，组成最佳的运输方案，其中最常用的做法是组织联运。联运是将两种以上不同的运输工具和运输方式组合在一起，使运输速度和运输费用能达到最佳的综合效益。联运的形式有多种多样：如水路运输与铁路运输结合在一起的水铁联运；公路运输与铁路运输结合在一起的公铁联运等。

## 思考题

1. 你认为销售渠道的五大流程之间存在什么关系？是否有必要增加或减少什么流程？

2. 选择营销渠道的基本原则是什么？

3. 影响渠道选择的产品因素有哪些？

4. 实体分销的实质和决策内容有哪些？

5. 讨论制造商何时会选择独家分销、选择性分销和密集性分销。对于山露软饮料、劳力士手表以及福特汽车哪种分销渠道最合适？解释你的理由。

## 实训项目

1. 以 3～5 人为一小组分别对山露软饮料、劳力士手表以及福特汽车的分销渠道进行调查，分析它们渠道的类型及各自采取分销策略。

2. 找出你所在城镇的一个在几年前已经退出零售业的零售商，你认为是什么原因导致了该零售商的失败。

3. 某饮料公司开发美容保健型新饮料后，力图通过众多的中小商店销售给普通消费者。由于价格相对较高，比普通保健饮料价格高出 50%，所以销售量一直没有达到预期水平。为了促进销售，该公司要求经销商大做广告宣传，并以此作为保持渠道资格的条件。但是，遇到了中小商店的抵制。许多中小商店宁可不再销售该公司的产品，也不愿意在该商品上投资做广告。你认为可能的原因是什么？如果你是该公司的市场营销经理，你将会采取什么策略来扭转当前的局面？

案例分析

## 福州超大现代农业公司的农产品营销网络

福州超大现代农业发展有限公司以“走绿色道路,创生态文明”为经营理念,全面致力于现代农业科技研究、现代农业生产资料开发、现代农产品生产基地建设、现代农业栽培模式构建、现代农产品营销网络拓展。经过几年的努力,成功打造了一条从果蔬良种、生物有机肥等农资供应,到农作物绿色有机栽培与产品加工,到农产品出口外销、批发网络、单位配送、连锁专卖的完整的“绿色生态产业链”。

(一)出口网络

超大集团在对外贸易上,集团自己拥有进出口权的进出口总公司,下设三个贸易体系:对日本、对欧美、对东南亚三个贸易体系。在海外设立直销网络,并在重要的农产品贸易国设有分支机构,强力拓展国际市场。

(二)批发网络

在全国14个省份的大中城市的果蔬批发市场均设有超大批发点,实行现货交易、期货交易、网上交易等多种交易形式,让加入WTO之后的中国农产品更快进入国际市场。

(三)单位配送网络

建立了完善的销售服务网络体系,全方位辐射,包括:政府机关、部队、学校、大中型企业、酒店等。

(四)连锁专卖网络

超大拥有20～60米$^2$的超大绿色食品、有机食品的社区专卖店;建立超大绿色食品大型连锁生鲜超市。

同时,超大拥有现代的物流配送网络和绿色有机生态产业链。超大在信息中心的统一管理下,由配备冷藏设施的专业化运输队伍,进行对全国批发市场及销售网点的配送调拨。超大拥有一流农业电子商务供应链(SCM)全面e化管理,实现基地一体化、市场一体化、信息一体化;通过物流与销售管理达到利润最大化。

案例思考:

1. 福州超大现代农业公司的农产品营销网络包括哪些内容?

2. 超大现代的绿色有机生态产业链有什么特点?

# 第九章　促销策略

学习目标

理解促销的含义与作用；掌握促销组合的含义；理解人员推销的含义、特点；理解广告的含义、类型，广告媒体及其选择，广告效果的测定；理解公共关系的含义、特点、作用和工作程序；理解营业推广的含义、特点以及营业推广的方式和控制。

案例引导

台湾信华服装公司的确“有一套”

“有一套”是赞美的口语，意思是指能干、有本领、有办法。台湾信华服装公司把“有一套”用在和产品相关的广告上，使之具有“双关语”的效果，十分贴切而传神。信华公司依其产品特性，以“有一套”为主题，企划了一系列的广告，最后才画龙点睛地指出“信华真有一套”，前呼后应，也令人留下了“真有一套”的深刻印象。有关它的“有一套”的广告，包括了：

1. 结婚要有一套。婚礼当天，无疑你俩是大家注视的焦点，所以你一定要有出色的一套，给人良好的第一印象，信华毛料正是您所需要的这一套。

2. 出国要有一套。出国旅游，事前准备工作，无疑十分繁琐，除了要选好旅行社外，您的举止和衣着要影响到中国人的形象，所以您一定要有出色的一套，给外国人留下良好的第一印象。信华毛料正是您所需要的这一套。

3. 送礼要有一套。送礼是一门学问，讲究体面大方，经济实用，尤其长辈亲友有福、禄、寿、喜四件大事，一件信实华宝——深得人心的礼物，不仅表达祝贺之意，更能表现你的情深意浓。信华毛料正是您所需要的这一套。

4. 信华真有一套。昨日信华，历史辉煌。今日信华，规模最大。明日信华，永远领先。任何时地，只要穿上信华毛料，您一定能看得出“信华真有一套”。

结婚、旅游、送礼都可以说是人生旅程中的大事，做这些大事时都应该要“有一套”，不仅指的是着装，也指的是有本事、很能干，能把事情办得圆满，马到成功。一语双关、亦庄亦谐，令人称赏。

案例思考：

1. 台湾信华服装公司的“有一套”是如何打动消费者的？

2. 台湾信华服装公司的“有一套”给企业的促销带来什么启示？

## 第一节 促销与促销组合

### 一、促销的含义及特征

#### (一)促销的含义

促销(promotion)是促进产品销售的简称。从市场营销的角度看,促销是企业通过人员和非人员的方式,沟通企业与消费者之间的信息,引发、刺激消费者的消费欲望和兴趣,使其产生购买行为的活动。从这个概念不难看出,促销具有以下几层含义:

1.促销工作的核心是沟通信息

企业与消费者之间达成交易的基本条件是信息沟通。若企业未将自己生产或经营的产品和劳务等有关信息传递给消费者,那么,消费者对此则一无所知,自然谈不上认购。只有将企业提供的产品或劳务等信息传递给消费者,才能使消费者引起注意,并有可能产生购买欲望。

2.促销的目的是引发、刺激消费者产生购买行为

在消费者可支配收入既定的条件下,消费者是否产生购买行为主要取决于消费者的购买欲望,而消费者购买欲望又与外界的刺激、诱导密不可分。促销正是针对这一特点,通过各种传播方式把产品或劳务等有关信息传递给消费者,以激发其购买欲望,使其产生购买行为。

3.促销的方式有人员促销和非人员促销两类

人员促销,亦称直接促销或人员推销,是企业运用推销人员向消费者推销商品或劳务的一种促销活动,它主要适合于消费者数量少、比较集中的情况下进行促销。非人员促销,又称间接促销或非人员推销,是企业通过一定的媒体传递产品或劳务等有关信息,以促使消费者产生购买欲望、发生购买行为的一系列促销活动,包括广告、公关和营业推广等。它适合于消费者数量多、比较分散的情况下进行促销。通常,企业在促销活动中将人员促销和非人员销结合运用。

#### (二)促销的特征

促销有如下特征:

1.即期效应明显

促销是企业在特定的时间内向消费者提供了特殊的优惠购买条件,因而能给消费者以强烈的激励购买作用。只要方式选择得当,销售效果立竿见影。

2.形式多样

促销既有能给消费者以实实在在优惠的促销方式,如特价、折扣、优惠券等,也有能激发消费者兴趣和参与热情的奖励活动,如赠送、抽奖、竞赛等。这些方式各具特点和长处,企业可根据实际情况加以选用。

3.持续时间较短

促销是为某种即期促销目标而专门设计的,通常作短程考虑,不像广告、公共宣传等作为一种连续、长期的活动出现。

## 二、促销的作用

促销在企业营销活动中是不可缺少的重要组成部分，是因为促销有如下功能：

1. 传递信息，提供情报

销售产品是市场营销活动的中心任务，信息传递是产品顺利销售的保证。信息传递有单向和双向之分。单向信息传递是指卖方发出信息，买方接收，它是间接促销的主要功能。双向信息传递是买卖双方互通信息，双方都是信息的发出者和接受者，直接促销有此功效。在促销过程中，一方面，卖方（企业或中间商）向买方（中间商或消费者）介绍有关企业现状、产品特点、价格及服务方式和内容等信息，以此来诱导消费者对产品或劳务产生需求欲望并采取购买行为；另一方面，买方向卖方反馈对产品价格、质量和服务内容、方式是否满意等有关信息，促使生产者、经营者取长补短，更好地满足消费者的需求。

2. 突出特点，诱导需求

在市场竞争激烈的情况下，同类商品很多，并且，有些商品差别微小，消费者往往不易分辨。企业通过促销活动，宣传、说明本企业产品有别于其他同类竞争产品之处，便于消费者了解本企业产品在哪些方面优于同类产品，使消费者认识到购买、消费本企业产品所带来的利益较大，消费者乐于认购本企业产品。生产者作为卖方向买方提供有关信息，特别是能够突出产品特点的信息，能激发消费者的需求欲望，变潜在需求为现实需求。

3. 指导消费，扩大销售

在促销活动中，营销者循循善诱地介绍产品知识，一定程度地对消费者起到了教育指导作用，从而有利于激发消费者的需求欲望，变潜在需求为现实需求，实现扩大销售之功效。

4. 形成偏爱，稳定销售

在激烈的市场竞争中，企业产品的市场地位常不稳定，致使有些企业的产品销售此起彼伏、波动较大。企业运用适当的促销方式，开展促销活动，可使较多的消费者对本企业的产品滋生偏爱，进而稳住已占领的市场，达到稳定销售的目的。对于消费者偏爱的品牌，即使该类商品需求下降，也可以通过一定形式的促销活动，促使对该品牌的需求得到一定程度的恢复和提高。

## 三、促销组合

### （一）促销组合和促销策略的主要形式

促销组合（promotion mix）指企业根据自身条件和市场状况将各种促销方式巧妙组合和综合运用，以求达到最佳效果。

促销组合包括人员推销（personal selling）、广告（advertisement）、营业推广（sales promotion）和公共关系（public relations）（图 9-1）。

促销组合体现了现代市场营销理论的核心思想——整体营销。促销组合是一种系统化的整体策略，四种基本促销方式则构成了这一整体策略的四个子系统。每个子系统都包括了一些可变因素，即具体的促销手段或工具，某一因素的改变意味着组合关系的变化，也就意味着一个新的促销策略。

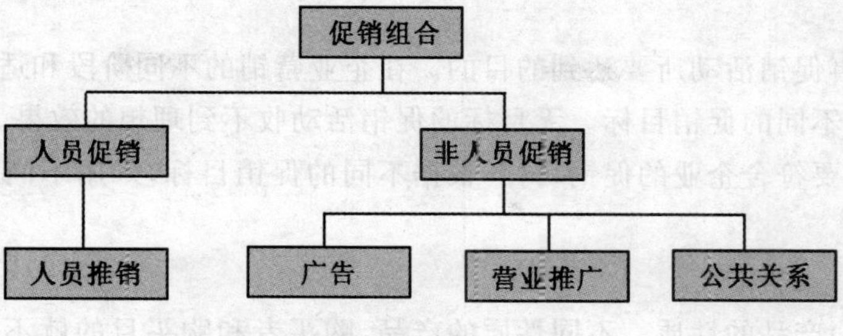


图 9-1 促销组合

促销策略包含推动策略(push strategy)和拉引策略(pull strategy),具体见图 9-2。

推动策略(推式策略)是主要运用人员推销的方式,把产品推向市场,即把产品从生产企业推向中间商,再由中间商推向消费者。适用范围:第一,适合于单位价值较高的产品,性能复杂,需要做示范的产品;第二,根据用户需求设计的产品;第三,流通环节较少、流通渠道较短的产品;第四,市场需求集中的产品。

拉引策略(拉式策略)指企业主要运用非人员推销的方式把顾客拉过来,使消费者对本企业的产品产生需求,以扩大销售。适用范围:第一,单位价值较低的日常用品;第二,流通环节较多、流通渠道较长的产品;第三,市场范围较广、市场需求较大的产品。

推式策略与拉式策略都包含了企业与消费者双方的能动作用。但前者的重心在"推",着重强调了企业的能动性,表明消费需求是可以通过企业的积极促销而被激发和创造的;而后者的重心在"拉",着重强调了消费者的能动性,表明消费需求是决定生产的基本原因。

两个策略并不相互排斥,很少有公司只采用其中一种,更多时候是既推又拉。现代公司由于强调消费者导向,促销重心移向"拉"策略,意在消费者心中建立品牌形象。

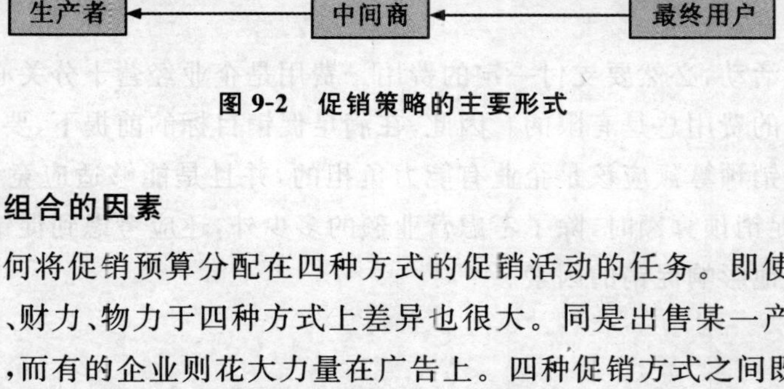


图 9-2 促销策略的主要形式

### (二)影响促销组合的因素

企业面临着如何将促销预算分配在四种方式的促销活动的任务。即使在同行业中,各企业之间在分配人力、财力、物力于四种方式上差异也很大。同是出售某一产品,有的企业比较多的使用人员销售,而有的企业则花大力量在广告上。四种促销方式之间既可互相替代,又可相互促进。许多企业综合运用四种方式达到既定的目标,因此,企业在决定促销组合时要考虑许多因素的影响和制约,一般包括以下几个方面:

1.促销目标

它是企业从事促销活动所要达到的目的。在企业营销的不同阶段和适应市场营销活动的不断变化,要求有不同的促销目标。无目标的促销活动收不到理想的效果。因此,促销组合和促销策略的制定,要符合企业的促销目标,根据不同的促销目标,采用不同的促销组合和促销策略。

2.产品因素

主要包括:(1)产品的性质。不同性质的产品,购买者和购买目的就不相同,因此,对不同性质的产品必须采用不同的促销组合和促销策略。一般说来,在消费者市场,因市场范围广而更多地采用拉式策略,尤其以广告和营业推广形式促销为多;在生产者市场,因购买者购买批量较大,市场相对集中,则以人员推销为主要形式。

(2)产品的市场生命周期。促销目标在产品市场生命周期的不同阶段是不同的,这决定了在市场生命周期各阶段要相应选配不同的促销组合,采用不同的促销策略。以消费品为例,在投入期,促销目标主要是宣传介绍商品,以使顾客了解、认识商品,产生购买欲望。广告起到了向消费者、中间商宣传介绍商品的功效,因此,这一阶段以广告为主要促销形式,以营业推广和人员推销为辅助形式。在成长期,由于产品打开销路,销量上升,同时也出现了竞争者,这时仍需加强广告宣传,但要注重宣传企业产品特色,以增进顾客对本企业产品的购买兴趣,若能辅之以公关手段,会收到相得益彰之佳效。在成熟期,竞争者增多,促销活动以增进购买兴趣与偏爱为目标,广告的作用在于强调本产品与其他同类产品的细微差别。同时,要配合运用适当的营业推广方式。在衰退期。由于更新换代产品和新发明产品的出现,使原有产品的销量大幅度下降。为减少损失,促销费用不宜过大,促销活动宜针对老顾客,采用提示性广告,并辅之适当的营业推广和公关手段。

3.市场条件

市场条件不同,促销组合与促销策略也有所不同。从市场地理范围大小看,若促销对象是小规模的本地市场,应以人员推销为主;而对广泛的全国甚至世界市场进行促销,则多采用广告形式。从市场类型看,消费者市场因消费者多而分散,多数靠广告等非人员推销形式;而对用户较少、批量购买、成交额较大的生产者市场,则主要采用人员推销形式。此外,在有竞争者的市场条件下,制定促销组合和促销策略还应考虑竞争者的促销形式和策略,要有针对性地不断变换自己的促销组合及促销策略。

4.促销预算

企业开展促销活动,必然要支付一定的费用。费用是企业经营十分关心的问题,并且企业能够用于促销活动的费用总是有限的。因此,在满足促销目标的前提下,要做到效果好而费用省。企业确定的促销预算额应该是企业有能力负担的,并且是能够适应竞争需要的。为了避免盲目性,在确定促销预算额时,除了考虑营业额的多少外,还应考虑到促销目标的要求、产品市场生命周期等其他影响促销的因素。

相关链接

美容化妆品公司的“牵引战术”

日本有一家生产销售美容化妆品的公司,生意特别好。日本的习惯是女学生高中毕业后才可以化妆，于是，每当一些高中举行毕业典礼时，该公司除当面表示祝贺外，还向每个学生奉送高级化妆品一盒，由美容师当场给学生进行美容化妆示范表演，毕业生回家以后，便高兴地用这盒“赠品”进行模仿化妆学习。等到这盒化妆品用完后，假如这学生想改用其他公司生产的产品，就不那么容易了。鉴于美容化学用品的一些特性，改用其他化妆品，有些妇女可能不太适应，皮肤会出现一些过敏现象。没办法只好仍用这家公司的产品。而这些女生过些年成家立业后，将来她们的孩子首先得到的印象是“我母亲最爱用某某化妆品”。这样，又可以为下一代留下了一个美好的印象。

【提示】该公司在推销产品时，根据日本的实际情况，运用了社会学、心理学、美容学的一些原理，采用一种“牵引战术”来推销产品。

## 四、整合营销传播

整合营销传播(integrated marketing communication)的概念是20世纪90年代后期在促销策略组合的基础上发展起来的，有两方面的解释。科特勒的解释是：“整合营销传播是一种从接受者的角度考虑全部营销过程的方法。”其含义是组织促销策略组合必须从信息接受者的需要、兴趣和接受习惯等方面去设计营销传播计划，同时指出这是一个从确定目标受众开始，了解受众特征，组合营销信息，设计传播符号，整合传播方式和测定传播效果的全过程整合。美国广告代理商协会的解释是：“整合营销传播是对各种传播方法及策略进行综合计划的增值效应的确认，如对一般的广告、营业推广和公共关系进行组合，通过对这些分散信息的无缝结合，以提供出明确的、连贯一致的和最大的传播影响。”其强调了对各种单一传播活动进行统一整合所能产生的增值效应。这两方面的解释实际上是从不同的角度强调了整合营销传播的系统性特征，即整合营销传播实际上是系统理论在企业营销传播中的实际运用。它突出了这样一些特征：

1. 整体性

要求围绕企业的营销目标对可利用的各种营销资源(系统要素)加以统一整合，从而形成具有层次感和节奏感的营销传播计划(系统结构)，最终产生出最佳的传播效应(系统功能)；

2. 目标性

要求营销传播必须从接受者的需求和特征出发，有的放矢，具有针对性。而且不仅是传播内容上的针对性，还应包括传播符号、传播方式以及传播媒体方面的针对性；

3. 动态性

要求整合营销传播必须是贯穿全过程的，是对每一个时点和节点的准确把握，同时要根据传播过程中的情况变化不断调整传播计划，以保证最佳的传播效果。

整合营销传播概念的提出主要是由于20世纪后期市场的多元化、复杂化程度提高，信息传播手段的多样化局面出现，大众传媒的效应开始出现递减。长期单纯地使用一两种传播工具和传播手段已经无法使企业的营销目标顺利实现，所以企业必须综合分析市场顾客和受众的差异，分析各种传播手段和传播方式的适用性和局限性，从而对各种传播要素加以有机整合，有的放矢地开展营销传播，才能保证企业的营销目标顺利实现。

整合营销传播所整合的基本传播策略仍然是人员销售、广告宣传、营业推广和公共关系。

## 第二节 人员推销

案例引导

老太太买李子

一条街上有三个水果店。一天，有位老太太来到第一家店里，问："有李子卖吗？"店主见有生意，马上迎上前说："老太太，买李子啊？您看我这李子又大又甜，还刚进回来，新鲜得很呢！"没想到老太太一听，竟扭头走了。店主纳闷着，哎，奇怪啊，我哪里不对得罪老太太了？老太太接着来到第二家水果店，同样问："有李子卖吗？"第二位店主马上迎上前说："老太太，您要买李子啊？""啊"老太太应道。"我这里李子有酸的，也有甜的，那您是想买酸的还是想买甜的？""我想买一斤酸李子"。于是老太太买了一斤酸李子就回去了。第二天，老太太来到第三家水果店，同样问："有李子卖吗？"第三位店主马上迎上前同样问说："老太太，您要买李子啊？""啊"老太太应道；"我这里李子有酸的，也有甜的，那您是想买酸的还是想买甜的？"。"我想买一斤酸李子"。与前一天在第二家店里发生的一幕一样；但第三位店主在给老太太称酸李子时，边聊道："在我这买李子的人一般都喜欢甜的，可您为什么要买酸的呢？""哦，最近我儿媳妇怀上孩子啦，特别喜欢吃酸李子""哎呀！那要特别恭喜您老人家快要抱孙子了！有您这样会照顾的婆婆可真是您儿媳妇天大的福气啊！""哪里哪里，怀孕期间当然最要紧的是吃好，胃口好，营养好啊！""是啊，怀孕期间的营养是非常关键的，不仅要多补充些高蛋白的食物，听说多吃些维生素丰富的水果，生下的宝宝会更聪明些！""是啊！那哪种水果含的维生素更丰富些呢？""很多书上说猕猴桃含维生素最丰富！""那你这有猕猴桃卖吗？""当然有，您看我这进口的猕猴桃个大，汁多，含维生素多，您要不先买一斤回去给您儿媳妇尝尝！"这样，老太太不仅买了一斤李子，还买了一斤进口的猕猴桃，而且以后几乎每隔一两天就要来这家店里买各种水果了。

案例思考：

1.这三家的销售人员有什么区别？

2.第三家的销售人员运用了营销中的哪些理论？

### 一、人员推销的概念

人员推销(personal selling)是指通过推销人员深入中间商或消费者进行直接的宣传介绍活动，使中间商或消费者采取购买行为的促销方式。它是人类最古老的促销方式。在商品经济高度发达的现代社会，人员推销这种古老的形式更焕发了青春，成为现代社会最重要的一种促销形式。

推销人员、推销对象和推销品构成人员推销的三个基本要素，推销人员是推销活动的主体。

### 二、人员推销的特点与不足

#### (一)人员推销的特点

1.销售的针对性

与顾客的直接沟通是人员推销的主要特征。由于是双方直接接触，相互间在态度、气氛、情感等方面都能捕捉和把握，有利于销售人员有针对性地做好沟通工作，解除各种疑虑，引导购买欲望。

2.销售的有效性

人员推销的又一特点是提供产品实证，销售人员通过展示产品，解答质疑，指导产品使用方法，使目标顾客能当面接触产品，从而确信产品的性能和特点，易于消费者引发购买行为。

3.密切买卖双方关系

销售人员与顾客直接打交道，交往中会逐渐产生信任和理解，加深双方感情，建立起良好的关系，容易培育出忠诚顾客，稳定企业销售业务。

4.信息传递的双向性

在推销过程中，销售人员一方面把企业信息及时、准确地传递给目标顾客，另一方面把市场信息、顾客(客户)的要求，意见、建议反馈给企业，为企业调整营销方针和政策提供依据。

**(二)人员推销的不足**

1.费用支出较大

由于人员推销直接接触顾客的有限，销售面窄，人员推销的开支较多，增大了产品销售成本。

2.对推销人员要求较高

人员推销的成效直接决定于推销人员素质的高低。尤其随着科技的发展，新产品层出不穷，对推销人员的要求越来越高。

## 三、人员推销的基本形式

1.上门推销

上门推销是最常见的人员推销形式。它是由推销人员携带产品样品、说明书和订单等走访顾客，推销产品。这是一种主动出击式的“蜜蜂经营法”。犹如哪里有鲜花(消费者)，哪里就有蜜蜂(推销员)一样。这种推销形式可以针对顾客的需要提供有效的服务，方便顾客，故为顾客广泛认可和接受。

2.柜台推销

柜台推销又称门市，是指企业在适当地点设置固定门市，由营业员接待进入门市的顾客，推销产品。门市的营业员是广义的推销员。柜台推销与上门推销正好相反，它是等客上门式的推销方式。由于门市里的产品种类齐全，能满足顾客多方面的购买要求，为顾客提供较多的购买方便，并且可以保证产品完好无损，故顾客比较乐于接受这种方式。

3.会议推销

会议推销是指利用各种会议向与会人员宣传和介绍产品，开支推销活动。例如，在订货会、交易会、展览会、物资交流会等会议上推销产品。这种推销形式接触面广、推销集中，可以同时向多个推销对象推销产品，成交额较大，推销效果较好。

## 四、人员推销的基本策略

人员推销具有很强的灵活性。在推销过程中，有经验的推销人员善于审时度势，并巧妙地运用推销策略，促成交易。人员推销的策略主要有以下三种：

1. 试探性策略

试探性策略即“刺激—反应”策略，是推销人员利用刺激性的方法引发顾客的购买行为。推销人员通过事先设计好的能够引起顾客兴趣，刺激顾客购买欲望的推销语言，投石问路地对顾客进行试探，观察其反应，然后采取相应的措施。因此，运用试探性策略的关键是要引起顾客的积极反应，激发顾客的购买欲望。

2. 针对性策略

针对性策略即“配方—成交”策略，是通过推销人员利用针对性较强的说服方法，促成顾客购买行为的发生。针对性的前提必须是推销人员事先已基本掌握了顾客的需求状况和消费心理，这样才能够有效地设计好推销措施和语言，做到言辞恳切，实事求是，有目的地宣传、展示和介绍商品，说服顾客购买。让顾客感到推销员的确是真正为自己服务，从而愉快地成交。因此，运用针对性策略的关键是促使顾客产生强烈的信任感。

3. 诱导性策略

诱导性策略即“诱发—满足”策略，是推销人员通过运用能激起顾客某种欲望的说服方法，唤起顾客的潜在需求，诱导顾客采取购买行为。运用诱导性策略的关键是推销人员要有较高的推销技巧和艺术，能够诱发顾客产生某方面的需求，然后抓住时要，向顾客介绍产品的功效，说明所推销的产品正好能满足顾客的需要，从而诱导顾客购买。

## 五、人员推销的组织形式

销售队伍组织结构设计关系到推销工作的效率和资源最佳利用问题。销售队伍组织结构可按照市场区域、产品、顾客以及这三个因素的结合进行调整和组织。

1. 区域型推销组织结构

这种推销组织结构，按销售区域分配推销人员，一个推销人员专门负责一个区域的推销工作，在该地区常驻（图 9-3）。这种推销组织结构的优点是：推销人员责任明确，有利于鼓励推销人员努力工作，便于推销人员熟悉所在销售区域的情况，可以提高推销工作的针对性和连续性，能够节省差旅费开支。这种推销组织结构，最适合那些产品的相关度比较高、目标市场大致相同的企业，不适合那些产品种类多、市场结构复杂的企业，因为产品多、市场复杂使推销人员很难熟悉情况，将影响推销工作的效率。

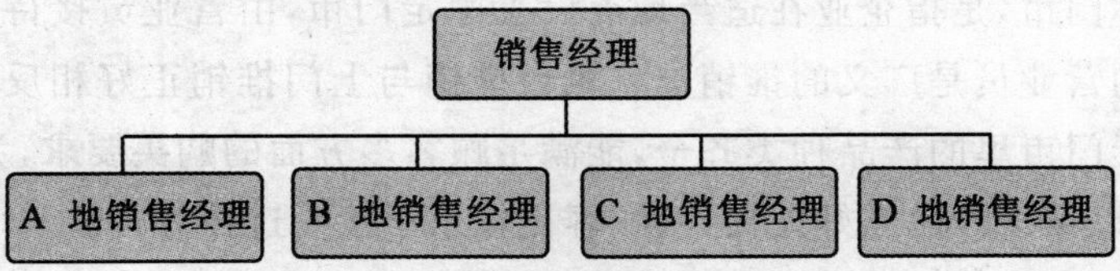


图 9-3 地区销售组织

2. 产品型推销组织结构

这种推销组织结构，以产品为基础进行组织内部的分工，要求一个推销人员专门负责一种或一类产品的推销工作（图 9-4）。这种推销组织结构比较适合于那些产品技术性强、工艺复杂、型号繁多的企业。这种推销组织结构也有一定的缺陷，当用户面比较窄、一个用户购买同一企业的多种产品时，就会出现多名推销人员同时向同一个用户推销同一个企业的不同种类产品的情况，这不仅会引起用户的反感而且也是很不经济的。

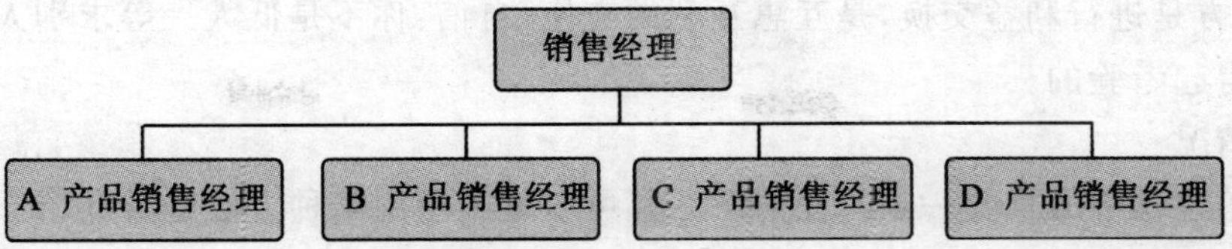


图 9-4　产品销售组织

3.用户型推销组织结构

这种推销组织结构,按用户的类型来划分销售组织,确定推销人员的分工(图 9-5)。在确定用户类型时,企业可根据自身情况和用户特点来进行,通常可以按产业类别、用户规模、销售途径来划分。这种推销组织结构的优点是:推销人员面向具体的用户,了解他们的需求,增加了推销工作的针对性,有利于提高工作效率,同时还可以密切与用户的关系,便于提供优质售后服务,促成用户重复购买。但是,如果用户过于分散就不宜采取这种结构,否则将给推销工作带来许多不便,而且会增加推销费用。

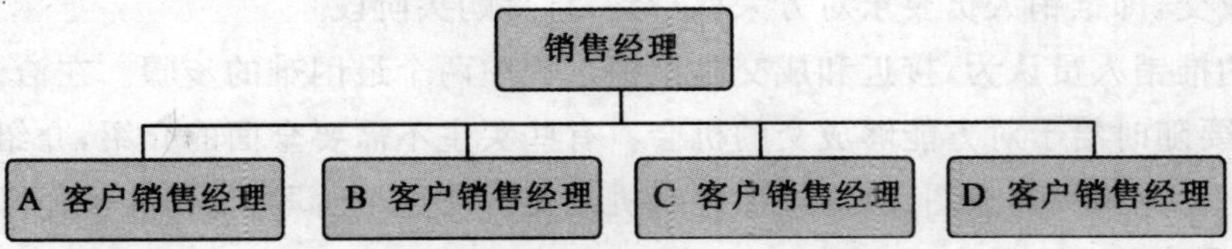


图 9-5　客户销售组织

## 六、人员推销的工作步骤

1.发掘顾客

发掘顾客,是推销工作的第一步。

寻找潜在顾客有很多途径,可以通过现有顾客的介绍,以及其他销售人员介绍、查找工商名录、电话号码簿等寻找潜在顾客。

2.事前准备

在走出去推销之前,推销人员必须知己知彼,掌握三方面的知识:

(1)产品知识　关于本企业、本企业产品的特点、用途、功能等各方面的情况。

(2)顾客知识　包括潜在顾客的个人情况,所在企业的情况.具体用户的生产、技术、资金情况,用户的需要,购买决策者的性格特点等。

(3)竞争者知识　竞争者的能力、地位和它们的产品特点。同时,还要准备好样品、说明材料,选定接近顾客的方式、访问时间、应变语言等。

3.接近顾客,即开始登门访问,与潜在客户开始面对面交谈

这一阶段推销员要注意:

(1)给顾客一个好印象,并引起顾客的注意。因而,穿着、举止、言谈、自信而友好的态度都是必不可少的。

(2)验证在准备阶段所准备的全部情况。

(3)为后面的谈话做好准备。在接近时,注意使自己有一个正确的心态:友好,自信。友

好:自己与对方是进行利益交换,是互惠互利的交换,自信:你不是低人一等求别人。你的企业产品是能经得起考验的。

4.介绍情况

这是推销过程中的重要一步。任何产品都可以也必须用某种方法进行介绍。即使那些无形产品(如保险、金融、投资业务),也可以采用图形、坐标图、小册子等形式加以说明。介绍要注意通过顾客的视、听、触摸等感官向顾客传递信息,其中视觉是最重要的。在介绍产品时,要特别注意说明该产品可能给顾客带来的利益,要注意倾听对方的发言,以判断顾客的真实意图。

5.应付异议,即克服障碍

推销人员应随时准备处理不同意见。顾客在听取介绍的过程中,总会提出一些异议,如怀疑产品的价值,不喜欢交易的条件。这就需要推销员应当具有与持不同意见的买方洽谈的语言能力和技巧,要善于倾听反对意见,能解释、协商,随时有应对否定意见的措施和论据,但必须注意,应付异议要有理有据,娓娓道来,切忌激烈冲突和争吵。

6.签约成交,即推销人员要求对方采取行动,订货购买阶段

有经验的推销人员认为,接近和成交是推销过程中两个最困难的步骤。在洽谈、协商过程中,推销人员要随时给予对方能够成交的机会。有些买主不需要全面的介绍,介绍过程中如发现顾客表现出愿意购买的意图,应立即抓住时机成交。在这个阶段,推销人员还可以提供一些优惠条件,以尽快促成交易。

7.事后跟踪

达成交易不是推销的结束,而是下一轮推销的起点。如果推销人员希望顾客满意并重复购买,希望他们传播企业的好名声,则必须坚持售后追踪。售后追踪访问调查的直接目的是了解顾客是否满意已购买的产品,发现可能产生的各种问题,表示推销人员的诚意和关心。另外一个重要的目的,是促使顾客传播企业及产品的好名声,听取顾客的改进建议。

## 七、人员推销的管理

### (一)推销人员的素质

推销人员是企业开拓市场的先锋,是企业形象的重要代表,必须具备一定的基本条件。现代企业十分重视推销人员的素质,一个理想的推销人员应具备以下素质。

1.心理素质

推销员要出色完成推销任务,必须具备适合推销工作的心理素质。具体包括:

(1)开朗友善,意志坚定。推销员远离企业独立进行推销活动,自己解决各类问题,并通过同顾客打交道取得推销成功,这就要求推销员必须开朗活泼。推销员的工作是一项独立进行的工作,碰到问题要自己想办法,自主性强,在紧急情况下镇定自若,处理果断,才能在工作中独当一面。

(2)充满自信,坚持不懈。推销的成功常常在于遭到拒绝后能坚持不懈。一个人有了自信心才会产生自信力,坚定事业成功,敢于开拓进取,最终创造出优秀业绩。

(3)喜欢交际,开拓创新。对推销员来说"朋友就是财富,朋友就是效益"。所以推销员必须善于交际。一个成功的推销员必须具有开拓创新意识,能与自己性格、风格不同的人建立良

好关系。

2. 业务素质

推销员的业务素质，直接关系到心理素质的发挥和整体素质的提高。业务素质具体包括：

(1)推销理论知识，推销工作的基础理念主要指营销学、消费心理学等。

(2)推销环境知识，主要指政治、经济、法律、社会文化等环境对购买产生的影响。

(3)推销实务知识。推销工作不是专门的理论研究，而是一种实务、操作性很强的工作。实务性知识主要是指企业知识、商品知识、市场知识、推销技巧等。

3. 能力素质

能力是指一个人从事一定社会实践活动的本领，它是干好工作的基础。推销员在工作中取得好的成绩，必须具有敏锐的观察力和敏捷的思维能力；具有善于控制情绪和灵活应变的能力；具有善于交朋友与良好的语言表达能力；具有熟练的技术维修能力；具有协调和组织能力。

4. 身体素质

推销员必须跑市场，经常出差在外，各地的环境、气候又有很大差异，推销员要想以旺盛的精力做好工作，必须有坚强的体魄为后盾。否则，难以胜任。

相关链接

推销员面对拒绝的绝招

有一位朋友做保险推销员，做得很成功。问她有什么秘诀，她说："最初，她对自己一点信心也没有，每天要敲陌生人家的门，说上一大堆好话，还十有八九不成功，内心充满了对敲门的恐惧。"

直到有一天，她遇到一名资深推销家，推销家要求她想象自己正站在即将拜访的客户门外……

推销家问："请问，你现在位于何处？"

她说："我正站在客户家的门外。"

推销家又问："很好！那么，接下来，你想到哪里去？"

她说："我想进入客户的家中呀！"

推销家又问："当你进入客户家里之后，你想，最坏的情形会是怎样呢？"

她说："最坏的情形，大概是被客户赶出来吧！"

推销家又问："被赶出来后，你又回站在哪里呢？"

她说："嗯……还是站在客户家的门外呀！"

推销家说："很好，那不就是你现在所站的位置吗？最坏的结果，不过是回到原处，又有什么可恐惧的呢？"

朋友说："从那以后，我像换了个人似的，只要有1%的希望，我都会去做100%的努力，甚至看上去根本不可能买的客户，我也不会轻易放弃。有一个客户，我顶着烈日跑了十几趟，好不容易让他买了一份保险。可隔几天，他又要退，我只好又上门给退了。没什么，失败又怎么样呢？最坏的结果不过是退回到原处，我并没损失什么，相反还增加了不少工作经验和人生体验，一切不过从头再来。这算是我成功的秘诀吧！"

**(二)推销人员的甄选**

甄选推销人员，不仅要对尚未从事推销工作的人员进行甄选，使其中品德端正、作风正派、工作责任心强的胜任推销工作的人加入推销人员的行列，还要对在岗的推销人员进行甄选，淘汰那些不适合推销工作的推销人员。

推销人员的来源有二：一是来自企业内部。就是把本企业内德才兼备、热爱并适合推销工作的人选拔到推销部门工作。采用这种形式，由于被选人员对企业的内部情况比较了解，可以减少培训时间和费用，迅速充实推销人员队伍。二是从企业外部招聘。即企业从大专院校的应届毕业生、其他企业或单位等群体中物色合格人选。无论哪种来源，都应经过严格的考核，择优录用。

甄选推销人员有多种方法，为准确地选出优秀的推销人才，应根据推销人员素质的要求，采用申报、笔试和面试相结合的方法。由报名者自己填写申请，借此掌握报名者的性别、年龄、受教育程度及工作经历等基本情况；通过笔试和面试可了解报名者的仪表风度、工作态度、知识广度和深度、语言表达能力、理解能力、分析能力、应变能力等。

**(三)推销人员的培训**

新的推销人员，特别是从社会公开招聘来的推销人员，必须经过一段时间的系统培训才能从事推销工作。企业原有的推销人员，也应每隔一段时间进行一次轮训，以便提高业务水平，适应企业发展与市场变化的需要。

1.培训推销人员的内容

(1)了解企业情况。企业情况包括历史、经营目标、组织结构设置、主要负责人、主要产品、销售量等。

(2)产品情况。包括产品制造过程、技术含量、功能、用途等。

(3)顾客情况。顾客情况包括他们的购买动机、购买习惯、购买数量、地理分布、负责人情况、付款方式、信用状况等。

(4)推销程序和责任。销售员要懂得怎样在现有客户和潜在客户间分配时间，如何拟定推销路线，如何合理支配费用等。

2.培训推销人员的方法

培训推销人员的方法很多，常被采用的方法有三种：一是讲授培训。这是一种课堂教学培训方法。一般是通过举办短期培训班或进修等形式，由专家、教授和有丰富推销经验的优秀推销员来讲授基础理论和专业知识，介绍推销方法和技巧。二是模拟培训。它是受训人员亲自参与的有一定真实感的培训方法。具体做法是，由受训人员扮演推销人员向由专家教授或有经验的优秀推销员扮演的顾客进行推销，或由受训人员分析推销实例等。三是实践培训。实际上，这是一种岗位练兵。当选的推销人员直接上岗，与有经验的推销人员建立师徒关系，通过传、帮、带，使受训人员逐渐熟悉业务，成为合格的推销人员。

**(四)推销人员的考核与评价**

为了加强对推销人员的管理，企业必须对推销人员的工作业绩进行科学而合理的考核与评价。推销人员业绩考评结果，既可以作为分配报酬的依据，又可以作为企业人事决策的重要参考指标。

1.考评资料的收集

收集推销人员的资料是考评推销人员的基础性工作。全面、准确地收集考评所需资料是做好考评工作的客观要求。考评资料主要从推销人员销售工作报告、企业销售记录、顾客及社会公众的评价以及企业内部员工的意见四个来源途径获得。

(1)推销人员销售工作报告 销售工作报告一般包括销售活动计划和销售绩效报告两部分。销售活动计划作为指导推销人员推销活动的日程安排,它可展示推销人员的区域年度推销计划和日常工作计划的科学性、合理性。销售绩效报告反映了推销人员的工作实绩,据此可以了解销售情况、费用开支情况、业务流失情况、新业务拓展情况等许多推销绩效。

(2)企业销售记录 企业的销售记录,因其包括顾客记录、区域销售记录、销售费用支出的时间和数额等信息而使其成为考评推销业绩的宝贵的基础性资料。通过对这些资料进行加工、计算和分析,可以得出适宜的评价指标,如某一推销人员所接订单的毛利、一定时期一定规模订单的毛利。

(3)顾客及社会公众的评价 推销人员面向顾客和社会公众提供各种服务,这就决定了顾客和社会公众是鉴别推销人员服务质量最好的见证人.因此,评估推销人员理应听取顾客及社会公众的意见。通过对顾客投诉和定期顾客调查结果的分析,可以透视出不同的推销人员在完成推销商品这一工作任务的同时,其言行对企业整体形象的影响。

(4)企业内部员工的意见 企业内部员工的意见主要是指销售经理或其他非销售部门有关人员的意见,此外,销售人员之间的意见也作为考评时的参考。依据这些资料可以了解有关推销人员的合作态度和领导才干等方面的信息。

2.考评标准的建立

考评销售人员的绩效,科学而合理的标准是不可缺少的。绩效考评标准的确定。既要遵循基本标准的一致性,又要坚持推销人员在工作环境、区域市场拓展潜力等方面的差异性,不能一概而论。当然,绩效考核的总体标准应与销售增长、利润增加和企业发展目标相一致。

制定公平而富有激励作用的绩效考评标准,客观需要企业管理人员根据过去的经验,结合推销人员的个人行为来综合制定,并需在实践中不断加以修整与完善。常用的推销人员绩效考核指标主要有:

(1)销售量 最常用的指标,用于衡量销售增长状况。

(2)毛利 用于衡量利润的潜量。

(3)访问率(每天的访问次数) 衡量推销人员的努力程度。

(4)访问成功率 衡量推销人员的工作效率。

(5)平均订单数目 此指标多与每日平均订单数目一起用来衡量、说明订单的规模和推销的效率。

(6)销售费用及费用率 用于衡量每次访问的成本及直接销售费用占销售额的比重。

(7)新客户数目 这是衡量推销人员特别贡献的主要指标。

**(五)推销人员的奖励**

奖励推销人员的方式主要有单纯薪金制、单纯佣金制和混合奖励制三种。

1.单纯薪金制

单纯薪金制亦称固定薪金制,是指在一定时间内,无论推销人员的销售业绩是多少,推销人员获得固定数额报酬的形式。具体说来就是"职务工资＋岗位工资＋工龄工资"。

2. 单纯佣金制

单纯佣金制是指与一定期间的销售业绩直接相关的报酬形式，即按销售基准的一定比率获得佣金。单纯佣金制的具体形式又有单一佣金和多重佣金(累退制和累进制)、直接佣金和预提佣金之分。

3. 混合奖励制

混合奖励制兼顾激励性和安全性的特点。当然，混合奖励制有效的关键在于薪金、佣金和分红的比率。一般来说，混合奖励中的薪金部分应大到足以吸引有潜力的推销人员；同时，佣金和分红部分足以大到刺激他们努力工作。

混合奖励的常用形式有：薪金＋佣金；薪金＋分红奖励；佣金＋分红奖励；薪金＋佣金＋分红奖励；薪金＋佣金＋分红奖励＋期权。

除了上述三种奖励形式以外，还有特别奖励，就是在正常奖励之外所给予的额外奖励，包括经济奖励和非经济奖励。非经济奖励包括给予荣誉、表扬记功、颁发奖章等。特别奖励的具体形式有业绩特别奖、销售竞赛奖等。

## 第三节 广告促销

案例引导

孔府家酒广告

主题：叫人想家

背景音乐：北京人在纽约

画面：雾霭晨曦中驶来一班客机，机场内一家人昂首企盼，渐渐露出既惊且喜的表情，他们终于迎来了远游的亲人(王姬饰)。

镜头切换：充满温情暖意的家庭，她送给亲人带回的礼物，家人为她接风洗尘。

同时，刘欢那极富磁性的嗓音唱道："千万里，千万里，我一定要回到我的家，我的家，永生永世也不能忘。"

片末，王姬面向镜头意味深长地说："孔府家酒，叫人想家。"

评析：孔府家酒"叫人想家"篇，情真意切，令人回味无穷。其广告真正做到了让名人为产品服务，广告调动所有的因素为孔府家酒服务。另外，这个广告的广告词很有人情味，是典型的感性诉求，家的主题很能引起消费者的共鸣，尤其是家庭观念很强的中国消费者，所以这个广告能够打动消费者的心。

### 一、广告的含义和构成要素

广告(advertising)一词源于拉丁语(advertere)，有"注意"、"诱导"、"大喊大叫"和"广而告之"之意。广告作为一种沟通方式，是广告主为了推销其商品、劳务或观念，在付费的基础上，通过媒介向特定的对象进行的信息传播活动。

一个典型的广告活动由五个要素构成:广告主,是指发布广告的单位和个人;广告媒体,是指传递信息的载体;广告费用,是指广告主开展广告活动所必须支付的各种费用,包括广告调研费、设计制作费、广告媒体费、广告机构办公费,以及工作人员的相关支出等;广告受众,是广告的对象,即接受广告信息的人;广告信息,是指广告的具体内容。

## 二、广告的本质特征

1.广告是付出费用的信息和活动

首先,广告作为经济活动,具有一切经济活动所具有的投入产出特点。其次,广告作为信息传播活动,广告信息必然是经过提炼加工而来,这必然需要对于信息研究和加工,其研究和制作是以一定的费用支付而保证的。最后,广告主和广告经营者都需要营利才能维持组织生存和保证组织发展。

2.广告必须明确广告主

明确广告主,一是可以把广告主的组织形象使广告信息接受者认知、熟悉、牢记,使广告信息带上较多的附加价值;二是可以通过告知广告信息接受者谁是广告主,使广告主自我约束、自我提高,从而公开正视广告主自身的责任和义务,从法律上保证信息接受者的合法权益。

3.广告是经过“艺术处理”的信息

广告要经过艺术处理才具有较强的影响力、感染力和诱导力。现代广告追求艺术与技术于一身,熔抽象与具象于一炉,其形象塑造、形式表现,都为高度表现的信息符号。广告是一种艺术形式,但广告不等同于纯艺术,它是与产业化、社会化紧密结合的艺术。

4.广告通过大众传播媒介进行传播

广告是属于非人员的传播行为,即主要通过大众传播媒介来进行。这是广告与其他传播活动的本质区别之一。广告不同于面对面地个人对个人、小组对小组进行游说的促销。广告必须是借助于某种大众传播工具向非特定的大众广泛传达信息的活动形式。

5.广告是对被管理的信息定位并面向目标市场的传播活动

广告主以自己所拥有的经营管理目标而构成自己的信息系统,并且把这些特定信息通过整合而定位,向自己所针对的目标市场进行传播。

广告主对于广告信息定位是以特定目标市场为标准。广告就是围绕目标市场而进行的信息定位传播。

6.广告传播信息的范围十分广泛

广告传播的信息包括产品、劳务或某项行动的意见和想法,即实在的物质产品和非实在的思想观念与倾向。

7.广告以说服方法以期达到改变或强化观念和行为

广告以说服社会公众接受自己的建议和观点为己任。

广告突出自己的鲜明特征、表明自己的独特优点,显示自己的与众不同的功效,其目的就是影响信息受众。

不同时期广告的定位、创意、传媒选择及策略运用,都是为了形成独具特色的说服力和影响力。

## 三、广告的作用

广告在促销中的作用是多方面的，归纳起来主要有：

1. 传递信息，诱导消费

传递信息是广告最基本的作用，广告可以帮助消费者了解商品的特点，诱导顾客的需求，影响他们的消费心理，刺激他们的购买行为，创造销售的机会。通过广告，可以有效地沟通企业与中间商及顾客三者之间的关系。

2. 介绍商品，引导消费

在新产品层出不穷，消费者不易识别和难于选择的情况下，广告宣传能使新产品、新式样、新的消费意识迅速流行，并形成一种消费时尚。广告对商品的有效介绍，可以帮助消费者在众多的同类商品中比较和选择。优秀的广告是一种文化消费，可以引导消费走向文明健康。

3. 树立形象，促进销售

先声夺人的广告宣传和它潜移默化的作用，加深了顾客对企业和产品的记忆与好感。顾客在自觉与不自觉中常常参考广告来购买商品。广告可以在一定程度上展示企业的规模和知名度，在消费者心目中树立起良好的企业形象和品牌优势，以促进销售，巩固和扩大市场占有率。

## 四、广告的设计原则

高质量的广告必须遵循下列原则来设计。

1. 真实性

广告的生命在于真实。虚伪、欺骗性的广告，必然会丧失企业的信誉。广告的真实性体现在两方面。一方面，广告的内容要真实，包括：广告的语言文字要真实，不宜使用含糊、模棱两可的言词；画面也要真实，并且两者要统一起来；艺术手法修饰要得当，以免使广告内容与实际情况不相符合。另一方面，广告主与广告商品也必须是真实的，如果广告主根本不生产或经营广告中宣传的商品，甚至连广告主也是虚构的单位，那么，广告肯定是虚构的、不真实的。企业必须依据真实性原则设计广告，这也是一种商业道德和社会责任。

2. 社会性

广告是一种信息传递。在传播经济信息的同时，也传播了一定的思想意识，必然会潜移默化地影响社会文化、社会风气。从一定意义上说，广告不仅是一种促销形式，而且是一种具有鲜明思想性的社会意识形态。广告的社会性体现在：广告必须符合社会文化、思想道德的客观要求。具体说来，广告要遵循党和国家的有关方针、政策，不违背国家的法律、法令和制度，有利于社会主义精神文明，有利于培养人民的高尚情操；严禁出现带有中国国旗、国徽、国歌标志、国歌音响的广告内容和形式，杜绝损害我国民族尊严的、甚至有反动、淫秽、迷信、荒诞内容的广告等，如“用黑社会交易来反映产品紧俏、短缺以劝诱购买”的广告创意是不足取的。

3. 针对性

广告的内容和形式要富有针对性，即对不同的商品、不同的目标市场要有不同的内容，采取不同的表现手法。由于各个消费者群体都有自己的喜好、厌恶和风俗习惯，为适应不同消费者群的不同特点和要求，广告要根据不同的广告对象来决定广告的内容，采用与之相适应的形式。

4. 艺术性

广告是一门科学，也是一门艺术。广告把真实性、思想性、针对性寓于艺术性之中。利用科学技术，吸收文学、戏剧、音乐、美术等各学科的艺术特点，把真实的、富有思想性、针对性的广告内容通过完善的艺术形式表现出来。只有这样，才能使广告像优美的诗歌，像美丽的图画，成为精美的艺术作品，给人以很高的艺术享受，使人受到感染，增强广告的效果。这就要求广告设计要构思新颖，语言生动、有趣、诙谐，图案美观大方，色彩鲜艳和谐，广告形式要不断创新。

相关链接

怪异的广告

美国纽约国际银行在刚开张之时，为了迅速打开知名度，便想出了一个出奇制胜的广告策略。

一天晚上，全纽约的广播电台正在播放节目，突然间，全市所有广播都在同一时刻向听众播放一则通告：听众朋友，从现在开始播放的是由本市国际银行向您提供的沉默时间。紧接着整个纽约市的电台就同时中断了10秒钟，不播放任何节目。一时间，纽约市民对这个莫名其妙的10秒钟沉默时间议论纷纷，于是“沉默时间”成了全纽约市民茶余饭后最热门的话题，国际银行的知名度迅速提高，很快家喻户晓。

国际银行的广告策略巧妙之处在于，它一反一般的广告手法，没有在广告中播放任何信息，而以整个纽约市电台在同一时刻的10秒钟“沉默”引起市民好奇心理，从而不自觉地去探究根底，使国际银行的名字“不告而人人皆知”，达到了出奇制胜的效果。

启示：敢为天下先。要知道，对营销来讲，重要的是效应，至于这种效应是正效应还是负效应，另当别论，关键是要吸引眼球。

## 五、广告的分类

根据不同的需要和标准，可以将广告划分为不同的类别。按照广告的最终目的将广告分为商业广告和非商业广告；又如根据广告产品的生命周期划分，可以将广告分为产品导入期广告、产品成长期广告、产品成熟期广告、产品衰退期广告；或按照广告内容所涉及的领域将广告划分为经济广告、文化广告、社会广告等类别。不同的标准和角度有不同的分类方法，对广告类别的划分并没有绝对的界限，主要是为了提供一个切入的角度，以便更好地发挥广告的功效，更有效地制订广告策略，从而正确地选择和使用广告媒介。以下介绍一些较常运用到的广告类别。

### （一）按照广告媒介的使用分类

按广告媒介的物理性质进行分类是较常使用的一种广告分类方法。使用不同的媒介，广告就具有不同的特点。在实践中，选用何种媒介作为广告载体是制定广告媒介策略所要考虑的一个核心内容。传统的媒介划分是将传播性质、传播方式较接近的广告媒介归为一类。因此，一般有以下七类广告：

印刷媒介广告　也称为平面媒体广告，即刊登于报纸、杂志、招贴、海报、宣传单、包装等媒介上的广告。

电子媒介广告　是以电子媒介如广播、电视、电影等为传播载体的广告。

在《天下无贼》中，冯小刚充分展示了他的才华，“植入式广告”为他带来直接广告收入4000万。宝马汽车、惠普笔记本电脑、佳能数码摄像机和便携打印机、诺基亚手机、长城润滑油等。

户外媒介广告　是利用路牌、交通工具、霓虹灯等户外媒介所作的广告；还有利用热气球、飞艇甚至云层等作为媒介的空中广告。

直邮广告　通过邮寄途径将传单、商品目录、订购单、产品信息等形式的广告直接传递给特定的组织或个人。

销售现场广告　又称为售点广告或POP广告(point of purchase)，就是在商场或展销会等场所，通过实物展示、演示等方式进行广告信息的传播，有橱窗展示、商品陈列、模特表演、彩旗、条幅、展板等形式。

数字互联媒介广告　是利用互联网作为传播载体的新兴广告形式之一，具有针对性、互动性强，传播范围广，反馈迅捷等特点，发展前景广阔。

其他媒介广告　利用新闻发布会、体育活动、年历、各种文娱活动等形式而开展的广告。

以上这几种根据媒介来划分广告的方法较为传统。当今整合营销时代，是以整合营销传播的观点，针对目标受众的活动区域和范围，将广告分为：家中媒介广告如报纸、电视、杂志、直邮等媒介形式的广告；途中媒介广告如路牌、交通、霓虹灯等媒介形式的广告；购买地点媒介广告；等等。

**(二)按照广告目的分类**

制定广告计划的前提是必须首先明确广告目的，才能做到有的放矢。根据广告目的确定广告的内容和广告投放时机、广告所要采用的形式和媒介，可以将广告分为产品广告、企业广告、品牌广告、观念广告等类别。

产品广告　又称商品广告。是以促进产品的销售为目的，通过向目标受众介绍有关商品信息，突出商品的特性，以引起目标受众和潜在消费者的关注。力求产生直接和即时的广告效果，在他们的心目中留下美好的产品形象。从而为提高产品的市场占有率，最终实现企业的目标埋下伏笔。

企业广告　又称企业形象广告。是以树立企业形象，宣传企业理念，提高企业知名度为直接目的的广告。虽然企业广告的最终目的是为了实现利润，但它一般着眼于长远的营销目标和效果，侧重于传播企业的信念、宗旨或是企业的历史、发展状况、经营情况等信息，以改善和促进企业与公众的关系，增进企业的知名度和美誉度。它对产品的销售可能不会有立竿见影的效果。但由于企业声望的提高，使企业在公众心目中留下了较美好的印象，对加速企业的发展具有其他类别的广告所不可具备的优势，是一种战略意义上的广告。具体还可以分为企业声誉广告、售后服务广告等类别。

品牌广告　是以树立产品的品牌形象、提高品牌的市场占有率为直接目的，突出传播品牌的个性以塑造品牌的良好形象。品牌广告不直接介绍产品，而是以品牌作为传播的重心，从而为铺设经销渠道、促进该品牌下的产品的销售起到很好的配合作用。

观念广告　即企业对影响到自身生存与发展的，并且也与公众的根本利益息息相关的问题发表看法，以引起公众和舆论的关注，最终达到影响政府立法或制定有利于本行业发展的政策与法规，或者是指以建立、改变某种消费观念和消费习惯的广告。观念广告有助于企业获得长远利益。

**（三）按照广告传播区域分类**

根据营销目标和市场区域的不同，广告传播的范围也就有很大的不同。按照广告媒介的信息传播区域，可以将广告分为国际性广告、全国性广告和地区性广告等几类。

国际广告　又称为全球性广告，是广告主为实现国际营销目标，通过国际跨国传播媒介或者国外目标市场的传播媒介策划实施的广告活动。它在媒介选择和广告的制作技巧上都较能针对目标市场的受众心理特点和需求，是争取国外消费者，使产品迅速进入国际市场和开拓国际市场必不可少的手段。

全国性广告　即面向全国受众而选择全国性的大众传播媒介的广告。这种广告的覆盖区域大，受众人数多，影响范围广，广告媒介费用高。较适用于地区差异小、通用性强、销量大的产品。因全国性广告的受众地域跨度大，广告应注意不同地区受众的接受特点。

地区性广告　多是为配合企业的市场营销策略而限定在某一地区传播的广告，可分为地方性广告和区域性广告。地方性广告又称零售广告，为了配合密集型市场营销策略的实施，广告多采用地方报纸、电台、电视台、路牌等地方性的传播媒介，来促使受众使用或购买其产品，常见于生活消费品的广告，以联合广告的形式，由企业和零售商店共同分担广告费用。其广告主一般为零售业、地产物业、服装业、地方工业等地方性企业。区域性广告是限定在国内一定区域如华南区、华北区或是在某个省份开展的广告活动。开展区域性广告的产品往往是地区选择性或是区域性需求较强的产品如加湿器、防滑用具、游泳器材等。它是差异性市场营销策略的一个组成部分。

**（四）按照广告的传播对象分类**

各个不同的主体对象在商品的流通消费过程中所处的地位和发挥的作用是不同的。为配合企业的市场营销策略，广告信息的传播也就要针对不同的受众采用不同的策略。依据广告所指向的传播对象，可以将广告划分为工业企业广告、经销商广告、消费者广告、专业广告等类别。

工业企业广告　又可称为生产资料广告，主要是向工业企业传播有关原材料、机械器材、零配件等生产资料的信息，常在专业杂志或专用媒体上发布广告。

经销商广告　就是以经销商为传播对象的广告。它以获取大宗交易的订单为目的，向相关的进出口商、批发商、零售商、经销商提供样本、商品目录等商品信息，比较注重在专业贸易杂志上刊登广告。

消费者广告　其传播对象直接指向商品的最终消费者，是由商品生产者或是经销商向消费者传播其商品的广告。

专业广告　主要是针对职业团体或专业人士。他们由于专业身份、社会地位的特殊性和权威性，具有对社会消费行为的一定影响力，是购买决策的倡议者、影响者和鼓动者，如医生、美容师、建筑设计人员等。此类广告多介绍专业产品，选择专业媒介发布。

**（五）按照广告诉求方式分类**

广告的诉求方式就是广告的表现策略，即解决广告的表达方式——“怎么说”的问题。它是广告所要传达的重点，包含着“对谁说”和“说什么”两个方面的内容。通过借用适当的广告表达方式来激发消费者的潜在需要，促使其产生相应的行为，以取得广告者所预期的效果。可以将广告分为理性诉求广告和感性诉求广告两大类：

理性诉求广告：广告通常采用摆事实、讲道理的方式，通过向广告受众提供信息，展示或介绍有关的广告物，有理有据地进行论证接受该广告信息能带给他们的好处，使受众理性思考、权衡利弊后能被说服而最终采取行动。如家庭耐用品广告、房地产广告较多采用理性诉求方式。

感性诉求广告：广告采用感性的表现形式，以人们的喜怒哀乐等情绪、亲情、友情、爱情以及道德感、群体感等情感为基础，对受众晓之以情、动之以情，激发人们对真善美的向往并使之移情于广告物，从而在受众的心智中占有一席之地，使受众对广告物产生好感，最终发生相应的行为变化。如日用品广告、食品广告、公益广告等常采用这种感性诉求的方法。

## 六、广告策划

广告策划是指企业为配合市场营销计划实施，由企业营销部门或委托广告代理企业对广告活动整体的、系统的筹划，是为提出广告决策、实施广告决策、检验广告决策的全过程进行预先的考虑设想。

作为一个企业的营销经理，在围绕某一营销目标进行广告策划时，必然会考虑五个主要问题：任务(mission)，广告的目标是什么？资金(money)，要投放多少费用？信息(message)，要传送什么信息？媒体(media)，选择什么样的媒体？测评(measurement)，如何评价广告效果？我们也可称其为“5M”决策(图 9-6)。

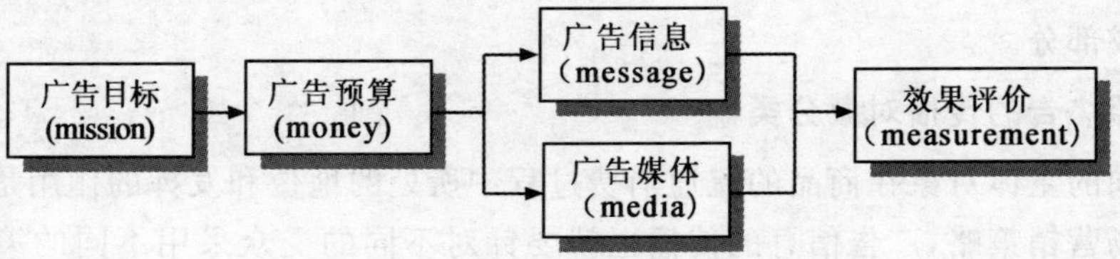


**图 9-6　广告策划的主要步骤(5M)**

广告策划的内容包括确定广告目标、明确广告对象、提炼广告主题、制定广告战略、编制广告预算、进行广告效果测定。

### (一)确定广告目标

广告目标就是广告主希望广告活动所能达到的预期目的。或者说，广告目标是指广告要达到的要求。

广告虽有其共同的、最终的目标，但是不同企业在不同的时期、不同的产品和不同的营销策略要求下，广告的目标是有所不同的。由于市场经济的复杂性，企业市场营销策略的多样性。根据广告目标也是多种多样的，不同的区分方法，广告目标的类型也有所不同。

1. 从广告的目的上区分

(1)信息性广告目标　这类广告目标的作用一般在产品开拓阶段表现的比较突出，因为只有消费者对产品的性能、品质和特点有所认识，才能对产品产生某种需求。如对某种保健营养饮料，应首先把该产品的营养价值及其多种功效的信息传递给消费者。

(2)说服性广告目标　广告产品处于成长或成熟期阶段，市场上同类产品多了，代用品也不断出现，市场竞争也日趋激烈，消费者购买选择余地也就比较大。这时，企业为了在激烈的竞争中处于不败之地，多采用说服性广告，通过说服或具体比较，进而建立某一品牌的优势。因此，在竞争阶段企业对说服性广告的运用越来越重视。

(3)提醒性广告目标　当产品处于成熟期阶段，虽然产品已有一定的知名度，消费者已有一定的消费习惯，但由于新产品不断涌现，同类产品选择余地大，提醒性广告不仅起"提醒"作用，更重要的是起"强化"作用。其目的在于使现有的购买者确信他们购买这类产品是作了正确的选择，从而加强重复购买与使用的信心。

2. 从市场营销策略上区分

(1)创牌广告目标　这类广告的目的，在于开发新产品和开拓新市场。它通过对产品的性能、特点和用途的宣传介绍，提高消费者对产品的认知程度，其中着重要求提高消费者对新产品的知名度、理解度和厂牌标记的记忆度。

(2)保牌广告目标　这类广告的目的，在于巩固已有市场阵地，并在此基础上深入开发潜在市场和刺激购买需求。它主要通过连续广告的形式，加深对已有商品的认识，使消费者养成消费习惯，潜在消费者发生兴趣和购买欲望。广告诉求的重点在于保持消费者对广告产品的好感、偏好和信心。

(3)竞争广告目标　这类广告的目的，在于加强产品的宣传竞争，提高市场竞争能力。广告诉求重点是宣传本产品的优异之处，使消费者认知本产品能给他们带来什么好处，以增强偏好度并指明选购。

**(二)明确广告对象**

广告对象是指广告信息的传播对象，即广告信息的接收者。作为一种付费的传播活动，广告应该有的放矢，向广告商品的购买者或可能的购买者，即现实的和潜在的购买者传递有关信息，这些现实的和潜在的购买者，就是广告目标市场。

**(三)提炼广告主题**

广告主题必须明确。应当以广告的诉求为取向，而只有明确的诉求才能达到说服受众的目的，假如主题含糊不清，那么受众就不知所云，难以产生共鸣及购买欲望；广告主题应当唯一、突出。尽管一个企业或产品的不同广告作品可以拥有多个主题，但每一则广告的主题却只能是唯一的，它不可能包罗广告内容的所有信息，但必须传递最主要、最富特色或优势的信息；广告的主题应包含目的、好处、承诺三个基本要素。广告的主题设计应围绕一定的目的展开；而从消费者角度，更关心的是商品或企业对自己带来什么利益，给予多少承诺，所以主题还应考虑好处和承诺，以赢得消费者的好感和信服。

**(四)制定广告战略**

广告战略是指按广告目标的要求，确定广告活动的方式方法，包括广告表现战略和广告媒体战略。

1. 广告表现战略

广告表现战略要通过广告创作来实现。广告创作主要包括广告主题的确定、表现形式的采用、文稿的撰写、图像的绘制、画面的摄制等多方面的内容。大体上可分为四个过程：资料收集整理阶段、设计决策阶段、构思创作阶段、实际制作阶段。

2. 广告媒体战略

制定正确的广告媒体策略，目的在于在有限的广告预算内，得到最大的广告效益。广告媒体战略主要包括媒体的选择、确定广告发布日程和方式等项内容：选择媒体、确定发布日程和方式。

**(五)编制广告预算**

广告预算是在广告策划基础上制定的企业投入广告活动的费用计划，它规定了广告计划期限内，为达到策划目标所需要的广告活动费用总额，使用范围和方法。

1. 影响广告预算的因素

在制定广告预算时一般要考虑五个方面的因素。

(1)产品生命周期的阶段　处于导入期的新产品一般要投入大量的广告费用，以扩大产品的影响。而以建立了较高的品牌知名度的产品，或已处在成长期的产品广告费用的投入就可少一些。

(2)市场份额和顾客忠实度　市场份额已经比较大的企业不需要利用广告去拓展很大的市场，一般比市场份额较小的企业广告的投入就可能少一些；同样以建立了一批忠实顾客群体的企业比那些仍需要去建立自己的忠实顾客群体的企业广告的投入也可能会少一些。

(3)竞争与干扰　如果市场竞争者众多，对于企业广告宣传的干扰因素较多，那么企业就需要投入较多的广告费用，因为只有加强宣传的力度，才可能抵御各种干扰。反之，广告的投入就可能少一些。

(4)广告频率　广告必须达到一定的宣传频率才能给受众留下较深的印象，所以根据受众的接收规律，安排一定的广告宣传频率，也就决定了所需投入的广告费用大小。

(5)产品的替代性　往往具有大量同类品牌的产品(如香烟、饮用水、化妆品等)为了突出产品的差异性特征，争取更多的顾客，就需要投入大量的广告费用进行促销宣传。而同类替代产品比较少的产品广告就可能少做一些。

2. 广告预算的分配

在广告预算策划中，应当对广告费用的具体分配和使用作出安排，通常有以下几种做法；

(1)按地区分配　企业若要同时在各个不同地区的市场开展广告宣传，在费用安排上就可以按地区来进行分配，根据不同地区的重要性，广告量和实施宣传的难度，投放不同的广告费用。

(2)按时间分配　由于企业的广告宣传是一个持续性的活动，广告费用的安排上，也要根据不同阶段和时期的广告活动加以统筹，以体现其持续性，即应根据不同阶段和时期的广告活动内容分阶段的规划广告费用的投入。

(3)按媒体分配　企业的广告活动通常是一种多媒体的宣传活动，各种媒体的广告费用也有所不同，企业应当根据对各种媒体的使用状况和各媒体的费用水平，将广告费用合理地分配到各种媒体上，以形成最佳的广告媒体组合。

(4)按活动分配　如果企业在规划期内要组织几次大型的广告宣传活动，在广告费用的安排上，则可根据各种活动的需要来加以分配，在总费用水平确定的前提下，按各个活动的规模、重要性和技术难度投入广告费用。

以上几种广告费用的分配和使用方法，在实际广告活动中通常是结合在一起的，即在规划广告费用使用时，要综合考虑到地区、时间、媒体和活动等各方面的因素，使广告费用的使用能体现出最佳的效益。

3. 广告预算的方法

在实践中，企业广告费用的提取一般有以下几种方法：

(1)定率提取法　定率提取法就是企业依据产值、销售额或利润的适当比率提取广告费。如某企业全年的销售额为1万元，该企业按3%的比率提取广告费，该企业全年的广告费应为300元，定率提取法简便易行，使企业的广告费用能有相应的保证，但是由于这种提取法是根据已经获得的经济效果，而不是根据实现未来经济效果的需要来确定广告费用的，这就同广告费用的功能和作用相矛盾，在实践中有可能出现销售额下降，广告费用提得少，从而缺乏必要的经济实力来开展能促进销售增长的广告宣传，形成恶性循环局面。因此定率提取法主要适应那些产品组合面较宽、整体经济实力较强的大企业。

(2)贡献提取法　贡献提取法主要指企业的广告费用只能在超出企业预期利润的收入中提取，如某企业的产品销售量为12万件，单位产品利润为50元，全部产品利润为600万元，企业目标利润为500万元，那么该企业的广告费用最多不得超出100万元，这种提取方法也是比较保守的，考虑的只是企业的目前利益，而不是长远利益。

(3)目标达成法　目标达成法是根据实现未来经济的需要来提取广告费用的方法，即根据某一广告活动的实际需要进行费用预算，然后根据预算"盘子"的大小来提取广告费用。这种做法能真正为广告活动的开展提供足够的资金，同时也有助于合理地进行广告预算。但采取这一做法的企业必须有较强的经济实力，实际上一些企业往往将定率提取法和目标达成法结合起来使用。首先根据企业的实际经济效益提取一笔总的广告费用，然后再根据本年度各种广告活动的实际需要用目标达成法来确定广告预算。即用定率提取法框住总的"盘子"，用目标达成法来决定广告费如何使用。

(4)竞争比照法　竞争比照法是企业根据其主要竞争对手的广告费支出水平来确定自己相应广告费用。一般来讲，企业应尽可能保持同竞争对手差不多的广告费用水平。这是因为一方面企业不愿意使用自己的广告费低于其竞争对手，否则就可能由于广告宣传量的差异而使企业处于不利的竞争地位；但另一方面，企业一般也不想使自己的广告费用过多地超出其竞争对手。因为任何企业都明白，其竞争对手是不可能容忍自己的广告宣传费用长期低于对手的。只要发现对手的广告费用增加，也就会相应的提高自己的广告费用。所以任何一方增加广告费用所产生的效应，不久就都会相互抵消，这样竞相提高广告费用的结果只能使各方的广告总成本上升。为了避免这一点，企业除在特殊的情况下，一般都不愿意因过多地增加广告费用来刺激其竞争对手，而只希望能使自己的广告费用同竞争对手保持均衡，这就是竞争比照法的依据。

(5)边际效益法　经济学中的边际效益最大化原理经常被用来作为广告费用预算的重要方法。其基本思想是：企业广告费用支出的最佳水平为最后一笔广告费用的增加所带来的经济收益与之相等，即边际支出等边际收益时，支出是最合理的。根据这一指导思想，我们可大致测算一下企业最佳广告费用支出的理论数据。

(6)支出可能额法(量力而行法)　支出可能额法是指企业根据自己的经济实力，即财务承受能力来确定广告费用总额的方法。这种方法也称"量体裁衣法"、"竭尽所能法"，许多中小企业都采用这种方法。"量力而行"是指企业将所有不可避免的投资和开支除去之后，在根据剩余资金来确定广告预算的规模。

（六）进行广告效果测定

广告效果有经济效果和社会效果之分，也有即效性效果与迟效性效果之分，还有促销效果和广告本身效果的分类。在此，我们按最后一种分类测定其效果。

1. 广告促销效果的测定

广告促销效果也称广告的直接经济效果，它反映广告费用与商品销售量（额）之间的比例关系。广告促销效果的测定，是以商品销售量（额）增减幅度作为衡量标准的。测定方法很多，主要有以下几种：

（1）广告费用占销率法　通过这种方法可以测定出计划期内广告费用对产品销售量（额）的影响。广告费用占销率越小，表明广告促销效果越好；反之则越差。其公式为：

$$\text{广告费用占销率}=\frac{\text{广告费}}{\text{销售量（额）}}\times 100\%$$

（2）广告费用增销率法　此法可以测定计划期内广告费用增减对广告商品销售量（额）的影响。广告费用增销率越大，表明广告促销效果越好；反之则越差。其公式为：

$$\text{广告费用增销率}=\frac{\text{销售量（额）增长率}}{\text{广告费用增长率}}\times 100\%$$

（3）单位费用促销法　这种方法可以测定单位广告费用促销商品的数量或金额。单位广告费用促销额（量）越大，表明广告效果越好；反之则越差。其公式为：

$$\text{单位广告费用促销额（量）}=\frac{\text{销售额（量）}}{\text{广告费用}}$$

（4）单位费用增销法　此法可以测定单位广告费用对商品销售的增益程度。单位广告费用增销量（额）越大，表明广告效果越好；反之则越差，其计算公式为：

$$\text{单位广告费用增销量（额）}=\frac{\text{报告期销售量（额）}-\text{基期销售量（额）}}{\text{广告费用}}$$

（5）弹性系数测定法　此法即通过销售量（额）变动率与广告费用投入量变动率之比值来测定广告促销效果。其公式为：

$$E=\frac{\dfrac{\Delta S}{S}}{\dfrac{\Delta A}{A}}$$

其中：$S$ 为销售量（额）；$\Delta S$ 为增加广告费用后的销售增加量（额）；$A$ 为广告费用原有支出额；$\Delta A$ 为增加的广告费用支出额；$E$ 为弹性系数，即广告效果。$E$ 值越大，表明广告的促销效果越好。

影响产品销售的因素很多，广告只是其中因素之一，单纯以销售量（额）的增减来衡量广告效果是不全面的。也就是说，上述测定方法只能作为衡量广告效果的参考。当广告促销效果不理想时，也不应轻易否定广告，而应从其他多方面来考虑分析。

2. 广告本身效果的测定

广告本身效果不是以销售数量的大小为衡量标准，而主要是以广告对目标市场消费者所引起心理效应的大小为标准，包括对商品信息的注意、兴趣、情绪、记忆、理解、动机等。因此，对广告本身效果的测定，应主要测定知名度、注意度、理解度、记忆度、视听率、购买动机等项目。测定方法中，常用的有以下几种：

(1)价值序列法 是一种事前测定法。其具体做法是，邀请若干专家、消费者对事先拟定的几则同一商品的广告进行评价，然后排序，依次排出第一位、第二位、第三位……排在首位的，表明其效果最佳，选其作为可传播的广告。

(2)配对法 也是一种事前测定法。其做法是，将针对同一商品设计的不同的两则广告配对，请专家、消费者进行评定，选出其中一例。评定内容包括广告作品的标题、正文、插图、标语、布局等全部内容。

(3)评分法 既适合于事前测定，又适合事后测定。其做法是，将广告各要素列成表，请专家、消费者逐项评分。得分越高，表明广告自身效果越好。

(4)访查法 主要适合于事后测定广告效果的方法。其主要做法是通过电话、直接走访等方式征集广告接受者对广告的评价意见，借以评价广告优劣。

## 七、广告策划书的写作

### (一)广告策划书的概念

广告策划书是由广告策划者根据广告策划的结果撰写、提供给广告客户审核、认可，为广告活动提供策略指导和具体实施计划的一种应用性文件。

### (二)广告策划书的作用

(1)在广告公司内部，广告策划书的撰写标志着广告策划运作的结束，撰写广告策划书是为了将广告策划运作的内容和结果整理成正规的提案提供给广告客户。

(2)广告客户可以通过策划书了解广告公司策划运作的结果，检查广告公司的策划工作，并根据广告策划书判定广告公司对广告策略和广告计划的决策是否符合自己的要求。

(3)对于整个广告活动，经过客户认可的广告策划书是广告活动策略和计划的唯一依据。

### (三)广告策划书的编写原则

1.逻辑思维原则

广告策划的目的在于解决企业营销中的问题，它必须按照逻辑性思维的顺序，即提出问题—分析问题—解决问题的构思来编制策划书，给人一种循序渐进、眉目清楚的感觉。

2.形象化原则

策划书的文字表达只能给人理性的概念认识，如能适当地运用视觉化的手段加以配合，则会一目了然，加深对策划书的理解与记忆。

策划书中常用的形象化方法有两种：一是可以把策划书中的部分内容作成流程图，如媒介传播计划、广告预算等；二是创意设计部分，如报刊广告、电视广告的设计，可以配以图案，实际上是把创意形象化了，使人容易理解。

3.简洁朴实原则

广告策划书在编制中应注意突出重点，抓住企业营销中所要解决的核心问题，深入地进行分析，提出可行的相应对策，这份策划书就达到目的了。总之，要以简洁朴实、具体实用、针对性强为原则，让人一下子抓住策划书的主要内容，并一目了然。

4. 可操作原则

广告策划是广告活动的蓝图，它是在现实基础上的一种超前性的构思。

首先，广告策划书中所制定的大政方针，应符合市场变化的需要，以保证广告活动的有序和广告目标的准确。

其次，广告策划作为一个整体，还要注意各子系统及各具体环节之间的联系与操作，它的指导性涉及广告活动中每个人的工作及各个环节的关系处理。

**(四)广告策划书的写作模式**

广告策划书编制的格式：包括封面、广告策划小组名单、目录、前言、正文等内容。

正文包括以下内容：

第一部分：市场分析

一、营销环境分析

二、消费者分析

三、产品分析

四、企业的竞争对手的竞争状况分析

五、企业与竞争对手的广告分析

第二部分：广告策略

一、广告的目标

二、目标市场策略

三、产品定位策略

四、广告诉求策略

五、广告表现策略

六、广告媒介策略

第三部分：广告计划

一、广告目标

二、广告时间

三、广告的目标市场

四、广告的诉求对象

五、广告的诉求重点

六、广告表现

第四部分：广告活动的效果预测和监控

一、广告效果的预测

二、广告效果的监控

附录

一、市场调查问卷

二、市场调查访谈提纲

三、调查报告

## 第四节 营业推广

案例引导

销售促进的“魔力”

某商场采取了一种“独特”的办法来销售成套餐具。在第一个星期商场只销售这一套餐具中的菜碟，只要顾客购买5元钱的物品，就可以花0.22元买一个菜碟；第二个星期只销售盛放面包黄油的碟子；第三个星期只销售杯子；第四个星期只销售小碟子；第五个星期只销售水果盘。以上这五件东西组成一套餐具。顾客若想买其中的一件，就不得不先买5元钱的物品。到了第六个星期，又再重新开始一个周期，等到了第十一个星期第三个周期又开始了。我们打算三轮完毕之后就结束，然后再用三个星期让顾客补齐所错过的一件或两件餐具。但是事实上，顾客的需求量是如此之大，商场不得不连续进行了四个周期，最后又用了六个星期的时间来让顾客补齐漏买的餐具。因此，这次促销活动竟然持续了半年时间。

如果你仔细分析一下这次促销活动，就会明白问题的答案。让我们以一家商店为例，来算一算这笔账。假如这家商店每周有5 000笔业务，每一笔业务平均4.80元，那么一周销售额为24 000元。如果把每一笔业务提高0.20元，即每笔业务平均5元的话，你就可以使商店增加1 000元的销售额。如果在这家商店里你出售了1 665个盘子，每个以0.22元的价格出售，你就会又增加366.30元，这样加起来一周就可以增加1 366.30元，从而使每周的销售额达到25 366.30美元。整个促销活动持续了半年，即26个星期，用26乘以1 366.30，其结果就是35 523.80美元。如果你是一个拥有500家商店的联号，你可以很容易地计算出结果。一个利润微薄的生意，通过0.22元一件餐具的销售活动，其最终结果可达上百万元。

思考：商场采取了什么促销方法来提高其销售额？这种办法最吸引顾客的是什么地方？是不是任何商品都适合采取这种办法进行促销？适合这种促销办法的商品有哪些？为什么？

### 一、营业推广的含义

营业推广又称销售促进(sales promotion)，是指企业运用各种短期诱因鼓励消费者和中间商购买、经销或代理企业产品或服务的促销活动。

近年来，由于受到品牌数目增加，产品日趋类似，竞争者对手经常使用销售促进，消费者、经销商要求厂商提供更多优惠，广告因成本上升、媒体干扰和法律约束而效率下降等因素的影响，使得销售促进获得了迅速发展。

### 二、营业推广的特点

营业推广是人员推销、广告和公共关系以外的能刺激需求、扩大销售的各种促销活动。概括说来，营业推广有如下特点：

1. 营业推广促销效果显著

在开展营业推广活动中，可选用的方式多种多样。一般说来，只要能选择合理的营业推广方式，就会很快地收到明显的增销效果，而不像广告和公共关系那样需要一个较长的时期才能见效。因此，营业推广适合于在一定时期、一定任务的短期性的促销活动中使用。

2. 营业推广是一种辅助性促销方式

人员推销、广告和公关都是常规性的促销方式，而多数营业推广方式则是非正规性和非经常性的，只能是它们的补充方式。亦即使用营业推广方式开展促销活动，虽能在短期内取得明显的效果，但它一般不能单独使用，常常配合其他促销方式使用。营业推广方式的运用能使与其配合的促销方式更好地发挥作用。

3. 营业推广有贬低产品之意

采用营业推广方式促销，似乎迫使顾客产生"机会难得、时不再来"之感，进而能打破消费者需求动机的衰变和购买行为的惰性。不过，营业推广的一些做法也常使顾客认为卖者有急于抛售的意图。若频繁使用或使用不当，往往会引起顾客对产品质量、价格产生怀疑。因此，企业在开展营业推广活动时，要注意选择恰当的方式和时机。

## 三、营业推广的作用

1. 可以吸引消费者购买

这是营业推广的首要目的，尤其是在推出新产品或吸引新顾客方面，由于营业推广的刺激比较强，较易吸引顾客的注意力，使顾客在了解产品的基础上采取购买行为，也可能使顾客追求某些方面的优惠而使用产品。

2. 可以奖励品牌忠实者

因为营业推广的很多手段，譬如销售奖励、赠券等通常都附带价格上的让步，其直接受惠者大多是经常使用本品牌产品的顾客，从而使他们更乐于购买和使用本企业产品，以巩固企业的市场占有率。

3. 可以实现企业营销目标

这是企业的最终目的。营业推广实际上是企业让利于购买者，它可以使广告宣传的效果得到有力的增强，破坏消费者对其他企业产品的品牌忠实度，从而达到本企业产品销售的目的。

## 四、营业推广的方式

### (一)面向消费者的营业推广方式

1. 赠送促销

向消费者赠送样品或试用品，赠送样品是介绍新产品最有效的方法，缺点是费用高。样品可以选择在商店或闹市区散发，或在其他产品中附送，也可以公开广告赠送或入户派送。

2. 折价券

在购买某种商品时，持券可以免付一定金额的钱。折价券可以通过广告或直邮的方式发送。

3. 包装促销

以较优惠的价格提供组合包装和搭配包装的产品。

4. 抽奖促销

顾客购买一定的产品之后可获得抽奖券，凭券进行抽奖获得奖品或奖金，抽奖可以有各种形式。

5. 现场演示

企业派促销员在销售现场演示本企业的产品,向消费者介绍产品的特点、用途和使用方法等。

6. 联合推广

企业与零售商联合促销,将一些能显示企业优势和特征的产品在商场集中陈列,边展销边销售。

7. 参与促销

通过消费者参与各种促销活动,如技能竞赛、知识比赛等活动,能获取企业的奖励。

8. 会议促销

各类展销会、博览会、业务谈判会期间的各种现场产品介绍、推广和销售活动。

**(二)面向中间商的营业推广方式**

1. 批发回扣

企业为争取批发商或零售商多购进自己的产品,在某一时期内给经销本企业产品的批发商或零售商加大回扣比例。

2. 推广津贴

企业为促使中间商购进企业产品并帮助企业推销产品,可以支付给中间商一定的推广津贴。

3. 销售竞赛

根据各个中间商销售本企业产品的实绩,分别给优胜者以不同的奖励,如现金奖、实物奖、免费旅游、度假奖等,以起到激励的作用。

4. 扶持零售商

生产商对零售商专柜的装潢予以资助,提供 POP 广告,以强化零售网络,促使销售额增加;可派遣厂方信息员或代培销售人员。生产商这样做目的是提高中间商推销本企业产品的积极性和能力。

**(三)面对推销人员的营业推广方式**

1. 销售红利

为了鼓励推销人员积极推销,企业规定按销售额提成,或按所获利润不同提成,以鼓励推销员多推销商品。

2. 推销竞赛

为了刺激和鼓励推销员努力推销商品,企业确定一些推销奖励的办法,对成绩优良者给予奖励。奖励可以是现金,可以是物品或是旅游等。

3. 推销回扣

回扣是推销额中提取出来的作为推销员推销商品的奖励或酬劳。利用回扣方式把推销业绩与报酬结合起来,有利于推销员积极工作,努力推销。

4. 职位提拔

对业务做得出色的推销员进行职务提拔,奖励他将好的经验传授给一般推销员,有利于培养优秀推销员。

## 五、营业推广的实施过程

一个公司在运用营业推广时，必须确定目标，选择工具，制订方案，实施和控制方案，及评价结果。

1.确定营业推广目标

就消费者而言，目标包括鼓励消费者更多地使用商品和促进大批量购买；争取未使用者试用，吸引竞争者品牌的使用者。就零售商而言，目标包括吸引零售商们经营新的商品和维持较高水平的存货，建立零售商的品牌忠诚和获得进入新的零售网点的机会。就销售队伍而言，目标包括鼓励他们支持一种新产品或新型号，激励他们寻找更多的潜在顾客和刺激他们推销商品。

2.选择营业推广工具

可以在上述的各种方式中，灵活有效地选择使用。

3.制定营业推广方案

在确定销售促进目标和工具后，接下来就是制定具体的促销方案。在制定这一具体方案中要做出如下几方面的决策：

(1)激励规模　对销售促进对象的激励规模，要根据费用与效果的最佳比例来确定。

(2)激励对象　刺激可以提供给任何人，或选择出来的一部分人，选择的正确与否直接影响销售促进的最终效果。

(3)送达方式　企业营销人员必须研究通过什么送达方式让激励对象来参与，才能达到理想的效果。

(4)活动时间　活动什么时候开始，多长时间，要根据消费需求时间的特点结合总的市场营销战略来定。调查表示：最佳的频率是每季有三周的促销活动，最佳持续时间是产品平均购买周期的长度。

(5)预算及其分配　销售促进是一项较大的支出，事先必须进行策划预算。

4.方案试验

面向消费者市场的营业推广能轻易地进行预试，可邀请消费者对几种不同的、可能的优惠办法做出评价和分等，也可以在有限的地区进行试验性测试。

5.实施和控制营业推广方案

实施的期限包括前置时间和销售延续时间。前置时间是从开始实施这种方案前所必需的准备时间，它包括最初的计划工作，以及包装修改的批准或者材料的邮寄或者分送到家；配合广告的准备工作和销售点材料；通知现场推销人员，为个别的分店建立地区的配额，购买或印刷特别赠品或包装材料，预期存货的生产，存放到分配中心准备在特定的日期发放。销售延续时间是指从开始实施到大约95%的采取此促销办法的商品已经在消费者手里所经历的时间。

6.评价营业推广结果

对营业推广方案的评价很少受到注意，以盈利率加以评价不多见。最普通的一种方法是把推广前、推广中和推广后的销售进行比较。

## 六、营业推广的控制

营业推广是一种促销效果比较显著的促销方式，但倘若使用不当，不仅达不到促销的目的，反而会影响产品销售，甚至损害企业的形象。因此，企业在运用营业推广方式促销时，必须予以控制。

1. 选择适当的方式

营业推广的方式很多，且各种方式都有其各自的适应性。选择好营业推广方式是促销获得成功的关键。一般说来，应结合产品的性质、不同方式的特点以及消费者的接受习惯等因素选择合适的营业推广方式。

2. 确定合理的期限

控制好营业推广的时间长短也是取得预期促销效果的重要一环。推广的期限，既不能过长，也不宜过短。这是因为时间过长会使消费者感到习以为常，消失刺激需求的作用，甚至会产生疑问或不信任感；时间过短会使部分顾客来不及接受营业推广的好处，收不到最佳的促销效果。一般应以消费者的平均购买周期或淡旺季间隔为依据来确定合理的推广方式

3. 禁忌弄虚作假

营业推广的主要对象是企业的潜在顾客，因此，企业在营业推广全过程中，一定要坚决杜绝徇私舞弊的短视行为发生。在市场竞争日益激烈的条件下，企业的商业信誉是十分重要的竞争优势，企业没有理由自毁商誉。本来营业推广这种促销方式就有贬低商品之意，如果再不严格约束企业行为，那将会产生失去企业长期利益的巨大风险。因此，弄虚作假是营业推广中的最大禁忌。

4. 注重中后期宣传

开展营业推广活动的企业比较注重推广前期的宣传。这非常必要。在此还需提及的是不应忽视中后期宣传。在营业推广活动的中后期，面临的十分重要的宣传内容是营业推广中的企业兑现行为。这是消费者验证企业推广行为是否具有可信性的重要信息源。所以，令消费者感到可信的企业兑现行为，一方面有利于唤起消费者的购买欲望，另一个更重要的方面是可以换来社会公众对企业良好的口碑，增强企业良好形象。

案例分析

不成功的促销

一家饲料企业原本效益很好，也没有做过促销，直至其他企业后来者居上，这家企业慌了，于是召开销售人员会议。销售人员没有不抱怨的：人家企业做得多好，农民买一包饲料可以得到一件文化衫，经销商做大了组织你去国外考察。企业想，这不是很难，我们也做！

江南每年6～8月份是农忙时节，农户都忙着双抢，养殖业是淡季。企业想，淡季一定要刺激农民，诱导农民购买。于是，该企业制作好了文化衫，而且很漂亮。7月底，销售人员又向企业抱怨：怎么这么晚才给市场发放促销品，别人早就做了。原来竞争企业在5月底就将文化衫全部发放到位，农民在双抢时根本没有时间去购买饲料，那时你的文化衫还在加工企业做呢！

第二年，该企业很早就准备好了促销品，是质量很好的香皂。农忙时农民每天都要洗澡，香皂是他们的必需品。但结果和预料大相径庭：经销商拒绝大量进货。销售人员从市场前沿报告：经销商已经大量进了竞争厂家的货，原因是该厂家开展了一个活动，在市场淡季完成旺季85%销售额的经销商可以参加企业的出国考察团。竞争厂家已经抢占了经销商的仓库和资金。

案例思考：这家饲料企业的营业推广存在什么问题？应如何进行改进？

## 第五节 公共关系

案例引导

超大农业集团紧急采购台湾农产品

农业是两岸合作交流的基础产业，也是先行产业。2005 年以来大陆相继出台了 20 多项惠及台湾同胞、深化两岸交流合作的政策措施，其中相当大一部分都是关于扩大台湾农产品在大陆销售、加强两岸农业交流的。

“为了帮助台湾农民解决水果丰产时出现的销售困难，我们根据台湾农民和农民组织反映的情况与要求，迄今已进行了四次水果紧急采购，共向高雄、屏东、南投、嘉义、云林、台南等县市紧急采购香蕉、柳橙等台湾水果 2 000 多吨。”杨金发表示，这几次采购行动，得到了岛内大多数农民，特别是南部农民的支持和肯定。但在有些人看来，几次大手笔采购台湾滞销农产品，看起来政治意义大于实际意义，听到这种说法，杨金发一笑而过，“我们的想法其实很简单，两岸是同胞兄弟，古语有云：‘兄弟同心，其利断金’！我们只是尽绵薄之力而已，希望能缓解台湾果农销售的压力，保护台湾农民的切身利益。”

国台办主任王毅在 2009 年 5 月的海峡论坛上宣布了最新的惠台措施，要求继续扩大对台湾农产品的采购。杨金发表示，超大集团根据安排，在 7 月 10 日已经委派“踩线团”赴台考察主要的水果产地，并已经与岛内的农民与农会达成初步采购意向，将在年底进行下一轮的台湾水果采购。

### 一、公共关系的含义

“公共关系”又称公众关系，它译自英文 public relations，简称“公关”或 PR。按照美国公共关系协会的理解，“公共关系有助于组织（企业）和公众相适应”，包括设计用来推广或保护一个企业形象及其品牌产品的各种计划。也就是说，公共关系是指企业在从事市场营销活动中正确处理企业与社会公众的关系，以便树立品牌及企业的良好形象，从而促进产品销售的一种活动。

#### （一）公共关系的要素：社会组织、媒介、公众

1. 社会组织

社会组织是人们为了有效地达到特定目标，按照一定的宗旨、制度、系统建立起来的共同活动集体。它有清楚的界限、明确的目标，内部实行明确的分工并确立了旨在协调成员活动的正式关系结构，比如政党、政府、企业、学校、医院、各种社团等。

社会组织是公共关系的主体，它是公共关系中处于主动地位的一方。

2. 媒介

公共关系媒介是指使社会组织与公众发生联系的人或事物。

人通过语言、行动表达思想和情感，传递信息，使社会组织与公众建立和发展关系。

事物包括为建立和协调公共关系所开展的活动，使社会组织与公众发生联系的物品、符

号、标志、图画、图像等。在现代社会，报刊、电视、广播、计算机网络等已成为非常重要的公共关系媒介。

3.公众

公众是指与社会组织相关的有共同利益需求的个人、群体、组织集合而成的整体。社会组织的员工、顾客、读者、观众、社区居民、社会名流等都是重要的公众。公众构成了社会组织生存和发展的社会环境。

公众是公共关系的客体。它对社会组织产生制约和影响，是社会组织认识、作用的对象。

社会组织通过媒介作用于各类相关公众，各类相关公众对社会组织产生认知，表示赞誉，与社会组织进行合作，从而形成互助互利、和谐发展的关系。

**(二)公共关系工作的目标**

公共关系工作目标是指社会组织通过一系列工作，所欲达到的树立组织形象、与公众取得和谐的状态。具体来说，公共关系工作有认知度、美誉度、和谐度三大目标。

1.认知度

认知度是一个社会组织被社会公众所认识、知晓的程度。它包含被认识的深度和被知晓的广度两个方面。例如，一个企业的名称、法人代表、历史沿革、行业归属、主要产品、产品商标、产品特征、经营状况等诸多具体信息在多大范围内被公众所知晓，在多深的程度上被公众所认识，合起来则为这个企业的认知度。

认知度与我们常说的知名度相比内涵更丰富。它不仅指组织的名声在多大范围内被公众所知晓，而且指组织有多少信息被公众所认识。一般来说，公众如果只闻其名，即"知名"，对组织的意义并不很大；而在知名的基础上，公众对组织的认识越多、越深，对组织的意义或作用就越大。因此，任何组织开展公共关系工作，其目标之一就是追求拥有较高的认知度。

2.美誉度

美誉度是指一个社会组织获得公众赞美、称誉的程度，是组织形象受公众给予美丑、好坏评价的舆论倾向性指标，是一种对组织的道德价值评判。

由于不同的社会组织其道德价值的体现有所不同，其美誉度的确定也就应分解为不同的内容。如生产性企业美誉度内容可分解为产品评价、服务评价、贡献评价、文化评价等；政府机关美誉度内容可分解为政绩评价、服务评价、民主建设评价、廉政建设评价等。

3.和谐度

和谐度是一个社会组织在发展运行过程中，获得目标公众态度认可、情感亲和、言语宣传、行为合作的程度。和谐度与美誉度一样，也属对于组织道德价值评判的范畴。

在客观世界，关系无所不在，而关系的最佳境界就是和谐。和平共处、和谐发展是处理各种各样社会关系的最基本准则。可以说，公共关系学就是为求取组织与其公众关系的和谐应运而生的。因此，和谐度是在认知度、美誉度基础上的必然延伸，是组织最为关心的一个目标。

**(三)公共关系工作的基本方法**

社会组织有各种各样的方法，提高自身的认知度、美誉度、和谐度，但属于公共关系工作的基本方法有形象塑造、传播管理、利益协调三种。

1.形象塑造

组织形象是指社会公众对一个组织综合认识后形成的印象和评价。组织形象对社会组织来说至关重要。在现代社会中,一个组织的形象如何,会直接影响到组织的生存和发展。特别是对企业而言,拥有了良好的组织形象,就能赢得公众的支持,就能拥有市场,就能获得源源不断的利润,就能在激烈的市场竞争中立于不败之地。就公共关系工作来说,形象塑造也是一个社会组织提高其认知度、美誉度、和谐度的先决条件。社会组织只有通过开展组织形象的定位与设计、建立与推广、巩固与矫正等工作,做好社会组织的实力形象、文化形象、人才形象、品牌形象等各方面的形象塑造工作,才能赢得公众的信任、支持与合作,从而使组织得到和谐发展。

2. 传播管理

公共关系传播管理是指社会组织为了提高自身的认知度、美誉度、和谐度,对借助传播方式所开展的传播活动进行计划、组织、指挥、控制和监督等一系列活动的总和。从传播管理的内容来说,有对公共关系宣传活动,如开放参观、展览展销、新闻发布会、记者招待会、公共关系广告等的管理;也有对公共关系一般活动,如联谊活动、庆典活动、赞助活动等的管理。从传播管理的任务来说,在组织发展的不同阶段应有明显的区别,如在组织创建的初始阶段,传播的主要任务是为组织造声势,吸引公众的注意力,培植公众对组织的善意和信任,争取在公众中树立良好的第一印象。在组织发展的兴盛阶段,传播工作应居安思危,从长远着眼,从实际出发,通过持久的努力扩大组织的社会影响,巩固和完善良好的组织形象。在组织发展的危难时期,传播工作对内应稳定民心,查找原因;对外应尽快消除公众对组织的疑虑、猜忌、误解或怨恨,澄清事实真相,尽快扭转局势。

3. 利益协调

公共关系协调既可反映社会组织与其公众之间的关系处于和谐状态,又可表明社会组织为争取公众的支持与合作而开展的各种协调关系的工作。和谐的公共关系环境是实现社会组织的目标与可持续发展的必要条件,而搞好公共关系的协调,是建立和谐的公共关系环境的根本保证。公共关系协调虽然有利益协调、态度协调、行为协调等诸多内容,但最基本、最关键的还是利益协调。社会组织在协调组织内部员工关系、股东关系和协调组织外部顾客关系、社区关系、政府关系、新闻媒介关系的过程中,必须认清各自的利益需求,把握相互利益的结合点,调整利益目标,促进互惠互利。所以,利益协调是赢得和谐公共关系状态的基本途径,也是公共关系工作的基本方法。

## 二、公共关系的本质特征

1. 企业的公共关系是指企业与其相关的社会公众的相互关系

这些社会公众主要包括:供应商、中间商、消费者、竞争者、金融保险机构、政府部门、科技界、新闻界等。可见,企业营销活动中存在着广泛的社会关系,不仅限于与顾客的关系,更不能局限于只有买卖关系。良好的社会关系是企业成功的保证之一,因此,建立和保持企业与社会公众的关系在企业营销活动中具有重要的作用。

2. 企业形象是公共关系的核心

公共关系首要的任务是树立和保持企业的良好形象,争取广大消费者和社会公众的信任和支持。一个企业除了生产优质产品和搞好经营管理之外,还必须重视创建良好的形象和声誉。在现代社会经济生活中一旦企业拥有良好的形象和声誉,就等于拥有了可贵的资源,就能获得社会广泛的支持和合作。否则,就会产生相反的不良后果,使企业面临困境。可见,以创建良好企业形象为核心的公共关系这项管理职能,它涉及企业活动的各个方面,而且是长期地、不断地积累,不断地努力的结果。

3. 企业公共关系的最终目的是促进产品销售

广告等其他活动的目的在于直接促进产品销售,而公共关系的目的在于互相沟通,互相理解,在企业行为与公众利益一致的基础上争取消费者对企业的信任和好感,使广告等促销活动产生更大的效果,从而最终扩大产品的销路。正因为如此,公共关系也属于一种促销方式。不过,它是通过推销企业本身,从而促进产品销售。

4. 公共关系属于一种长效促销方式

公共关系比广告等活动成本少得多,有时甚至不需支付费用,而其效果却大得多,尤其是需要使消费者建立信任感的商品。因为消费者对广告存有戒心,使广告显得无能为力,而通过公共关系的活动却能消除疑义,获取信赖。

总之,公共关系着眼于企业长期效益,而广告则倾向于产品销售。

## 三、公共关系工作的基本原则

1. 真实性原则

真实性原则是指社会组织的公共关系工作,要以事实为基础,据实、客观、公正、全面地传递信息,反映情况。具体来说,就是要尊重事实,是好说好,是坏说坏;有一说一,有二说二,不掩饰,不夸大,也不缩小;在调查研究的基础上,客观地反映现实,不以主观想象代替客观事实;对事实采取公众可接受的立场,不袒护、不推诿。

2. 平等互利原则

平等互利原则是指社会组织与公众平等相处,共同发展,利益兼顾。公共关系是为组织的既定目标和任务服务的,但这种服务要以一定的道德责任为前提,以利他的方式"利己",既要对组织负责,又要对公众负责。只有"利他"才能"利己"。公共关系强调主体与客体的平等权利和义务,尊重双方的共同利益和各自的独立利益,信守组织与公众平等互利、共同发展的坚定信念。

3. 双向沟通原则

双向沟通原则是指一个组织在开展公共关系活动时,组织与公众互相传播、接受、反馈对方的信息,如对话、讨论等,从而使组织与公众互相影响,互相启发,最后达到相互信任。组织与公众之间建立良好的公共关系过程,其实质是组织与公众之间相互适应的过程,亦即信息交流和信息反馈修正的过程。双向沟通的原则,不仅立足于信息的相互交流,更注重于情感的相互沟通。

4. 整体一致原则

整体一致原则是指从社会全局的角度,审视公共关系工作,评价其经济效益,明确自身的责任和义务,符合公众的长远利益和根本利益。一个社会组织要保证自己的长远利益,求得自己的稳定发展,就必须取得社会公众和其他社会组织的支持与合作,顾及社会整体利益。公共关系整体一致原则的具体体现就是社会组织对公众负责,对社会负责。

5. 全员公关原则

全员公关原则是指组织的公共关系工作,不仅要依靠公关专门机构和专职公关人员的努力,还有赖于组织各部门的密切配合和全体员工的共同关心与参与。这就要求组织的全体成员都要树立公关意识,共同关注并参与公共关系工作。因为建立、维护和发展组织的良好公共关系状态不是哪一个具体个人的事，也不是单一部门能够完成的工作。如每一个成员与外界交往时，都是组织形象的宣传载体，他们的活动都体现组织的整体形象和风貌。因此，组织的每位成员都必须注意自己的形象，从而维护组织形象。

6.长期坚持原则

公共关系工作是一项长期的、持久的任务，任何组织的良好形象的形成都是建立在长期努力的基础上。成功的组织在开展公共关系活动时，总是着眼于未来，以长远的目光来确定目标，并制定战略和政策。当然，随着社会经济、文化的发展，公众的价值观和需求也必然会发生相应的变化，对组织形象的评价标准也会不断变化，期望值也会越来越高。社会组织也必须不断地改造和更新自身的形象。

## 四、公共关系的作用

公共关系是一门"内求团结，外求发展"的经营管理艺术，是一项与企业生存发展休戚相关的事业。其作用主要表现在：搜集信息、监测环境；咨询建议、决策参谋；舆论宣传、创造气氛；交往沟通、协调关系；教育引导、社会服务五个基本方面。

1.搜集信息，监测环境

信息是企业生存与发展必不可少的资源。运用各种公关手段可以采集各种有关信息，监测企业所处的环境。企业公关需要采集的信息包括以下几方面：

(1)产品形象信息　是指消费者对本企业产品的各种反应与评价，如对产品质量、性能、用途、价格、包装、售后服务等的反应评价。

(2)企业形象信息　企业要了解自己的形象，除产品形象的信息外，还必须采集以下信息：一是公众对企业组织机构的评价，如组织机构是否健全，设置是否合理，上下左右是否协调，运转是否灵活，办事效率高不高等。二是公众对企业经营管理水平的评价。在经营决策上，企业的经营方针是否正确，决策过程是否科学，决策目标是否合理、可行；在生产管理上，生产计划是否完善，生产组织是否恰当；在销售管理上，市场预测是否科学、准确，产品定价是否合理，促销是否有力；在人事管理上，用人是否得当等等。三是公众对企业人员素质的评价，包括对决策层领导人员和一般人员素质的评价。评价指标有文化水平、工作能力、业务水平、交际能力、应变能力、创新精神、开拓意识、工作态度、工作效率等。四是公众对企业服务质量的评价，包括对服务意识、服务态度等方面的评价。

(3)企业内部公众的信息　企业的职工作为社会公众的一部分，必然对企业产生不同的反应与评价。通过对企业内部职工意见的了解，能掌握职工对企业的期望，企业应树立什么样的形象，才能对职工产生向心力和凝聚力。企业内部公众的信息，可以通过意见书、各职能部门的计划、总结、工作报告以及企业内部的舆论工具等来获得。

(4)其他信息　企业不可能脱离外界而存在，投资者的投资意向、竞争者的动态、顾客的需求变化以及国内外政治、经济、文化、科技等方面的重大变化，都直接或间接地影响到企业的经营决策。公共关系作为社会经济趋势的监测者，应广泛地收集这些有关社会经济的信息。

2.咨询建议，决策参考

公共关系的这一职能是利用所搜集到的各种信息，进行综合分析，考查企业的决策和行为在公众中产生的效应及影响程度，预测企业决策和行为与公众可能意向之间的吻合程度，并及时、准确地向企业的决策者进行咨询，提出合理而可行的建议。

(1)公共关系参与决策目标的确立。确立决策目标是决策过程的最重要一环。公共关系是整体决策目标系统中的重要因素。它从全局和社会的角度来综合评价各职能部门的决策目标可能导致的社会效果,从而发现和揭示问题,提醒决策者按公众需求和社会效益制定决策目标。

(2)公共关系是获取决策信息的重要渠道。合理、正确的决策依赖于及时、准确、全面的信息,公关部门可以利用它与企业内部、外部的广泛交流,为决策开辟广泛的信息渠道。据此能为决策者提供内部信息和外部信息,提供决策依据。

(3)公共关系是拟定决策方案不可缺少的参谋。公共关系作为决策参谋,能帮助决策者评价各方案的社会效果,提高决策方案的社会适应能力和应变能力。

(4)公共关系为决策方案实施效果提供反馈信息。信息的反馈,有助于修改、完善决策方案,这是公关职能之一。公关部门可以利用它与公众建立的关系网络和信息沟通渠道,对正在实施的决策方案进行追踪监测,并及时反馈对其评价的信息。

3.舆论宣传,创造气氛

这一职能是指公共关系作为企业的"喉舌",将企业的有关信息及时、准确、有效地传送给特定的公众对象,为企业树立良好形象创造良好的舆论气氛。如公关活动,能提高企业的知名度、美誉度,给公众留下良好形象;能持续不断、潜移默化地完善舆论气氛,因势利导,引导公众舆论朝着有利于企业的方向发展;还能适当地控制和纠正对企业不利的公众舆论,及时将改进措施公之于众,避免扩大不良影响,从而收到化消极为积极、尽快恢复声誉的效果。

4.交往沟通,协调关系

企业是一个开放系统,不仅内部各要素需要相互联系、相互作用,而且需要与系统外部环境进行各种交往、沟通。交往沟通是公关的基础,任何公共关系的建立、维护与发展都依赖于主客体的交往沟通。只有交往,才能实现信息沟通,使企业的内部信息有效地输向外部,使外部有关信息及时地输入企业内部,从而使企业与外部各界达到相互协调。协调关系,不仅要协调企业与外界的关系,还要协调企业内部关系,包括企业与其成员之间的关系、企业内部不同部门成员之间的关系等,要使全体成员与企业之间达到理解和共鸣,增强凝聚力。

5.教育引导,社会服务

公共关系具有教育和服务的职能,是指通过广泛、细致、耐心的劝服性教育和优惠性、赞助性服务,来诱导公众对企业产生好感。对企业内部,公关部门代表社会公众,向企业内部成员输入公关意识,诱发企业内部各部门及全体成员都重视企业整体形象和声誉。对企业外部各界,公关部门代表企业,通过劝服性教育和实惠性社会服务,使社会公众对企业的行为、产品等产生认同和接受。

## 五、公共关系策略

1.宣传型企业公关策略

宣传型企业公关是通过宣传途径,建立良好的企业公关网络,来达到企业公关的目的。从目前社会情况看,大众传播有两种:一种是公关广告,一种是新闻报道。一个企业可以把它的形象塑造作为广告的中心内容,着重宣传企业的管理经验、经济效益、社会效益和已经获得社会声誉的发展过程等,还可以采取新闻报道的形式来宣传自己。这种宣传权威性高,比较客观,容易为公众接受,且不用花钱。不过,这种机会不多,主动权不在企业。对企业来说,可以巧借媒介来"制造新闻"。

2.交际型企业公关策略

在美国就有一批职业游说人员和游说集团专门进行交际型公关活动。

案例：最典型的美国前国务卿基辛格博士，他组织了一批在国际舞台上很有影响的各界人士，组成一个咨询机构，他们的工作主要是为世界各个国家政府及首脑间的交往疏通渠道，提供方便。由于基辛格与各国领导人和知名人士有广泛接触，又有私人情谊，由他出面代表一国现任领导与另一些国家接触与联系，往往比这些领导人直接出面试探要好得多。一宗贸易，一个合作项目，一种合作途径，由他们出面推荐或接洽，成功的可能性就大得多。在我国，交际型公关应该称得上是公关活动方式中用得最为广泛的一种。

3.服务型企业公关策略

现代社会，随着经济的发展，市场竞争日益激烈，同类企业之间的竞争更多地体现在服务上。哪个企业服务热情周到，哪个企业就能赢得更多的顺意公众，树立起企业的良好信誉。从现代企业之间交易的成功率来说，周到的服务是至关重要的。当然，它必须以货真价实为基础。

现在在我国工业企业中的售后服务、消费指导；商业企业的优质服务、送货上门；公用事业单位的完善服务、接受检查；宾馆开展的企业文化等，都是典型的服务型企业公关。

4.社会型企业公关策略

开展社会型企业公关活动，很重要的一条就是所举办的活动必须对社会有利，符合国家的政策法令，能引起社会的重视，特别是引起新闻媒介的重视。新闻媒介重视了，通过他们的传播，可以扩大影响，取得更加良好的效果。企业与新闻媒介合作，不仅提高了企业的声望，也有助于扩展企业的公关网络。

5.征询型企业公关策略

征询型企业公关的具体实施过程是当企业进行一项工作后，就要想法了解社会公众对这项工作的反应。经过征询，将了解到的公众意见进行分类、整理，加以分析研究，然后提出改进工作的方案，直至满足公众的愿望为止。

征询型企业公关的前期工作要从两方面入手：一方面要站在公众的角度去设想对具体工作的要求；另一方面要做好市场预测与分析。

征询型企业公关工作方式为：开办各种咨询业务，建立来信来访制度和组织接待机构，设立意见箱和热线电话，接受和处理投诉等。

6.建设型企业公关策略

现在，企业一般把开展建设型企业公关活动放在开业前后的一段时间里，或者放在更换厂名、改变产品商标或包装的时候。

7.维系型企业公关策略

维系型企业公关的主要功能就是设法在不知不觉中造成和维持一种融洽气氛，以维护企业的良好形象。它的活动方式有两种："硬维系"和"软维系"。

"硬维系"是指活动形式所表现的"维系目的"很明确，公众一目了然。

案例：广州中国大酒店在重大节日，坚持给住过大酒店的顾客公众赠送贺卡和礼品，以联络感情。他们的元旦贺卡后面是全宾馆两千多名职工的集体照片，中间还编成一个"中"字，来强化公众对宾馆的印象。

“软维系”是指活动的目的，表面看过去不十分明显，表现比较洒脱，给人以“醉翁之意不在酒”的感觉，却能够收到特殊的效果。

8.进攻型企业公关策略

在当前市场竞争十分激烈的时候，一个企业更需要运用进攻型企业公关来取胜对方。

采用进攻型企业公关要注意几点：

(1)避免环境的消极影响。如避免参加过多的纵向关系的组织和不必要的社会活动，避免过多地承担社会义务，以免受过多的规章制度和社会关系的牵制。

(2)不断开创新局面。如建立分公司，研制新产品，开辟新市场，创造新环境。

(3)要协调社会关系，以减少与竞争者间的矛盾和冲突，团结更多的支持者和协作者。

9.防御型企业公关策略

特点：

(1)洞察一切，见微知著。当企业机构与客观环境出现某些失调的征兆时，能及时发现，迅速采取对策，予以防止。

(2)居安思危，防患未然。当企业处于稳定发展的状态时，及早制订出防范措施，达到未雨绸缪的目的。

(3)积极防御，加强疏导。利用不利的时机，创造有利的局面。

适用范围：最适用于企业发展过程中的战略决策，为具有战略眼光的现代企业领导者所重视和采用。

10.矫正型企业公关策略

企业遇到的形象危机一般有两种情况：公众的误解、谣言或人为的破坏；由于本身存在的问题造成的。如产品质量欠佳、服务态度不好、环境污染严重等，或者是管理政策、经营方针有问题。这时候企业公关工作人员要能及时发现问题，采取紧急措施来平息风波，以保证顾客公众的利益不受损害。

## 六、公共关系主要专题活动

公关专题活动是组织为塑造自身形象围绕某一公共关系主题，有计划、有步骤组织目标公众参与的集体行动，是组织与公众沟通的有效途径。公关专题活动有鲜明的目的性，以公共关系主题传播为目的。公关专题活动有清楚的诉求对象，这些对象是公关的目标公众。公关专题活动是有计划、有步骤开展的团体活动。

1.组织庆典活动

社会组织一般会在内部发生值得庆祝的重要事件时，在人们共同庆祝的重大节日里举行隆重的庆典活动。这种庆典活动实际也是一种展示组织形象、提高社会知名度的公关活动。

庆典活动的类型包括：开业典礼、周年纪念庆典、剪彩仪式。

2.开放参观活动

这里的开放参观活动，指的是社会组织邀请内外公众（主要是外部公众）参观本组织的工作条件、环境设施、成就展览等，是公关实务中经常使用的一种团体性专项公关活动。其目的是增进组织与某类重要公众之间的双向了解；消除某些公众对组织的一些偏见和误解；亲善社区或邻里关系，增强组织与公众的联系。

参观活动的对象既是考虑参观者的代表性，又要重视特定的目标公众，同时也要考虑组织的承受能力。如果参观者像潮水般涌来，组织就可能疲于奔命和应付，因此参观对象要仔细选择和确定。

3. 公关赞助活动

公关赞助是指组织通过无偿地提供资金或物质对各种社会公益事业做出贡献，以提高社会声誉，树立良好社会形象的公关专题活动。公关赞助是举办专题活动最常见、最重要的形式之一，因为它既可以为社会公益事业的顺利进行提供保障，同时又可以为各类组织的不断发展创造和谐的社会环境。因此，越来越多的营利性组织纷纷以自己收益的一部分回馈社会公益事业，以表示它们乐于承担一定的社会责任和义务。

公关赞助活动的类型包括：赞助教育事业、赞助体育运动、赞助文化活动、赞助科研学术活动、赞助社会福利事业、赞助各种竞赛奖励活动、赞助环保事业等。

4. 展览会

展览会是一种综合运用各种传播媒介、手段推广产品，宣传组织形象和建立良好公共关系的大型活动，它通过实物、文字、图表来展示成果，图文并茂，给公众以极强的心理刺激，从而加深公众的印象，提高组织和产品在公众心目中的信誉。

展览会的类型：

(1)按展览会的规模分大型展览会、小型展览会、微型展览会。

(2)按展览会内容会综合性展览会、专业专题性展览会。

(3)按展览会性质分贸易性展览会、宣传性展览会。

(4)按展览会时间分长期展览、定期展览、短期展览。

(5)按展出地点分室内展览、室外展览、巡回展览。

5. 新闻发布会

新闻发布会又称记者招待会，是政府、企业、社会团体和个人把各新闻机构的有关记者邀请来，宣布某一或某些重要消息，并让记者就此进行提问，然后由召集者回答的一种具有传播性质的特殊会议。社会组织召开新闻发布会可以达到两个目的：一是广泛传播有关本组织的重要信息；二是与新闻界保持一种密切的联系。新闻发布会的工作环节包括确定主题、邀请记者、会前准备、主持会议、收集反馈信息。

## 七、公共关系策划的程序

### (一)准备阶段

首先是调查分析，对组织的现状、目标、市场情况、竞争对手都要进行调查，调查的信息必须是准确真是可靠。对与策划有关的信息越多越好，进而进行归纳整理，从中找出有用的价值，在此基础上确定公关的目标。

### (二)策划阶段

1. 设计主题

公共关系活动的主题是公关目标的高度概括与总结，是整个公关策划的核心和灵魂。如我们常见的公关演讲稿、新闻发布会、赞助主题等都围绕公关的主题开展的。公关的主题可以通过不同的活动进行传播，一方面可以加强公关活动造势，又可以使公众加深印象。

公关活动的主题应该通俗易懂、好记、个性鲜明。它既可以是一句口号，也可以是陈述句，如“IBM 就是服务”,“高露洁——一路欢笑一路情”。

2.分析公众

组织公关活动的对象就是公众,任何组织不可能面对所有的公众,所以公关策划就是要面对特定的对象。组织推出新产品,顾客就是该时期公关活动的对象。确定与组织活动相关的公众是公关策划的基本任务。只有确立了公众,才能确立与其沟通的方法和技巧。只有确立了公众,才能确立如何使用经费和确立工作的重点,确立媒体和相关的技巧。

3.媒介的选择

传播的媒介主要有电视、杂志、广播、报纸,现在还有第五大媒体网络。在企业进行公关策划时,要考虑好公关目标、公关对象、传播内容、公众职业、受教育程度、生活方式等,进行比较和选择,选择恰当的媒体。

4.经费预算

公关活动需要强大的经济实力做后盾。制定公关预算一般要以目标为主。为了实现目标,企业必须舍得花钱。在市场经济中,有两种循环模式:一是亏损或者盈利的企业,扩大宣传,产品销量大幅增加,利润也增加,再宣传,进一步扩大,企业发展进入良性循环;二是无亏损的企业,无钱或者舍不得花钱,市场进一步缩小,被别人挤垮,企业进入恶性循环的怪圈。一般公关活动要考虑的经费预算有:行政开支(员工的工资、奖金等)、管理费用(房租、办公用品、交际费等)、设施费(各种影视器材、展销等)、项目开支(记者招待费、大型调查费、广告费、庆典费等)。

5.审定方案

公关策划是一项群体性的活动,公关人员针对不同的环境、不同公众、不同的费用做出的方案,有多种选择的。公关中的个体也因为能力、知识、公关模式等不同,提出的方案也会不同。所以方案需要进行综合优化,形成最佳的方案。

公关计划是企业的重大机密,要严格保密,严防计划落在竞争对手的手中,给租住造成无法弥补的损失。

## 八、公共关系机构和公共关系人员

### (一)公共关系机构

公共关系机构是组织内部从事公关工作的部门和社会上提供公关服务和代理的组织的总称,就目前的情况看,公共关系机构主要分三类:一是社会组织内部设立的公共关系部;二是社会上成立的公共关系公司;三是公共关系界成立的公共关系协会。

1.公共关系部

公共关系部是社会组织内部自行设立的专门负责处理公共关系事务的部门或机构。公共关系部是社会组织公关职能部门常用的名称。从事公共关系工作的部门也多称之为公共关系部、公共事务部、公共广告部、对外关系部、信息广告部、社区关系部、市场推广部等名称。

2.公共关系公司

公共关系公司又称公关咨询公司、公关顾问公司,也称公关事务所,是指由公关专家和专业人员组成,独立于社会组织之外,以提供公关咨询服务为三要工作内容的知识密集型的专业机构。公共关系公司的业务范围很广,能参与任何方面的公共关系事务并提出建议,提供服务。公共关系公司的基本职能是对客户的一切影响公众利益的活动予以指导、建议和监督,帮助客户与社会公众之间的双向信息交流沟通,为客户建立美好的声誉和形象。公共关系公司的工作实际上是公共关系部工作的社会化。

3. 公共关系协会

公共关系协会是从事公关理论研究和实务工作的人按照一定的规章制度自发组织起来的民间群众团体。其宗旨是团结公关界同仁，研究公关理论，交流公关信息，开展公关咨询服务和公关培训，促进公关事业发展。

**(二)公共关系人员**

公共关系人员指专门从事组织机构公众信息传播、关系协调与形象管理事务的调查、咨询、策划和实施的人员。从狭义上讲是指以公关为职业的专职人员，包括组织内公关职能部门工作人员和社会上公关公司专业人员。从广义上讲是指从事与公关相关工作的专、兼职人员。从事公关工作的人员应该具备强烈的公关意识、良好的心理素质、全面的知识能力等基本素质，遵守公关职业道德准则。

1. 公关人员的基本素质

(1)强烈的公关意识　公共关系意识也被称为"公共关系思想"、"公共关系观念"，是指一种尊重公众，自觉致力于塑造组织形象、传播沟通、争取公众理解与支持的观念和指导思想，是对公关知识的凝练，公关实践的升华，能对公关实践有指导作用。公共关系意识是组织建立良好公共关系的必要前提，是组织公共关系工作人员必备基本素质的核心。公关意识包括以下内容：

一是服务公众意识。公共关系也叫公众关系，因此公关就是在做公众工作，公关人员必须有尊重和服务公众的意识，一切公关工作都要从维护公众利益出发，满足公众各方面的需求，投公众所好，为公众提供周到的服务。

二是塑造形象意识。组织形象是公关传播工作的核心，社会组织都能认识到组织的形象、品牌、知晓度、美誉度对其生存发展的价值，良好的组织形象是组织最重要的无形资产。公关意识中最重要的就是珍惜信誉、重视形象。良好的组织形象，是从事公共关系工作的最终目的，公关人员要懂得知名度、美誉度对组织的价值，努力塑造、维护或矫正组织形象。

三是协调沟通意识。传播沟通的意识强调重视信息传播沟通，是一种平等民主、真诚互惠的意识。公关工作是一个系统工程，需要协调各方面关系。因此，公关人员应该具备良好的协调意识，要遵循双向对称原则，平等竞争、公平合作，在沟通中寻求理解与支持，来增强组织内部的凝聚力和外部的和谐力，在沟通中谋求和谐发展。

四是立足长远意识。立足长远的意识是塑造组织形象稳定性的要求，也是其艰苦性的表现。一个形象一旦传播出去、树立起来，就具备了相对稳定性。与公众建立良好的关系，不可能一蹴而就，需要经过努力，不断积累，才能成功。为此，公关人员要有长远眼光，既要立足于公关活动的经济效益，更要着眼于长期的公关战略目标，既要追求公关活动的经济效益，更要注重公关活动的社会效益。

(2)良好的心理素质

一是充满自信。自信是指当面对现实或所要解决的问题时，能经过冷静的分析并进而产生的相信自己的乐观心态。公关工作复杂难办，只有充满自信，公关人员才能有强烈的事业心，意志坚强，创造性地开展工作。

二是有开放的心态。公共关系工作是一项开放性的事业，具有开放心理的人才能热情宽容地与各类性格的人相处，并能建立良好的关系。开放的心理表现为关于接受新鲜事物，关于学习别人的长处，不断解放思想，更新观念，在工作中能够大胆开拓创新，积极探索。

三是有热情乐观的心态。热情乐观的心理能使公共关系从业人员充满想象力和创造力，保持广泛的兴趣，用真诚的热情和乐观的精神去与人打交道，去帮助和感染对方，这样才能结交众多的朋友，更好地完成公关工作。

四是具备全面的知识。公共关系既是一门多学科的理论，也是一门实践性强的实务，作为公关从业人员，必须掌握多方面的知识，具体指公关理论和知识、经营管理知识、传播沟通知识、社会交往知识。

五是具备较强的操作能力。公关工作要求从业人员具有较全面的操作能力。如人际交往能力、组织协调能力、表达写作能力、创新策划能力等。此外，随着国际交往的加强，公关人员还应熟练地掌握一门或多门外语。

2.公关人员的职业准则

各国公共关系职业道德准则的具体条文虽然不尽相同，但可归纳为以下三个方面：

(1)遵纪守法，不损害社会道德和他人正当权益。任何一个国家的公共关系人员，或者在任何一国进行公共关系活动的人员，必须遵守该国基本的法律、法规和社会公认的道德规范，这是公共关系人员最基本的职业准则。在公共关系实践中，某一组织的个体利益与社会整体利益有可能发生冲突，公共关系人员在这种情况下必须牺牲组织的个体利益，不能采取不正当的手段和方式，不能违法乱纪损害社会整体利益或其他组织的利益。

(2)忠于职守，自觉维护组织信誉。公共关系人员是代表某一组织进行公共关系工作的，应忠于职守，避免使用含糊或可能引起误解的语言；对当前和以往的客户或雇主始终忠诚如一；在任何场合均应在行动中表现出他对所服务的机构和公众双方的正当权益的尊重，以赢得有关方面的信赖；不能借用公共关系的名义从事任何有损所属组织或公共关系信誉的活动。

(3)公正诚实，不传播虚假信息。公共关系人员在进行公共关系活动中，不能传播没有确凿依据的信息，或者为了个体利益故意传播虚假的或使人误解的信息。做好这一点既是公共关系人员对公众权益的尊重，也是从根本上长久维护组织良好信誉的保证。

## 思考题

1.简述“推式策略”与“拉式策略”的特点及适应的情况。

2.人员推销与非人员推销相比，其优点表现在哪些方面？

3.试述对于新入职推销人员应进行哪些方面的培训。

4.简述营业推广的类型及每一类的具体形式。

5.企业公共关系有哪些作用？

6.结合实际，试述推销人员应该如何对新顾客展开推销工作。

## 实训项目

1.自选一则广告，评价该广告的优点或缺点。

2.某生产企业与零售商进行合作进行一次促销活动，对该生产企业生产的服装(或化妆品、调味品等)，销售经理委派一名业务员作一份促销方案。如果你是该企业的业务员，如何做这份销售促销方案。

3.选择一个产品品牌，无论是你有的，还是你感兴趣的。在之后的一周里，尽可能多地找出它的促销方式。请记录下你的发现，并判断这家公司是否很好地整合了不同的促销工具。

4.将班级同学分为四组，分别到四家商场，分别收集四家商场（如国美电器、苏宁电器、超市农电区、百货商店家电城）进行营业推广促销的所有宣传资料，并调查这些商场营业推广的促销情况。分析这些市场的营业推广方式，比较各商场营业推广方式的特点及相互之间有什么不同，有什么是相同的，并评价商场采取的营业推广方案，提出改进和完善的建议和意见。

案例分析

福建漳州农产品出口困境中“突围”

面对国际金融危机的巨大影响，中国外向型农业重要生产基地——福建省漳州市积极采取措施，努力拓展国际市场，扩大农产品出口，实现胜利“突围”。

漳州检验检疫局官员24日告诉记者，2009年漳州辖区农产品出口实现了五个“首次”突破。即蟹肉首次出口欧盟，全年出口31吨、46.4万美元；保鲜香蕉首次出口中东，全年出口181吨、10.3万美元；保鲜蔬菜于11月初首次供港，并实现每周1～2批常态化运作，截至2009年底已经供港189.3吨、46.7万美元；保鲜荔枝在中断六年之后再次出口日本，全年出口178吨、36.9万美元；活猪时隔两年后再次供港，全年供港640头、12.4万美元。

据分析，漳州市2009年农产品出口形成了两大特点：一是出口产品多样化。辖区罐头新增甜玉米棒、甜玉米糊、玉米乳饮料等多个品种，出口罐头品种超过50个；保鲜蔬菜增加2个品种，出口品种达到9个；花卉苗木新增12个品种，出口品种近400种，有效规避了单一品种的高风险。

二是出口市场分布合理化。蔬菜、水产品等大宗产品出口市场由传统的日本、欧盟、美国等发达国家和地区迅速向东盟、东欧、非洲等国家和地区扩展，其中东盟已经取代日本成为漳州辖区食品农产品第二大出口市场；花卉苗木、蜜柚等特色出口产品拓展欧美高端市场步伐加快，其中花卉在保持对传统市场韩国出口增长的同时，对欧盟出口金额首次超过韩国，并新增12个出口国家和地区，出口市场达到43个；保鲜蔬菜出口国家地区从传统的日本单一市场增加到24个国家和地区，蜜柚、芦柑出口市场增加了3个，达到37个。

这位官员介绍说，为应对国际出口市场低迷的情况，漳州市优化平和蜜柚“区域化联动管理”模式，在南靖县推行竹笋基地“区域化安全管理”模式，将18万亩蜜柚果园和16万亩竹园纳入备案管理，建立地方政府、检验检疫、商会、企业各方合力，各司其职的管理模式，有效保证了出口蜜柚和竹笋罐头质量安全，促进了蜜柚和竹笋出口的规模化和产业化。

同时，对237家出口食品生产企业和584个备案基地进行全面检查，跟踪指导52家企业和30个备案基地按照规范要求完成整改，有效提高食品安全控制水平；优化服务措施，及时指导企业和农户开拓市场，按照进口国标准组织生产，提高产品的市场竞争力，并指导三家企业通过日本、欧盟、新加坡官方检查，促进相关产品顺利出口，应对国外技术壁垒。

漳州市检验检疫部门还实行检务工作环节限时服务，通过缩短实验室检测周期，为辖区农产品出口创造了良好的通关环境。

案例思考：

1.福建漳州农产品如何实现出口困境中“突围”？

2.为了打入国外市场，我国农产品应该采取哪些促销策略？

# 第四篇　特殊市场营销篇

本篇主要内容为客户关系管理、服务营销、农产品市场营销。本篇反映了市场营销发展的一些最新成果。

# 第十章　客户关系管理

学习目标

了解客户关系管理的含义和重要性，掌握创造客户价值与忠诚，掌握客户关系管理的重要元素，理解客户关系管理工具，理解客户关系管理未来的挑战。

案例引导

王永庆卖米的故事

王永庆先生被尊称为“经营之神”，是台湾近代最伟大的生意人，他所创立的台塑集团是台湾经济奇迹的重要领航者，对台湾经济发展有极大的贡献，亦是许多企业争相学习的对象。王永庆先生早年经营碾米生意时，所创立的主动送米到府的经营方式，更是早年客户关系管理的最佳实践。

年轻时的王永庆，因父亲身体不好，赚取的收入有限，在读完小学后，即前往嘉义的米店当学徒。两年后，他决定和弟弟王永在回台北开米店，也获得父母亲的支持，向亲戚朋友借了一大笔钱来作为开店的资金。刚开始的时候，生意并不好，兄弟两人想到可以提供送米到府的服务，只要有客人来买米，他们都会主动向客人提出帮他们扛米回家的建议，当他们帮客人扛米到家时，会帮忙将米倒入米缸中，除了记下米缸的大小外，也会询问客人家中有多少人。回到店里时，他们会将客人米缸大小及家庭人口数做记录，计算这个客人此次所买的米大约可以吃几天，并且待客人的米快吃完时，主动将上次客人购买的数量送到家里。这种客制化且服务到家的生意手法，让王家兄弟米店的生意蒸蒸日上，奠定了未来台塑王朝的基础。

王氏兄弟客户关系管理的精神，近年来广为各种服务业所采用。例如，汽车维修业，会将客户进厂保养的里程数、保养项目、保养间隔时间等数据储存在电子数据库，根据这些数据来计算客户下次保养的时间，并以电话、短讯或电子邮件等方式来提醒客户回厂保养。网络书店会根据客户的购买及浏览记录，向客户推荐适合客户的商品。因此，客户关系管理是近年来企业经营的重要哲学，也是企业赚取利润与维系生存的重要经营理念。

## 第一节　客户关系管理的重要性

### 一、客户关系管理的含义

现今企业面临前所未有的竞争态势，只专注于传统营销策略与工具的精进，已无法维持能让企业满意的利润，企业必须将策略的焦点从传统的营销组合，转变为以客户为焦点的关系策略，才能在高度竞争的市场中求生存，进而能蓬勃发展。

根据西方学者的统计，开发新客户的成本是留住一位老客户的5倍，基于此，企业必须认真思考如何有效留住老客户，以降低日益高涨的营销成本。另一方面，忠诚的老客户对企业而言有许多的利益，包括他们会重复购买、买得更多、买得更好以及买各种产品，最重要的是他们会替企业散播正面的口碑（word of mouth，WOM），这些举动都能为企业带来丰厚的收入。因此，有效留住老客户无论从成本面或收入面，都能维持或提高企业的整体获利性，是现今企业不能忽略的重要工作。

客户关系管理（customer relationship management，CRM）意指企业在获利的前提下，如何规划、执行与控制各种相关活动，以有效地获取、发展和维系企业与客户间的关系，并在必要的时候终止没有利润的客户关系。具体而言，虽然老客户具有降低成本与增加收益的好处，但企业不能一味地维持所有的客户关系，而必须在有获利的前提下，因为许多不良的客户关系将可能为企业带来损失，例如付款能力有问题的客户，就可能让企业遭受损失。

### 二、客户关系管理的重要性

客户关系管理常被误认为是一套功能强大的计算机软件，包括数据库（database）、数据采矿（data mining）、电子邮件或短讯等。事实上，这些计算机软、硬件都是客户关系管理的重要工具，并不能代表整个客户关系管理的观念、策略与活动。Nokia手机的广告说："科技始终来自人性"，人性才是客户关系管理的核心，无论透过何种工具，都必须真正传达对客户的重视，并真正满足客户的需要，才能落实客户关系管理，达成企业的目标。

企业对企业（business to business，B2B）营销的情境中，客户关系管理是企业获利与否的关键。相对于企业对消费者（business to business，B2C）营销，由于企业间的交易情境中，企业的客户少，每一个客户的交易量大，交易金额较高，交易次数频繁，通常企业会与其客户建立与维系较为紧密的互动关系，以利于了解客户的需要、交易的取得、执行与账务的处理。例如IBM的上游厂商会与IBM维持非常密切的关系，甚至可能合作设计与开发某些产品。因此，在B2B的情境中，买卖双方通常会形成策略联盟（strategic alliance）的关系。易言之，企业市场中的客户关系管理，与策略联盟管理非常类似。

服务业（service industry）随着经济发展程度愈发达而更显重要，服务营销（service marketing）因为必须与客户做面对面的接触，使得关系管理与人际关系扮演举足轻重的角色。例如理发业，理发师与客户会面对面接触，若他们之间有良好的人际关系，理发师能充分了解客户喜欢什么样的发型，洗头时习惯的力道，而提供客户适当的服务，则此客户有非常高的可能会持续消费。另因服务的无形性,客户在购买或消费之前,无法得知质量的好坏,必须透过信任(trust)来判断是否购买。如同前例,客户前一次来店理发有非常美好的经验,会建立对该店与理发师的信任感,下次就会再来消费。因此,经营服务业的企业必须建立良好的客户关系管理观念与制度,才能有效地吸引新客户,以及留住旧客户,进而创造利润。

由于信息科技(information technology, IT)的快速进步,企业对消费者市场中,客户关系管理也变得更加容易。零售商通常会建置 POS(point of sales)系统,记录每个客户的基本数据,以及每一笔交易数据,即能掌握每个客户的购买习惯与偏好,并在适当的时间通过电子邮件或短讯,通知客户相关的促销活动,或在重要的节日(如生日或情人节等)为客户寄送祝福,以提醒客户来店消费。

## 第二节 创造客户价值与忠诚

企业要持续不断地获取利润,除开发新的客户外,更应掌握老客户,让老客户重复且持续地购买企业的产品与服务。易言之,企业应设法创造客户的忠诚度,进而创造客户的终身价值。

### 一、忠诚度(loyalty)

忠诚度意指:"尽管情境因素与营销努力有引起转换行为的可能,对所偏爱的产品或服务的重复购买有深度的承诺"。客户关系管理的目标是提高客户的忠诚度,因为忠诚的客户对企业至少有四个好处,包括:

#### (一)重复购买

它代表第一次到某特定商店购买或选择某种商品后,下次仍会再来购买的一种行为。重复或经常购买的客户常被认为就是忠诚的客户,但事实上它只是忠诚客户的一种表征与现象。具体而言,忠诚的客户一定会再度光临并消费,但再度光临的客户并不一定是忠诚的客户,这些客户也许因为没有其他选择,只好再回到这家商店购买,如果有一天其他的选择方案出现,可能就离开了。例如,某个地区只有一家卖运动服饰的商店,当地客户没有别的选择,只好都到这家商店购买,如果这个地区开了第二家,原来的客户就不一定来购买。另外,客户也许因为习惯而重复购买,这种状况有一个风险,即在任何情况下,客户试用了其他竞争者的商品或光临竞争者的商店后,很可能被吸引过去。例如,原来习惯到某一家餐厅吃饭的客户,可能因为附近开了一家新餐厅,推出超低特价促销而被吸引去试吃,结果变成这家新餐厅的固定客户。

#### (二)买得更多

忠诚的客户会购买公司的各种产品,甚至当公司推出新产品时,他们可能会立刻购买。例如,近年来上流社会的妇女流行的名牌包,当某人喜欢某个品牌的包,可能会购买该品牌各种功能与款式的包。

**(三)买得更好**

忠诚的客户可能因为所得增加的缘故,会对他所购买的产品做升级(up-grade)的动作,即购买某个品牌更高档的商品。例如,台湾大多数男人喜欢奔驰(Benz)汽车,第一次可能购买奔驰的入门款 C-class,当他的所得愈来愈高时,可能换成 E-class 或 S-class。

**(四)口碑**

口碑(word-of-mouth, WOM)指的是朋友间对某个产品、服务或公司看法的散播或分享。当客户对公司的产品或服务感到满意,他可能会向周围的亲戚朋友分享,这些人听了这个客户的介绍后,会对公司的产品或服务产生高度的信心,提高购买公司产品的可能性。近年来因特网的盛行,网友透过网络能让信息流传得更宽广且速度更快,而出现所谓的网络口碑,它的重要性也愈来愈高,是公司不能忽略的事。口碑的效果绝对比公司广告的效果更加强烈,公司必须善加利用与管理,因为口碑又可分为正面口碑与负面口碑,根据研究,当某人对某种产品满意时,可能会告诉五个朋友,如果不满意,可能会告诉 20 个人。因此,公司必须设法对口碑善加管理,例如有些商店会在卖场贴出"若您满意,请告诉您的朋友,若您不满意,请您告诉我们"。

企业欲提高客户的忠诚度,必先创造高度的客户知觉价值(customer perceived value, CPV),主要是因为现今客户的教育水平比过去高,消息也更灵通,也有工具可证实公司的论点作为决策的参考。具体而言,客户如何在许多可选择的产品中做决策,所依据的并不只有价格或质量,应该是客户所知觉的价值。

客户知觉价值是潜在客户评估各种可行方案的所有成本与利益间的差异,客户总价值是客户从产品上所知觉到的整体经济、功能与心理利益的货币价值,客户总成本是客户在评估、取得及使用产品或服务所产生的所有成本。客户价值可用下列的方程式来表示:

$$价值=\frac{利益}{成本}=\frac{功能性利益+情感性利益}{货币成本+时间成本+体力成本+心力成本}$$

上式中,除了功能性利益与成本能客观的衡量外,其余的利益或成本都无法以客观的数字衡量,因此这个方程式乃是一种抽象概念,但它却有高度的参考价值。其中,能够用客观数字衡量的部分是企业或产品成功的必要条件(necessary condition),而无法客观衡量的部分则是成功的充分条件(sufficient condition)。更具体来说,功能性利益是产品或服务创造价值的基本条件,没有这些功能性利益,即不能创造任何价值,而情感性利益能对产品或服务有加分作用,而且这个加分幅度非常大,例如,某些名贵的品牌,它所提供的功能性利益与其他品牌的差异并不大,但它却创造相当大的情感性利益,因此客户愿意付相当高的金额来购买名贵品牌的产品或服务。

根据前述的方程式,企业可藉由下列数种途径来提高客户提供物的价值:

(1)增加利益,成本维持不变。

(2)降低成本,利益维持不变。

(3)增加利益与降低成本。

(4)增加利益也增加成本,但利益增加的幅度大于成本。

(5)减少利益也降低成本,但成本降低的幅度大于利益。

## 二、客户终身价值(customer lifetime value)

营销的艺术在于吸引并留住对企业有获利性的客户。一方面，根据著名的80-20法则，前20%的好客户大约为公司创造了80%的利润，因此企业满足这些客户的需要，决定了企业能否在市场上成功。但值得注意的是企业交易量最大的客户并不一定能为企业带来最大的利润，因为这些最大的客户常会需索无度，他们常倚恃着为企业贡献极高的营业额，而提出不合理的要求，如超低的价格及额外的服务，甚至可能会有拉长付款期限或扣款等作为，因而稀释掉企业应有的利润。另一方面，小额的客户之获利性也不高，主要是因为交易成本会侵蚀掉原有的获利性。因此，近年来企业逐渐重视中型客户，因为他们接受好的服务时，愿意付出合理的价格是最有利可图的。

过去企业较重视产品或服务的市场占有率(market sharing)，而近年来从关系营销的角度更强调客户占有率(customer sharing)。前者指的是企业或某项产品或服务的销售额占整个市场总体销售额的比例，它是企业或产品服务在市场上地位的重要指标，对企业拟定经营策略有相当重要的影响，但它无法说明客户的组成与个别客户交易状况，亦即我们无法从市场占有率得知这些销售额是由新客户或旧客户所贡献，而难以根据这个数据作为拟定或修正客户关系策略的参考。后者指的是某个客户在特定支出类型中，向公司购买的金额占该类全部总支出的比例；如果这个比率愈高，代表公司能够获得客户高度的认同，客户喜欢公司所提供的产品或服务，愿意持续地购买公司的产品或服务。对公司而言，客户开发的成本较低，且会有稳定的收入；更深一层的意义是公司如果要推出新产品或服务，较可能获得这些旧客户的支持。反之，客户占有率低可能代表公司大部分的客户都抱持尝试的心态，试过公司的产品或服务后，就再也不回头。如果是这种情况，公司会面临很大的危机，除了收入不稳定外，也可能因为客户不满意而散播负面的口碑。

# 第三节　客户关系管理的重要元素与工具

## 一、客户关系管理的重要元素

### (一)客户知觉价值

客户知觉价值(customer perceived value，CPV)是有望客户评估各种可行方案的所有成本与利益间差异。客户总价值(total customer value)是客户从产品上所知觉到整体经济、功能与心理利益的货币价值。客户总成本(total customer cost)是客户在评估、取得及使用产品或服务所产生的所有成本。

客户知觉价值是基于客户得到与付出之间的差异，如图10-1所示。客户得到利益，评估成本。营销人员可提供某些功能性或情感性利益的组合来提升客户价值，或者(同时)降低各种成本。选择两个价值方案的客户，面对的V1与V2，他会检视V1∶V2，若比率大于1，会选V1；小于1，会选V2；若比率为1，则两者无差异。

### (二)传递高度客户价值

客户对特定品牌、商店与厂商的忠诚度不一。Oliver 将忠诚度(loyalty)定义为:“尽管情境因素与营销努力有引起转换行为的可能,对所偏爱的产品或服务的重复购买有深度的承诺。”产生高度客户忠诚度的关键在于传递高度的客户价值。根据 Michael Lanning《传递有利可图的价值》(Delivering Profitable Value)一书所述:公司必须锁定特定市场区隔,设计具竞争力的绝佳价值命题,并以优越的价值传递系统来支撑。

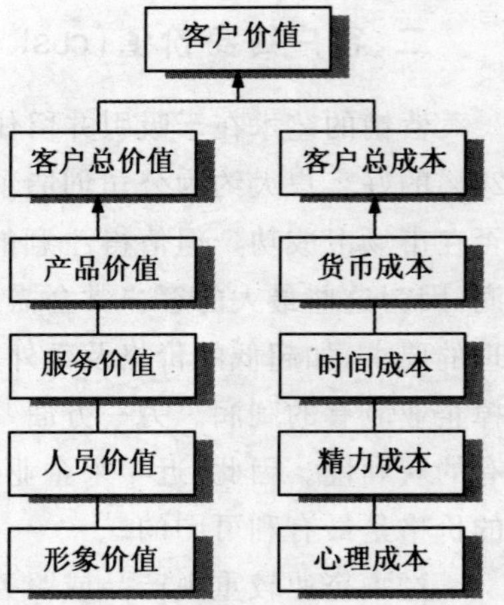

图 10-1　客户附加价值决定因素

这个价值命题(value proposition)包括公司所允诺要送达的整个利益群集,这是超乎公司产品的核心定位。举例来看,富豪汽车(Volvo)的核心定位是“安全”,但是公司所承诺的应不只是一辆安全的汽车,其他的利益包括:耐久性、好服务与保证期限长。基本上,价值命题是客户可以从公司所提供的一切与供货商关系中可得到的所有经验。品牌也必须展现出客户所期待的整体经验之承诺。当然,公司对所应允的承诺是否能做得到,取决于公司管理价值递送系统的能力。价值递送系统(value-delivery system)包括客户在得到与使用产品过程中的所有经验。

### (三)客户整体满意度

客户购买后满意与否,取决于客户所期望的产品绩效。一般而言,满意(satis-faction)是一个人愉悦的感觉,失望则来自于产品绩效不如所预期。若绩效远低于预期的,客户会不满意,符合期望,客户就会满意。若绩效超出期望,客户会高度满意与愉悦。

客户如何形成期望?期望是个人依购买经验、亲朋好友的介绍、营销人员与竞争者的信息与承诺整合而成。新闻主播可宣称:“您给我们 60 分钟,我们给您全世界。”若营销人员将期望提得太高,购买者会失望;反之,若公司将期望设得太低,将无法吸引到相当的客户(尽管总是可以满足这些客户)。

有些成功的公司除了提高客户的期望,更传达相辅的绩效。这些公司的目标是全面客户满意。本田汽车的广告:“我们的客户如此满意的理由之一是我们不自满。”日产汽车邀请 Infiniti 潜在购买者来“礼遇驾乘”车子(非试乘),因为日文中“客户”两字,就是“贵宾”。

### (四)衡量满意度

许多公司有系统地衡量客户满意度与形成客户满意的因素。例如,IBM 追踪客户对该公司销售人员的满意度,以此作为销售人员薪资的要素之一。公司应该定期的衡量客户满意度,唯有如此,才能确保客户留住。高度满意的客户通常驻留较久,购买较多,有新产品或产品升级时会购买,对公司与产品有正面说词,较不注意竞争品牌,对价格较不敏感,提供产品或服务的新构想给公司,成本远低于新客户。

客户满意与客户忠诚度间的连结并不成比例。如果我们将客户满意度以 1～5 分方式来评定。满意度最低为 1 分,客户可能逃得远远的,甚至到处大嘴巴;满意度 2～4 分,客户相当满意,但仍随时更换购买对象;满意度 5 分,客户非常有可能在购买,甚至对公司有好口碑。高度满意或愉悦创造出与该品牌或该公司情感的联系,不只是理性上的偏好。全录的高阶管理者发现“完全满意”的客户在未来的18个月内再购买的可能性，是“非常满意”的客户的6倍。

当客户根据公司绩效项目(如交货)来评定满意与否，公司就必须知道客户在界定“交货”是有所不同，可能是提前交货、准时交货、订货完整等。若公司将这些问题详列下来，客户可能要面对的是一份洋洋洒洒的问卷。即使两个“高度满意”的客户，理由可能不尽相同，一个可能是大部分时间都很容易满足，而另一个可能很难取悦，但某个情况则相当满意。

衡量客户满意度的方法很多：定期调查可直接追踪客户满意度。受访者可被问题额外问题以衡量重购意愿和可能性，或推荐给他人的意愿。公司也可监视客户流失率(customer loss rate)，并接触不再购物或转向其他供货商的客户，以知道事情发生的经过。公司可雇用人伪装成潜在客户，以报告在购买公司或竞争者产品时，所亲身经历的优缺点。这种神秘购物者甚至可测试公司销售人员处理各种情境的方式。管理者也可以偶尔离开办公室，加入公司或竞争者的销售情境，去体验“客户”的待遇。变通的做法是管理者可以打电话到自己的公司，询问不同问题或抱怨，以了解各种问题处理状况。

除了追踪客户价值期望与满意外，公司需要监视竞争者在这些层面的绩效。有某家公司拥有80%的满意客户时觉得很高兴，但是当执行者发现竞争者有90%的满意客户，同时竞争者的设定目标是95%客户满意度时，更为光火。以客户为中心的公司，客户满意度是个目标，也是一个营销工具。如今，客户满意水平值得特别留意，因为网络提供“坏事传千里”、“呷好到相报”的绝佳工具。

**(五)产品与服务质量**

产品与服务的质量决定满意度，但什么是真正的质量？品质有各种定义，诸如很好用、与要求的一致、不会反复无常等。我们采用美国质量管理协会(American Society for Quality)的定义为：质量是一产品或服务，基于其可满足客户陈述的或暗喻的需求之整体特色或特征。很明显地，这是以客户为中心的定义。客户有一组需要、要求与期望。只有卖方的产品或服务达到或满足客户的期望，质量才算是送到客户手上。绩效质量或适度质量是有别的。例如，奔驰汽车较福斯汽车(Volkswagen)有较佳的绩效质量，因为开起来顺畅、较快、持久等。但奔驰及福斯汽车在其各自的目标市场中都传递客户所期望的适度质量。台币200万元的车子满足目标市场的要求是有质量的车子；60万元的车子满足目标市场的要求也是有质量。然而，若奔驰汽车开起来不顺畅，福斯汽车不省油、经济，那么两者都未能传递适度质量与客户满意。

全面质量是创造与客户满意的关键。全面品管是公司上下每一个人的工作，营销也是每一个人的工作。Daniel Beckham 的话表达得最淋漓尽致：“不懂质量改善、制造及作业的营销人员将会像金龟车般过时。功能营销的日子已经过去。我们也无法只成为营销研究人员、广告人、直效营销人员或策略家。我们必须将自己视为客户满意的创造者，客户在意的每一步骤或地方，我们也都在意。”

以质量为重的公司，营销管理有两个重责：第一，营销管理部门应参与策略与政策的形成，以协助公司有更佳的全面质量。第二，营销必须传送生产质量与营销质量。每一个营销活动——营销研究、广告、客户服务等都必须达到高标准。

**(六)全面质量管理**

对客户满意度极大化的要求，让一些公司实行全面质量管理。全面质量管理(to-tal quality management，TQM)是组织全面性或全方位的持续改进其制程或作业流程、产品与服务。

根据奇异公司前总裁杰克威尔许的说法:“质量是客户忠贞的最佳保证,是防御国外竞争的最佳武器,也是通往持续成长的唯一途径。”生产世界上最优秀产品的驱动力,使有些国家肯定或奖励实行最佳质量做法的公司。日本是全球最先设立全国质量奖戴明奖(Deming Prize)的国家,此外还有美国 Malcolm Baldrige 国家质量奖以及欧洲质量奖(European Quality Award)。

产品与服务质量、客户满意与公司获利力都紧密连接在一起。较高的质量使客户有较高的满意度,同时也愿意付出较高的价格,也使企业成本下降。著名的 PIMS 研究发现,产品质量与公司获利力间有高度相关性。

但是,在执行 TQM 时,不可矫枉过正,太注意质量,而忘了客户的需要。因此,有些公司进而注重“质量报酬率”(return on quality, ROQ),这显示在提升有形客户利益、较低成本或增加销售额的项目上。利润导向的做法让公司确保在产品质量就是客户所要的。

营销人员责无旁贷,必须协助公司界定及递送高质量的产品与服务给目标客户。首先,营销人员要确认客户的需要与要求。第二,营销人员须正确的将客户的期望传给产品设计者。第三,营销人员要确定客户订单完全正确且准时。第四,营销人员要检核客户已收到产品使用的正确指示、训练及技术协助。第五,销售后营销人员要联系客户,以确定满意与否。第六,营销人员搜集客户的意见并传递给适当的部门。营销人员能做到此,是对全面质量管理及客户满意作最大贡献。

### (七)客户获利力

营销的艺术在于吸引并留住可获利的客户,根据美国运通公司(American Express)James Putten 的统计,在零售业,最佳客户超过其他人的比率是 16∶1;餐饮业是 13∶1;航空业是 12∶1;旅馆业是 5∶1。然而,每个公司在一些客户上是无利可图。著名的 80-20 法则就说明前 20%的客户创造了公司 80%的利润,有些人还建议修改的法则为 20-80-30 法则,以呈现前 20%客户创造 80%利润,其中有一半用在服务后面 30%无利可图的客户。

其次,公司最大的客户并非使公司获利最大的。最大的客户常需索无度,最小的客户为了最基本的服务,常得付出全部价格,但是与小型客户交易的成本降低公司的获利力。中型客户接受好的服务,愿意付出合理价格,是最有利可图的。这可解释为何许多过去针对大客户的厂商,现在开始侵入中型市场。

什么是可使公司获利的客户?可使公司获利的客户(profitable customer)是使一企业可产生源源不绝的收益之个人、家计单位或公司。此收益应超过用于持续吸引、销售及服务客户的费用。要特别强调的是,收益与成本是终身不断,而非只是特定交易的利润。

大部分的公司衡量客户满意度,但无法衡量个别客户的获利力。例如,许多银行认为很难这么做,因为客户用了不同的银行服务,交易常登录于不同的部门,能成功连接客户交易的银行常无利可图,也难怪过去免费的服务现在都要收取手续费。

客户获利力分析(customer profitability analysis, CPA)最好以活动基础计价的会计技术为工具。公司估计从客户处可收取的收益,减去成本。成本应包括产品与服务的产销成本,也包括拜托客户的电话费、旅费、交际与赠品费等,因为公司所有的资源都转向服务客户。当位客户做了以上的事,就可以根据不同利润水平来区分客户:白金卡级客户(获利最高者)、金卡级客户(可使公司获利者)、铁卡级客户(低利润,但对公司业绩很重要)、铅卡级客户(无法使公司获利,也对业绩无助)。

公司的任务是将铁卡级客户转成金卡级,金卡级客户转成白金卡级客户,同时放弃铅卡级客户，将售价提高或是降低服务成本。公司的营销投资应该与获利力高低连接在一起。

**（八）衡量客户终身价值**

客户终身价值（customer lifetime value，CLV）是描述在客户一生购物期望利润的折现值。公司必须从期望收益中扣除吸引、销售与服务客户的期望成本。此估计值的可用来决定对每个客户要投资多少。

我们可以下面例子来估算 CLV。假设有一公司分析出得到新客户的成本：

平均一次销售拜访的成本（包含薪水、佣金、红利及费用）：300 美元

使一位有望客户成为客户平均拜访次数：4

吸引一位新客户的成本：1 200 美元

**（九）降低客户叛离率**

公司降低客户叛离率的步骤有五：

第一，公司必须界定与衡量客户留住率，例如，以《空中英语教室》而言，续订率是衡量客户留住的好指标。

第二，公司必须分析客户流失的原因，并分析可以改善的地方。除非公司离开该地区或不再做业务，客户若发现有较佳或较便宜的产品便会转换供货商，或者因为供货商差或漫不经心而离去。如果是因为差劲的服务、差劲的产品、员工态度无关紧要或价格太贵，公司可以做的事情相当多。

第三，公司需要估计流失客户所产生的利润损失。以个别客户来说，损失的利润等于客户的终身价值，此即客户平均生命年数中购买而产生的利润。

第四，公司需要计算改进流失率的成本，只要成本少于损失的利润，就要花钱改进。

最重要的是，公司必须倾听客户的声音。有些公司建立机制，让高阶主管持续的到第一线听取客户的回馈；或雇用退休员工来拜访叛离者与客户。

**（十）形成坚强的客户联结**

一般常用建立客户留住的方法有三：

第一，增加财务利益。增加财务利益的方法有购买次数方案与俱乐部营销方案，前者是提供报酬给经常购买或大量购买的客户，此法是基于 20% 的客户占公司业绩的 80%。许多航空公司提供经常搭乘的旅客各种优待，如华航的华夏贵宾会员，长荣的金卡、银卡会员。这些会员累积里程数，可享有免费机票、旅馆住宿及租车优待。信用卡发卡银行也鼓励客户刷卡赚红利；百货公司的认同卡，令客户只有在该家百货公司消费才享有卡友优惠。

一般而言，首先引进这些方案的公司可以得到最多的利益，尤其当竞争者反应迟钝时。然而只要竞争者跟进，对所有提供此方案的公司就有财务负担。此外，此种方案会模糊了公司在提升客户服务的努力，因为这些方案以经济诱因产生重复交易，使人联想服务质量会有何改善。

第二，增加社会利益。公司人员透过了解客户的个别需要与欲求，将其服务个人化以与客户建立关系，使客户成为常客。基本上，细心的公司会将客户转成常客。它们之间差异包括：客户对厂商来说可能是无名无姓，常客不可能无名无姓；客户可视为一大群人中的一部分，常客则独一无二；客户可被公司任何一个人服务，常客是由其所指定的专业人士来服务。

第三，增加结构性联结。公司可提供给客户特定的设备或计算机联机，以协助客户管理订

单、薪水、存货等。亚洲的雀巢公司（Nestlé）协助零售商的存货管理；台湾博登药局的供货商要协助每个连锁药局的药品陈列与管理、客户数据、定期补货等，使双方互蒙其利。

## 二、客户关系管理工具

### （一）客户数据库与数据库营销

营销人员必须知道客户，为了要了解客户，公司必须搜集信息，存放在数据库中，并进行数据库营销。客户数据库（customer database）是有组织地搜集有关个别客户或有望客户的全面性信息，这些客户必须对名单产生、名单资格与产品服务销售或客户关系维持等营销目的有及时性、可接近、可行动等意义。数据库营销（database marketing）是建立、维持并使用客户数据库与其他数据库（产品、供货商、中间商）的程序，以达到接洽、交易与建立关系的目的。现在也精于客户关系营销与数据库营销。

### （二）客户数据库

如 Amazon. com 前营销长所言，当您走进百货公司大门时，业者根本不知道您是何方神圣，但是，只要你一进入 Amazon. com 的网站，就会备受礼遇，并基于过去购买决策，给您购买的建议，提供中肯的客户评价；离线时，还会请求可否寄上特别产品的许可。

许多公司将客户数据库与客户邮寄名单混淆。客户邮寄名单（customer mailing list）仅是一组名字、地址与电话号码的组成。客户数据库涵盖更多信息，公司经由客户交易、注册登记信息、电话访谈、聊天信息与每次接触得到的信息累积而成。

客户数据库理想上应涵盖客户过去购货信息、人口统计数据（年龄、所得、家庭成员、生日等）、心理统计数据（活动、兴趣与意见）与媒体使用数据（偏爱媒体）与其他有用信息。

客户数据库理想上应涵盖企业客户过去的采购金额、采购量、价格与利润；采购团对成员名单（年龄、生日、兴趣与偏爱食物）；目前契约状况；目前客户业务的占有率；竞争供货商；销售与服务客户的优势与劣势；相关的采购实务、类型与政策。

### （三）数据仓库与数据探勘

机警的厂商在每次客户与各个部门接洽时，都在建立信息，接触点包括客户采购、客户要求服务拜访、在线询价或邮寄折扣卡等。公司的联系中心搜集这些信息并组织完成收入数据仓库（data warehouse）。公司人员可取得、询问与分析这些数据，来推论个别客户的需要与响应。电话营销人员可根据客户关系的整体图像来响应客户的查询。

营销统计人员经由资料探勘，从大量的资料中来撷取有用个人、趋势与区隔的信息。资料探勘（datamining）是利用复杂的统计与数学技术，如集群分析、自动互动侦测、预测模式与神经网络等。想从数据库学习最多的厂商需要有人或公司专门从事数据探勘。

### （四）使用数据库

一般而言，公司将数据库用于五个方向：

1. 确认有望客户

许多公司透过广告产品与服务来产生销售名单。广告常带有响应特色，如商业回复卡、免费电话。数据库就是从这些响应建立起来，分类后确认出最佳的有望客户，在透过信件、电话与人员拜访，以使他们转成客户。

2.决定哪些客户应得特殊的服务

公司对销售、向上销售与交叉销售产品与服务很有兴趣，因此，应设立标准来陈述特定产品的理想目标客户，在从数据库中寻找最接近此理想类型的客户。

3.深化客户忠诚度

公司透过记住客户的偏好、寄出合宜礼物、折扣券、有趣文章来建立客户的兴趣及热忱。

4.使客户再度购买

公司可装置自动邮寄方案(自动化营销)，以寄出生日卡或周年庆卡、圣诞节购物提醒卡、换季促销卡。数据库有助于从事实时活动或提供吸引人的产品。

5.避免严重的错误

某银行承认一堆错误，因为是使用客户数据库不当造成。第一个案例是银行向一位客户收取房贷延迟的惩罚金，却未注意到当事者所经营的公司是银行的主要客户，当事者后来换了银行。第二个案例是两个不同银行员工打给相同客户，提供不同利率的房贷，而两人彼此竟然不知。第三个案例是银行提供一位顶级客户一般性的服务。

**(五)数据库营销与CRM的负面意义**

数据库营销有很多好处，也要看看有哪些坏处。公司要有效的使用CRM要面对四个问题：

首先是建立维持客户数据库需要在计算机硬件、数据库软件、分析程序、沟通连接与技术人员上投下大笔金额。搜集正确信息不易，尤其是要取得所有与个别客户互动的场合。这些问题在亚洲特别凸显：

语言复杂但重要。例如，在新、马的华人平时讲闽南语，但正式场合会讲普通话。以适当的语言明示适当的信息可增加关系。但是，CRM系统很少能如此方便地使用。

确认每个人的尊姓大名在多元化的社会相当不容易。回教的名字很长，且不带有姓氏。CRM系统应该要有弹性。

有些制度允许重婚，富有的男性可能有许多神秘的地址，将投资或保险细目寄到错误地址可能带来很大的困扰。联结多个地址、关系与互动，同时又保持隐私与全权处理很重要。

根据外表光鲜或所谓八面玲珑的交际手腕来判断一个人的财富.常有失真。因此，要确认潜在最有价值的客户需要一些判断指标。

在下列情况建立客户数据库并不值得：一生只买一次的产品(如平台式钢琴)；客户对品牌忠诚度不高；单位销售金额不高(如糖果)；取得信息的成本过高。

第二个问题是很难要求公司所有人都客户导向，并利用可能的信息。员工发现传统交易营销比客户关系营销来得容易许多。

第三个问题是并非所有客户都想和公司有关系，他们可能不同意公司搜集有关个人的信息。营销人员必须知道客户对隐私与安全性的态度。

第四个问题是CRM背后的假设也不一定是真实的。例如，服务更多忠诚的客户不见得比较不花钱，有时候购买量大的客户知道他们对公司的价值，常要求特别服务或特别折扣。忠诚客户有时会对公司期待或需索更多，对公司要收取额外价格相当恼怒。有时还会嫉妒其他客户所得到的好处。当eBay开始接触大型企业客户，如IBM和迪斯尼乐园时，很多协助建立此品牌的小型杂货店有被抛弃感。忠诚客户有时也不是品牌最好的大使，有研究指出，行为忠诚的客户买很多，但并不积极向他人推荐；态度忠诚的客户对公司有较大的承诺。

数据库营销的利益常要付出高昂成本，不仅要搜集原始客户资料，还包括维持与探勘的费用，但一旦奏效，则效益可观。但是数据库营销并非适合每个人，数据库营销常被企业营销人员与服务提供者（旅馆、银行与航空公司）使用，他们经常也很容易搜集许多客户的资料；消费性包装品零售商与消费性包装品厂商很少使用。

此外，有些公司发现透过CRM的执行毫无进展。理由很多，包括系统设计不佳、昂贵、使用者并未加以利用、只提报优点、合作者忽略系统，所有这些都是让公司在建立与使用数据库营销来进行客户关系时，分析应投资的参考金额。

## 三、客户关系管理未来的挑战

客户关系管理已成为理论与实务领域的重要观念，许多研究及企业实务都已证实，良好的客户关系管理能为企业带来比竞争者更优越的利润。然而，企业要有效的执行客户关系管理概念，仍有许多挑战须克服，才能真正为企业带来利润。

1. 过度依赖信息科技而忽略人性

Nokia手机在台湾有一句非常重要的广告词："科技始终来自人性"，其实它道出现在许多企业过度崇尚信息科技的迷思。例如，网络书店弹跳出的建议书单，是根据客户过去的浏览及购买记录来做建议，但客户未来的行为真的与过去有关系吗？另有许多公司都有客户服务（或申诉）专线与电子邮件，但是当客户拨电话到这个专线时，经常面对的是计算机语音系统或收到自动回复的邮件，缺乏人际的互动，这种现象对维系客户关系可能没有太大的帮助。

2. 实践客户关系管理真的划得来吗

企业以赢利为目的，各种投资都必须讲求投资报酬率。部分企业开始思考，投资大笔金额购买客户关系管理的设备与软件，又指派专人负责客户关系管理工作，但企业的营业额及利润并没有因此而增加，因而对客户关系管理的政策产生怀疑。然而，需要提醒的是，客户关系管理已是现今企业经营的必要条件，比竞争者更优越的客户关系管理才是获利的充分条件。

3. 以建立、维持长久持续的客户关系为经营哲学

从理论的角度，要与客户建立与维持长久持续且良好的关系，必先牺牲短期的利益。但实际上，却少有经营者能真正实践这个观念，多数的经营者仍在意的是短期的利益。此一现象可从近年来盛行的"山寨版"，甚至所谓的"黑心货"可看出，少数企业仍只看到短期的利益，不愿投资在建立与维持和客户间长期持续的良好关系上。

4. 企业外部关系网络渐趋复杂

传统的客户关系管理通常只针对买卖双方的关系，但现今企业经营的趋势已朝向网络化（networking）发展，即仅靠一家企业难以为客户创造价值，必须与其他企业合作才能达成，因此企业应在意的不只是客户关系，必须经营企业与客户的客户、供货商、竞争者、银行、物流业者及政府等的关系，这些不同对象可能有不同的（甚至是相互冲突的）目标，如何将网络成员的目标与行动协调成一致，是未来的重要挑战。

## 思考题

1. 如果你是一家企业的老板,你会用什么方法与客户建立关系?
2. 老客户真的比新客户为公司带来更多利润吗?

## 实训项目

请上网搜寻三家同性质的企业,与同学分享他们如何做客户关系管理。

## 案例分析

### 星巴克:将体验营销进行到底

星巴克这个咖啡的代言人在2009年隆重推出了体验营销策略。针对咖啡这种高品质的快销品行业,2009年,我们星巴克重点工作是提升顾客的“第三生活空间”体验,在门店里与顾客真诚的互动沟通和交流的同时,不断寻求突破和创新。

2008年,在品牌战略上,星巴克尝试在保留星巴克特色的同时,结合本土元素和消费者口味喜好产品开发食品。比如茶拿铁、芒果鸡肉卷、月饼等,受到了消费者广泛欢迎。2008年经济危机对奢侈快销品行业有所冲击。2009年,星巴克在营销方式、营销策略以及形象塑造上都有所调整。

战略上,星巴克坚持我们一贯以顾客的实际需求为出发点,同时也尊重中国文化。在营销方式上,门店营销一直是星巴克独特的营销方式,是我们与顾客建立沟通和交流的最佳途径。优质的咖啡、真诚的服务,以及星巴克独有的店面环境,典型的个人化沟通是星巴克的特色。2009年,我们会继续提升顾客的“第三生活空间”体验,在门店里与顾客真诚的互动沟通和交流的同时,增加文化因素,包括在门店设计上结合当地建筑特色,产品上考虑当地消费者的口味,以及鼓励伙伴积极从事社区服务,积极支持中国教育事业等。

在营销策略上和形象塑造上,星巴克注重与顾客的情感联系,提供的第三生活空间,伙伴们与顾客的深度互动在情感上紧密地联系在一起。同时我们注重“特殊时期”的营销,例如,星巴克每年在情人节的销售收入都是一年中最高的日子之一。

在媒体产业迅速发展的今天,媒体已经从传统的单向与消费者沟通,演变成网络等可以让消费者参与及互动的平台。我们曾经尝试与DMG公司合作推出中国第一部地铁剧《晴天日记》,受到了消费者的广泛欢迎。2009年星巴克会注重新媒体形式的运用,但更多的还是创新互动活动和各种各样的体验形式。无论在全球或是中国市场,我们都会继续提升顾客的“第三生活空间”体验。

2009年,星巴克将加大产品创新力度,推出历史上第一款采用中国云南咖啡豆的综合咖啡——星巴克凤舞祥云综合咖啡。我们希望此将中国云南的优质咖啡介绍给中国消费者乃至世界各地的咖啡爱好者。

总体上说,2009年,星巴克将延续塑造产品本身在中国消费者心中的形象,本土化特征的塑造是星巴克今年的工作重点。

案例思考:

1. 星巴克如何进行体验营销策略?
2. 星巴克的体验营销策略对大陆企业处理客户关系有什么启示?

# 第十一章　服务营销

## 学习目标

了解服务的多样性和基本特征，掌握服务营销策略，掌握服务质量管理，掌握服务补救，理解内部营销，了解服务营销的挑战。

## 案例引导

台湾的民宿

旅游是现代人重要的休闲方式，在台湾几乎每个家庭都会在假期的时候规划家庭旅游。自从政府开放民宿的经营后，各观光旅游地区的民宿如雨后春笋般的出现，由于价格比一般观光饭店低廉，乃成为许多中产阶级外出旅游住宿的首选。

台湾的民宿都是小规模经营，但是为了能让客户了解民宿的地点、设备、景观及相关服务，大多数的民宿都设有网站，并能与各大入口网站联结，以便客户搜寻与点阅。由于住宿是一种无形的服务，网站必须将客房内相关的设施用适当的方法来呈现，如房型、床型、卫浴设施及餐点等，以使客户能预先了解来住宿能享有什么服务，降低客户的不确定性。除将住宿服务在网站上以图形或影片的方式呈现外，亦能透过网站或电话事先预约，以避免游客临时找不到住宿旅馆的窘境，亦能避免民宿经营者服务人员或餐点调度出现问题。此外，大多数业者也会提供在线刷卡的服务，或提供银行转账的账号，以便订房的客人支付订金。

在预约住宿的前一天，民宿业者会先以电话和房客再次确认是否来住宿，同时也会再询问客户如何抵达民宿。多数业者会提供车站到民宿免费接送的服务，方便搭乘大众运输工具旅游的客户前来住宿。到达民宿之后，你可以感受到一种回家的感觉，而不是和一般观光饭店一样，充满浓浓的商业气息。民宿里面的摆设就像一般的住家一样，虽不像观光饭店一样的富丽堂皇，却有一种亲切感。老板或老板娘，甚至是老板的小孩，都会和你闲话家常，让你有一种放松的感觉，不像饭店的服务人员，讲话有点公式化与商业化。

客房内不会摆设名画或大屏幕的电视，可能只摆设老板小孩的创作，以及过去住过这家民宿客人的留言簿，床铺并不豪华，但感觉就像自己家的床，简单、干净与卫生。食物会就地取材，通常是当地民众的家常菜，虽没有大鱼大肉，但非常的具有当地特色。晚上如果没有外出活动，老板和老板娘很乐意和你分享当地的文化与特色，甚至能一起分享教小孩、读书或创业的经验。

在新兴市场中，服务业提供年轻人创业的最佳机会，为提高创业成功的机会，应先了解服务业的本质与特性，才能有效达成获利的目标。

## 第一节 服务的本质

### 一、服务的多样性

根据传统的产业分类方式,农业与矿业为第一级产业,工业或制造业为第二级产业,而服务业则为第三级产业。随着经济发展程度愈来愈发达,农业与工业占 GDP(gross domestic production)的比重会愈来愈低,而服务业所占的比重会愈来愈高。以台湾为例,2008 年服务业创造的 GDP 占 69.16%,制造业为 24.98%,农业仅 1.6%;在受雇员工数方面,服务业占全体的 53.73%,工业则占 46.27%。

服务(service)是一个组织提供另一个组织或个人的任何活动或技能,它是无形的,且无法产生事物的所有权。服务的生产可能与某项实体产品有关,也可能无关。易言之,服务是由一系列无形的活动所组成之流程,这些活动通常(但未必)发生在顾客与服务提供员工与/或实体资源与/或服务提供厂商之系统间的互动,这些活动之提供可以是顾客问题之解决方案(Grönroos, 2000)。然而,要解决顾客的问题,可能需结合有形产品与无形的服务才能有效达成,因此企业通常会将其提供物(offering)做混合搭配,这些搭配的形式可区分为五类:

1. 单纯有形商品

企业的提供物主要为有形商品,但没有任何服务附加于产品,如香皂、牙膏或酒。

2. 附加服务的有形商品

企业的提供物包含一项有形商品,并附带一项或多项服务。例如计算机,除了有形的计算机以外,可能需要送货或安装,甚至是教育训练等附加服务。

3. 混合商品

企业的提供物包含同等重要的商品与服务,例如,餐厅同时提供顾客美食与用餐服务。

4. 服务为主并附加次要的商品与服务

企业的提供物包含一项主要服务,并附加某些额外的服务。例如航空公司的旅客购买的主要是运输服务,但在长途的航程中会提供餐点与饮料。

5. 纯的服务

公司的提供物主要是一项服务,如理发、按摩等。

### 二、服务的基本特征

基于前述,服务内含与本质有别于制造业,因此衍生出一个根本的问题,即过去从制造业角度所发展出的营销观念与技术,能否直接移转至服务组织或企业?这个答案通常是否定的,因为服务部门(service sector)的营销工作与制造部门存在着许多重要的差异。Kotler 和 Keller(2006)认为服务有四项主要特性,对于营销方案的设计有很大的影响,包括无形性、不可分割性、变动性与易逝性。这些特性分述如下:

1. 无形性(intangibility)

服务不像实体产品,它在购买前是无法看到、品尝、感觉、听到或闻到的。例如某人想要整容，在他/她购买这项服务之前是无法看到结果的。由于购买前无法看到，购买者为了降低风险，会要求卖方提供服务质量的保证，或根据所看到的场所布置、人员、设备、宣传数据、标志与价格来推论此项服务的质量。因此，服务提供者的任务即在于设法“将无形的事物有形化”。

2. 不可分割性(inseparability)

服务的生产与消费通常是同时进行的，这种特性与实体产品经过制造、储存、配送、销售，最后再消费的程序不同。如果服务是由人员所提供，则提供服务的人员是该项服务的一部分，因此服务者与顾客间的互动关系，显得格外重要。

3. 变动性(heterogeneity)

服务提供者的不同及提供服务时间与地点的不同，皆可能使服务具有高度的变动性。例如有些医生的看诊态度较佳，另有些医生可能对病患缺乏耐心，而使看诊的结果具有高度变动性。因此，成功的服务企业为降低服务的变动性，可能采取以下三个步骤来进行质量控管：招募与训练员工以提供良好的服务质量；实施标准化的服务绩效考评制度；追踪顾客满意度。

4. 易逝性(perishability)

服务是无法储存的。当需求呈现稳定状况时，这个特性不是问题，但是当需求变动很大时，服务企业便会面对淡季(或离峰时段)产能大于需求，旺季(或尖峰时段)需求大于产能的困境。例如，长途火车在平常上班日可能会有很多空位，但在五一或十一大假期间，可能出现一位难求的问题。

## 第二节 服务营销策略

### 一、服务差异化

从市场竞争的角度来看，避免与竞争者陷入削价竞争的唯一方法，即创造产品或服务的差异性。但值得注意的是，许多企业经营者会以自己的想法来看待差异性，而忽略了差异性应从顾客的角度来看，而使企业逃脱不了价格竞争。

差异化策略的本质在于产生具有与众不同的独特性服务，企业可以从以下几个方向来思考：

1. 将无形的变成有形的

看不见、听不到、摸不着的服务，常造成顾客记不得这些购买或服务过程。服务企业可以思考在服务过程中提供一些可以让顾客带回去的实体产品，以强化顾客的记忆。此外，亦可以提供一些服务过程的照片与说明，让顾客可以确知服务传递过程的内容。

2. 将标准化的产品加入客制化

提供量身订制的服务可以让企业受到顾客的喜爱，而因客制化的所额外增加的成本可能很少。例如，一个旅馆的服务生能叫出顾客的名字，记得顾客喜爱的房型或餐点，会给顾客留下深刻的印象，而能吸引顾客下次再光临，此举所增加的成本很有限，因此能为企业带来丰厚的利润。

3. 减少认知风险

顾客对于所购买的服务缺乏相关信息会有冒险的感觉，使得在决策时感到却步，或不愿付出高价。因此，企业应提供顾客完整且透明的服务内容相关信息．甚至可以利用第三者的背书，提高顾客的信任感。例如，诊所会张贴医师相关的学、经历资料，诊所合格登记证书及曾治愈病患的感谢函等，提高病患的信任感，降低其认知风险。

4. 注重员工训练

在人事方面的发展与训练可以提高服务的质量，因而创造别人很难复制的竞争优势，许多在各行业领先的公司均以训练计划的质量而闻名，有些公司甚至建立了类似学校的训练中心。例如人寿保险业，所有公司都拥有一套独特的员工训练计划，以训练员工能提供质量一致的服务。

5. 控制服务的质量

由于服务质量在传递的过程中牵涉许多服务者的主观判断，很难在服务交易过程中加以监督。许多服务企业会订定各种客观的服务质量指针，来控制服务质量。例如，医院可能用每位病患的问诊时间，监督医师是否真正善尽其问诊的责任。但值得注意的是，服务质量大多数是无法客观衡量的，服务企业不应过度强调客观指标，而忽略了一些质化的指标，如顾客满意、忠诚或口碑等。

## 二、服务品牌

品牌是区分某生产者的产品与服务和其他生产者的方法，在现代的生活中，品牌扮演改善消费者的生活以及提升企业价值的重要角色。由于服务与实体商品在本质上有相当大的差异，在品牌建立过程的复杂度相对更高。根据 Kotler(2006) 的论点，发展服务业的品牌策略，需特别重视几项工作：选择品牌要素、建立形象构面及规划品牌策略。

1. 选择品牌要素

服务的无形性对品牌要素的选择有特别的意义。服务的决策与安排通常不在服务实际发生地点产生，品牌回忆就成为非常重要的因素，因此发展一个容易记忆的品牌名称是很重要的工作。

其他的品牌要素，如标志、象征符号、图案与标语等，也应能够与品牌名称互补以建立品牌知名度与品牌形象。这些品牌要素通常能够让服务与一些重要利益有形化、具体化与真实化。例如麦当劳的口号"麦当劳都是为你"，7-11 的"always open 7-11"等，都是将企业所欲提供给顾客的价值转化为标语或口号。此外，由于服务通常没有提供实体产品，使得服务企业的实体设备，如主要与次要的招牌、环境与接待处设计、衣着、附属用品等，显得特别重要。这些品牌要素都必须传达给顾客一致的感觉，才有助于打造强势品牌。

2. 建立形象构面

建立形象构面即建立品牌联想，如公司可信度、认知专业程度、值得信任与受人喜爱的程度都是重要的品牌联想。品牌联想大致可以分为产品相关(product-related)及非产品相关(non-product-related)两种属性。

产品相关(product-related)属性定义为核心产品或服务功能的成分(components)，而这些成分是顾客所寻求的。服务相关属性与核心服务的流程有关。

非产品相关(non-product-related)属性则与服务/产品的流程或功能(function)之外的所有其他属性有关。非产品相关属性又可分为价格(price)、包装(packaging)、使用者印象(user imagery)及使用时机印象(usage imagery)四类,1998 年修正为价格、使用者及使用时机印象、品牌个性(brand personality)、感觉(feelings)及体验(experiences)。

价格是非产品相关属性,因为它是产品/服务购买或消费本身之外在因素,也就是说价格并不会直接反应产品的功能或服务的绩效,然而,价格仍被认为是有关品牌形象及质量一项很重要的联想指标。

品牌个性就是一组关于品牌的"人性"特征(human characteristics),例如年轻、精力充沛、外向、有力量的、深思熟虑等描述,品牌个性也是目标消费者人格特征的镜射(mirror),因此可以透过认同(identification)吸引这些认为这项品牌与其理想自我相同的目标消费者,一个建立良好的品牌个性,可以说与该品牌有很强的情感连带(emotional ties),可增强消费者的偏好及惠顾的可能性,并发展出信任与忠诚的关系。

使用者印象是指使用这种产品或服务的人究竟是何类型的认知,使用者印象可由下列几个来源所形成:消费者个人与品牌使用者接触的经验、营销沟通中所描述的印象,若使用者印象与消费者所渴望的自我形象一致,消费者将因自我一致、自尊的激励对此品牌有正面的评价。

使用时机印象是指使用特定品牌情境因素的描述,例如特定的日子(周、年)、地点、活动,使用者印象或使用时机印象均反映了使用者对于使用特定品牌产品或服务时的刻板印象(stereotypical),这些印象的认知也引导了品牌个性的发展。

感觉及体验也是消费者评估品牌的重要因素,主要是透过广告的评估,有关服务方面,体验对服务品牌的评估有显著的贡献,服务具有生产与消费同时发生的特性,因此在消费时的服务体验,将会对当时的行为、想法及感觉产生积极性的意义,结果将影响消费者所认知到的品牌形象。

3. 规划品牌策略

服务也必须发展品牌层级与品牌组合,以有利于不同区隔市场的目标选择与定位。服务的等级可根据价格与质量进行垂直的延伸。品牌的垂直延伸通常需要采用次品牌策略,公司的名称与个别品牌名称会相互结合,此举可避免较低质量或等级的服务,对较高等级的服务产生负面的影响。例如在饭店业会透过品牌延伸推出新的品牌或品牌组合,某品牌的高级饭店可能为了吸引中阶层的顾客推出新的饭店品牌。

## 三、服务营销组合

营销组合(marketing mix)是企业用来满足顾客需要,同时达成本身目标的具体策略(strategy),从制造业或实体产品的角度而言,营销组合包括产品(product)、价格(price)、通路(place)与促销(promotion),即一般所谓的 4P。由于服务与实体产品存在许多重要的差异,许多学者认为传统的 4P 无法完全代表服务企业应注意并采用的策略,应再思考与拟定人员(people)、实体呈现(physical evidence)及流程(process)三种策略,而成为一般所谓的 7P。为免赘述,仅将人员、实体呈现及流程分述如下:

1. 人员

所有在顾客服务传递过程中会影响到顾客认知的人，包括服务人员、正在交易的其他客人等。在餐厅的经营情境中，人员应包括泊车小弟、接带人员、端菜的人及收银员，他们都会直接与顾客面对面接触，皆会影响顾客对服务的知觉，但另一个值得注意的是一同用餐的其他客人，也会影响到某个顾客的知觉，例如在高级餐厅中，若有某群客人大声喧闹，可能会影响其他顾客对此餐厅服务的感觉。

2. 实体呈现

服务传递的环境、企业与顾客互动的地方以及其他有助于服务传递和沟通的有形要素。以银行业而言，为了取得顾客的信任，建筑物通常会盖得非常宏伟，塑造银行资金充裕的感觉，让顾客安心的把钱存在银行。经营高级餐厅，除了建筑物外观，仍需注意餐厅内所有摆设与餐具，都必须与企业所要塑造的形象一致。

3. 流程

流程指从顾客取得相关信息、询价、预约、服务传递及结账等实际流程的设计与执行。在流程的设计方面，必须注意到流程的顺畅性，消除顾客不喜欢的元素，最好是能在流程中加入一些能取悦顾客的要素。等待是人们最不喜欢的事，因为除了未知外，还非常无聊。因此台湾的医疗机构，大多已实施预约制度，以减少病患到现场等待的时间，但从挂号到看诊的时间可以透过预约来缩短，但看完诊到取药的时间，却无法缩减。此种情况下，如何让等待的时间变得不无聊，即成为首要工作。有些耳鼻喉科诊所会购置设备让病患在等待时可以吹蒸气，除可以减轻喉咙的疼痛外，还以打发无聊的时间，一举两得。

## 四、服务创新

服务是由一系列无形的活动所组成之流程，这些活动通常（但未必）发生在顾客与服务提供员工与/或实体资源与/或服务提供厂商之系统间的互动，这些活动之提供可以是顾客问题之解决方案。由这些服务的特性可知，服务是建构解决某个顾客问题的方案，而创新是将知识体现、结合或综合，以造就原创、相关、有价值的新产品、新流程或新服务，因此服务创新乃是提供顾客新的解决方案，它包括两种主要的形式，首先是结合新问题或构想以形成新的问题解决方案，这些问题及解决方案因对市场及公司的新奇程度不同，可分为改良式创新与激进式创新；其次是解决同样的问题，但以更有效率的方式解决，可能包括生产力、适当性或质量的提升。

虽然服务部门的重要性愈来愈高，但有关服务创新的实证研究与了解仍不足。此一现象乃因许多人认为非产品创新没有分析价值，究其可能的原因：一是工业是经济结构的核心，服务业只是次要的部分；二是工业是经济成长的火车头，而服务业只是其引发出来的活动；三是工业是竞争力的来源，而服务业是工业部门不再需要的就业者之避难所；四是认为服务工作没有生产力。因此，过去只重视工业（industrial）相关的创新与研发，并认为服务创新是不重要的，政府政策较不重视服务创新的推广。

此外，服务创新不受重视的原因亦可归因于概念化的问题，与缺乏适当的信息，其中概念化的问题指的是服务创新和工业创新究竟有何差异。因此要解决服务创新不受重视的现象，应先清楚说明服务创新与工业创新的差异。根据西方学者早期的研究中指出，服务在生产与创新上具有四个特征：生产与消费紧密的互动；服务的信息内容增加；人力资源在服务生产中的角色重要；组织变革对生产与传递新服务极为重要。从这些特征可以看出，服务创新并不特别强调技术层面，因此和工业创新偏重技术层面有明显的差异；此外，这些特征隐含着服务部门的创新较强调非技术性(non-technological)。

要进一步分析服务部门与制造业之创新的差异，必须先辨认服务业与制造业在创新流程上的差异，这些差异会影响到服务创新的方法，包括：

1. 人力因素

除了创新技术的采用外，亦须了解创新过程中的组织知识与非技术元素，如经验或广泛的顾客接触等人员技能的形式，因为这些人力因素对服务公司的效率有重要的影响。

2. 创新流程的建构

许多服务部门使用技术的创新，只是创造新产品与改善现有产品或服务，并非单纯的技术进步，故采用新的销售与营销方法是同样是重要的创新。因此，在建构创新流程时，服务创新不能像制造部门只专注于研发单位，更应将公司其他部门纳入创新流程中。

3. 创新产出的分类

因为服务创新缺乏专利权的保障，相对于制造业的创新更容易模仿与复制，所以必须持续不断地创新，但在持续且渐进的创新过程中，可能会减少激进式创新的产生。再者，服务的生产与消费无法分开，使得我们难以像制造业创新一样分辨产品创新与流程创新；为解决此一问题，可以导入传递创新(delivery innovation)的观念，这个观念指的是在传递公司的服务流程与产品导向等议题上的创新，例如自动语音的机器与自助服务的设备；对创新管理而言，这种创新隐含着它取代了流程与产品构面，当顾客不只接受新服务产品，也接受新的传递过程。

4. 无形性

服务的无形性使得服务产品无法预先展示，因此难以向顾客展现服务产品的质量，同样也难以标准化。再由于无形性使得服务难以获得专利权的保护，无法在投资回收前获得法律上的保障，会降低从事创新活动的诱因。

5. 顾客整合

服务的特性是与顾客做非常紧密的接触，或者必须将外部因素整合到生产流程中，特别是在大多数流程导向的服务中，必须与顾客紧密的接触，而且这个接触的过程是服务企业成功与否的决定因素。顾客整合的观念是基于服务的生产与消费同时性，信息科技有助于克服服务提供者与顾客在时间与地点的同时性。

6. 服务部门的结构

在服务部门中大多数的企业是小企业，这些小企业因为所拥有与控制的资源相对较少，在创新方面通常会有较大的困难。

7. 法令的问题

法规与专业的规范是许多服务产业的核心，在目前解除管制与再管制的趋势下，造成服务业动态性的创新环境。

根据前述，兹将服务创新与产品创新的差异比较如表 11-1 所示。

表 11-1 服务创新与产品(制造业)创新特性之比较

| 特性 | 产品创新 | 服务创新 |
|---|---|---|
| 创新焦点 | 产品(结果)开发 | 服务开发与传递流程 |
| 有形性 | 有形 | 无形 |
| 标准化程度 | 标准化程度高 | 标准化程度低 |
| 顾客互动 | 较不重视顾客互动 | 较重视顾客互动 |
| 顾客参与 | 顾客较少参与创新过程 | 顾客较常参与创新过程 |
| 研发支出 | 较高的研发支出 | 较低的研发支出 |
| 公司内部互动 | 重视研发与制造部门间互动 | 重视生产与传递间的互动 |
| 人员能力 | 偏重研发单位的能力 | 注重前线员工的能力 |
| 可辨认性 | 容易辨认 | 较难辨认 |
| 创新保护 | 较容易有专利权保护,不易被模仿 | 很难受专利权保护,故容易被模仿 |
| 绩效衡量 | 较容易 | 较困难 |
| 共同点 | 愈来愈重视外部伙伴关系网络 | |

## 第三节 服务质量管理与服务补救

### 一、服务质量管理

经理人通常相信提供100%零缺点的服务是不可能的,因此组织可以接受错误的发生,也允许失误(failures)。作者认为这只不过是没有尽全力去尝试的借口,要维持100%的服务质量是非常需要辛勤及长期的努力,但绝非不可能。通常其问题均出自于公司改善质量的方法上。

把质量改善视为一项计划或项目、有一定的时限、被组织成员视为一项战术性议题,那么失败的风险便相当高。

视质量改善为有关时间与动作的研究(time-and-motion)、为降低人力投入的机器与设备的投资、训练计划、新的金钱奖赏制度,则同样有相当高的失败风险。

事实上,以上所提到的只不过是在质量改善流程中的一小部分而已,质量改善是一个持续不可间断的流程(ongoing process),是需要组织全员的参与,因此质量、质量改善是管理程序,是属于策略性议题,需要高阶管理者持续的付出心力。

顾客对服务质量(service quality)认知包含两个构面:技术或结果构面(technical or outcome dimension),及功能或相关流程构面(functional or process-related dimension)。顾客在服务过程所得到的最终结果,即是技术或结果质量,相对而言,这个构面顾客可以客观的衡量(但不经常是),因为其特性是提供顾客问题的解决。结果质量只是服务质量的一部分,在服务提供者与顾客的互动过程中,顾客如何认知与如何体验,也是质量的另一个重要构面,即功能或流程质量,在流程质量构面中,顾客无法像技术质量一样,以客观的方式来评估,通常是以非常主观的方式来评估此方面的质量。

在许多的服务当中,公司或地方的形象是非常重要的因素,它可以从许多不同的方向来影响认知的质量。如果公司在顾客心目中有良好的形象,公司犯了不重要的错误,顾客可能会忘记,但若错误一再发生,则会对形象有负面的影响,因此形象可以视为认知质量的过滤器(filter)。技术质量与功能质量必须同时达成高度水平,才能使全面的认知服务质量达到高的水平。

服务质量可以定义为:"消费者对所期望服务与实际知觉的服务相比较的结果"(Parasuraman, Zeithaml 和 Berry,1985)。Bitner (1990)也认为服务质量是顾客对服务消费后,是否再度购买的整体态度。因此服务质量是顾客对于事物主观的反应,是一种知觉质量。

目前最常用来了解与探讨服务质量的理论是 Parasuraman, Zeithaml 和 Berry(1985)所提出的 PZB 模型(图 11-1)。此模型通常称为服务质量的缺口分析模式(gap analysis model),用来分析质量问题之来源及协助管理者了解如何改善服务质量,此模式简单说明如下:

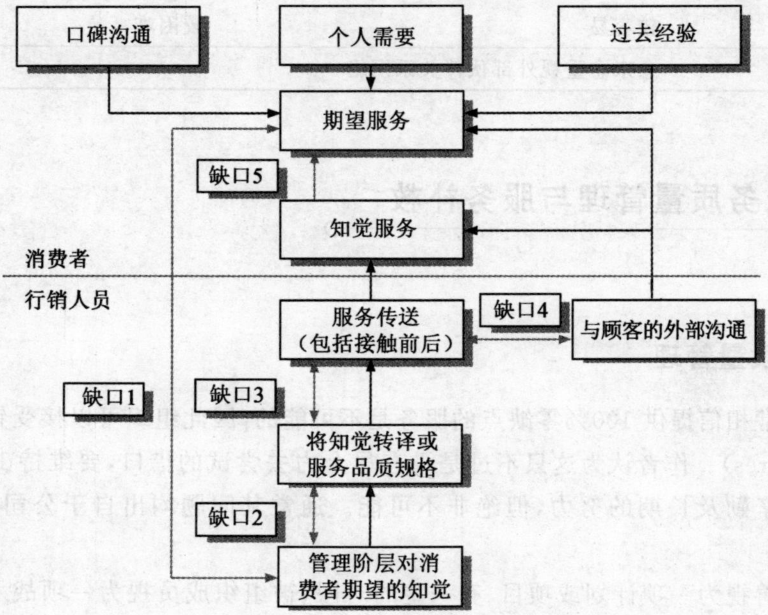


图 11-1　服务品质缺口模式

模式上方与顾客相关,下方则与服务供应者有关。

预期之服务(expected service)受到顾客过去之经验、个人需求、口碑沟通及公司市场沟通活动的影响。

消费者体验到的服务在模式中被称为"知觉到的服务"(perceived service),是一系列内部决策及活动的产出,同时也受到营销沟通的影响。

本模式说明了在分析及规划服务质量时考虑的步骤,品质问题的可能来源可以藉此诊断出来,如图 11-1 所示之缺口 1 至缺口 5,缺口 5 是缺口 1、缺口 2、缺口 3、缺口 4 的函数。

此模型的五个缺口简单说明如下:

1. 管理阶层认知缺口(the management perception Gap-Gap1)

消费者的期待与管理阶层对消费者期待的认知之间的差距,是管理阶层对质量期待作不正确的认定，主要可归因于：来自于市场研究及需求分析不正确的信息；对于消费者期待的信息作出不正确的判读；根本没有进行需求分析；从公司与其顾客之接口上传至管理阶层之信息是劣质的或根本没有；组织层级过多，阻止或改变那些参与顾客接触人员所提供往上流动之信息。

2. 质量规格缺口(the quality specification Gap-Gap2)

管理阶层对消费者期待的认知与所定的服务标准之间的差距，这种差距主要来自于：规划错误或不充足的规划程序(过于僵化、无服务人员及其他相关人员之参与)；不良的规划管理；组织缺乏明确的目标设定(质量目标)；高阶管理阶层对服务质量之规划支持不足。

3. 服务递送缺口(the service delivery Gap-Gap3)

企业所定的服务质量标准与真正所传送出去的服务之间的差距，是服务生产与递送流程之绩效无法符合质量规格，这种差距主要来自于：规格太复杂或过于僵化；员工对于此规格不表赞同，而无法履行规格；规格与既存的企业文化不一致；服务运作的管理不良；内部营销的缺乏或不足；拟依规格来提升绩效，但技术与系统却无法配合。

本缺口造成的原因既多且杂，一般可将其划分成以下三类：管理与监督(控制与奖赏系统、企业文化)、员工对规格及顾客需求的认知(角色模糊、角色冲突、内部营销)、技术与营运支持的缺乏(招募、工作量、训练、设备)。

4. 市场沟通缺口(the marketing communication Gap-Gap4)

企业真正所传送出去的服务与告知消费者的服务之间的差距，是指市场沟通活动所作的许诺与所递送之服务不一致，这种缺口主要来自于：市场沟通规划与服务运作没有整合；外部营销与实际运作间欠缺协调或不足；组织无法依照规格行事，然而市场沟通活动却按照这些规格；夸张倾向(竞争)的本质导致许诺过多。

5. 认知服务质量缺口(the perceived service quality Gap-Gap5)

认知或体验到的服务与预期的服务不一致，其结果将造成：负面确认之质量(不良质量)与质量问题；不良的口碑；对企业或当地企业形象之负面影响；丧失生意机会。

导致认知服务质量缺口的原因可能来自于上述所讨论的任一因素，或这些因素的任一组合，当然也有可能是除了这里提到之外的其他理由。

PZB 亦提出服务质量的量表，称为 SERVQUAL 量表。该量表包括五个构面，分别定义如下：

有形性　包括实体设施、员工仪表以及提供服务的工具和设备、甚至是服务人员的遣词用句及语气等。

可靠性　着重在服务提供和服务承诺的一致性。

反应性　包括服务人员对提供服务的满意度与敏捷度，即服务人员对满足顾客需求所表现的企图心以及对服务工作所展现的积极参与程度。

保证性　提供服务人员对提供服务所需的知识，及具有亲切感并能获得顾客的信任。

关怀性　提供关心与个人化的服务给顾客。

## 二、服务补救

### (一)服务失误发生时的质量管控

服务失误发生时，也就是服务提供业者之顾客导向面临真正考验的时刻。失误未必是由服务公司犯的错误所造成，顾客也会造成服务失误。对顾客而言，难处理的每种状况都是服务提供业者证明其对服务许诺的机会。若抱怨的顾客觉得其申诉之处理不够快、关切度也不够，整个关系之质量将会恶化。

研究指出，即使服务流程失效，顾客通常给予服务提供业者，创造顾客正面质量认知的第二个机会。公司管控服务补救之方式构成强化的或是弱化的顾客关系之平台(platform)，管控良好的补救对公司与其顾客间信赖关系之发展有正面的影响，它也可能加深顾客对服务提供业者之承诺。服务补救是影响认知服务质量的一个因素，它是与过程相关、对功能质量会有正面影响之服务标准，在有效的补救之后，对服务之满意度有可能提高，甚至有一种说法是，会让愤怒、受挫的顾客对质量的满意度比在没有问题发生的情况还高。

**(二)服务补救与抱怨处理**

传统的抱怨处理：当顾客认知到问题发生时，公司会要求其提出正式的申诉，并非以服务导向的方式来处理，重视内部效率，尽可能将成本压低，除非是法理难容，否则不轻易赔偿顾客。

服务补救是服务管理相关文献中所提出来的一种观念，用来协助公司以服务导向的方式来管理服务失败的情况。

就服务补救而言，外部效率是主要的准则，目的是尽管服务失败，还是要满足顾客，维持且尽可能改善长期关系质量，以留住顾客及具长期获利生意而非短期之节省成本。

Tax 和 Brown 对服务补救的定义为：服务补救的流程包括客户服务失败、有效地解决顾客问题、将其根本原因作分类及产生可与其他绩效衡量指针作整合的之数据，以评估、改善服务系统。

服务失败所造成的问题有两方面：确实的问题与情绪的问题。

在需要服务补救的情境里，顾客的容忍区域较狭窄，公司必须作好管控。

员工对公司的愿景、策略与服务概念愈坚定、承诺感愈高，他们的服务补救绩效似乎会更好。

获得授权的员工在服务补救的情况里有较佳的表现。

顾客期望受到公司公平的对待。

**(三)服务补救之准则**

找出服务失败及其他类型的错误或质量问题是组织的责任。若需要正式的申诉，应该尽可能容易地让顾客作投诉，书面申诉只在绝对必要时才使用，主动告知顾客此次服务失败、错误的相关事宜，并主动采取矫正失误、错误之措施，不可等顾客提出才行动。应该立即赔偿顾客，若因故无法立即赔偿，亦不许有不必要的延误。若因故无法赔偿顾客，快速与服务导向之补救流程，仍可强化顾客关系以维护公司长期收益。

顾客的情绪反应(焦虑、挫折感)需作管控，或许是公司首先应注意的。道歉是非常重要的，但是仍应针对顾客感觉已遭受的损失加以赔偿，并针对失误作处理。组织应发展系统化的服务补救系统。虽然顾客申诉部门及其管理者，常常是服务导向服务补救的绊脚石，但是在发展及支持补救系统上仍是有其必要性。

**(四)服务补救流程**

1.计算失误与错误的成本

2.恳请抱怨(solicit complaints)

训练顾客抱怨的能力,顾客投诉时,处理申诉的员工一定要展现尊重与关注。

3.辨认补救需求(identify recovery needs)

详尽分析服务流程、人力资源、流程里所使用的系统及顾客对信息与指导的需求,则可能找出失误风险度高的区域。

4.员工训练(train employees)

5.授权给顾客接触员工提升他们的做事能力

6.随时告知顾客(keep the customer informed)

7.从错误中学习

有效的服务补救系统包含三个焦点项目:经常监视服务流程以辨认问题、有效解决问题、从问题与补救流程中学习。

**(五)补救流程时机之掌握**

矫正错误、快速响应及适当且足够的赔偿,通常被视为服务补救之决定性要素,然而,补救流程时机之掌握亦不可以被忽略。

关系架构(relationship framework)包括有三个部分:许多单一行为(acts)组成的事件(episodes,或称为服务接触)、彼此相关的连续事件、整个关系本身,接下来我们将使用关系架构来解释几个不同的补救时机策略。

以下我们以遗失行李之情况作为例子,一家三口搭机到遥远的一个海滩度假村,准备欢度四天的假期,抵达目的地时,发现所托运的行李全部弄丢了。

1.行政式服务补救

行政式服务补救(administrative service recovery)又称被动的方式来进行服务补救。航空公司人员在进行必要的文书作业之后,依规定(标准)给这一家人在金额上为微不足道的代替现金用的商品券,根本不够支付确保假期不受影响所需之费用,他们被告知,如果不够的话,在假期结束后,他们可以向航空公司提出正式的申诉。如果说假期是由搭机到度假村、度假村度假及搭机返回三个连续事件所组成,那么服务补救是接续这三个连续事件之后,分开来处理,服务的失败根本没有补救,将寻求赔偿的责任推给消费者,并未将服务补救放在正常的假期连续事件中。另外在顾客的情绪问题方面,即使顾客在抱怨处理程序结束后获得全额的赔偿,其对质量的知觉也已大受伤害。

2.防卫式服务补救

防卫式服务补救(defensive service recovery)又称积极的方式来进行服务补救。航空公司建议这家人先用自己的钱买自己所需要的东西,结束旅程之后在航空公司的办公室中,这些花费将会获得补偿。服务失败的补救仍然是在所有事件之后,分开来处理,但是部分出现在“假期”这个连续事件中,这种方式并没有正式的申诉程序,不过首先顾客还是要自己去解决问题(钱)。在情绪问题方面无法作良好的管控,但是他们对认知服务质量之影响比行政补救来得小。

3.攻击式服务补救

攻击式服务补救(offensive service recovery)又称预应的方式来进行服务补救。航空公司人员可提供机会让这家人在度假村指定的几家商店里依需要采购，花费由航空公司支付。服务失误之补救为“假期”这个连续事件之一部分。顾客可能感到惊讶，甚至有可能超越原本要的认知服务质量之水平。

## 第四节　内部营销与服务营销的挑战

### 一、内部营销

#### (一)内部营销的意义

内部营销(internal marketing)在20世纪70年代开始出现在服务营销的文献中，但它不是新的现象。企业长久以来都一直使用鼓舞士气的行动与方案，员工工作态度及对员工之激励一直都是人力资源管理部门所关切的事，但从学者提出内部营销之观念后，企业的人力资源管理部门出现三个崭新的看法：

(1)员工是公司所提供产品或服务以及各种营销方案的首要市场。

(2)引导员工努力之主动、协调及目标导向之方法结合了内部努力、程序及公司外部效率。

(3)强调将公司内人员、功能与部门视为内部顾客(internal customer)之必要性，必须以提供给外部顾客之相同的顾客导向，将内部服务提供给内部顾客。

内部营销源自于由员工所组成的内部市场，企业必须在将各种外部营销计划付诸实行前，让员工先了解并接受这些相关内容。

在服务业经营的情境中，有一句名言：“有满意的员工，才有满意的顾客”，道出内部营销是“善待员工如顾客”之经营哲学。员工该对其工作环境、所有层级之员工的关系及其顾主的关系感到满意。虽然人力资源管理与内部营销有许多共同之处，但二者并非同一件事。人力资源管理提供一些可用在内部营销之工具，如训练、雇用与生涯规划等，内部营销则提供有关如何应用这些工具之导引，如藉由具顾客导向及技能良好的员工，来改善交互式营销绩效。

内部营销成功的三个必要条件为：

(1)需将内部营销视为策略管理不可或缺的一部分。

(2)内部营销程序不可受公司的组织结构或缺乏管理阶层支持而抵消。

(3)管理阶层必须对内部营销程序不断地展现积极的支持。

#### (二)内部营销的两个层面：心态管理与沟通管理

内部营销系指两种类型的管理程序：心态管理(attitude management)与沟通管理(communications management)。首先，必须对员工的态度及员工对顾客意识与服务心态之激发作管控，这可称之为内部营销之心态管理层面。对一个努力追求服务策略，以发展竞争优势的组织而言，通常是内部营销最主要的(predominant)一部分。其次，经理人、主管、接触人员及支持员工需要信息，才能以领导者、经理人之身份执行其工作及以服务提供者之身份提供服务给内、外部顾客。他们需要与管理阶层沟通有关其需要与要求、他们如何改善绩效之观点及他们对顾客需求之发现，这是内部营销之沟通管理层面。

若要有良好成效，态度管理与沟通管理都是必要的。经常发生的情形是只辨识出沟通管理层面，或许只将知识为单项信息工作。一般来说，经理人及主管对其职员的关切有限，不了解职员对回馈信息（feedback information）、双向沟通（two-way communication）、表彰与鼓励之需要。员工得到一大堆信息，却只得到极为有限的激励。

成功的内部营销流程须具态度管理冲击力和沟通管理支持。态度管理是个持续的流程，而沟通管理可能比较像是个含括在适切时点之信息活动之分离式（discrete）流程。然而内部营销的这两个层面也是紧密相连的。自然地，大部分与员工分享的信息对态度有影响。经理人、主管与团队领导人的任务包括沟通管理层面及态度管理层面（两个是完整、通常不可分开的部分）。

**（三）内部营销之整体目标**

从关系观点来看，内部营销之整体目标（overall objectives of internal marketing）：一是激发以顾客导向、服务为重之方式，为内部顾客与外部顾客提供服务；二是具备所需技能与知识以及来自经理人与主管、内部服务提供者、系统与技术之所需支持，使能以此方式做事。

若员工觉得他们能相互信赖，尤其是能够信赖公司及管理阶层持续提供所需之实体上与精神上的支持，使其能以顾客导向及服务为重之方式做事，这种内部关系才可能达成。这种信赖感可描述成管理阶层与员工之间隐含的协议之行是表现之"心理契约"（psychological contract）。

从内部营销之关系导向的目标，可得到另外四个明确的整体目标：一是确定员工得到激励，以达成顾客导向及服务心之绩效，因而能顺利完成其在交互式营销流程里身为兼职营销人员之责任。二是 吸引、留住优秀的员工。三是确定组织里或网络伙伴之间所提供的内部服务是具顾客导向。四是提供足够的管理及技术方面的支持给那些内、外部服务提供者，使其能以兼职人员身份履行及职责。

**（四）内部营销活动**

没有一个专属内部营销程序之活动窗体，对内部关系及对员工的服务心，顾客意识有影响的任何职能或活动几乎都可包括在内。内部营销活动（internal marketing activities）在两三种情况里是共通的。

训练（Training）：改善员工的知识与改变其态度这两件是紧密相连的。最常需要的内部营销计划之基本要件是内部或外部的训练。训练连同内部沟通支持是内部营销之沟通管理层面最主要的工具。三种训练的工作包括：

（1）发展对服务策略及整体营销程序的整全（holistic）看法，以及每位员工与公司里其他员工及程序之关系、每位员工与顾客之关系，对这种关系有整全的看法。

（2）发展、提升对服务策略与兼职营销绩效之良好态度。

（3）发展、提升员工之间的沟通、销售与服务技能。

管理支持与内部对话（management support and internal dialog）：经理人、主管及团队领导人必须展现领导能力（leadership），而非仅是行政上的"管理与控制"。管理支持可属不同的类别，例如：

（1）藉由每日管理行动，作为正式的训练计划之延续。

（2）积极鼓励员工作为每日管理工作之一部分。

（3）让员工参与规划与决策。

（4）给予员工回馈，在正式与非正式互动里有着信息的流畅与双向沟通。

（5）建立开放式、鼓舞的内部气候（internal climate）。

经理人或主管该鼓励员工执行新的构想、协助员工体认如何把新构想应用在特定的环境里。管理支持的重要一部分就是表彰(recognition)。公司的内部训练(in-house training)作为课程或训练计划之延续,通常是有帮助、具鼓舞性。管理风格是内部营销的议题。

对员工授权与赋能(empowering and enabling employees):与内部营销有密切关联的两个概念是授权与赋能。对员工授权指给予顾客接触的员工,在许多潜在、有问题的情况下,做决定即采取行动的权限。管理阶层给予第一线员工(frontline employees)之服务补救的弹性空间(service recovery latitude)一定要定出明确、可接受的范围。其主要用意是让接触员工了解其职责,鼓励他们以更有效力及以更具顾客导向方式处理事情。当然最终目标改善顾客接触及支持员工之兼职营销绩效(part-time marketing performance)。作为内部营销程序一部分之执行适宜的授权员工的工作满意度有决定性的影响,这又会改善顾客接触时员工之兼职营销效应。因为有了改善的留客率(customer retention)及更多交叉销售(cross-sales)的机会,这对利润有正面的影响。授权需要持续地培养管理阶层与员工之间的信赖关系。

赋能(enabling)的概念是创造授权所需环境之程序的一部分。赋能是指员工需要支持才能在服务流程里有效地作独立、自主之决定。没有这种支持,给予获得授权之员工的是当环境并不存在。赋能包括:

(1)管理上的支持:主管与经理人提供信息,也在必要时接管决策权,但对员工的决策权限不会做不必要的干涉。

(2)知识上的支持:让员工具备分析状况,作适切决定的技能与知识。

(3)技术上的支持:来自支持人员、系统、科技技术与数据库,让接触员工处理状况时有所需的信息及其他服务。

重要的是要了解只授权而无赋能会引起更多的混乱与挫折感。对服务员工授权的益处如下:

(1)服务流程里对顾客需求做更快速、更直接的响应。

(2)服务补救状况里对不满意顾客之更快速、更直接的响应。

(3)员工对其工作感到更满意,对自己的感觉更好。

(4)员工更热心地对待顾客。

(5)授权的员工会是新想法的宝贵来源。

(6)授权的员工对创造良好口碑推介及增加留客率很有帮助。

## 二、服务营销的挑战

服务业对新兴国家来说,将日渐蓬勃发展,扮演促进经济发展的重要角色。因此,服务企业若能掌握此一经济发展与产业发展的脉动,将能创造优越的利润。然而,企业在推动企业的服务文化及发展服务营销的过程中,仍有许多困难必须克服,才能有效地管理,进而创造令人满意的利润。这些应克服的困难简述如下:

1.组织层面

企业为了创造服务文化,提供顾客优质的服务时,若墨守老旧、过时的组织结构,或采取传统的组织变革流程,将注定失败。因此,企业的推动服务文化时,必先充分进行彻底的组织变革,才能确保服务文化的建立。

2. 系统或规定层次

员工通常会善待顾客,提供良好的服务,但内部规则、规定、营运系统及所使用的技术可能使得工作无法执行。善待顾客是多数人的本性,但若管理规定、营运或行政系统,或所使用的技术阻碍优质服务的提供,员工就无法做事。因此,企业在建立优质服务文化前,必须先检视组织内基层结构或法规系统对推动服务文化的障碍,并设法消除这些障碍,才能顺利推动服务文化的建立。

3. 管理层次

管理者如何对待员工,就是组织对待顾客的方式。如果变革流程的重点仅在接触顾客或支持的员工,而高阶或中阶管理人员没有积极参与,则可能面临主管不知道员工与顾客接触的重要性,也可能不知在面对顾客的问题时如何处理,以及缺乏管理关键时刻的能力。此外,主管也可能因为不当的决策或命令引起员工的角色冲突。因此,服务文化的建立并非只是要求基层员工的政策,而是高阶、中阶与基层主管都必须高度涉入的行动方案。

4. 策略层次

如果企业没有界定清楚且容易了解的服务概念,在运作时将会一片混乱,管理者与基层员工在面对特殊状况时,可能会不知如何计划与执行。若企业积极地进行变革,但却没有明确地分析目标顾客所追求的主要利益,而盲目地进行战术性的规划,可能会让企业的各个部门或各项活动成为多头马车,没有一个共同的目标。因此,企业必须对所提供的服务做出策略性的规划,让所有短期性的计划及各功能部门都有依循的准则,共同达成企业长期的获利目标。

5. 决策层次

企业仅具备完整的分析与规划仍不足够,尚需具备执行新愿景所应具备的决心、勇气与持续力。具体而言,管理团队必须对企业变革以创造服务文化有决心与魄力,才能顺利建立优质的服务文化,提供优质的服务,进而创造满意的利润。

## 思考题

1. 为何服务业的服务流程非常重要?请举出三个服务流程设计良好的服务企业。
2. 您曾经有过何种服务失误的经验?他们如何补救?有什么可以改进的地方?

## 实训项目

请找三个服务企业,试着为这些企业建议创新的服务。

## 案例分析

细节决定成败 台湾百货主打"精细服务"牌

**细节配套设施齐全且标示明确**

台湾的百货零售企业提供的服务设施比较齐全,服务手段非常细致。

一般来说,百货店会提供活动咨询、婴儿车租借、轮椅租借、爱心伞租借、拾获物及遗失物处理、英日文翻译、外币兑换、礼券贩售、免费停车券登录等多项服务。

它们一般都设有医护室和育婴室。医护室提供医疗咨询、一般药品索取及伤口包扎服务;育婴室则提供免费尿布及奶粉,并提供安全舒适的哺乳空间、婴儿换尿布台和冷热饮水机等。

光有这些设施是不够的，还需要以方便接受的方式向顾客传递相关信息。

台湾的百货店各楼层里的指示性标示一般都做得非常细致、周到、明确，有的还做得很可爱。例如，在梦时代购物中心的一层，如何去地下停车场标示得非常清楚明确。

为了方便顾客购物，它们通常会给顾客提供一种设计得非常细致的、指示性非常明确的小手册。

**人性化服务无微不至**

台湾的百货零售企业的服务非常注重细节，这点与日本的商场很相似。也正是这点，让大陆众多考察过台湾百货企业的人感受最深，感触也最多。

例如，在台湾的百货店，顾客刚刚进入柜台，导购小姐就会很有礼貌地问候"你好，慢慢看哦"，她们很热情但又不过度；挑好了物品后，导购会帮顾客拿着信用卡去款台付款，省去顾客的奔波之苦；离开柜台，她会挂上微笑说"谢谢您光临，欢迎下次再来"。即使顾客什么产品都不买，导购们的态度依然如故。

如果顾客问任意一个导购小姐卫生间在哪里，她会直接领你去；如果消费者问路，而导购自己偏偏不知道，她则会跑步去问，然后回来告诉消费者，并且面带微笑歉意地说："不好意思，让您久等了"。在买完货品后，店员会很细心地检查包装袋是否装好了，然后提一下，看会不会太重，是否需要再加一个包装袋。自始至终，她们的服务态度都非常好。而大陆地区的许多百货店目前还做不到如此细致服务。

再比如，在梦时代购物中心，由于商场很大，家长很容易和小朋友走散。所以，在进门处，每位小朋友都会佩戴一个纸做的手环，上面写着："我走丢了，请把我带到服务台。"

**善于营造多功能时尚氛围**

台湾的百货零售企业在售卖时尚产品的同时，还特别擅长整体时尚氛围的营造。

例如，梦时代的每个楼层都有一个主题色，结合主题色彩，楼层的设置各有特点。例如，有的楼层叫"欢乐嘉年华"，色彩就比较热烈；有的楼层叫"时尚名媛"，整体的色彩就显得比较淡雅。

再比如，在梦时代，不仅仅只是售卖商品，它还引进了影视城、宠物百货、主题乐园、健身俱乐部、冰宫博物馆、书屋、生活工场等各类休闲娱乐场所，从而在整体上营造出一种集购物、休闲、娱乐、时尚、旅游为一体的综合性"时尚购物天堂"。

**细节将成为百货店下一个制高点**

细节决定成败，这是近三年间企业经营管理界强调最多的一句话，落实到百货零售企业的经营中也不例外。

台湾百货零售企业的服务态度、细节管理等一直可圈可点。近年来，随着太平洋 SOGO 百货、大洋百货等企业拓展大陆市场的速度加快，在各地纷纷布店，大陆百货业界人士及消费者对它们的这种文化的感受也越来越深刻。

事实上，台湾百货倡导的这种注重细节和无微不至的服务文化，和日本百货企业非常相似，例如伊势丹百货、伊藤洋华堂等。尽管这几年一些晚进入大陆市场的日本百货店及中国台湾百货店面临着不同程度的水土不服的问题，但它们注重细节的精神和服务文化的确给大陆百货零售业界带来了一股温馨的春风。

相比之下，大陆一批百货店由此前的国企发展而来，甚至目前一些企业仍属于国有性质。这种体制下，使一些企业的服务形成了一种惯性，对于顾客的服务意识并不强。虽然近几年随着市场竞争的日趋激烈服务精神有所改善，但事实上并未真正落到实处，一旦与日本和中国台湾的百货店相比，大陆的百货店在服务上就显得还有很大的提升空间。

随着百货业内同质化越来越严重、竞争越来越激烈，大陆一批百货企业未来发展的突围点在哪里？无疑，这种处处为顾客着想、把对顾客的服务落实到每一个细节的服务文化与服务精神将成为突破口之一。

# 第十二章　农产品市场营销

学习目标

掌握农产品市场和农产品市场营销的基本概念；掌握农产品市场的特点和农产品市场的功能；掌握农产品市场营销的“4P”策略，了解农产品市场营销环境、农产品市场调查和预测；能够运用所学的市场营销学知识分析身边存在的农产品市场营销实例与问题；通过学习能有意识地培养与提高自身的市场分析能力、营销策划能力和销售能力，能够试着销售一种或多种农产品；能够用学过的农产品市场营销理论对一个地方的农产品市场的基本状况与特征、农产品市场的影响因素等进行分析，并能够为其提出有针对性的农产品市场营销策略。

案例引导

台湾农产品为何好卖

近年来，来自台湾的农产品总是成为展销会、农博会的亮点，虽然价格不菲，却依然受到消费者热捧，原因何在？除产品本身有特色、深加工好外，销售中一些让我们耳目一新的做法也是产品身价倍增的重要原因。

其一，不仅卖农产品，还卖休闲理念和生活态度。譬如有一个梅子酒庄生产的各种青梅酒，仅名字就足以醉人：小米唱歌、梅子跳舞、忘记回家、长老说话、狂野、柔水、花间醉……而且还标上温馨的提示语：饮酒过量，有害健康。这样的农产品，让人有一种亲近感。

其二，既卖农产品，更卖创意。譬如南投有一种大米——浊水米，品质优良却“养在深闺人未识”，被包装成“平安发财米”，寄托祈福寓意，作为旅游宣传和纪念品来卖，让人有了一种新鲜感。

其三，在推销农产品的同时，还推销生态和环境资源。他们向顾客灌输这样一种观念：只有好的自然资源，才能产出好的农产品。

案例思考：

1. 台湾农产品为何好卖？

2. 台湾农产品的销售做法对大陆农产品的营销有何启示？

## 第一节 我国农产品营销的现状与问题

### 一、农产品营销的内涵

农产品营销就是指在农产品从生产者到消费者的转移过程中，生产经营者为了满足消费者需要，同时实现自身目标而采取的一系列创造性的活动，即对农产品市场进行调查研究，根据市场需求生产出符合市场需求的产品，然后以合理的价格借助有效的宣传，通过高效率的流通渠道把农产品在人们需要的时间和地点销售给消费者。

随着农产品相对过剩时代的到来，确定以市场为中心的现代农产品市场营销理念显得尤为迫切。农产品市场营销就是为了满足人们的消费需求和欲望而实现农产品交换的活动过程。农产品市场营销要求农产品生产经营者不仅要研究人们的现实需求，更要研究人们对农产品的潜在需求，并创造需求。要综合考虑生产、加工、运输以及最终交换农产品诸环节的所有要素，统筹安排，以满足顾客多层次的需求，从而实现农产品经营者者的利益目标。

#### (一)农产品市场营销的特点

一是农产品营销包括产、加、销全过程，其风险性较高，对自然依赖性较大，过程中存着许多不可控制因素，由此导致农产品生产经营活动面临极高的自然风险，且投入产出比小、投资回报期长、回报率低。

二是农产品需求弹性低，其价格变化引起供给量和需求量的变化幅度较小。

三是农产品生产与消费在时空上的不一致性。这主要体现在农民的自给自足性和人们对农产品需求的连续性和生产的季节性。

#### (二)农产品市场营销的基本要素

1. 农产品与农产品基地

安全、优质、有特色的农产品是农产品营销的前提条件和物质基础，而能稳定提供这些农产品的基地建设是市场营销的基础，只有建立稳定的基地，才能培育出稳固的市场，否则营销就成了无源之水。基地建设不仅能解决农业龙头企业的“无米之炊”的困扰，而且也为“公司加基地”的可持续发展打下坚实基础。在基地建设上要特别注重突出安全、优质和特色，发展无公害、绿色和有机食品基地，与国际标准接轨。

2. 农产品经纪人

农产品经纪人是指从事农产品收购、储运、销售以及代理农产品销售、农业生产经营信息传递、农业销售服务等中介活动而获取佣金或利润的人员。结合当前农产品经纪人的从业构成，可以分为销售型经纪人、科技型经纪人、信息型经纪人、复合型经纪人等种类。目前根据我国实行的行业准入制度要求，为规范全国各地大量存在的农产品流通领域的各种中介行为，国家劳动和社会保障部制定了农产品经纪人职业资格制度，所有在农村从事农产品经营中介活动的人员都需要经过培训取得农产品经纪人职业资格证书，持证上岗。国家劳动和社会保障部已将农产品经纪人职业资格的管理行为授权给中华全国供销合作总社，由中华全国供销合作总社根据授权实施行业培训,制定行业标准以及资格证书的管理工作。

3. 农产品营销队伍

农产品营销队伍是农产品市场营销各环节中最活跃的因素。培养造就一批能开拓国内外市场的农产品营销人员队伍,提高其组织化程度,充分发挥他们的主观能动性和创造性,就能推动农产品市场营销的发展。对农产品营销队伍要加强培训,使他们树立现代市场营销观念,具备现代营销组织能力和营销气魄,能够创新性地开展农产品营销,能够融合现代营销手段,打造一批农产品营销、策划、销售为一体的农产品营销人才。

4. 农产品行业协会

行业协会是会员自愿参加的跨部门、跨所有制的非盈利性、自律性行业组织。农产品行业协会既是政府的助手,又是农业龙头企业合法利益的代表,通过协会的桥梁纽带作用,可以畅通农产品营销渠道,实现政府、企业、农民在农产品市场营销中的共赢。

5. 农民专业合作社

农民专业合作社是农民自发组织起来的,我国农村实行家庭承包经营后,农民面对日益激烈的市场竞争,自觉产生了联合起来的要求,用组织起来的力量,共同进入市场,以提高农产品的竞争力,增加自己的收入。农民专业合作社适应市场经济需要而产生,在它的发展过程中,没有来自政府的行政干预,是农民自己的组织。农民专业合作社以同类农产品的生产或者同类农业生产经营服务为纽带,来实现成员共同的经济目的,其经营服务的内容具有很强的专业性。农民专业合作社是新的独立的市场主体,联合起来的农民通过专业合作社参与市场活动,提高了农业生产和农民进入市场的组织化程度,也是一个新的市场主体,经过依法登记的农民专业合作社,具有法人资格。

6. 农产品市场

不同地区的农产品市场有不同的特点,不同地区的居民也有着不同的消费习惯。农产品市场营销必须准确把握市场脉搏。按照目标市场营销的要求,对市场进行细分定位,做到有的放矢。随着经济的快速发展,市场需求也在不断变化,要及时通过市场调研及时了解细分市场的消费需求变化,迅速调整市场定位,提供最优产品组合。

7. 农产品品牌

要认识到农产品品牌化经营的促销效应、获利效应、竞争效应、扩张效应,努力改变农产品品牌发展滞后于工业品品牌发展的现状。要努力增强农产品品牌意识,加大品牌宣传力度。除了企业和农民自身的宣传,地方政府也要积极做好特色农产品的宣传,扩大知名度,提高市场占有率,提高农产品的品牌附加值。

8. 农产品营销网络

既要建立农产品营销有形的实体市场网络,如批发市场、配送中心、生鲜超市等,又要适应新形势,建立无形的电子商务市场网络,积极发展网上农产品营销,搭建网上营销平台,拓展农产品营销渠道。

## 二、国内外农产品营销方式和现状

### (一)国外农产品营销现状

欧美等国农产品输出国农产品生产高度集中,产品市场化、信息化和科技含量高,因而其营销渠道较短,主要从产地批发市场直接出售给零售商,其特点是:

1.产地市场集中

如美国农产品生产区域化程度高，形成了玉米、小麦、大豆、蔬菜、水果等生产区域，其农产品产地市场非常集中，在整个销售渠道系统中，产地批发市场与零售商的交易占98.5%。

2.销地批发市场辐射城市农产品集散市场

如美国公路、铁路交通发达，农产品常常能够迅速运往大城市车站，这样农产品供应并非集中在大城市郊区，而是在遥远的生产区域，其销地批发市场占农产品总交易量的20%，但对农产品价格形成具有主导作用。

3.销售渠道短、环节少、效率高

美国78.5%的农产品从产地通过配送中心直接到零售商，而车站批发商销量仅占20%?左右。由于渠道环节少和农产品流通速度快、成本低，从而大大提高了效率。

4.服务性渠道组织齐全

为配合农产品高效流通，产生了许多专门为农产品交易服务的渠道组织，如装卸公司、运输公司、加工和分类配送中心以及银行等。

5.批发市场内部交易方式主要以拍卖、代理销售为主

以批发市场为基础，形成了农产品期货市场，如芝加哥期货市场等。由于采用公开拍卖、代理销售(或购买)和期货交易，使农产品市场价格充分反映市场的供求变化，使批发市场主导农产品市场价格形成和信息传播机制。

日本等工业发达国家主要为农产品输入国，其较多农产品依赖进口。农产品流通渠道复杂，有中央批发市场、地方批发市场、中间商批发市场和零售组织以及供货组织，有订单限量生产、生活协会订单配送等。其渠道特点如下：

1.渠道环节多，流通成本高

日本《批发市场法》规定禁止中间商从事批发业务，使极少数批发商(如株氏社等)从产地市场进货，因此绝大多数农产品要经过多级批发市场的交易，从而提高了农产品的流通成本。

2.渠道流通规范化、法制化、效率高

尽管流通环节多，但日本批发市场采用拍卖、投标、预售、样品交易，甚至同一产品两家机构同时拍卖，形成的价格公开、公正。

值得我国借鉴的经验是：

1.农产品生产区域化

美国农产品生产区域分布便于产地市场形成规模效应，有利于农产品集散。

2.借鉴日本经验，规范农产品市场行为，制定法律法规

3.渠道组织多元化，特别是农业专业合作社

在日本和美国绝大多数农民加入合作社，在农业的产前、产中、产后都建立了为农民和农业服务的各种合作社，它是农民进入市场的最好形式之一。

4.管理的企业化和市场化

欧美国家的农业产业化使农业内部分化出各种专业的产业企业。

5.渠道结构短化和一体化

**(二)我国农产品营销现状**

1.农产品市场建设发展迅速

我国农产品交易市场在经历了十几年高速增长和规模扩张后，现正逐步实现从数量扩张

向质量提升的转变之中，农产品市场发展迅速，流通规模上台阶，市场硬件设施明显改善，商品档次日益提高，市场运行质量日趋看好。

2. 农产品批发市场成为农产品流通的主渠道

覆盖了所有的大、中、小城市和农产品集中产区，基本形成了以城乡集贸市场、农产品批发市场为主导的农产品营销渠道体系，构筑了贯通全国城乡的农产品流通大动脉。目前大、中、小城市消费的生鲜农产品 80%～90%是通过批发市场提供的。农产品批发市场的大力发展，对于搞活农产品流通、增加农民收入、满足城镇居民农产品消费需求发挥着积极作用。

3. 现代流通方式成为农产品营销渠道体系里的新成员

以配送、超市、大卖场等为主的现代流通方式发展势头迅猛，成为农产品营销渠道体系里的新成员，超市作为一种现代新型营销业态在近几年开始涉足农产品销售领域，成为农产品营销渠道体系里的新成员，与传统的集贸市场在零售终端展开了激烈竞争。传统农贸市场的"唯我独尊"的销售地位正备受挤压。全国各地方政府也在大力推行"农改超"工程，打造高效安全的农产品营销网络，使之与城市经济社会发展相适应。

4. 农产品营销中介发展活跃

农产品营销中介发展活跃，各种农产品购销主体如个体户、专业户、联合体不断发展壮大，这些中介组织使得农民一家一户的小规模生产与大市场实现了对接，改变过去产销脱节的尴尬局面，有效地缓解了农产品卖难的问题。他们的出现带动了上游生产基地的发育壮大，带领农民走向市场，帮助农民致富，对地区农业发展起到了一定的积极作用。

5. 电子商务、网络营销已涉足农产品营销

## 三、我国农产品营销中存在的主要问题

1. 农产品营销基础投入不足

主要是农产品市场、渠道不够，农产品储存设施、农产品冷链建设不足和农产品物流滞后等。农产品生产的周期性、存储物流要求高等特点，决定了农产品进入市场需要有一个比较严格的加工保鲜的标准，而我国农产品加工、农产品物流企业不发达，农产品储运保鲜科学技术跟不上，农民常常就地将这些农产品低价销售，造成农产品营销附加值得不到体现。

2. 农产品营销专业人才较少

目前农产品营销大部分是农民出身，过去多为生产兼营销，现虽有一批小商小贩发展成专事农产品营销的经纪人，但多缺少专业培训，很难融合现代营销，将农产品生产、营销策划、销售实施连为一体的复合人才更是难找，这与我们的农业大国地位很不相称。

3. 产品标准化、品牌化成本偏高，农产品市场营销规则有待规范

当前我国虽然建立起农产品质量生产、销售的系列标准和认证体系，但是标准使用、建设、管理需要花很多费用，农民承担不起。有不少农产品接近我们国家最高标准——有机标准，但是农民承担不起费用，只能在当地消化，价格低，很多特色产品由于缺少标准的支持，竞争力下降，农民赚不到钱。此外，市场竞争不公平、农民利益得不到保护、流通环节不畅、优质不优价现象普遍存在。

4. 农业信息网络建设薄弱

农民难以预先、及时、准确地获得市场信息，农业生产的周期性决定了农产品信息的时效性差，农村信息基础工作薄弱，交通通信落后，农民不知如何分析、判断、鉴别信息，往往只凭主

观判断，生产和消费市场信息不对称。加上部分农民素质和自我保护不够，对各种各样的信息不知如何分析、判断、鉴别，只凭主观判断，往往不能有效进行市场细分和准确的产品定位，造成大路货居多、同质化严重，往往是人家赚钱后盲目跟随，结果再出来的产品却不被市场接纳，常造成农产品丰产不丰收的现象。

## 第二节 农产品包装和加工策略

### 一、农产品的含义

我国传统意义对农产品的释义，农产品是指来源于农业的初级产品，即在农业活动中获得的植物、动物、微生物及其产品，即人类为了满足生产和生活需要，运用自然资源，通过有目的的劳动而创造出来的物质资料。包括：烟叶、毛茶、食用菌、瓜、果、蔬菜、花卉、苗木、药材、粮油作物、牲畜、禽和鲜蛋、兽、昆虫、爬虫、两栖动物类、水产品、林业产品、棉花、麻等，同时包括这些农产品的种子、种苗、树苗、竹秧、种畜、种禽、种蛋、水产品的苗或种（秧）、食用菌的菌种、花籽等。

然而，从市场营销的角度，我们现在一般将林业产品独立出去，而将大农业的农、牧、副、渔的产品及加工产品都纳入农产品，并拓展到能提供给市场，能够供人们使用和消费，并能满足人们的某种欲望和需要，从而引起人们注意并实现交换的任何一种东西，不仅指具体的有形的农产品，而且包括农业类的服务、观念、知识、构思、创意等。按完整产品的概念，农产品一样包括核心产品、有形产品和附加产品。

### 二、无公害食品、绿色食品和有机食品

无公害农产品认证标志　　绿色食品认证标志　　中国有机产品认证标志

#### （一）无公害食品

无公害食品是指无污染、无毒害、安全优质的食品，生产过程中允许限量使用限定的农药、化肥和合成激素。无公害食品比绿色食品档次低一级。

在目前现实的自然环境和技术条件下，要生产出完全不受到有害物质污染的商品蔬菜是很难的。无公害蔬菜实际上是指商品蔬菜中不含有有关规定中不允许的有毒物质，并将某些有害物质控制在标准允许的范围内，保证人们的食菜安全。通俗地说，无公害蔬菜应达到“优质、卫生”。“优质”指的是品质好、外观美，维生素C和可溶性糖含量高，符合商品营养要求。

“卫生”指的是三个不超标，即农药残留不超标，不含禁用的剧毒农药，其他农药残留不超过标准允许量；硝酸盐含量不超标，一般控制在432ppm以下；工业三废和病原菌微生物等对商品蔬菜造成的有害物质含量不超标。

### （二）绿色食品

绿色食品是对无污染的安全、优质、营养类食品的总称，是指按特定生产方式生产，并经国家有关的专门机构认定，准许使用绿色食品标志的无污染、无公害、安全、优质、营养型的食品。即绿色食品是指在无污染的条件下种植、养殖，施有机肥料，不用高毒性、高残留农药，在标准环境、生产技术、卫生标准下加工生产，经权威机构认定并使用专门标志的安全、优质、营养类食品的统称。

1990年5月，中国农业部正式规定了绿色食品的名称 、标准及标志。标准规定：

(1)产品或产品原料的产地必须符合绿色食品的生态环境标准。

(2)农作物种植、畜禽饲养、水产养殖及食品加工必须符合绿色食品的生产操作规程。

(3)产品必须符合绿色食品的质量和卫生标准。

(4)产品的标签必须符合中国农业部制定的《绿色食品标志设计标准手册》中的有关规定。绿色食品的标志为绿色正圆形图案，上方为太阳，下方为叶片与蓓蕾，标志的寓意为保护。

在许多国家，绿色食品又有着许多相似的名称和叫法，诸如“生态食品”、“自然食品”、“蓝色天使食品”、“健康食品”、“有机农业食品”等。因为在国际上，对于保护环境和与之相关的事业已经习惯冠以“绿色”的字样，所以，为了突出这类食品产自良好的生态环境和严格的加工程序，在中国统一被称做“绿色食品”。

### （三）有机食品

有机食品也叫生态或生物食品等。有机食品是目前国标上对无污染天然食品比较统一的提法。有机食品通常来自于有机农业生产体系，根据国际有机农业生产要求和相应的标准生产加工的。除有机食品外，目前国际上还把一些派生的产品如有机化妆品、纺织品、林产品或有机食品生产而提供的生产资料，包括生物农药、有机肥料等，经认证后统称有机产品。这里所说的“有机”不是化学上的概念，而是指采取一种有机的耕作和加工方式。有机食品是指按照这种方式生产和加工的；产品符合国际或国家有机食品要求和标准；并通过国家认证机构认证的一切农副产品及其加工品，包括粮食、蔬菜、水果、奶制品、禽畜产品、蜂蜜、水产品、调料等。

绿色食品是中国政府主推的一个认证农产品，他有绿色AA级和A级之分，而其AA级的生产标准基本上等同于有机农业标准。绿色食品是普通耕作方式生产的农产品向有机食品过渡的一种食品形式。有机食品是食品行业的最高标准。

目前经认证的有机食品主要包括一般的有机农作物产品(例如粮食、水果、蔬菜等)、有机茶产品、有机食用菌产品、有机畜禽产品、有机水产品、有机蜂产品、采集的野生产品以及用上述产品为原料的加工产品。国内市场销售的有机食品主要是蔬菜、大米、茶叶、蜂蜜等。

## 三、农产品包装策略

农产品包装是指农产品分等、分级、分类后实施装箱、装盒、装袋、包裹等活动的过程和结果，其中也包括对农产品的清洗、分割、冷冻等活动，即在流通过程中保护产品，方便储运，促进销售，按一定技术方法而采用的容器材料及辅助物品的总称。

包装食品是和食品包装不同的一个概念，包装食品指用包装材料或容器事先包装好的食品，一般来说指在食品厂已包装好的食品。在柜台售货时临时包装起来的食品则不能称作包装食品。

农产品包装有以下四大功能：保护商品，便于运输、储存、携带和使用，促进销售，增加商品的价值，环保功能。

农产品包装设计的原则：

(1)产品包装要符合消费者观念的变化。

(2)满足消费者的心理变化。

(3)体现消费者个性。

(4)产品包装更换时要慎重。

(5)产品包装要适度。

(6)包装图案的设计必须以吸引顾客注意力为中心。

(7)包装设计要考虑文化这一因素。

(8)重视防止包装的模仿和“盗版”。

农产品包装的安全性：安全卫生的农产品包装是人们对农产品加工企业最基本的要求。农产品包装的安全与卫生问题通常可从以下三个方面考察，即包装材料本身的安全与卫生性，包装后食品的安全与卫生性，包装废弃物对环境的安全与卫生性的影响。包装材料的安全与卫生性直接影响包装产品的安全与卫生性。为此，各国都制定了有关包装材料的卫生标准与使用条件，规定了食品包装容器的安全卫生标准和限量。

农产品包装用材料及容器标准。国家对包装材料和容器的标准按照其性能和安全性要求可以分为三类：第一类为包装材料和容器的技术规格和性能指标标准；第二类为包装用材料和容器的卫生标准也就是安全性要求标准；第三类为包装和容器卫生标准的检验方法标准。

在现代商品社会，包装对商品流通起着极其重要的作用，包装质量直接影响到商品能否以完美的状态传输到消费者手中，包装的设计和装潢水平直接影响到企业形象乃至商品本身的市场竞争。随着人民生活水平的提高，原有消费习惯和生活方式的改变节奏不断加快。为适应这种变化，包装设计的一项重要任务就是更好地符合消费者的生理与心理需要，通过更人性化的包装设计让人们生活更舒适、更富有色彩。因此在农产品的包装上，我们要制定它的策略，因为选择不同的包装策略将得到不同的包装效果，常见的包装策略主要有如下几种：

1.突出食品形象的包装策略

突出食品形象是指在食品包装上通过多种表现方式突出该食品是什么、有什么功能、内部成分、结构如何等形象要素的表现方式。这一策略着重于展示食品的直观形象。包装策略通过在包装上再现产品品质、功用、色彩、美感等，有助于商品充分地传达自身信息，给选购者直观印象，真实可信，以产品本身的魅力吸引消费者，缩短选择的过程。

2.突出食品用途和使用方法的包装策略

突出食品用途和用法的策略是通过包装的文字、图形及其组合告诉消费者，该食品是什么样的产品，有什么特别之处，在哪种场合使用，如何使用最佳，使用后的效果怎样。

3.展示企业整体形象的包装策略

企业形象对产品营销具有四两拨千斤的作用,因此,很多企业从产品经营之初就注重企业形象的展示与美誉度的积淀。

4.突出食品特殊要素的包装策略

任何一种商品化的食品都有一定的特殊背景,如历史、地理背景,人文习俗背景,神话传说或自然景观背景等,包装设计中恰如其分地运用这些特殊要素,能有效地区别同类产品,同时使消费者将产品与背景进行有效链接,迅速建立概念。

## 四、农产品加工策略

农产品加工是指以农业生产中植物性产品和动物性产品为原料,通过一定的工程技术处理,使其改变外观形态或内在属性的物理及化学过程。或者说是通过一定的管理技术处理,使其由初级产品转变为制成品,连接农业生产与居民消费的经营过程。

目前,农产品中直接能够进入生活消费及工业生产的种类并不多,因此,农产品加工是不可或缺的产业。农产品加工作为农业产业的延伸和农产品价值增值的必要过程,是每一个经济体不可缺少的环节。农产品通过加工增值,如农民投资办加工企业不仅获得了农产品的增值部分,同时也获得了加工的收入,农产品加工促进农产品市场的发展,农产品加工业已成为我国国民经济发展中总量最大、发展最快、对"三农"带动作用最强的产业之一。

1.农产品加工业发展趋势

发展农产品加工业,推进农业产业化经营,是实现小规模农业生产与现代化大生产对接的必由之路,是破解农产品卖难、农业增效难和农民增收难的战略举措。我国农产品加工业的发展,推进了农业从主要供食用向食用、饲用和加工用"三元农业"发展。目前我国农产品加工业呈现出加工原料向专用化方向发展、加工程度向精深化方向发展、加工能力向规模化方向发展、加工产品向方便化和功能化方向发展、质量控制向标准化方向发展、产加销向一体化和集群化方向发展、资源利用向高效化方向发展七大趋势。

当前和今后一个时期,推进农产品加工业发展时,可以保留历史和地方特色的传统工艺和产品特点,但要用现代技术来改造、优化传统工艺;农产品加工业要真正把农产品生产基地作为"第一车间",切实建立让农户分享利益的机制;在扩大小城镇和农村的消费需求的同时,通过多种方式利用外资,有比较优势的要"走出去"对外投资,形成一批著名品牌。

2.果蔬加工行业"喜忧参半"

近年来,我国果蔬加工业发展取得了巨大成就,果蔬种植已形成优势产业带,标准体系初步形成,相关领域的装备水平明显提高,国际市场优势日益明显,逐步建立起了稳定的销售网络和国内外消费市场,外向型果蔬加工产业布局基本形成。"十五"以来我国农产品加工业年均增长一直保持在15%左右。

尽管我国的果蔬加工产业在加工能力、技术水平、装备硬件等方面都取得了较大的进步和快速的发展,但与发达国家相比仍然有差距。一是加工规模小,只有30%左右;二是缺乏加工专用品种和专用品种原料基地;三是加工技术装备质量不高,低水平重复模仿严重;四是加工标准和质量控制体系尚未与国际接轨;五是资源综合利用水平低,比如我国每年有7亿吨左右的秸秆、1 000万吨的玉米芯、1 000万吨的米糠、1 000万吨的麦麸和700万吨的蔗渣等资源基本没有开发利用;六是农民组织化程度低。这些问题已成为制约我国农产品加工业发展的主要“瓶颈”。

### 五、农产品营销的新产品开发策略

农产品和任何事物一样，有着出生、成长、成熟以至衰亡的生命周期。因此，农业生产者不能只顾经营现有的产品，而必须防患于未然，采取适当步骤和措施开发新产品。它是农业生产者提高竞争力的重要因素，也是农业生产经营者市场营销活动的主要任务。

新产品开发过程一般包括新产品构想的形成、新产品构想的筛选、概念产品的形成与检验、经营分析、制出样品、市场试销、正式生产投放市场。新产品开发成功以后，还须上市成功，这意味着新产品被消费者采用并不断扩散。

新产品开发是从营销观念出发所采取的行动，因此首先必须是适应社会经济发展需要，试销对路的产品。没有市场的产品，对农业生产经营者而言再新也没有意义。消费者对新的农产品需求，使一个产品多种式样，这可以成为新的消费动向，如乌骨鸡、七彩龟、黑小麦等农产品虽分别属鸡、龟、麦类，但因为其颜色特别，保健价值较高，不仅市场销路好，而且经济效益高。因此，新产品要有自己的特色适应和满足消费者需求的新变化。

## 第三节　农产品定价策略

### 一、定价策略的内涵

定价策略是市场营销组合中一个十分关键的组成部分。价格通常是影响交易成败的重要因素，同时又是市场营销组合中最难以确定的因素。农产品与企业一样，定价的目标是促进销售，获取利润。这就要求农产品经营者既要考虑成本的补偿，又要考虑消费者对价格的接受能力，从而使定价策略具有买卖双方双向决策的特征。此外，价格还是市场营销组合中最灵活的因素，它可以对市场作出灵敏的反应。

影响产品定价的内部因素：营销目标、营销组合、产品成本。

影响产品定价的外部因素：市场结构、市场需求的价格弹性、市场竞争、国家政策、其他外部环境因素。

### 二、农产品定价策略

定价策略是为实现生产经营者的定价目标，在特定的经营环境下采取的定价方针和价格竞争方式。在农产品交易中定价合理与否，不仅影响交易的成败，而且会影响农产品生产的发展及其经济效益，因此定价策略很重要。

农产品定价时，需要考虑产品成本、市场和产品特性等三大因素。成本是价格形成的重要依据，农产品的成本主要是指生产成本和流通费用，生产成本主要是指产品在生产过程中所支出的费用总和，如种苗费、肥料费等，流通费用是指产品从生产者向消费者转移过程中所消耗的全部费用，如储藏运输费、采后处理费等。市场影响着商品价格，是影响价格波动的主要因素，包括市场供求状况、市场竞争情况及市场需求特点等。由于农产品自身特性、质量、等级和品牌的不同,其价格也不同。

1. 以成本为中心的价格策略

这是一种以产品单位成本为基本依据,再加上预期利润来确定价格的成本导向的价格策略。从本质上说,以成本为中心的价格策略是一种卖方定价导向,它忽视了市场需求、竞争和价格水平的变化,有时候与定价目标相脱节。此外,运用这一方法制定的价格均是建立在对销量主观预测的基础上,从而降低了价格制定的科学性。因此,在采用该策略时,需要充分考虑需求和竞争状况,来确定最终的市场价格水平。

2. 以竞争为中心的价格策略

在竞争十分激烈的市场上,生产经营者通过研究竞争对手的生产条件、服务状况、价格水平等因素,依据自身的竞争实力,参考成本和供求状况来确定商品价格。这种策略是以竞争者的价格为导向,特点是价格与商品成本和需求不发生直接关系,商品成本或市场需求变化了,但竞争者的价格未变,就维持原价,反之,虽然成本或需求都没有变动,但竞争者的价格变动了,则相应地调整其商品价格。当然,为了谋求生存或发展,为了市场占有的争夺,生产经营者可以在其他营销手段的配合下,将价格定得高于或低于竞争者的价格。

3. 以需求为中心的价格策略

现代市场营销观念要求经营者的一切生产经营必须以消费者需求为中心,并在产品、价格、分销和促销等方面予以充分体现。这种策略是以市场需求为导向,价格随市场需求的变化而变化,不与成本因素发生直接关系,符合现代市场营销观念要求,生产经营者的一切生产经营以消费者需求为中心。

## 三、农产品定价常用的方法

1. 成本导向定价法

总成本定价法、边际成本定价法。

2. 需求导向定价法

需求价格弹性、供求关系、准确把握顾客心理。

3. 竞争导向定价法

随行就市定价法、密封投标定价法、主动竞争定价法。

4. 价值导向定价法

根据客户对公司产品的价值认知确定价格。

农产品定价一般随行就市,优质优价,但可以根据对产品的创新和营销组合提高价格。如果把消费家庭进行分类,就可以看出农产品大概的定价模式,基本上城市消费家庭分为 3 种类型:工薪消费阶层、年轻白领族与高退休阶层、小康阶层,三个阶层所消费的农产品完全不一样,也很具有代表性。

按照三个阶层的消费不同,工薪消费阶层主要消费一般的农产品,也就是常规产品,追求便宜与实惠,大部分销售在农贸市场(菜市场),消费为常规的无公害产品,以限制高农残为主要产品,价格比较优惠量大。年轻白领族与高退休阶层消费一般以上的产品,追求产品的营养与外观,追求产品的时尚性,比较喜欢干净的农产品,价格比普通农产品价格稍高,比如绿色食品,大棚种植的反季节时令农产品等,追求新鲜,喜欢在超市消费。小康阶层的消费者要求比较高,追寻特别的农产品,享受时尚的同时,追求高档,市场上少见,比如出口农产品、有机农产品等，追求安全、营养、高价值是他们的目标，所以，在定价上可以大胆定出高价。

选择定价策略应该考虑的因素：

(1)你要弥补的产品的直接成本和机会成本是多少？

(2)竞争者产品的特色和价格。

(3)你要树立什么样的营销形象？

(4)你的投资回收期，即你想多长时间收回你的投资？

总之，农产品价格非常重要，一方面引导生产，另一方面引导消费，更重要的是调节收入分配，而粮食价格则直接决定了农民生产粮食的积极性。

我国农产品价格，因为农民生产大多属于无计划的盲目性生产，所以常会造成恶性竞争，人为地造成市场供过于求，而使价格偏低。在谈及农产品价格的同时，应该建议我们农业部门应该指导农业生产者在生产前就应该以市场为导向，增强计划性，合理布局，让农产品规避恶性竞争，获取合理的市场回报。

我国农产品价格调控的总体思路应该是在保持价格基本稳定的基础上，容许其逐步合理上涨；具体措施包括进一步完善农产品价格调控操作方法，丰富我国农产品价格调控工具，提高价格调控工具与目标之间的相关性，兼顾短期目标与长期目标，统筹考虑国内政策与国际贸易政策。要针对不同品种，制定不同的调控和支持政策。

## 第四节 农产品渠道策略

### 一、我国农产品营销渠道的现状

我国农产品流通业的现代化水平、管理水平和组织化程度低，导致渠道效率较低。损耗严重使蔬菜等农产品在流通过程中由于缺乏有效的保鲜包装措施，容易腐烂变质，这使得农产品的采购量和实际销售量之间存在较大的缺口，据有关资料显示，蔬菜中毛菜到净菜一般有10%～20%的损耗，这也加大了农产品的成本。物流成本过高导致农产品价格抬高，势必影响农产品向外地市场的扩散。农产品是否能及时销售出去，在相当程度上取决于营销渠道是否畅通。营销渠道的畅通和高效可以有效保证农产品供求关系的基本平衡，保护生产者和消费者的利益，使我国农业生产保持稳定平衡。因此，农产品营销渠道的选择策略，不仅要求保证产品及时到达目标市场，而且要求选择的销售渠道销售效率高，销售费用少，能取得最佳的经济效益。

营销渠道是促使产品或服务顺利地被使用或消费的一整套相互依存的组织。营销渠道执行的工作就是把商品从生产者那里转移到消费者手里。农产品的营销渠道包含了农产品的生产、加工、运输和销售的整个环节，我国农产品交易市场现正逐步实现从数量扩张向质量提升的转变之中，流通规模正逐步扩大，市场的硬件设施有明显改善，销售产品档次不断提高，市场的管理运行质量也在不断改善中。

1.农产品营销主渠道初步形成

农产品批发市场成为农产品流通的主渠道，基本形成了以城乡集贸市场、农产品批发市场为主的农产品营销渠道体系，构筑了贯通全国城乡的农产品流通大动脉。

2.农产品营销渠道格局基本构建

当前，除了极少数涉及国计民生的重要农产品外，蔬菜、水果、水产品、畜禽等农副产品已经放开，价格由市场供求决定，市场在资源配置中的基础性作用已得到初步发挥，多元化的市场竞争格局已经形成。目前由各个层次的产地批发市场、农贸市场所组成的农产品市场体系，已成为农村地区农产品流通的主要载体。

## 二、农产品营销渠道体系存在的主要问题

1.渠道组织功能不健全

以农产品批发市场、农贸市场为主导的营销渠道体系虽然在农产品的集散、销售等方面发挥了重要作用，但并不能有效解决产销环节中存在小生产与大市场的矛盾。

2.流通半径过小

我国农产品销售有很强的地域限制，大多数农产品在产地附近销售，产品外销到销售地的数量有限，就会出现农产品产地过剩、销地短缺的局面。农产品区域流通性的不足，导致一到农产品上市季节，因农产品的营销渠道不畅、流通半径过小导致大量农产品集聚在产地附近，形成产地农产品供过于求，使得农民蒙受经济损失，挫伤农民生产积极性。

3.渠道环节多而杂、流通链条过长

以蔬菜流通过程为例，从菜农到居民中间要经过五六个环节：菜农(生产者)—产地中间商—市场批发商—市场中间商—零售商—消费者，而蔬菜批销的每个环节都要加上很高的毛利才行，流通环节的增多，无形中加大了农产品的成本。

4.渠道效率较低

由于我国农产品流通业的现代化水平、管理水平和组织化程度低，导致渠道效率较低，与市场经济成熟国家相比，存在着较大的差距。主要体现在：因运输渠道导致的流通速度不畅、因流通过程缺乏有效的保鲜包装而产生的损耗较大、因物流成本高而影响农产品价格居高、因市场需求与生产信息的不对称造成季节性或区域性农副产品滞销。

## 三、农产品营销的渠道策略

1.特色农产品大力推广特色营销、连锁专卖

农产品品种繁多，涉及面广，从蔬菜、水果、禽蛋到肉类乃至粮油，不同农产品之间存在差别，如果能有效发挥产品差别优势，针对其特色采取别具一格的营销渠道，势必加强农产品的竞争性。像水果、土特产等品位比较高、质量有保证的特色农产品可以采取连锁专卖方式，连锁专卖使生产者和代理商在维护品牌、争取消费者而前结成利益共同体。

2.龙头企业带动产业发展，重视发挥区域性生产优势

农业龙头企业将现代科技与传统农业、企业管理与小农经营、规模生产与分散耕作结合起来，可有效突破传统农业的增长模式。龙头企业的发展有利于解决农业小生产和大市场的矛盾，提高农民进入市场的组织化程度，有利于生产要素的优化配置和组合，促进农业向区域化、专业化、产业化方向发展，有利于解决农业比较低效率的问题，增加农民收入。

3.“农超对接”，逐步实现从农贸市场到超级市场的过渡

我国目前还存在各种规模的农贸市场，但经济环境的日新月异客观上要求对现有农产品

批发市场进行科学的整合、改造与完善，农贸市场的衰落是一种必然趋势。在各级农贸市场的不断萎缩过程中，大众性农产品，如粮油、蔬菜等，该以何种渠道与之对接成为迫切需要解决的问题，"农超对接"、"农改超"的渠道模式应运而生。

4.强化农产品信息服务

搭建高效快捷的农产品信息服务平台，加强我国农村市场信息化建设，完善农产品信息服务体系，重点是建立一个紧密联接政府、市场、客户和生产者的农产品价格信息服务网络，把分散的信息资源有效整合起来，使市场供求信息快速传递，从而为农业生产、农产品流通、农产品加工、销售提供全面、持续的信息。

5.发展国际化营销渠道

发展国际化营销渠道，把国内的产品销售出去，解决国内农产品卖难现象。同时采取网上销售、远程运输、窗口直销等现代营销手段，激活流通，拓展市场。

6.加强对渠道体系的梳理和调整，提高渠道绩效

政府相关部门采取各种措施对包括农产品生产、流通、销售、加工、消费等各个环节在内的整体渠道链条进行梳理再造，消除农产品流通不畅的瓶颈制约，使得各个环节都能够畅顺高效运转，提高其整体运营效率。

农产品生产方式、产品以及生产者本身的特殊性决定了必须强化营销过程、通过渠道营销的方式将市场需要与农产品生产挂钩。提高生产和市场信息对称性，缩短生产和销售的环节才能够真正做到适销对路，搞活农村经济的发展。

## 第五节 农产品促销策略

### 一、农产品促销策略

农产品促销是指农业生产经营者运用各种方式方法，传递产品信息，帮助与说服顾客购买本企业的产品，或使顾客对企业产生好感和信任，以激发消费者的购买欲望，促进消费者的消费行为，从而有利于扩大农产品的销售。农产品促销有广告推广、人员推销、关系营销、营业推广四种形式。在进行农产品营销的时候要把促销策略灵活运用，与顾客建立长期关系，培养一批忠诚的顾客。

农产品促销策略主要有三种：

1.人员推销

人员推销是最古老的售货方式，指生产经营企业派遣推销员或生产经营者直接向消费者或用户推销产品的方式。生产资料一般适合人员推销，但农户生产的鲜活土特农副产品也可采取人员推销方式。人员推销的绩效主要取决于推销人员的素质和业务技能，因此，加强对推销人员的培训是关键，要使推销人员坚信自己的企业，坚信自己推销的产品，坚信自己的推销能力。

2.广告促销

广告顾名思义就是广而告之，指利用电视、广播、报纸、杂志等媒体，宣传产品的质量、性

能、特点、生产企业、购买地点，以促进消费者购买的方式。

3. 公共关系促销

农产品营销企业要充分依靠“政府权力”和“公共关系”。一方面，积极利用政府力量，利用政府“支农”政策，获得宣传支持，引导百姓消费，扩大有效需求。另一方面，应积极参与社会活动，改善与社会各界的关系，树立良好的企业形象，获得社会各界的关心和支持，通过公共关系达到促销目的。

近年来，我国逐步放开农产品市场，极大地解放和发展了农村生产力。市场机制作用的不断深化在带来农产品供应日趋丰富的同时，也使得农产品市场波动加剧，加之其他多种因素综合影响，农产品特别是鲜活农产品滞销卖难现象时有发生，各地在农产品市场营销促销上已经进行了积极探索，中央和各地政府都纷纷加大了工作力度，千方百计搞活市场流通，取得了显著成效，为确保农业农村经济稳定发展提供了重要支撑。

## 二、农产品营销品牌策略

品牌是一生产经营者为区别其他生产经营者的产品或服务，为自己的产品或服务所使用的名称、标志和商标。品牌通常有三部分组成：一是文字、数字可以发音的，称为品牌名称，如雨润、康师傅、超大等；二是符号、图案、特殊颜色或字体，但无法发音的，称为品牌标志；三是注册商标。农产品品牌就是用以识别农业生产经营者的产品，并使之与竞争对手的产品或服务区别开来的商业名称及其标记。比如，长富是品牌名称，一个牛头和英文名称组成的图形是长富牛奶的品牌标志。

品牌在市场竞争中的作用并不仅仅表现在农产品的识别功能上，虽然农产品的质量性能和企业的市场信誉能够首先通过品牌传导给消费者，但品牌尤其是品牌的功能，更多的是它的市场影响力，是它带给消费者以信心，它在带给消费者物质享受的同时，还带给消费者一定的精神享受。品牌的这种特殊功能构成了品牌农产品所特有的市场竞争力。任何农产品生产、加工企业都不能忽视品牌战略的重要性。创驰名品牌是解决农产品卖难和提高农民收入的根本途径品牌是高价格的基础，驰名品牌会给企业带来高额利润；品牌是产品竞争优势的基础，驰名品牌具有强大的竞争力；品牌是吸引新消费者，留住老消费者的有力武器；品牌能够提高企业营销计划的执行效率；品牌是促进产品扩张，促进贸易的有力杠杆。品牌策略一般包括如下内容：

1. 以名创牌

对市场竞争力强的优势产品实行商标注册。创牌既是为了宣传，扩大影响，同时也是为了保护品牌。

2. 以质创牌

严格按照质量标准生产、提高产品品位。

3. 包装创牌

美化农产品外表。随着现代流通方式的发展，农产品包装将成为必然趋势。

4. 加大创牌宣传力度，树立良好品牌形象

除了农业生产经营者自身的宣传，地方政府也要积极做好特色农产品的宣传，扩大知名度，提高市场占有率。

5. 做好名牌保护工作

提高商标意识，提高品牌质量，注重品牌保护。龙头企业一方面应对自己的品牌进行商标注册，求得法律保护；另一方面应加强内部管理，提高产品信誉，提高产品质量，珍惜和维护品牌信誉。

总之，要树立品牌意识，打造农产品品牌；加强农业质量管理、实施农业标准化是农业创品牌的关键；寻求农业品牌发展的有效组织形式；增强守法诚信意识，保证农业品牌工作健康发展；加工、包装农产品，打造强势农产品品牌。

## 三、农产品市场营销促销的新特点

1. 营销促销成为农业部门落实职能转变的新重点

组织领导加强了农产品促销工作，一些地方还成立了农产品促销领导小组或农产品促销工作联席会议制度，进一步加强部门协作，确保促销工作顺利开展。资金投入明显加大，通过调整涉农支出结构，支持产区开拓农产品市场。促销服务更加主动，既积极在主产区举办市场开拓对接活动，广泛邀请经销商深入基地洽谈贸易，又广泛开展异地宣传推介活动，组织本地客商到销区闯市场，推动特色优势产品走出去。

2. 农业展会成为农产品营销促销的大平台

中国国际农产品交易会龙头引领地位加强，农交会已经成为国内权威性最强、影响最广泛、效果最显著的农业展会。行业或专业性展会品牌效应扩大，中国国际渔业博览会、中国绿色食品博览会、全国名优果品交易会等一批大型展会影响力不断提升。区域性农业展会带动能力增强，浙江农博会、安徽农产会、湖北农博会、湖南农博会、海南冬交会、西部农博会、宁夏菜博会、辽宁农博会等服务区域主导产业发展的作用不断提高。海外农业展会实际效果显著，通过统一参展、统一装修、统一推介，拓展了海外贸易机会，有效巩固了传统市场、开发了新兴市场。

3. 重点批发市场成为农产品营销促销的生力军

重点批发市场积极响应政府号召，坚持社会责任和经济效益并重，迅即落实采购合同，开展市场让利促销活动，在应急促销中的作用更加突出。同时，重点批发市场在加大应季农产品销售力度的同时，还积极与产区签署长期购销协议，建立了稳定的合作关系和购销渠道，为主产区产业持续发展提供了可靠保障，在提前化解市场风险中的作用更加彰显。此外，重点批发市场加强相互交流与合作，共享农产品产销信息，进一步优化了农产品大市场、大流通、大协作的功能格局。

4. 各类媒体成为农产品营销促销的新生力量

各地通过制作投放广告宣传片等方式，充分发挥电视、报纸等传统媒体直观、形象等特点，加速了农业品牌化进程，扩大了农产品品牌知名度，增强了市场竞争力。通过整合农业网站相关资源，突出供求信息发布，广泛举办网上对接会，强化点对点交易配对功能，积极推动实现网络与手机用户间的信息交流，极大地发挥了网络媒体成本低、受众广、不受时间限制等特点，使得农产品产销信息的传播更为快捷。各种媒体对农产品营销促销的宣传报道，使得以市场为导向的理念深入人心，为农产品营销促销注入了新活力。

5. 创新促销方式成为农产品营销促销的新亮点

着眼于主攻细分目标市场，积极设立销区专营窗口。着眼于与农业多功能有机结合，以旅游、观光、休闲农业带动农产品销售。着眼于减少中间流通环节，大力发展订单生产，加快连锁经营、“农超对接”等推进步伐。

我国农产品营销促销意识不断强化，工作推动逐步深入，对促进农产品产销衔接、化解市场异常波动，确保在农业好收成之年农民获得好收益发挥了重要作用。

## 四、农产品创新营销

1.农产品市场经营观念的创新

农产品营销创新的先导为了实现诸如利润、销售增长率等目标，农产品经营者必须进行市场调研、产品开发与农产品储运、销售等一系列与市场有关的经营活动。在从事这些活动时，应当以什么样的理念为指南，应当如何处理企业、顾客、社会之间的利益关系，就成为任何企业或生产经营者必须首先回答的问题。对于这一问题的回答，就构成一个企业的市场经营观念，也称营销管理观或市场营销观。它是决定企业生产经营活动方向的指南，也是为经营者在组织和谋划企业的市场营销时的指导思想和行为准则，概括了企业的经营态度和思维方式，贯彻于企业市场营销活动的全过程之中。

2.农产品营销战略与策略的创新，即营销组合的创新

在传统的农产品运销观念指导下，农产品生产经营主要依靠农产品的储存与运输、推销与促销等手段来实现扩大销售。现代的农产品市场营销观念则通过协调市场营销，即围绕目标市场需求的变化，综合地运用各种营销战略与策略，并加以优化组合，不断创新，通过比竞争对手更加有效地满足目标市场的需求来实现农业生产经营者达成经营目标、实现利润。

(1)应该充分重视战略性营销，用好“市场调研”、“市场细分”、“市场优先”、“市场定位”等战略。农业产业化经营必须源于对农产品消费需求的深入探查和仔细研究，通过市场研究，寻找潜在需求，捕捉市场机会。根据一些细分变量来分割市场，进行比较、评价，选择其中一部分作为自己为之服务的目标市场，针对它的需求特点开发适宜的产品，制定合适的价格、渠道、促销策略，实现产品的既定目标。

(2)充分利用好“产品策略”、“价格策略”、“渠道策略”、“促销策略”战术性“4PS”组合。由于四大策略各自包含若干个具体策略，形成各自的亚组合。如产品策略中就包括诸如产品组合策略、新产品开发策略、包装策略等。因此，高效的市场营销活动不仅在于这四大策略的灵活运用和不断创新，而且在于灵活运用和有效组合每一个亚策略，形成动态优化组合，协调一致为顾客需求服务。

(3)积极应用政府“支农”政策和“公共关系”。由于农业是弱质产业，比较利益低下，资金紧张，农业产业化经营系统一般难以进行广泛的宣传和促销，往往要充分依靠政府“支农”政策和“公共关系”这两个策略。一方面，积极利用政府力量，获得宣传支持，引导百姓消费，扩大有效需求。另一方面，农业产业化经营系统应积极参与社会活动，改善与社会各界的关系，树立良好的形象，获得社会各界的关心和支持，通过公共关系达到宣传促销目的。农业产业化经营系统可以利用报纸、电视台等大众媒体以及其他社会机构为农产品营销创造有利的外部环境。

3.优质化营销策略

当前农产品市场出现的卖难，主要原因就集中在大众化产品过多上，我们应大力实施“良种工程”，加速淘汰滞销大路货品种，以质取胜，以优发财。同时依靠农业新技术、新工艺、新机械，减少农产品的生产费用投入，实行农产品的规模化、集约化经营，努力降低单位农产品的生

产成本，追求最佳经济效益。

4.错季化营销策略

处于生产旺季大批量上市的普通农产品很难卖到好价钱，如果能通过设施化种养、储藏保鲜一些农产品，变生产旺季销售为生产淡季销售或消费旺季销售，定能提高种养利润。

5.绿色化营销策略

绿色农产品有利于增强人民体质，改善生存环境。21世纪之初，我国已全面启动“开辟绿色通道，培育绿色市场，倡导绿色消费”的“三绿工程”。

## 思考题

1.什么是农产品营销？农产品营销有哪些特点？

2.对照我们农产品营销现状，谈谈你家乡的农产品营销现状。

## 实训项目

为你家乡的农产品营销量身打造一个市场营销策略（包括产品策略、价格策略、渠道策略、促销策略、品牌策略、创新策略）。

## 案例分析

### 养野鸡，利润比肉鸡高，市场销路好

四川省自贡市大安区三多寨，过去盐商的置业之地，从残留的遗迹里，隐约能看到当年的辉煌。

三多寨镇街村二组的宋润秋从2009年7月份开始养野鸡，总共投入4万多元，到12月份本钱基本就赚回来了。

从一个打工妹摇身一变，成为一个特种养殖户，其实宋润秋心里有很多的无奈，而正是她近五年在外打工经历，让她增长了阅历与见识，埋下她成功转型的伏笔。

这几年，宋润秋和她的丈夫都在外打工，她在江苏张家港市一家企业当纺织工人，丈夫在工地上开搅拌机。

2008年全球金融危机暴发，由于当地纺织企业大多受到金融海啸的影响，宋润秋和她的丈夫收入大减。两个人决定返乡创业，他们先去在江苏打工认识的一个养野鸡的朋友那里学习技术。他们认为养野鸡其实很简单，就是把握两个要点：鸡苗保温和防疫。

回到家乡后，去银行贷了两万元钱，拿出这些年的积蓄，购置了育鸡苗用的自动保温箱等。宋润秋的养殖试验得到当地畜牧部门积极的技术支持，并为他们免费防疫。

鸡苗在37℃的高温箱里待了一段时间，逐步适应外界温度、喂了一个月的饲料后，宋润秋才松了一口气说“这时野鸡就非常好养了，它们不怕热，放在安了防逃网的院子里，每天喂些菜叶、苞谷、红苕、麦子等都行，主要是吃粮食，这样成本很低，肉质也很好。”8月份，看到成活率还不错，他们又去引进500只。

金秋十月，宋润秋的野鸡开始出栏。两个人也进行分工，她负责在家养鸡，她的丈夫负责对外销售。

一天她的丈夫拉着野鸡在自贡城里逛，来到了东方广场卖观赏鸟的地方，他灵机一动，“公野鸡这么漂亮，不比其他观赏鸟差，何不把它拿出来展示一下呢？”

他打开装鸡的袋子，一不小心，一只野鸡飞了出去，直上五楼，那美丽的长尾巴一下把玩家们的目光吸引了过来。他顾不上去找那逃跑的野鸡，赶紧把剩下的野鸡按50～60元一只的价格卖了，“没想到，在观赏鸟市场把野鸡的销路打开了。”

野鸡的尾巴是越长越漂亮，野鸡肉干煸味道很不错，当地养野鸡耍的和吃野鸡的越来越多了。也有人来当地的灯杆坝市场批发回去零售，宋润秋夫妇大大地松了口气。

目前，他们已卖出800多只鸡，均价每只在50元左右，投入的4万多已基本收回。现在他们的鸡按斤卖是每千克34～36元，不久前一个外地客商来批发，给的价是每千克27元，他们没有卖，也不急于卖。“马上要过元旦、春节了，再养几天，到时应该可以卖到更好的价钱。”在外的经历给了他们看得更远的眼光。

宋润秋：现在养野鸡在技术上不存在问题，最大的问题就是销售。希望养野鸡来观赏和吃野鸡的人会越来越多，销路更宽，野鸡不愁销，我们可以扩大规模养下去，多赚点钱供娃娃读书。

2008年，国际金融危机爆发后，为切实解决返乡农民工问题，我国政府出台很多政策，通过强化技能培训、就业服务、创业扶持等帮助返乡农民工实现就业与创业。如通过政府贴息等措施，支持返乡农民工创业。从江苏省回乡的宋润秋，就完成了从一个纺织女工到一个特种养殖户的转变。

宋润秋的丈夫无意中发现新的营销手段，换一个角度，创造一片新的市场。现代市场营销强调企业必须以消费者需求作为市场经营活动的中心和出发点，能否满足消费者的需要，是企业能否生存和发展的关键。本案例给了我们以下的启示：

1.摸清顾客消费需求是关键。本案例是无意中发现了野鸡的新市场，但作为经营者应该主动进行市场调查，对消费者行为进行了认真分析，根据消费者的消费需求和消费水平，选择营销方式与营销手段。

2.“换一个角度”带来意想不到的效果。了解市场，把握卖点，换一个角度发现或创造价值，引导消费。现实生活中，我们常会按照惯性思维，走入死胡同。这时候就需要换一个角度去考虑问题。让别人买东西的关键，就是替别人找一个买东西的合理的理由。这种理由只要你想到，买家也觉得有道理，你就创造了一种购买的理由，引导了消费。野鸡可以吃，一样可以观赏可以玩耍，所以一样可以成为卖点，而且利润更高。

3.定价“有张有弛”。抓住节日销售可以获得更高的利润，高价反而有更好的效果，增加了档次也让顾客感觉物有所值。

案例思考：

1.什么是市场营销？营销除了应该如何发现卖点？

2.你觉得本案例给我们最好的启示是什么？

# 参考文献

[1] [美]艾略特·艾登伯格. 文武,穆蕊,蒋洁译. 4R 营销——颠覆 4P 的营销新论. 北京:企业管理出版社,2003.

[2] 晁纲令. 市场营销学教程. 上海:上海财经大学出版社,2001.

[3] 陈殿阁. 市场调查与预测. 北京:清华大学出版社,2004.

[4] 陈启杰. 市场调查与预测. 2 版. 上海:上海财经大学出版社,2004.

[5] 吴建安. 市场营销学. 3 版. 北京:高等教育出版社,2007.

[6] 吴建安. 市场营销学. 3 版. 学习指南与练习 2007.

[7] 董大海,张涛. 顾客价值屋模型:一种分析顾客价值要素的新方法. 价值工程,2004(4).

[8] 董雅丽,陶利. 整合营销战略. 企业管理,2004(6).

[9] 范云峰. 如何实施客户满意营销. 现代营销,学苑版,2005(7).

[10] 方全. 来自世界第一流企业的 4C 营销方法. 北京:中国物资出版社,2004.

[11] [美]菲利普·科特勒,洪瑞云,梁绍明,等. 梅清豪译. 市场营销管理. 亚洲版. 2 版. 北京:中国人民大学出版社,2001.

[12] [美]菲利普·科特勒著. 梅汝和,等译. 营销管理:分析、计划、执行和控制. 上海:上海人民出版社,1999.

[13] [美]菲利普·科特勒,加利·阿姆斯特朗. 赵平,等译. 市场营销原理. 北京:清华大学出版社,2003.

[14] 符国群. 消费者行为学. 北京:高等教育出版社,2001.

[15] 付勇. 中国企业宏观营销风险研究. 西南民族大学学报,2003(8).

[16] 傅光成. “4P”、“4C”、“4S”三位一体的结合与应用. 华东经济管理,2004,18(4).

[17] 傅渐铭,刘莉. 企业营销战略. 广州:广东经济出版社,2002.

[18] 甘碧群,符国群. 关于市场营销的道德界限. 商业经济与管理,1995(5).

[19] 郭国庆. CRM 与交叉销售在美国金融业的应用及启示. 山东大学学报,哲学社会科学版,2003(5).

[20] 郭国庆. 市场营销学通论. 北京:中国人民大学出版社,2005.

[21] [美]汉森,帕森斯,舒尔茨. 欧阳明,等译. 市场反映模型:计量经济学和时间序列分析法. 上海:上海人民出版社,2003.

[22] 何文炯. 风险管理. 大连:东北财经大学出版社,1999.

[23] 胡钟音. 营销理念故事. 决策探索,2005(2).

[24] 黄沛. 新编营销实务教程. 北京:清华大学出版社,2005.

[25] 纪宝成.市场营销学教程.北京:中国人民大学出版社,2002.
[26] 加里·L.利连,阿温德·朗格斯瓦米著.魏立原,成栋译.营销工程与应用.北京:中国人民大学出版社,2005.
[27] 李桂荣.市场调查与预测.北京:经济管理出版社,2004.
[28] 李景泰,白长虹.市场学.天津:南开大学出版社,1999.
[29] 李军.刍议建立健全营销风险责任制.经济师,2003(3).
[30] 李品媛.消费者行为学.大连:东北财经大学出版社,2000.